U0908648

大国东北亚
战略博弈研究

蔡华堂◎著

时事出版社

目　录

绪　论

进入21世纪以来，随着中国的崛起成为事实，世界经济和政治的重心由大西洋地区转移至太平洋地区。对于中国来说，这既是机遇，又是挑战。说其是机遇，因为历史将再一次把中国推到世界舞台的中心，中国人民期盼已久大展宏图的时机终于到来。说其是挑战，因为世界主要大国都投身于这一地区的博弈，把中国推至国际漩涡的风口浪尖。近代国家体系形成以来，大国博弈的重心一直在欧洲地区。从1618年至1945年，欧洲各大国的主要任务就是从事战争，其间出现的所谓和平时期，其实就是战争的间歇。连续数百年的战争，导致域内各大帝国分崩离析，先后退出历史舞台。神圣罗马帝国瓦解，奥斯曼帝国解体，俄罗斯沙皇帝国崩溃，德意志第三帝国灭亡，法兰西帝国和大英帝国受到严重削弱。大国在欧洲的博弈，使欧洲地区衰落了，域外的美国崛起了，横跨欧亚的俄罗斯发生革命了。第二次世界大战后，美国与苏联成为名副其实的大国，它们继续在欧洲进行不见硝烟的较量，最后以苏联解体而告一段落。欧洲国家特别是西欧国家，汲取历史的教训，试图浴火重生，走一体化之路，尽管取得了一些阶段性的成就，但破镜难圆，碎片化的趋势不仅没有扭转，而且还有愈演愈烈之势。由此可以看出，但凡大国博弈剧烈的地区，其结局往往以悲剧而告终。

近代以来，中国虽然成为列强角逐的场所，[①] 但毕竟既不是大国博弈的主要参与者，其所在区域也不是大国战略博弈的重心区，尽管

---

① 参见朱听昌：《中国地缘战略地位的变迁》，时事出版社，2010年10月版，第72—133页。

付出的代价惨重，但仍有再次站起来的机会。1949 年，中国共产党领导中国人民经过浴血奋战，建立了新中国。经过多年的奋斗，中国崛起为世界性大国，彻底改变了近代以来以欧洲为中心的国际格局。从目前看，亚太地区已经成为大国战略博弈的重心，这一潮流不可逆转。中国作为一个大国，与域内外国家进行战略博弈难以避免。那么，中国应该如何应对这场大考呢？首先要对战略环境做出清晰的判断，并据此找准主要的挑战，确定主要战略方向，先为不可胜，获取主动权。既要避免赌国家命运的决战，又要维护自身的核心利益不受损害。无论是从历史、现实还是可以预见的未来看，中国面临的最大挑战将来自于东北亚。这里不仅是过去和现今大国战略博弈的核心区，而且更是未来的决胜区。因此，如何应对东北亚地区的战略变局，特别是大国博弈的动机、形态和方式，就成了中国不得不深入研究和着力解决的重大战略课题。

一、至关重要的海陆桥头堡

东北亚，顾名思义，就是指亚洲的东北部地区。从地理位置来说，它包括俄罗斯东部地区（滨海边疆区、萨哈林岛等地），中国东北与华北地区，日本北部与西北部，韩国、朝鲜以及蒙古，即环亚西北太平洋地区。从政治意义上讲，其覆盖的范围要大的多，它包括中国、日本、韩国、朝鲜、蒙古五国全境以及俄罗斯远东沿海。其中，陆地面积有 1600 多万平方千米，约占亚洲大陆总面积的 40%。无论是从地缘范畴，还是从政治蕴含看，东北亚都是处于海陆汇合地带，既是欧亚大陆的东端，又是太平洋西岸。这里既有大陆国家，又有海洋国家，还有半岛国家。对于大陆国家来说，这里是走向海洋的依托，对于海洋国家来说，这里又是进入大陆的起点。因此，无论是大陆国家，还是海洋国家，东北亚地区都是名副其实的桥头堡。谁在东北亚地区获得了主导地位，谁就控制了桥头堡，谁控制了桥头堡，谁就掌握了进出大陆和海洋的主动权。

首先，海陆国家的连接区域。东北亚属于海陆复合型区域，既包括东亚大陆，也包括西北太平洋地区的半岛和岛屿；既有广袤的陆地，又有辽阔的海洋。可以说，东北亚是海陆国家的交汇区域。但是，东北亚地区在地理上有其独特之处，与世界上其他海陆结合部有着显著的不同。无论是大西洋两岸，还是印度洋沿岸，抑或太平洋沿岸的其他地区，海陆之间几无阻隔。即使沿海地区分布一些岛屿，要么面积较小，是邻近大陆国家领土的组成部分，即使是独立的国家，也往往依托大陆国家而生存，是大陆国家走向海洋的跳板，因而根本不会与大陆国家形成对抗。但是，东北亚地区的大陆沿岸却由半岛或岛屿国家环绕，海洋国家与大陆国家连为一体。而且，无论是大陆国家，还是海洋国家，都比较地强大，既可相互依托，又可独立发展。正由于如此，大陆国家致力于打开通往海洋的通道，海洋国家则设法在大陆上占据立足之地。

区域内的大陆国家有中国、蒙古和俄罗斯。俄罗斯东扩到亚洲以后，其坚定不移的目标就是取得通向太平洋的出海口。1689 年，俄罗斯与中国清政府划定国界时，并没有达到它的目标。其后，它一直图谋继续扩张领土，但由于清帝国的力量强大，不得不蛰伏下来，等待时机。19 世纪中叶，中国清王朝内忧外患加剧，俄罗斯便乘机将黑龙江以北和乌苏里江以东的中国土地悉数割取，从而在太平洋地区获得了一个出海口——海参崴。俄罗斯对此并不满足，在勘定国界时，又把中国通向日本海的图门江出海口占有己有。这样，俄罗斯就取得了东北亚地区大片沿海陆地，俯视鄂霍次克海与日本海。中国作为传统的东北亚大陆国家，一向占有便利的出海条件，从北向南拥有众多的优良港口，使中国与海外的往来十分密切。朝鲜半岛既是大陆国家走向海洋，也是海洋国家登上大陆的跳板。日本是位于东北亚地区的海上岛国，在其取得琉球之后，就成了该地区唯一海岛国家，像一条长链，锁住了东北亚大陆通向太平洋的通道，仅有几个海峡可供通行。所以，对于东北亚大陆国家来说，如果不能有效地控制日本，就很难真正地自由地进入太平洋。

对于海洋国家来说，如果没有日本作为支撑点，也难以从海洋方向将力量投送到东北亚大陆国家。

大陆国家需要海洋，海洋国家也需要大陆。东北亚地区是海陆交汇区，更是海陆国家往来的依托地和桥头堡。

其次，东亚大陆是走向太平洋的通道。海洋是重要的运输通道。历史上，在陆上交通困难，空中交通尚无的情况下，海洋成为人们交往的主要通道。近代世界的发展，离不开地理大发现，而地理大发现的成功，则是海上航行的结果。地理大发现，打开了人们的视野，开辟了各国人民之间往来的通道，推动了各大洲商业往来，建立了统一的世界市场。正是由于海上通道的便利，世界上特大城市与强大国家，几乎全都位于沿海地区，今天亦然。东亚大陆的特大城市，如上海、北京、天津、大连、首尔、东京等都是近海或临海城市。东北亚地区海上辐射面积广大，交通方便，向东辐射整个西太平洋地区，进而远达美洲和大洋洲。通过海上航线，向南经台湾海峡和南中国海，可以到达东南亚和印度洋，向东北可到达白令海峡和北极。随着气候的变暖，北极的冰川已大为减少，航道也随之开辟，这就更进一步扩大了东北亚海上通道的辐射范围。不仅如此，随着人们对海洋认识的深入，海洋资源对国家的发展更为重要。作为大陆国家，不仅要开发和运用陆地沿海资源，还要开发和运用远海资源。这就进一步突显了海上通道的重要意义。

再次，海洋国家登上东亚大陆的捷径。欧亚大陆是世界政治经济的中心，更是世界上主要大国长期战略博弈的主棋盘。英国地缘政治学家哈尔福德·麦金德在其《历史的地理枢纽》一书中提出了著名的被西方战略学家奉为经典的三段论：谁统治了东欧，谁就能主宰心脏地带；谁统治了心脏地带，谁就能主宰世界岛；谁统治了世界岛，谁就能主宰世界。[①] 麦金德所说的世界岛，就是欧亚大陆。自古以来，

① 参见［英］哈尔福德·麦金德：《历史的地理枢纽》，商务印书馆，1995年版，第13页。

欧亚大陆的主要大国相互征伐，大都以悲剧而告终：古罗马帝国、波斯帝国、阿拉伯帝国、蒙古帝国、拜占庭帝国、神圣罗马帝国、奥斯曼帝国、奥匈帝国、德意志第三帝国，莫不如此，即使庞大的“红色帝国”—苏联也在与美国的争霸中走向解体。海权国家兴起以后，大国博弈的中心虽然还是欧亚大陆，但方式有所改变，即更加注重对边缘地带的控制。无论是英国还是美国，往往都通过控制沿海地带，进而向大陆内部渗透。东北亚地区向西辐射欧亚大陆腹地，通过欧亚大陆铁路和空中走廊，可以到达中亚、西亚，甚至欧洲地区。因此，对于东北亚地区海洋国家日本或域外海洋国家美国来说，它们都着力开辟在东北亚地区的立足点，以打开通往欧亚大陆的通道。特别是对日本而言，要与欧亚大陆国家进行交往，从东北亚地区登陆是不二捷径。

总之，东北亚无论是对大陆国家而言，还是对海洋国家来说，都居于桥头堡的地位。它倚靠大陆，俯视海洋，是大陆国家走向太平洋的依托，同时也是海洋国家登上大陆的起点。

二、兵家必争的战略枢纽地

所谓战略枢纽，就是指对战争有决定意义的中心环节或对战争全局有重大影响的地点。东北亚地区，特别是以中国东北和朝鲜半岛为中心的边缘地带的战略地位极其重要，不管是对陆上还是海上方向，都是既可攻，又可守的要地。控制了东北亚，既可扼守阵地，抵御来自海上或陆地的进攻，又可对海上和陆地发起攻击。因此，东北亚地区成为战争的高发地。特别是近代以来，随着海洋国家和大陆国家战略碰撞的重心转移到边缘地带，东北亚更是成了兵家必争的战略枢纽之地。

首先，大国着力控制的地带。对于大国而言，控制任何一个地区，首先是军事上的控制。在殖民时代，各大帝国总是先以武力打开他国的国门，继之以经贸往来。第二次世界大战后，美国为了称霸世界，在各地驻军，并在全球范围内划分战区。20 世纪 80 年代，美国提出了控制世界上 16 个重要海峡的主张。这里所说的“控制”，当然是指军事控制。近代以来，随着工业的发展，贸易成为国家获取财富的重要手段，海洋成为重要、便利的通道。正因如此，欧亚大陆的东西两端，利用濒海的便利，迅速地发展起来，成为世界财富的生产地和集聚地。为了开展贸易，大陆国家迫切需要出海口，海洋国家则亟需登陆点。于是，处于海陆结合部、经济相对发达的欧亚大陆两端，就成了各大强国竭力控制的区域。因为控制了这些区域，就等于控制了世界的主要财富，为国家的生存与发展获取了战略空间，为国家的发展奠定了物质基础。所以，近代以来，世界上所发生的战争大都集中于欧亚大陆的东西两端。东北亚地区属于欧亚东部边缘，自然也就成了大国在军事上所致力控制的地带。在日德缔结反共产国际协定后，苏联深切地意识到，一旦德日两国共同向其发起进攻，它就必然面临两线作战的危险。为了完全控制中国东北，巩固和扩大日俄战争的成果，日本早就蠢蠢欲动，准备向苏联发动攻击。为此，苏联决定在远东地区部署重兵，首先教训日本，稳定远东。1938 年和 1939 年，苏联投入强大军力，一举击垮在张鼓峰和诺门坎（又称诺门罕）地区对苏联挑衅的日本军队，稳定了远东地区的形势，然后挥师西向，为赢得“卫国战争”夯实了基础。在甲午战争中，日本也是先出兵朝鲜半岛，击溃中国海军，再登陆中国沿海地区作战。同样，在日俄战争中，日本故伎重演，先在朝鲜半岛和中国辽东半岛向俄罗斯海军发难，进而与俄军在中国东北作战。通过这两场战争，日本控制了中国东北和朝鲜半岛—东北亚的核心区，从而获得了东北亚的主导权。

其次，大国武力相争的地带。近代以来，世界上发生的战争大都集中于欧亚大陆濒海的边缘地带。西欧地区、中东地区和东北亚地区成为世界上三大战争板块。如果说，三十年战争（1618—1648）拉开了西欧国家势力争夺序幕的话，那么 16 世纪末中国明朝政府与日本幕府政权在朝鲜半岛的战争则开启了东北亚国家间角逐的进程。其后，在东北亚地区，中俄之间打了几多仗；1895 年中日之间甲午战争爆发；1905 年日俄战争发生；1931 年日本策动的入侵中国东北的“9·18”事变爆发；1937 年“七·七”芦沟桥事变标志着日本侵华战争的全面发动；1941 年日本偷袭珍珠港后，美国正式对日宣战，太平洋战争爆发；1945 年，苏联出兵东北，与日正式开战；1950 年，朝鲜战争爆发，中美直接对垒。至于中东地区，历经千余年的争夺，各大帝国纷纷在战争中崛起和没落，即使到了今天，也没有消停下来。在西欧地区，由于战争的教训深刻，各国已跳出传统博弈的藩篱，通过建立一体化合作的方式，谋求共同发展。如果说，在美苏对峙的冷战时期，欧洲地区仍有可能爆发大战的话，那么，随着苏联的解体，欧洲战争的风险已急速降低。在中东地区，由于大国博弈的力度并不高，俄罗斯只在叙利亚建立了军事基地，并对其大力支持，但叙利亚自身困难重重，内战不断，多股外部势力渗透，几乎不可能成为俄罗斯在中东扩大影响和势力的工具。俄罗斯虽然与伊朗的关系也十分密切，但伊朗在中东阿拉伯国家中影响力极为有限。美国在中东的势力依然最为强大。除了叙利亚问题外，俄罗斯也不希望在其他国家与美国进行直接的冲突或进行代理人战争。因此，中东地区虽然战争不断，但规模有限、可控。唯独在东北亚地区，既存在着大国之间的激烈博弈，又有中小国之间的严重对立，中日钓鱼岛之争的前景尚不明朗，俄日北方四岛的纠纷仍是隐患，而半岛核问题又如同一颗不定时炸弹随时可能引爆，韩国决定引进萨德系统使得中美韩三国走上正面对垒，而这些冲突争端都缺乏有效的地区安全调控机制。所以，如果世界上爆发大规模战争的话，那么就十分可能在东北亚。

再次，大国重兵驻扎的地带。今天，大国重兵相守的地区就是北大西洋地区和东北亚地区。美国在欧洲地区长期驻兵，重在防范苏联/俄罗斯。在东北亚地区，美国也驻有重兵，不仅防范苏联/俄罗斯，也防范中国。更为引人注目的是，参与东北亚博弈的各大国在这一区域都驻有重兵。美国在韩国和日本自战后以来一直驻军。目前，美国在韩国的驻军达2.85万人，在日本驻有近4.7万人。[①] 其中，包括驻在韩国的陆军第八集团军司令部和驻在日本的第1军军部前指。俄罗斯东部战区，其司令部设在远东地区的哈巴罗夫斯克，拥有强大的战斗力。中国北部战区的兵力规模在五个战区中也极其靠前。日本自卫队的兵力规模虽然较小，但战斗能力不可低估。此外，朝鲜半岛的军事化程度堪称世界各区域之最。各大国之所以在东北亚地区驻扎重兵，其主要原因是担忧在东北亚地区失去军事控制权。

由此可见，对于本区域的大陆国家来说，守住东北亚，既维护了自身的安全，又打开了海洋的通道；对于海洋国家来说，控制了东北亚，既能遏制大陆国家走向海洋的通道，又据有向大陆扩张力量的桥头堡。因此，长期以来，东北亚地区一直是兵家必争的战略枢纽之地。

三、潜力巨大的经济增长带

一般而言，边缘地带易于发生战争，资源富地易于招致战争。东北亚之所以成为兵家必争之地，战争多发区域，除了重要的地缘战略因素之外，还在于它丰富的资源、繁荣的经济和巨量的财富。

首先，资源丰富。资源是一个国家或地区发展的基础。东北亚地区土地广袤，农产丰富，是世界水稻、玉米、小麦、大豆、水果、肉类、茶叶、棉花和蚕丝等的重要产区；又由于相当大的部分地区人口稀少，草原广阔，森林茂密，因而畜牧业、畜产品和木材加工业发达；这里海洋辽阔，出产大量的鱼类及其他海产品；无论是陆地还是海洋，矿藏种类丰富，储量巨大。一句话，这里所拥有的各类资源，可以为本地区的经济发展提供足够的支撑，也引发了域外国家的觊觎

① 参见：《美防长抵首尔展开首次海外访问美韩将按计划今年部署萨德系统》，《联合早报》2017年2月3日，http：//www.zaobao/news/world/story20170203－720230。

之心。

其次，工业发达。优越的自然条件使东北亚沿海地区成为世界上人口最为稠密的区域之一，从而推动了工业、农业和畜牧业的发展。东北亚的工业水平极为先进。目前，日本、韩国和中国东北的高新技术产业、重化工业、信息技术及相关产业十分发达。汽车、高新电子、机床、造船、石化、精密仪器仪表、手机、摄像机、平板显示器、飞机零部件以及其他数码产品等高技术产业居于国际一流水平；中国东北的航天技术产业和军工产业已达到或接近世界一流水平；世界500强企业中的将近一半都落户在这一地区。

再次，财富丰盈。丰富的资源、众多的人口、发达的工业、高产的农业、便利的交通等，使东北亚地区成为亚洲最发达的地区，与欧盟、北美一起并列为当今世界最富有的三大区域。其中，日本属于世界一流发达国家；韩国已经完成工业化，进入中等发达国家行列；俄罗斯拥有巨量的经济资源和雄厚的工业基础，中国是发达程度最高的发展中国家。需要特别强调的是，中国虽然仍是一个发展中国家，但却是世界上最大贸易国、制造国，且工业门类齐全，现已成为世界上第二大经济体，而且在不久的将来，不仅在经济规模上可能跃居第一，而且还将成为世界经济前行的引领者①和动力源。进入21世纪第二个十年，“东北亚地区国家经济实力约占全球GDP的四分之一”。②

亚太地区是当今世界经济最富活力的地区，③ 俄罗斯总统普京也认为，未来几十年，亚太地区将是世界经济增长的最大动力源，这种趋势不可逆转。④ 而东北亚地区则是亚太地区经济最富有活力的地区。快速的经济发展已使东北亚地区成为世界上著名的潜力巨大的经济增

① 参见《与时俱进，为世界经济把好舵》，《人民日报》2016年9月19日。

② 参见黄凤志、孙国强：《东北亚地缘政治环境的新变化与中国的应对》，《东北亚外语研究》2013年第3期。

③ 参见赵江林、吴奕辉、吴辛烨：《亚太地区经济形势回顾与展望》，《亚太经济》2016年第1期，第3页。

④ 参见《普京：亚太地区是世界经济发展最大动力源》，新华网2015年6月20日，http：//news. xinhuanet. com/world/2015 -06/20/c_127934425. htm。

长带。

四、大国聚集的地缘竞技场

所谓大国，是指综合国力比较强，在世界或地区事务中发挥重大或决定性作用的国家（Great Power）。综合国力（Comprehensive National Power）是指一个国家生存和发展所拥有的全部实力（物质力和精神力）与国际影响的合力，包括政治力、经济力、国防力、文科力、外交力、资源力等七大要素，[①] 也可认为是硬实力（Hard Power）与软实力（Soft Power）的统称，即国家有形的物质力量和无形的导向力量。在国际事务中，综合国力的体现就是通过强制的和非强制的方式使其他国家按自己的意愿进行行动的能力。以此为标准，根据利益触角和力量覆盖的范围，美国、中国、俄罗斯是具有世界影响力的大国，英国、德国、法国、印度、日本等是拥有地区性影响力的大国，还有一些次区域性大国如巴西、埃及等。

在东北亚地区的6个国家中，中国、俄罗斯、日本综合国力强，参与国际事务的意愿高，对东北亚地区事务的走向起着重大或决定的作用。朝鲜、韩国和蒙古虽然也希望在地区事务中发挥作用，但囿于实力的限制，影响力有限。作为域外国家的美国，由于同日本与韩国签订了同盟条约，且在两国驻军，在东北亚有重大战略利益，对该地区的事务也有着举足轻重的影响。为了维护和扩展利益，各国都希望使东北亚的战略局势朝着自己期待的方向发展。这样，在东北亚地区的国际关系图景中，就存在着三个层面的战略博弈，即中小国之间如朝鲜与韩国，大国与中小国之间如美朝、中韩、日朝、日韩，大国之间中日、中美、中俄、俄美、日俄、美日，而且三个层面之间相互作用。由于朝鲜与韩国之间的博弈，主要依靠大国的支撑，且是大国博

---

① 黄硕风：《综合国力新论：兼论新中国的综合国力》，中国社会科学出版社1999年版，第12—13页。

弈的产物，因而中、俄、日、美之间的竞争与合作就成为东北亚地区最为重要和最具影响力的战略博弈。由此可见，美、中、俄三个世界性的大国和区域性的大国日本都聚集在东北亚，使这一地区自然而然地成为大国角逐的场所。其实，自近代以来，大国在东北亚地区的较量一直在激烈地进行着，只不过时代不同，角逐的对手有所不同而已。当今世界，两支最大的战略力量在此继续博弈。

一是美日同盟。从目前来看，日本通过一系列条约将自己的安全与美国利益捆绑到了一起，美日同盟在冷战结束后其基本战略价值并未消除，而是通过新的美日安全保障条约使防卫合作指针得以强化和充实，其功能是保障美国在东北亚的政治、经济与安全利益及日本的政治安全，同时借以遏制来自东北亚的潜在竞争对手的战略性挑战。但是随着中国的崛起，特别是“反介入/区域拒止”战略能力的提高，美日两国认为，东北亚较稳定局势可能被打破。因此，为了遏制中国，同时也避免未来被边缘化情况的出现，美国制定和实施了重返亚太战略。当然，美日同盟也并非铁板一块，经济上的竞争，以及日本要求成为“正常国家”、要求美国撤军的呼声，也使两国关系出现了裂缝。但是考虑到战略利益的共同需求，两国都在努力地调整经济和安全方面的竞争与合作关系，美日关系处于一种调整的平衡状态。

美国在东北亚地区扮演“隔岸平衡手”的角色，一方面把日本拉入其同盟体系，为美国战略利益服务，另一方面也要把日本力量保持在可控范围之内，利用日本遏制中、俄，同时又利用中、俄以维持在日本的军事存在。

美国在处理同中国和俄罗斯的关系方面采取的是一种接触加遏制的政策，接触的本意是指用非武力的手段来消融崛起大国行为中的扩张性因素，在使中、俄两国进一步融入国际社会的同时，也是美国的影响力介入到两国的内部事务中，维持现存的东北亚政治、安全格局。与此同时，美国还对中俄加以遏制。第二次世界大战后，美国为了维护其资本主义世界霸主的地位，防止社会主义国家苏联势力的扩大，对苏联实施遏制政策。对于中国，美国的图谋大体相近，也把遏制作为一种手段，只不过在不同的时期里，方式有所差异，程度有所不同。

二是中俄伙伴。中、俄关系是除美日关系外的较为稳定的一对具有全球性影响的战略伙伴。苏联解体后，困扰中国北部安全的大患消除，中、俄之间的经济互补强于任何时候。不过，中、俄之间没有任何实质性的结盟，两国也不可能联合起来形成所谓的“反霸同盟”，而失去与世界上经济实力最强、科技水平最高的国家的友好关系。冷战结束后，美国成为世界上唯一超级大国。美国仰仗其强大的国力和庞大的联盟，欲将其社会制度推向全球，进而领导和称霸世界。在过去的二十余年里，美国从欧亚大陆的两端对中俄两国的战略空间进行挤压。在欧亚大陆西部，美国推动北约和支持欧盟“双东扩”，将东欧国家纳入自己的控制范围。不仅如此，美国还在东欧地区部署反导系统，威胁俄罗斯的国家安全；在东北亚地区，美国力求在日本和韩国部署“萨德”系统，使中国和俄罗斯的国家安全利益受到危害。在这种情况下，中俄通过密切的伙伴关系，协调彼此的立场，在东北亚地区与美国和日本等进行战略上较量。

随着中国经济实力的不断增强，东北亚地区逐渐成为世界经济中心，从而有可能打破已存在数年的多强均势格局。为了避免出现被边缘化的局面，除了美国之外，其他的西方国家，也必然加入进来，以这样或那样的方式对东北亚的战略博弈的棋局施加影响。这样一来，东北亚局势更趋复杂化。

不仅中美、中日之间，而且美俄、俄日之间都有可能爆发冲突。因此，在群雄逐鹿的东北亚地区，国际安全将会出现恶化，甚至严重恶化的趋势。

五、中国兴衰的命运攸关区

在东北亚地区博弈的大国中，中国既是世界性的大国，又是属地大国，更是本地区历史最为悠久的大国，因而其地位和作用最为特殊。“历史已经证明，中国兴则东亚稳，中国衰则东亚乱”。[1] 这里所说的东亚，当然包括东北亚。同样，东北亚局势的发展，对中国的命运与前途也影响重大。对于美国而言，即使在这场博弈中失利，无非是战略退却而已，还可待机卷土重来。美国在局势不利时实行战略收缩，已发生过多次。就俄罗斯来说，其战略重心在欧洲，在东北亚博弈中，只要守住了既有的疆土，就已手握胜券。对中国来说，情形就完全不一样了，没有任何退却的空间。纵观历史，在中国大多数的王朝兴衰中，似乎都能从东北亚核心地区——中国东北和朝鲜半岛找到直接或间接的原因。

在几千年的历史长河中，由于地缘的特征，中国中央王朝的安全问题几乎都来自于北方。中国的西部大都是高山与高原，南方多为河道纵横森林区，东部是一望无际的大海，这些地区难以形成足以挑战中国安全的势力。相对而言，中国的北方虽然大多为荒漠与草原，但却生活着大量的游牧部落。因此，中国历代王朝经常受到来自北方的骚扰。为了解决这一问题，秦朝修建了长城。其后历代王朝，则采取怀柔与征讨相结合的方法，逐步统一北方。然而，对于距离中央政权中心极其遥远的东北亚核心区，特别是朝鲜半岛，中国历代王朝都曾试图加以控制，但由于各种条件的限制，大多都事与愿违，成功的机率比较少。

汉武帝因征伐高句丽而导致国家严重战略透支，随后便一蹶不振；隋朝文、炀二帝因出兵高句丽致使国库空虚，二世而亡；唐太宗由于远征高句丽而使国家进入衰退，其后唐代数位皇帝都未能从根本上扭转颓势；蒙古部落先征服金国，稳定了北方之后，进而南下灭亡南宋；万历皇帝也由于在朝鲜半岛用兵，而使明朝政权走上了不归路。满清从东北入关，一举击溃明朝政权；因为朝鲜半岛问题而发生的甲午战争成为促成清朝垮台的重要原因；中国国民党政权的崩溃，

---

① 朱听昌著：《中国地缘战略地位的变迁》，时事出版社，2010 年版，第 8 页。

固然有着众多的原因，但中国共产党领导的武装力量在抗日战争胜利后率先进入东北，抢占先机，无疑是最后取得全国胜利的关键一着。新中国建立后，通过朝鲜战争，打败美国，树立了国际威望，奠定了大国崛起的战略基础。

今天，世界政治经济中心已从大西洋地区转到了亚太地区，中国因迅速崛起而比历史上任何时候都更加接近国际舞台的中心。如果说在冷战及冷战后的一个时期，国际斗争的焦点是在欧洲的话，那么在今天，亚太地区就成了国际角逐的重心。无论是美国的“亚太再平衡”战略，还是中国的“一带一路”战略，抑或是俄罗斯新版外交政策准则，以及日本联美拉俄制华的战略举措，都把着力点放在亚太地区。而在亚太地区，东北亚地区因其独特的战略地位就成了各大国博弈的重要抓手。因此，毫无疑问，东北亚地区的战略走向以及中国的战略应对势必影响着中国的前途与命运。

正是由于东北亚地区的重要战略地位，历史上大国为了控制这一地区，曾展开激烈的博弈。今天和在可以预见的未来，域内外国家还将继续竞合下去。无论是哪一个大国，都不会退出博弈：美国撤出东北亚，就意味着近200年来向太平洋扩张的战略以失败而告终，也意味着从世界政治的中心舞台消失；俄罗斯也不能退出，因为那样做将意味着“双头鹰”变成“单头鹰”；中国与日本都是属地国家，毫无退却的空间。为了实现中华民族的伟大复兴，防止历史悲剧的重演，我们必须对大国在东北亚战略博弈的历史、现状、手段运用、演进规律进行深入的研究，从而做到未雨绸缪，在这场决定国家前途与命运的战略博弈中，争得主动，笑到最后。

第一章

大国东北亚战略博弈的历史起源

东北亚地区自古以来就有人类活动，在民族与国家形态出现之后，主要是陆上民族与国家进行博弈，如中国历代汉王朝、朝鲜半岛上的国家以及蒙古、女真等少数民族政权等，竞相为扩大自己的地盘而斗争。无论是从所掌控的土地面积、人口数量、经济规模，还是政权管理、文化发展、科技进步上讲，东北亚地区的其他国家或政权根本不能与中国相提并论。即使日本列岛上自公元四世纪起建立了统一的国家，到七世纪建立了天皇制度，但国力依然弱小，加之大海的阻隔，无法与大陆国家相争。随着航海技术的发展，特别是通过学习和借鉴中国，日本在645年开启“大化改新”后，力量有所增长，并在663年染指朝鲜，与中国的唐军进行了“白村江之战”，结果大败。其后近千年的时间里，日本未再妄动。所以，在甲午战争之前的历史上，中国（无论是汉王朝，还是元、清政权）在东北亚地区一直居于主导地位。到了明朝初期，日本的经济、军事实力大为增强，成为东北亚地区，甚至整个西太平洋地区除中国之外的最强大的国家。在明朝末期，日本丰臣秀吉率军侵入朝鲜，中国政府出兵反击，拉开了东北亚地区大国博弈的序幕；后来，俄罗斯沙皇帝国东进，将版图扩展到东北亚地区，加入了区域博弈的进程；20世纪初，英国通过与日本结盟，曾经对东北亚事务产生过影响；第二次世界大战中，美国的力量大举进入东北亚，遂成为参与该地区博弈的一支重要域外势力。这样，中国、俄罗斯（苏联）、日本、美国就成了东北亚地区战略博弈的主要力量。

第一节　中国核心地位的确立

在东北亚地区，早在公元前 21 世纪，中国王朝政权就已建立，管辖范围广大，管理制度完善，已具备了现今国家的初步形态。虽然在中国政权控制区外的北方，生存着一些族群，但依然称不上国家，只是部落而已。直到公元前 11 世纪周朝建立之际，商朝部分遗民为躲避周武王的攻击，逃至今天朝鲜半岛的北部，才在那里建立了朝鲜侯国。位于东亚地区海岛上的日本，大约在公元 4 世纪左右，经过长期的整合，在本州、九州、四国和北海道的各部落，才形成了大和民族国家。这样，东北亚地区就出现了中、朝、日三个国家。由于朝、日国土狭小，文化落后，逐渐与中国王朝建立了朝贡或藩属关系，因而中国在长达三千余年的时间里，一直是东北亚的主导者。

一、朝鲜成为中国藩属

在东北亚的历史进程中，朝鲜半岛一直是大国博弈的焦点地区。中国王朝政权建立近千年之后，朝鲜半岛都还是一片未被开垦之地。根据司马迁《史记》中的记载，大约公元前 1122 年，周武王伐纣后，纣王的叔父箕子率五千商朝遗民逃亡至朝鲜半岛北部，建立了“箕氏侯国”，史称“箕子朝鲜”。箕子朝鲜存续至公元前 194 年。所以，今天的朝鲜人与中国人其实是同宗同族的关系。在“箕子朝鲜”建立后的三千余年时间里，中朝两国有时合并，有时分离，有时关系密切，有时又尖锐对立。说到底，在很长的历史时期内中朝两国曾是东北亚博弈的两大主角，尽管力量极不对称。

箕子朝鲜建立后，中国王朝政权的控制范围，逐步扩大到沿海地区，并向东北亚其他地区渗透。朝鲜半岛上建立起来的王朝，也着手扩大势力，向大陆腹地伸展，与中国王朝政权产生了冲突。这样，中国王朝与朝鲜半岛政权就不可避免地产生矛盾与斗争。经过数年的战争，最终确定了中国王朝与朝鲜半岛的朝贡关系。

西汉初年，燕王卢绾叛乱，其部将卫满（鲜卑族）率千余人进入朝鲜。公元前 194 年，卫满在平壤一带建立政权，推翻了箕子朝鲜，建立了“卫氏朝鲜”（公元前 195 年—前 108 年），其势力范围北至辽东，南至今日首尔一带。为了征服朝鲜国，汉武帝在元封二年（公元前 109 年）至元封三年（公元前 108 年），派兵攻打卫氏朝鲜。后在朝鲜半岛中部和北部设置了四个郡，分别为乐浪郡、玄菟郡、真番郡、临屯郡，合称汉四郡，从而首次将朝鲜纳入中国版图。

随着汉朝政权的衰落，朝鲜各部势力纷纷脱离中央政权的控制，分别建立独立的国家。公元前 57 年到公元 668 年之间，朝鲜半岛先后建立了三个国家，即高句丽（公元前 37 年—668 年）、百济（公元前 18 年—660 年）和新罗（公元前 57 年—935 年），史称朝鲜三国时代。期间，中国十六国时期，前燕慕容氏家族多次大败高句丽，抑制了高句丽在辽东的扩张，在一定意义上维护了中国在东北的疆域。公元 589 年，隋文帝杨坚统一中国后，要求周边国家和民族为其臣属，并得到了其中大多数国家的认可。但高句丽平原王和后来的婴阳王则坚决反对，认为高句丽与隋朝应该是平等的。不仅如此，高句丽还多次侵袭隋朝边疆。为此，隋文帝杨坚、隋炀帝杨广父子先后四次兴兵征伐，十余年间总计征发民众一千万人次以上，不仅均无功而返，而且还引发了国内大规模暴动，以致大隋帝国二世而亡。

唐朝建立后，唐太宗李世民、唐高宗李治父子又数次出兵朝鲜半岛。公元 663 年，唐朝联合新罗在白江口大败百济和倭国联军，灭亡百济，次年进攻高句丽，久围其国都不下而返。公元 668 年，唐高宗再次出兵，最终于当年 9 月攻克其国都（今平壤），分其境为九都督府、四十二州、一百县，在其首都故地设立了安东都护府，辖境东起日本海，西至辽河，北到松花江流域，南到朝鲜半岛的汉江流域；在朝鲜半岛西南部设立了熊津、马韩、东明、金涟、德安五都护府，后合并为熊津都护府（今公州）。其后新罗再叛，唐高宗再次出兵，公元670至676年唐朝新罗战争后，新罗复为唐朝附属国，公元935年被高丽所灭，新罗时代结束。

公元900年，在唐朝政权陷入衰微之际，朝鲜半岛的农民发动起义，起义军将领甄萱称王，建立后百济，定都光州。公元901年，新罗贵族弓裔称王，建立后高句丽，定都开城，后迁至铁圆。至此，朝鲜半岛再次分裂，新罗、后百济、后高句丽并称为朝鲜“后三国时代”。公元918年，后高句丽建立者弓裔的部将王建被下属拥立为王，迁都至自己的家乡（今开城），改国号为“高丽”，公元935年，灭新罗；公元936年，灭后百济，建立高丽王朝，史称“王氏高丽”。至此，朝鲜半岛建立起统一的国家政权。北宋时期，位于中国北方的契丹族建立了辽国。公元993年高丽被契丹击败，被迫断绝和宋朝的关系，向契丹称臣。在这一时期，高丽已将领土北界由新罗时的大同江向北扩张至清川江中上游至鸭绿江下游一带，疆域远超新罗。后来金国征服了辽国之后，一方面向南入侵北宋统疆域，另一方面攻击朝鲜半岛，1127年高丽被迫臣服金国。

蒙古族兴起后，金国被其所灭。随着金国对高丽控制的失去，公元1170年和1173年，以武将郑仲夫为首的军人，发动政变，废立国王，建立了武将崔忠献挟持国王的“都房”政权。1231年蒙古军进攻高丽，1258年崔氏政权垮台，国王投降。元朝建立后，高丽成为元朝的内属国，后被改为元朝的一个行省，即征东行省，朝鲜半岛历史上第二次被纳入中国版图。直到元末1356年，高丽恭愍王才乘元朝政权崩溃之时，使朝鲜政权脱离了中国中央政府的控制。

明朝建立后，1388年，高丽国王派都统使李成桂进攻辽东，李成桂却发动政变，于1392年废黜高丽国王，自立为王。随后，李成桂决定与明朝政权建立主从关系，将两个待选国号“朝鲜”（箕子所建古国名）、“和宁”（李成桂诞生之地）上奏明太祖朱元璋裁定，朱元璋御笔钦定为“朝鲜”，取“朝日鲜明”之意。李成桂定都汉阳（今韩国首尔），史称李氏朝鲜。自此，朝鲜国承认是明朝的属国，向明王朝纳恭称臣。清朝政权取代明朝之后，朝鲜继续作为中国的一个藩国而存在。

二、倭国（日本）接受中国册封

当中国世袭王朝政权已建立两千余年之后，位于东亚海岛上的日本各部落才建立起一些国家。根据史料记载，东汉光武帝当政时期，日本列岛上大概有100多个部落国家。公元57年，南边一个叫奴国的部落国家派使者携带礼物，渡海来朝见中国皇帝。东汉光武帝赐给他一方金印，这是中国史书上记载最早的中日间“官方”交往。[①] 为了获得大陆国家的支持，列岛上的其他一些部落国家也纷纷向中国派遣使节。三国时期的238年6月，兼并了三十多个小国，成为日本岛上实力最为强大的邪马台国，向魏明帝（曹睿）派来使者。中国皇帝给予了高规格的接待，并诏封女王为“亲魏倭王”，赐以金印紫绶，同时封其正使为率善中郎将、副使为率善校尉，赐以银印青绶。[②] 这是历史上中日两国建立册封关系的开始。

得到了中国皇帝册封的邪马台国，以强大的中国为靠山，极大地增强了其对内对外的威慑力。不仅如此，回赠物品的高技术含量和远高于所献礼品的昂贵价值，每一次都给邪马台国带来了实实在在的利益。正是这种以朝贡名义进行的不等价交换给倭国带来的实惠，以及倭国经济社会发展对中国技术和物质的需求，使倭国对与中国的交往保持着极大的热情和积极性。

大和政权统一日本列岛后，其最高统治者“大王”很快就向中国派出了使者。在频繁的交往中，大量中国东渡日本列岛的人，成为“归化汉人”。他们不仅将中国的先进技术带到了日本列岛，而且也将发达的文化传播到了那里。同样，也有一些日本列岛的人在中国长期

---

① 参见《后汉书·东夷传》，《二十五史》第2卷，上海古籍出版社、上海书店1988年版，第104页。

② 参见《三国志·魏志·倭人传》，《二十五史》第2卷，第104页。

定居下来。他们为两国之间的交往发挥了积极的作用。

大和政权的先后五代大王“赞、珍、济、兴、武”，多次派出包括“归化汉人”在内的使节前往中国，接受中国皇帝的册封，甚至主动请求赐予自己所希望的封号。第一代大王“赞”，于413年、421年、425年、430年遣使来中国朝献，并接受中国皇帝的册封。第二代大王“珍”，于438年遣使来华，表示愿意像前王一样，继续发展两国之间的册封关系。他要求南朝宋文帝授予他如下封号：“使持节都督倭、百济、新罗、任那、秦韩、慕韩六国诸军事安东大将军倭国王”。但是，宋文帝只给了他同前王一样的封号：“安东将军倭国王”，对于他觊觎朝鲜半岛的企图则未加理睬。第三代大王“济”，于443年、451年、460年三次派使来通交请封。第二次来时，他得到了前王想要而未得到的全部封号。到了第四代大王“兴”时，有关朝鲜半岛的封号又统统被中国皇帝拿掉，得到的封号只剩下一个“安东将军倭国王”。第五代大王“武”，于478年遣使上表，请求的封号比第三代倭王“济”还要多，把朝鲜半岛的六国增加到七国。宋顺帝只是去掉了百济，其余的竟都答应授予。由此可见，从东汉至南北朝代，中国与日本已建立了册封关系。后来的百余年间，由于中国长期处于乱局之中，几无中央政权，中倭两国的官方交往中断了。

三、日本着力学习中国

隋朝政权建立以后，倭国便于公元600年开始，向中国派出了使节。他们一到中国，就积极投身到学习之中。在每次派遣的使团中，都含有相当比例的留学人员。他们根据各自的学习任务，分散到各个领域，学习中国的典章制度、文学艺术、科学技术、医学以及宗教哲学等。他们的学习时间都很长，有的竟长达二三十年。在隋朝存在的三十余年里，倭国朝廷先后四次向中国派出了使节和留学生，全面系统地学习和模仿中华文明。

在长期的学习过程中，日本的各个方面都取得了很大的进步，其对中国的态度也发生了变化。例如，倭国于607年第二次遣隋使的国书中写道："日出处天子致书日没处天子，无恙。"① 一直视倭国为东夷下国的隋炀帝大为不满，他命令鸿胪卿："蛮夷书有无礼者，勿复以闻。"② 尽管如此，隋炀帝对倭国能够在自己临朝时主动前来朝见，仍然感到满意，因而在次年，倭使完成使命回国之时，特意派官员与其同行，并对倭国进行回访。在致倭王的国书中，隋炀帝仍以皇帝之号，居高临下，问候倭王，并对其能够"远修朝贡"表示赞许。倭王接到隋炀帝的国书后，也颇感不快，认为隋帝未以君主之礼平等相待。然而，倭国执政者认为，两国关系甚为重要，也照搬隋帝的做法，置国书于一边，一方面隆重款待隋帝的使者，另一方面遣使护送隋帝使者回国，并再次造访隋都。鉴于隋炀帝不满"日出"与"日没"的字样，倭国在保持平起平坐的前提下，遂将国书的措词改为："东天皇敬白西皇帝。"这是倭人首次称自己的大王为"天皇"，并延续至今。当然，隋帝有令在先，鸿胪卿也不会将此国书上达。

虽然倭国的统治者希望以平等的地位与中国交往，但由于巨大的实力落差，根本不可能实现。因此，在唐朝建立起来之后，倭国非但没有产生抵触中国的情绪，反而向中国派遣更多的使节和留学生，更加积极地学习唐朝的先进文化与科技。因而可以这样说，隋唐时期是日本集中精力全面学习企图赶超中国的时代。

唐朝是中国历史上一个辉煌的时代，疆域进一步扩大，耕地面积大幅增加，农业发展迅速；人口也急剧增长，到8世纪中叶时，已接近5300万；手工业生产的发达推动了商品经济的发展，进而催生了一批繁华的大都市如长安、洛阳、扬州、广州等；对外贸易空前活跃，从东北亚到南洋、印度、波斯、大食，远近各国商船聚集中国大型商港。在广州的外国商人最多时达到十几万人。③ 与此

---

① 《隋书·倭国传》，《二十五史》第5卷，第219页。

② 同上。

③ 尚钺主编：《中国史纲要》，人民出版社，1980年版，第150页。

同时，唐朝的国家治理也实现了重大飞跃，中央政府权力集中，法制严密，机构完备，官制规范。科学技术和思想文化也达到了新的高度，地球子午线测量、雕版印刷术等重大科技成就均为唐代首创、世界领先。

从公元630年唐朝建立开始，到9世纪末唐朝灭亡为止，日本先后派出遣唐使18次，规模不断扩大，从100人左右到超过650人。[①]在遣唐使中，留学生占比越来越大，综合素质也不断提高。他们在中国通过学习，变得知书达理，把先进的文化和技术源源不断地带回日本，学以致用，为日本的社会发展、文化进步、经济增长和政治变革提供了重要支撑。

通过学习隋、唐国家治理经验，日本决定进行改革。公元645年，日本孝德天皇发布改新之诏，仿照中国的年号制度，定年号为大化，以当年为大化元年，让从唐朝回国的留学生直接参与各项改革措施的制定。经济上，废除传统的部民制，模仿唐朝，实行公地公民制，租庸调制，由国家统一颁田，统一收租税。政治上，按照唐朝的模式，建立从中央到地方的各级机构，由中央直接任命各级官员。无论是机构名称还是官职名称，都与唐朝完全相同。在改革过程中，先后编撰了以年号为名称的《大宝律令》《养老律令》等，把改革的成果以法律的形式确定下来。法律的编撰也仿照唐朝的做法，分成律、令、格、式四种，具体名称也几乎与唐相同，称为户令、田令、职员令等。大化改新，是日本历史上第一次大规模、全方位的改革，其核心内容就是以唐朝为样板，建立日本式的律令制国家。

通过大化改新，日本建立起一个完全不同于古代传统社会的新型封建君主制国家，对其以后社会历史的发展，特别是在政治理念、思想文化以及物质文明的诸多领域，都产生了极其深远的影响。从一定意义上说，没有借鉴和模仿中国唐朝的“大化改新”，可能就没有一个近代高度发达的日本国家。

---

① 杨正光：《中日关系简史》，湖北人民出版社，1984年版，第51页。

四、琉球王国称臣中国

琉球王国曾存在于中国台湾岛东北和日本九州西南之间的琉球群岛上，由以冲绳、宫古、八重山三岛为中心的140多个大小岛屿组成，总面积大约为3600余平方千米。在琉球王国所拥有的岛屿中，冲绳本岛的面积最大，为1200多平方千米。琉球群岛南北绵延达1000千米，西侧为东中国海，东侧为太平洋。历史上，琉球王国是东北亚和东南亚贸易中转站，有“万国脊梁”之称。

琉球群岛远离日本，原本是一个独立存在的国家，根本不是日本的领土。根据历史记载，琉球国早就形成。中国的《隋书》将其称之为“流求”，《元史》将其称之为“瑠求”。由于特殊的地理位置，琉球王国不得不在中国与日本之间经常打交道。[①] 元朝末年，琉球王国分裂为三个国家，即中山、山南和山北。这三个国家与日本历代政权都进行平等交往，毫无隶属关系。

1372年，明朝政权派杨载出使琉球群岛三国。对其国王们进行了册封。三国国王也明确地表示接受册封，向明朝称臣。至此，琉球三国正式成为明朝的藩属。鉴于琉球王国的居民只有名而无姓，中国永乐皇帝赐琉球王氏为尚姓，史称“第一尚氏王朝”。1429年，中山国王尚巴志兼并其他两国，建立起统一的琉球王国，定都首里城。中山国国王被明朝皇帝册封为琉球王，继续向明朝纳贡。此后，琉球国一直按照明朝的典章制度向明朝进贡，每个国王登基时，都要接受来自明朝皇帝的册封。由于琉球王国与明王朝的藩属关系，明皇帝还把闵南人的36姓赐予琉球人使用。

明朝灭亡以后，琉球王国继续向清朝进贡。顺治帝曾将琉球国王册封为“中山王”。康熙即位后，又将其改封为琉球国王。此后的一百多年间，历任琉球国王即位时，都遣使到中国请求册封，从未

① 参见何慈毅：《吞并琉球王国》，《外国语学院学报》2007年11月刊。

间断。

五、北方部族地区进入中国版图

中国中央政权建立之后，在北部地区还存在着一些少数民族政权。自周朝至明末，这些政权曾不断地对中国中央政权的控制区进行骚扰和侵掠。在汉朝建立后，匈奴政权的侵掠行为日益加重，汉朝政权采用软硬两手加以应对。一方面，通过和亲的方式，与匈奴政权建立密切关系，以维护边陲稳定。另一方面，当和平手段失去效用时，就使用军事手段，进行打击、驱逐。其后的历代王朝，大体上沿袭了这种怀柔与打击相结合的方式，来处理北方的安全问题。这样，经过1000多年的努力，在近代国家形态出现之时，北方部落地区基本上纳入中国的版图。

秦朝的建立，结束了长达数百年的诸侯割据局面，再次统一了中国。但是，秦朝的历史并不长，只有区区15年的时间，内部尚未稳定，更谈不上处理对外关系。尽管如此，秦朝政权倾其国力修建长城，足以证明北方游牧部落的威胁极其严重。汉朝政权建立之初，匈奴势力极为强大，汉高祖刘邦在讨伐匈奴时，竟然被匈奴围困在平城（今山西大同）7天7夜，好不容易才脱身。[①] 为了巩固新生的政权，汉朝初年对待匈奴的方法主要是用联姻和赠送大量礼物。但到了汉武帝时，汉朝政权已经稳定，国力变得充盈，对于匈奴的南下侵扰，不再忍让，而是进行武力打击。他先后派大将卫青、霍去病率军与匈奴作战，将匈奴的势力逐出大漠以南，迫使其远徙。到了东汉时期，北方的匈奴分裂为南北两个部分。于是，为了防患于未然，东汉政权便与南匈奴一道对北匈奴进行打击。公元91年，北匈奴灭亡，除了部分残余向西远徙之外，其余均向汉朝投降。至此，匈奴的威胁基本消

① 参见白寿彝：《中国通史纲要》，上海人民出版社，1980年11月第1版，第127页。

除，其所控制的大漠以南地区也归于汉朝政权。

在隋唐时代，中国中央王朝同样是运用战争与安抚手段，将北方各部落政权纳入自己的体系。在汉朝政权的打击下，匈奴隐患已经消除。但在三国、两晋、南北朝的混乱时期，北方又一人部族——突厥兴盛起来，并对唐朝构成了威胁。于是，唐朝政权通过多次讨伐消灭了突厥势力，并在其曾经控制的区域设立都护府，恢复了边疆的宁静。与此同时，唐政权又运用招抚的手段，加强与东北地区各族的关系，如任命世居黑龙江下游的墨水靺鞨首领为都督，设置墨水都督府，并派遣官员协助；对于乌苏里江一带由粟末部建立的渤海政权，唐王任命其首领为渤海郡王。这样，通过战争与和平两种手段，唐朝政权不仅基本解除了北方突厥威胁，而且还加强了与东北地区各部族政权的联系，最终建立起一个以唐朝政权为中心的具有从属关系的区域安全体系。

唐末时期的混乱年代，北方的一些部族又建立了政权。公元 881 年党项族拓拔思恭占据夏州（今陕北地区横山县），建立割据政权，1038 年正式定国号为“夏”；916 年契丹族耶律阿保机统一各部，建立了“契丹”国，定都临潢府（今内蒙古赤峰市巴林左旗南波罗城），947 年，契丹军南下中原，攻陷五代后晋，正式改国号为“辽”。辽国在全盛时期，控制区域东至日本海，西至阿尔泰山，北到额尔古纳河、大兴安岭一带，南到现河北省南部的白沟河。到了宋代，西夏、辽国多次与宋朝政权进行战争。1115 年，原先臣属辽国的女真部落统一后起兵反辽，建立了金国，定都上京会宁府（今黑龙江哈尔滨），并于 1125 年灭亡辽国。之后，金国不断进犯宋朝，并于 1127 年消灭北宋。因此，宋自建国时起，贯穿整个南宋时期，先与西夏作战，后又与辽战争，辽亡之后，又与金国打仗。宋朝政权在与北方各部族的战争中，大都以失败而告终，最后不得不与金国议和，以淮水—大散关为界，划地而治。南宋末年，漠北蒙古崛起，并从北部进攻金国。南宋政权采取联蒙灭金之策，结果虽然消灭了金国，但也引来亡国之祸。蒙古国在灭金之后，在中原建立了“元”王朝，接着又将矛头指向南宋。经过 30 年的征战，最终消灭了南宋，又一次结束了 100 多年中国南北分治的局面。元朝政权的建立，使北方各部族统一纳入中国中央政权的控制之下。

元朝的历史并不长，很快就被明朝政权所取代。元朝灭亡后的蒙古人又退到大漠以北，且不久就分裂为鞑靼和瓦剌两部。为了彻底消除蒙古人对中原政权的威胁，明朝政权多次出兵漠北，对其进行武力打击。对于鞑靼和瓦剌两部，明政权一方面采取平衡战略，使双方相互制约，另一方面又在它们控制的区域内设立卫所，以巩固边境。对于东北地区的女真族，明朝政府一方面在开原设市，与其进行贸易，另一方面则于 1405 年在黑龙江入海处的特林设奴儿干都司，管辖西起额嫩河，东到库页岛，北至乌第河，南达日本海的广大区域。

在明朝末年，满族在东北兴起。满族的前身是女真族。女真族的完颜部从东北迁入黄河流域建立金国，另外一部分则继续留居东北。金国灭亡以后，女真各部先后臣属于元朝和明朝政权。在明代后期，女真有三大部落，即建州、海西和东海女真。建州女真由于居住区域的自然条件较为优越，经济水平相对发达，军事制度也更为严密，日益强大起来，先后吞并了其他两部，并于公元 1616 年建国，号称“大金”（史称后金），定都在赫图阿拉（今辽宁新宾县境内），改名“兴京”。大金的建立，是中国境内不受明朝政权控制的一支地方政权。其后，大金国在东北不断攻城掠地，1625 年，努尔哈赤迁都沈阳，改名“盛京”。努尔哈赤战死之后，其子皇太极于 1636 年降服漠南蒙古，同年，废大汗称号，改国号为“大清”，改建州女真为满洲，这就是今天满族称谓的来源。1637 年，清军又降服李氏朝鲜。1642 年至 1644 年，清军超过长城，攻入河北、山东等地，接着又进入北京，同时将首都从沈阳（盛京）迁至北京。后又经过 20 余年征战，清朝统一了全国。

清朝统一南方各地以后，1689 年与沙俄签订《尼布楚条约》，确定了两国的边界；1760 年平定西北地区准噶尔割据势力，统一天山南北。这样，清朝在东北与俄罗斯帝国以额尔古纳河、格尔必齐河与外兴安岭分界，疆线向东南一直延伸到鄂霍次克海与库页岛；正北与沙俄萨彦岭、沙毕纳依岭、恰克图与额尔古纳河为分界；西北与哈萨克汗国等西北藩属国沿萨彦岭、斋桑泊、阿拉湖、伊塞克湖、巴尔喀什湖至帕米尔高原分界；东与日本、琉球分界日本海与东海，与朝鲜王朝沿图们江、鸭绿江分界。由此可以看出，到清朝中前期，中国控制着东北亚大部分陆上地区。

综上所述，自有文字记载的历史开始，一直到1894年甲午战争，中国都是东北亚地区最为强大的国家。朝鲜半岛建立起来的国家与中国王朝政权有时合并，有时分立，即使分立，也受中国的保护，是中国的属国；北方各部落民族，在历经近2000余年的演变中，渐渐与内地融合，使中国的控制区域从中原地区扩展到漠北。无论是部落国家时期，还是建立统一政权后的日本列岛上的国家，曾长期接受中国的册封，即便通过学习和追赶，实力有了极大的发展，但在清末以前，它仍然无法与中国相提并论。到了清朝的中前期，在整个西太平洋地区，除了日本之外，与中国相邻的国家皆为中国的藩属，形成了以中国为中心的朝贡体系。因此，在东北亚地区，无论从国家领土面积，还是从国家综合实力，抑或是国家对外影响力上说，中国都居于绝对优势的核心地位。

第二节　日本侵略政策的推行

15世纪，欧洲特别是西欧地区发生了“文艺复兴”运动；接着地理大发现也随之而来；16世纪工业革命与资本主义的萌芽同步出现；17世纪资产阶级革命席卷欧洲；19世纪中后期，第二次工业革命爆发，西方诸国为了获取原料产地、商品市场和投资场所开始在全球范围内进行殖民扩张，划分势力范围。而这一时期的中国，正处于封建社会的顶峰，推行闭关锁国的政策。为了打开中国的大门，英国率先发动鸦片战争，强迫清政府签订《南京条约》。其他列强也迫使清政府签订类似条约，开放口岸，出让特权，逐步使中国沦为半封建半殖民地国家。随着清政府日益走向衰败，西方列强（包括俄罗斯与日本）数度发动侵华战争，强迫清政府割地赔款。这样，中国不仅逐渐丢失了经营数百年的藩属，而且领土也遭到蚕食。当然，中国在东北亚地区的主导地位也基本上被日本与俄罗斯所取代。这里需要强调的是，日本通过明治维新，力量迅速增强之后，对周边地区产生了觊觎之心，其染指的目标先是朝鲜半岛，继而是琉球群岛，然后是东北亚大陆地区和更远的岛屿。

一、入侵朝鲜半岛

日本是一个岛国，长期怀有侵犯大陆的野心。由于特殊的地理位置，朝鲜半岛就成了日本进入东北亚陆地的跳板和向外扩张的必争之地。自日本对其周边地理环境有了清楚的认识之后，就对朝鲜半岛产生了觊觎之心，但因实力有限，一直未能得逞。公元3世纪时，日本试图介入朝鲜半岛事务，但以失败告终；5世纪时，它又企图通过请封的方式占有，也没有达到目的。到了7世纪，随着国内外形势的变化，日本再次跃跃欲试。

朝鲜半岛自古以来就与中国中央政权有着密切的联系，时而独立，时而合并，最后形成藩属关系。长期以来，中国都把朝鲜半岛视为天然的战略屏障，不允许其他外来势力染指。除了自身陷于混乱的情况下，中国历代王朝都高度关注朝鲜半岛的政治走向，并在必要的时候进行武力干预。公元7世纪，半岛上高句丽、百济、新罗三国鼎立，相互攻伐不已。新罗以唐帝国为靠山，屡屡攻打百济。660年，唐高宗派兵进入朝鲜半岛，一举灭了百济，俘虏了百济国王。百济残部为了“复国”，渡海向日本求救。日本将此看作千载难逢的机会，从而出兵半岛。663年，日本—百济联军与大唐—新罗联军在白村江交兵，打响了中日历史上的第一场战争。唐帝国凭借其强大的经济和军事实力，以摧枯拉朽之势打垮了日本的舰队，日军伤亡惨重。

日本—百济联军大败，向唐军投降。白村江之战是日本半个多世纪赶超唐朝效果的一次实际检验，战争结果使日本清楚地看到了它与唐帝国之间的巨大差距。在现实面前，日本不得不暂时收敛野心，退出朝鲜半岛，然后以更加虔诚的姿态，派出更多、更大的遣唐使团，继续其学习与赶超的历程。

9 世纪末叶，唐帝国濒临灭亡之际，日本很快捕捉到了中国社会陷入动乱的信息。它立即终止了本已决定 894 年成行的遣唐使的派遣，由此中断了中日间的官方交往，而且一断就是 500 年。在此期间，日本充分吸收和成功运用中国先进文化，实现了经济社会的跨越式发展，极大地缩小了与中国的差距。

明朝建立后，日本正值室町幕府时期，商品经济进一步发展，贸易需求不断增加。为了从对明贸易中获取巨大的商业利益，1401 年，幕府将军足利义满主动向明朝派出使节，要求开展日明官方贸易，永乐皇帝答应了日本的要求。这样，中日官方交往重新恢复。但明朝规定了贸易条件，对日本加以限制，规定 10 年一贡，人不得超过 200，船不得超过 2 艘，同时不得携带军器。日船来明，要凭所发牌照（勘合符）入港，否则不予接待。到 1433 年宣德年间，由于日本的强烈要求，限制稍有放宽，规定 10 年一贡，人不得超过 300，船不得超过 3 艘，刀剑等商品不得超过 3000。[①] 因苦于倭寇骚扰，明朝始终对日本抱有戒备之心，不肯放开对日贸易。此时的日本，对中国态度已发生明显的变化，不再有遣隋、唐使那种谦恭求学的姿态。日使抵明后，沿途滋事扰民，甚至殴打明朝官吏，刁难接待人员。日本对明交往，完全是从国家的商业利益出发，1523 年，还发生了争贡事件。[②] 日本遣明船的大内、细川两派商人为争利大打出手，从宁波到绍兴往

① 《明史日本传》，《二十五史》第 10 卷，第 916 页。

② 1523 年，即明嘉靖二年，日本西海道大内氏使者宗设、谦导与南海道细川氏使者瑞佐、宋素卿两贸易使团，驾勘合贸易船来宁波，因争先来后到，互责真伪，发生争执，宗设、谦导杀瑞佐，使团乘机焚掠，执指挥袁琎，杀备倭指挥刘锦，史称“争贡事件”。

返追杀250里，一路烧杀抢掠，中国多名官员被掳走或被杀，沿途百姓受害更是惨重。争贡事件后，明朝断绝了对日贸易，并采取了日益严厉的海禁政策，使两国官方交往再次中断。

明朝末期，政治腐败，国内动荡，边防松弛。日本认为有机可乘，令丰臣秀吉于1592年和1597年两次率军入侵朝鲜。对于日本的侵朝行动，明朝万历皇帝果断下令出兵反击，大败日军。朝鲜史称"壬辰倭乱"，中国称"万历朝鲜战争"。朝鲜对于明朝政府的援助，经久感激。1618年，明朝和后金作战时，朝鲜派兵协助。1636年，后金攻占朝鲜后，朝鲜国王李倧投降，改向后金朝贡。后来被迫成为大清的附属国时，对于明朝也始终不忘，除了对清朝的公文贺表使用清朝皇帝年号外，其他一切内部公文，包括王陵、宗庙、文庙祭享祝文，仍用明朝末帝崇祯年号，地方官上的疏章、笺文也如此。直到清末，仍有人书写崇祯年号，以至竟然有"崇祯二百六十五年"的纪年。

从白村江之战到万历朝鲜战争，日本皆败于中国之手。在其后近300年的时间里未敢妄动，但却并未放弃对朝鲜半岛的觊觎之心。到19世纪中叶，"征韩论"开始出现。日本维新先驱吉田松荫曾这样勾画成为强国后日本的对外战略："一旦军舰大炮稍微充实，便可开拓虾夷，封立诸侯……，责难朝鲜，使之纲币进贡。北则割据中国的领土，南则掠取中国台湾和菲律宾群岛。"[①] 到19世纪下半叶，日本通过明治维新，国家实力有了显著的提高，同时国内的矛盾极其尖锐。为了转嫁国内危机，日本便利用中国面临内外交困之机，将扩张的野心付诸行动，在着手吞并琉球，进犯台湾之时，又把魔爪再次伸向朝鲜。

为了做好入侵朝鲜的准备，1869年底，日本政府采纳"征韩论"代表人物木户孝允的建议，派遣佐田白茅等三人到朝鲜就朝鲜与清朝政府的关系、朝鲜内政的稳定程度、港口状况及军备水平等

① 参见百度百科词条。

进行调查。根据三人提交的调查报告，日本外务省提出了处理朝鲜问题的方案，一方面派外务大臣柳原前光赴中国谈判建交和通商事宜，另派外务少丞吉田弘毅等三人再次赴朝鲜刺探国情。1873 年，日本政府就立即发动侵朝战争，还是等待时机发生了严重的争论，其结果是以西乡隆盛为代表的征韩派失利，而以大久保利通为代表的反征韩派占了上风。当然，日本政府并没放弃入侵朝鲜的企图，"征韩派"与"反征韩派"之间的争执并不是要不要征韩，而是何时征韩的问题。换言之，这种争执是只不过是"征韩论"者之间的急征派与缓征派之争而已。[①]

尽管反征韩派成为政府的主导力量，但日本对入侵朝鲜的准备从未放松。退出政府的西乡以鹿儿岛为中心组成军国主义的在野势力，不断对政府的"征韩"尚早论进行攻击；江腾则在佐贺组成"征韩党"，试图推翻反征韩派政府。正当日本朝野在征韩问题上进行折冲时，朝鲜半岛的政局发生了重大变化，为日本采取入侵行动提供了机遇。1873 年底，以闵妃为首的戚室集团发动政变，从执行闭关锁国政策的大院君手中夺取了政权。于是，1874 年，日本大臣会议提出了《关于遣使考察朝鲜的文件》，要求侦察朝鲜的兵备与版图，制定出兵计划，并"预先照会俄国，谈判有关事宜"。[②] 经过一系列谋划，1875 年 9 月，日本政府派军舰"云扬号"侵入朝鲜江华岛，炸毁朝鲜炮台并登陆烧杀，制造了著名的"云扬号事件"（即"江华岛事件"），并于次年 2 月，强迫朝鲜签订了《朝日修好条规》（即《江华条约》）。

通过这一不平等条约，日本攫取了在朝鲜的自由贸易权、租借权、免纳关税权、领事裁判权、测量海岸权等权利，从而迈出了侵略朝鲜的第一步。《江华条约》的签订，不仅标志着朝鲜沦为日本殖民

---

① 参见戚其章：《国际法视角下的甲午战争》，人民出版社，2001 年版。

② ［日］芝原拓自：《世界史中的明治维新》，岩波书店，1977 年版，第 198 页。转引自参见王绳祖主编：《国际关系史》第三卷，世界知识出版社，1995 年 12 月第 1 版，第 213 页。

地的开端，而且也开启了日本的势力登上了东北亚陆地的先河。在《江华条约》中，日本将“朝鲜国系自主之邦，保有同日本国平等之权”[①] 的条款写入条约，企图达到否定中朝之间既有宗藩关系的目的。1877 年（清光绪三年），朝鲜与法国发生外交纠纷，朝鲜政府请求日本驻釜山领事从中调停，在信中称中国为“上国”，有“上国礼部”并“听上国指挥”等语，日本就以《江华条约》中的有关条款为“依据”，拒不承认中国对朝鲜的宗主权。

1882 年（壬午年）7 月，朝鲜爆发了反日的“壬午兵变”，汉城的军人起义，杀死军中的日本教官，袭击日本公使馆。日本公使花房义质逃回日本，闵妃逃出汉城，大院君再次掌握政权。对此，日本政府立即进行全国动员，决定对朝鲜进行武力威胁。应朝鲜大臣的邀请，清政府决定派兵入朝，以阻止日本“借事居功问罪，得肆要挟之谋”。[②] 清军捕获大院君，并将其送至天津拘禁。与此同时，日本也出兵朝鲜，并于 8 月 30 日胁迫朝鲜签订了《济物浦条约》，不仅勒索了巨额赔款，还取得了在朝鲜驻兵的权利，这是日本首次获得国外驻兵权。

从 1884 年（甲申年）12 月 4 日，要求改革的朝鲜“开化派”和日本公使一起策划，依靠日本军队发动政变，杀死守旧派官员，宣布和清政府断绝关系，即为“甲申政变”。袁世凯统率的清军应守旧派要求，于 6 日开进王宫，击败日军，杀死开化派首领，部分开化派首领逃往日本，守旧派重新掌权。荒唐的是，日本派出了外务卿井上馨赴汉城，竟于 1885 年 1 月逼迫朝鲜与其签订了《汉城条约》，朝鲜向日本进行赔款和道歉。是年 2 月，日本政府又派伊藤博文来华，要求清政府惩办袁世凯，并提议双方同时从朝鲜撤兵。经过艰苦谈判，4

---

① 陈峰君、上传剑：《亚太大国与朝鲜半岛》，北京大学出版社，2002 年版，第 283 页。

② 马建忠：《适可斋记言行记》，《东行三录》（卷六，叶一上）。转引自王绳祖主编：《国际关系史》第三卷，世界知识出版社，1995 年 12 月第 1 版，第 214 页。

月16日，中日两国签订《天津条约》。条约规定，中日双方在4个月内从朝鲜撤兵，以后如若向朝鲜派兵，彼此预先通报。此项规定，使日本获得与清政府一样的向朝鲜派兵的权利，等于将朝鲜置于双方的共同保护之下，从根本上动摇了清政府与朝鲜的宗属关系。

1894年，朝鲜爆发东学党之乱，朝鲜政府无力镇压，于是请求中国军队入境帮助。6月6日清军在牙山登陆，日本军队也以此为借口趁机于7月6日在仁川登陆，并发动壬午事变，占领汉阳，并且组织亲日政府平息内乱。随后日本军队袭击驻朝鲜的中国军队，挑起了中日甲午战争。1895年4月，因在战争中失败，中国清朝政府被迫与日本签订《马关条约》，日本控制下的朝鲜政府宣布终止与清朝的宗藩关系。1896年，朝鲜高宗李熙在俄国的教唆下，改国号为大韩帝国，从此李氏朝鲜改国号为“韩”。

当日本取得了在朝鲜半岛的特权，同时又觊觎中国东北时，与正在远东大力扩张的俄国产生了严重的矛盾。因此，双方在谈判失败后，企图通过战争解决争端。1904—1905年，日俄战争爆发，结果俄国战败。在美国的斡旋下，1905年9月5日，日俄两国签订了《朴茨茅斯条约》。除有关双方在中国东北的权益以及领土让与等条款外，俄国承认日本在朝鲜的政治、经济和军事上均有“卓绝之利益”。这样，朝鲜政权彻底被日本控制。1905年，日朝签订《乙巳保护条约》，朝鲜成为日本的“保护国”。1910年8月，日本迫使大韩帝国签订《日韩合并条约》，正式吞并朝鲜半岛，设立朝鲜总督府，进行殖民统治。日本将大韩帝国王室封为日本贵族，逼迫高宗退位，拥立朝鲜纯宗。

二、进犯中国台湾

台湾是中国的固有领土。1871年11月，一艘满载上缴年贡的琉球船只被飓风刮到了台湾，船员上岸后，误入台湾原住民部落——牡丹社的领地。牡丹社人将琉球人扣押在部落中，并当他们试图逃跑时，砍死了其中的54人，史称“牡丹社事件”。该事件发生后，清政府给幸存的琉球人发了一笔丰厚的抚恤金，将他们送回国。被琉球人杀死杀伤的牡丹社受害者，清政府也以同样的方式处理。

半年之后，日本外务大臣柳原前光来华签订中日《修好条规》，无意间在1872年出版的《京报》上看到关于牡丹社事件的报道。柳原前光立刻将这份报纸寄回了日本，鹿儿岛县参事大山纲良见到报纸后，立刻上表日本政府，要求日本政府假借为琉球人报仇，率军出征台湾。如果日军入侵台湾成功，就可接着吞并琉球，为日本政府以后蚕食中国，称霸东亚的计划奠定关键性的基础。1874年5月8日，日军陆军中将西乡从道率舰抵达台湾，在社寮港登陆，与台湾原住民——高山族开战。在高山族人和汉人勇猛反击下，日本侵略军退踞龟山，并在那里设立都督府，企图长期占领。

对于日本派军入侵台湾的做法，5月11日，清政府照会日本外务省，谴责其侵略行径。29日，清政府任命沈葆桢为钦差大臣，办理台湾海防兼理各国事务，同时抽调淮军1.5万人，以加强台湾海防。6月下旬，福建布政史潘霨帮办渡台，以《台湾府志》“厉声晓譬”，要求西乡从台湾撤兵。[①] 日本自知力所不逮，一方面虚张声势，于7月通过了《宣战发令顺序条目》，另一方面又利用外交手段，对清政府进行讹诈。8月5日，日本派出大久保利通赴北京进行交涉，以索取赔款作为从台湾撤军的条件，使清政府承认其行为“正当性”，为永远吞并琉球制造法律依据。由于双方分歧严重，谈判陷于决裂状态。后在英国人威妥玛的“调停”下，加之同治皇帝急于息事宁人，中日两国于10月31日签订了《中日北京专约》。专约规定，清政府赔偿日本50万两白银，其中10万两为“抚恤银”，40万两为修道造房费；承认日本此次侵犯台湾为“保民义举”，“中国不指以为不

① 王绳祖主编：《国际关系史》第三卷，世界知识出版社，1995年12月第1版，第210页。

是”，从而间接承认了琉球人系日本的属民。[1] 清政府花钱买清净的昏聩想法，让外强中干的日本第一次尝到了甜头。有人说，牡丹社事件是“近代史上日本侵略中国的开端”。《北京专约》为日本最后吞并琉球提供了条约依据。[2]

三、吞并琉球群岛

日本武力进犯台湾的目的在于吞并“琉球”。据史料记载，1187 年（南宋淳熙十四年），琉球王国就已存在。在古代汉语中“石之有光者”谓之“琉”，“美玉”谓之“球”。琉球群岛，恰似一串撒落在海洋上的美玉。自 1372 年（明洪武五年）开始，琉球中山王察度遣使来华，琉球正式成为中国的藩属国。1609 年，当明朝政权危机四伏时，日本国的萨摩藩主（日本幕府时代末期的西南大藩之一）岛津义弘出兵琉球岛，将毫无防御能力的琉球国王擒获。岛津强迫琉球国向其纳贡，琉球从此开始了“两属”状态，即一边向明朝，以及后来的清朝纳贡，一边向恃强凌弱的萨摩藩纳贡。此种状态的出现，琉球王国并未知悉明政府以及后来的清政府。这种尴尬的“两属”状态持续了 200 多年后，日本开始不满足与清朝共有琉球，明治天皇开始了独占琉球的行动。

1872 年，29 岁的琉球王尚泰接到明治天皇“琉球藩叙列华族”的表文。表文的内容是重新册封琉球国王尚泰，设置琉球藩，就这样，琉球一下子成了日本的一个藩区，丧失了作为独立王国的主权。3 年之后，明治天皇又派钦差大臣到琉球，严令禁止琉球向中国纳贡，并强制其不得使用清朝年号，并且此后对华贸易，主要由日本全权负责。日本企图阻断琉球与大清的联系，把琉球的主权完全控制在自己

① 王绳祖主编：《国际关系史》第三卷，世界知识出版社，1995 年 12 月第 1 版，第 210 页。

② 同上。

手中。尚泰虽然愿意做出让步，但明确表示不能断绝琉球和中国的宗藩关系。即使如此，明治天皇仍立即派大将西乡隆盛率领3万人马胁迫琉球。直到这时，尚泰才秘密派遣其姐夫、琉球王国的紫巾官向德宏前往大清求救。

1874年，向德宏从琉球出发，历经种种曲折，直到1879年才将请愿书送达清总理衙门大臣—李鸿章。李鸿章对日本政府一直抱着非常审慎的态度，根本不愿做出决定，因为他还想从大清驻日本公使何如璋那里得到日本侵占琉球的准确消息。不久，何如璋就给李鸿章发来密信，其中写道：日本现财政困难，常备陆军只有3万多人，海军不过4000人，且废藩置县后国内矛盾重重，实在不是中国的对手……。在分析了日本的状况之后，他还提出了具体的对日之策：上策为先遣兵船，责问琉球，征其入贡，示日本以必争；中策为据理言明，约琉球令其夹攻，示日本以必救；下策为反复辩论，或援万国公法以相纠责，或约各国使臣与之评理。这就是著名的“琉球三策”。[①]何如璋强调采取强硬措施是最好的选择，但在李鸿章看来，却觉得上策、中策都过于激进，只选择了下策，指示何如璋通过外交途径解决，绝不对琉球动武。

1879年9月，何如璋来到日本外务省，向日本外务卿寺岛宗则提出抗议。日本外务省面对何如璋强有力的照会，感到理屈词穷，他们一边拖延时间，一边抓住照会当中“背邻交，欺弱国”等语句，指责何如璋对日本使用暴言。就在李鸿章反复思量如何与日本政府倾力谈判时，日本政府经过紧急磋商，决定立即派兵占领琉球国。1879年3月27日，日本内务大臣松田道之率领步兵大队强行闯入琉球王宫，向尚泰宣读了明治政府颁布的通告：从即日起，废除琉球藩，设置冲绳县……。琉球国就这样亡国了。随后，琉球国的王室成员被逐出王宫，松田道之接受了琉球国所有的外交文书和宝印，国王尚泰则被强

① 参见李庆：《〈琉球三册〉作者考—再论黄遵宪的日本观及他与李鸿章、何如璋的关系》，《复旦学报（社会科学版）》，1995年第4期。

行带到东京软禁起来。

对于日本消灭琉球王国并占为己有的侵略行径，李鸿章清楚地知道，要想让日本吐出琉球，大清必须拿实力说话。然而，当时的清政府已是心有余而力不足了。自 1840 年鸦片战争以来，英、美、法胁迫清政府签订了包括《南京条约》在内的一系列不平等条约。大清已被西方列强瓜分殆尽，国力衰微，陷入半殖民地半封建社会的境地。于是，李鸿章只得以寻求外交谈判的方式解决琉球问题。

正在李鸿章一筹莫展之际，美国前总统格兰特造访东亚，以笼络各国政要的之心，为能够第三次当选总统捞取政治资本。于是，李鸿章决定请格兰特斡旋琉球之事。1879 年 6 月 13 日，即格兰特抵达北京的第二天，李鸿章就会见了他。会谈中，李鸿章说："琉球作为主权国家，曾与美国签有通商条约，现在日本吞并琉球，也会伤害美国的利益，如果中日之间因为琉球打起来了，必然会影响到美国在远东的商贸往来！"① 其实，琉球王国密使也曾请托美国驻日公使出面斡旋，以期恢复琉球与中国的旧有关系。② 美国以日本承认其与琉球的条约和承诺保护美国在那里的利益为由，拒绝了琉球密使的请求。对此，李鸿章并不知情。对于李鸿章的请求，格兰特建议双方应直接谈判解决。这样，中日之间便从 1880 年 8 月 18 日至 10 月 21 日，进行了 8 次谈判。日本借沙俄侵占伊犁为契机，以与俄罗斯展开合作相施压，充分利用清政府息事宁人的心态，向李鸿章抛出了"琉球二分方案"，即把琉球群岛最南端的宫古、八重山两岛给中国，其他部分归日本。但是，这两个岛也不是白给，日本方面提出修改中日《修好条规》，要跟西方列强一样在中国内地享受通商权。中国清政府当然不会应允，双方谈判陷入僵局。

此后若干年，中日双方虽然也曾试图重开谈判，但一来双方主张

① 参见《琉球失国》，《北京日报》2012 年 8 月 14 日。

② 参见［美］泰勒·丹尼特：《美国人在东亚》，纽约 1922 年版，第 443 页。转引自参见王绳祖主编：《国际关系史》第三卷，世界知识出版社，1995 年 12 月第 1 版，第 211 页。

相去太远，二来比琉球对中国意义更重大的藩属国越南、朝鲜先后发生危机，清政府面临西方列强全面的挑战，再也无暇处置琉球问题。直到 1895 年甲午战争，清政府被日本打败之后，才在被迫签订的《马关条约》中，将琉球最终划给日本。

四、挑起甲午战争

甲午战争的起因既简单又复杂。所谓简单，是因为日本一直有着侵占东北亚陆地的战略野心；所谓复杂，当时世界上诸大国在东北亚地区的角逐极其激烈。在各种因素的推动下，日本孤注一掷，利用朝鲜半岛问题为借口，肆意发动甲午战争，一方面夺取中国的大片领土，独占朝鲜，确立在东北亚地区的主导地位，另一方面阻止俄国控制朝鲜半岛和中国东北，以巩固自身的利益。

明治维新后，日本朝野之间就东北亚政策产生了争论，有的主张征韩，有的主张征清，也有的主张日、清、韩相互提携。对于征韩，出于地缘战略的考虑，日本的目标是不变的。但对于征清，它需要看中国清政府的走向。如果中国通过变革，日益强大起来，日本就可能不会挑起战争，即使与中国相冲突，也将局限于朝鲜半岛；如果中国继续衰落下去，且不能有效地控制东北和朝鲜半岛，日本就会采取战争的手段，夺取朝鲜并在东北亚进行扩张。对此，清政府李鸿章也看得很清楚。他曾经说过，日本的政策，关键在中国是否能自强，如果中国能自强，日本则附丽于我，不能自强，日本则效仿西方列强对待中国。最后结果是，中国在自强的道路上步伐缓慢，加之西方诸列强，特别是俄国在获取中国东北的巨大利益之后，又插手朝鲜半岛，使日本的危机感急剧上升。于是，征清的决策也就随之做出了。

在此种情况下，日本抓紧扩军备战，建设海陆军，成立直属天皇的参谋本部，派遣大批间谍到中国侦察。1887 年春，参谋本部陆军大佐小川又次综合侦察结果，提交了《征讨清国方略》，对中国总兵力和各省军力分布做了详细报告，分析了清政府的财政、军费、海军建设、沿海和长江防御设施、官僚体系和国民素质，分析了日本政府财政状况、军费和海军建设、日本官僚集团和国民素质，提出以八个师团军力“攻占北京，擒获清帝”。1890年，日本首相山县有朋在日本第一届国会上提出“主权线”和“利益线”概念，认为日本是主权线，朝鲜是利益线，为了确保利益线，就要攻取中国。1893年，日本政府成立“出师准备物资经办委员会”，颁布《战时大本营条例》，同时，派出参谋次长川上操六率队到朝鲜和中国各地考察，布置了军事间谍网，进一步构思了进攻作战的细节，得出了对华作战可以稳操胜券的结论。1894年5月，朝鲜南部发生东学道农民起义。朝鲜政府要求清政府出兵“代剿”。伊藤博文首相和山县有朋枢密院长获悉此事，喜为天助，随即怂恿清政府出兵。俄罗斯驻华公使也向李鸿章提出了出兵朝鲜的建议。于是，6月5日，李鸿章派直隶提督叶志超率领近2000人的兵力开赴朝鲜，于6月12日全部到达牙山。

在成功地制造战争的借口之后，日本便于6月5日正式成立战时大本营，同时派出日本海军一个旅团约7000人兵力进驻仁川，与清军形成对峙。7月23日清晨，日本驻朝公使大鸟圭介以“改革内政”名义，率军攻入汉城王宫，驱逐国王，组成亲日的傀儡政府。朝鲜士兵抵抗，死伤数十人。7月25日，日本海军在仁川附近丰岛海面击沉中国运兵船“高升号”，约800名清军死难。日本发动的侵朝、侵华战争就这样开始了。这场战争为时9个月。1895年2月，日军攻占北洋海军基地威海卫，北洋海军全军覆没，陆军主力尽失。日本也几乎耗尽了军力。列强也不希望战争延长下去。1895年3月19日，李鸿章以全权大臣名义到达日本乞和，4月17日被迫在《马关条约》上签字。

甲午战争是日本侵略野心付诸实践的结果，也是日本力图在东北亚陆地谋取领土及势力范围的表现。通过《马关条约》，日本勒索中国政府2亿两白银，割取辽东半岛和台湾岛，严重地破坏了中国领土主权完整，切断了与中国与朝鲜的宗属关系，使中国在东北亚的影响力丧失殆尽。

五、发动对俄战争

甲午战争之后，日本从中国获取了巨大的利益，引起其他列强的不满。日本独占朝鲜和割取辽东半岛，与俄国独占中国东北和控制朝鲜半岛的图谋发生了激烈的冲突。因此，《马关条约》签订后，一直“认为俄国积极干涉中日战争不符合”本国“利益”[①] 的俄国，立即向德、法两国提议，联合对日进行干涉。三国干涉的结果，就是使日本放弃了对辽东半岛的割取，从而对俄国产生极大的不满。为全面控制朝鲜并将其利益边界[②]扩大到中国的整个东北，日本便把对俄战争准备提上了日程。

为了能够打败俄国，日本积极地进行外交活动。1902 年，日本与英国结成同盟。1903 年，日本提议与俄国就中国东北和朝鲜问题进行谈判。由于分歧巨大，无果而终。1904 年 2 月，日本海军对停泊在旅顺口和仁川的俄国舰队发动突袭，拉开了日俄战争的序幕。日俄战争爆发后，英、美、德、法等国先后宣布中立。日俄两国经过一年多的交战，以俄国失败而告终。1905 年 9 月 5 日，在美国的调停下，日俄签订了《朴茨茅斯和约》，即《日俄和约》。

《朴茨茅斯和约》规定，俄国认可日本在朝鲜的地位，将其在中国东北的权益转让给日本，并把萨哈林岛（库页岛）南部及其附近一切岛屿割让给日本。日俄战争是在中国领土和朝鲜半岛上进行

① 张荣初：《红档杂志有关中国交涉史料选译》，三联书店，1957 年版，第 142 页。转引自王绳祖主编：《国际关系史》第三卷，世界知识出版社，1995 年 12 月第 1 版，第 221 页。

② 19 世纪 90 年代初，出任日本内阁首相的山县有朋在其《外交攻略论》中提出了“防御主权线”和“保护利益线”的概念。所谓利益线，就是指“势与停车接壤，而与我主权线之安危紧密相关的地区。”

的战争，在中国没有参加和谈的情况下，竟然擅自对中国东北权利进行分割。在朴斯茅斯进行和谈以前，中国政府曾发表声明："议和条款内倘有牵涉中国事件，凡此次未经中国商定者，一概不得承认。"①

在日俄战争后，日本获利甚大，不仅独占了朝鲜半岛，取得了部分原先俄罗斯在中国东北的权益，而且还得到了库页岛及其附近岛屿，为其进一步向东北亚陆地的渗透奠定了基础。自此，日本基本上获取了东北亚事务的主导地位。第一次世界大战后，日本又把德国在中国山东半岛的权益置于自己的控制之下。这样，日本在东北亚的战略优势又有提升。为了稳固这些权益，日本不断冒险，先是出兵中国东北，进而发动全面侵华战争，直至突袭美国珍珠港，一步一步地迈向灭亡的不归之途。

六、全面侵略中国

通过《朴茨茅斯和约》，俄国同意将其在中国东北的部分权益转让日本。根据条约的规定，中日两国随后就条约中涉及中国的事宜进行谈判。1905 年 12 月 22 日，两国在北京签订了《会议在东三省事宜正约和附约》。条约规定，清政府将俄国在《朴茨茅斯和约》中转让给日本的一切权益全部认可，并且再开放 15 个商埠，中日合作开发鸭绿江右岸森林，等等。② 日本在中国东北的南半部影响力已取代了俄国。这一条约使日本在中国东北所获取的利益，远大于《朴茨茅斯和约》的规定，并导致中国东北三省出现南北分据的局面。1907 年，日俄两国在彼得堡签订《日俄协定》和《日俄密约》，主要内容就是划分双方在东北亚地区的势力范围，如俄国领有"北满"，日本占据

---

① 参见王绳祖主编：《国际关系史》第三卷，世界知识出版社，1995 年 12 月第 1 版，第 310 页。

② 参见王芸生：《六十年来中国与日本》第 4 卷，生活·读书·新知三联书店，1980 年版，第 220—223 页。

“南满”；俄国承认日本在朝鲜的现存政治关系，“不阻挠此种关系之继续发展”；日本承认“俄国在蒙古之特殊利益”，并不加以“任何干涉”。密约之后的附加条款，明确划定“北满”和“南满”的界线。

日本通过甲午战争和日俄战争，从中国获取了巨大的利益，且吞并了朝鲜，但并不满足，企图进一步占领更多的中国领土。1927 年，日本内阁总理大臣相田中义一根据政府“东方会议”的精神，起草了一份递交给天皇的秘密奏折。其主要内容就是有关侵略中国的具体方针政策。田中奏折所阐明的主要观点是：“欲征服中国，必先征服满蒙；欲征服世界，必先征服中国。”① 田中奏折所提出的观点表明，近代以来日本一直纠结的何者为先的海洋政策与大陆政策（北上战略与南下战略）已有了定论。之后，日本的扩张野心急剧上升，不仅要占领中国东北，而且还要以东北为基石，吞并全中国。1931 年，日本制造“九·一八”事变，占领东北，进而把侵略目标移向华北。1937 年 7 月 7 日，日本又制造“七·七”事变，挑起了全面侵华战争。是年 12 月 13 日，日本侵略军攻陷中国首都南京。

日本发动全面侵华战争，将自己投入了毁灭的不归路。日本是一个弹丸岛国，实力有限，毛泽东在《论持久战》中做了详尽的分析。② 中国人民要发展，要进步，而日本的侵略战争成为中国发展道路的一个重大障碍，中国人民必然要全力以赴地加以清除。因此，1937 年 7 月以后，中国进行全面的抗日战争，经过 8 年艰苦卓绝的奋战，终于在 1945 年 8 月将日本彻底击败。

日本自近代以来的侵略扩张政策，不仅严重地伤害了其东北亚邻国，特别是中国的利益，同时也使自己走上了毁灭的道路。1941 年

① 由于田中奏折的原件一直未被发现，中日两国的学术界中，有人认为，田中奏折根本不存在，而是苏联一手抛制的，目的是为了分化中日关系；也有人认为，田中奏折是真实存在的，因为随后日本对外政策的实践印证了它的内容。

② 具体内容参见《毛泽东选集》第二卷，人民出版社，1991 年版，第 439—518 页。

12 月 7 日，日本偷袭“珍珠港”，次日，美国立即对其宣战；接着，英国、澳大利亚、新西兰、自由法国、荷兰等 24 个国家对日宣战；12 月 9 日，中国也在实际上与日本作战多年的情况下对日正式宣战；1945 年 8 月 9 日，苏联对日宣战。在同盟国的打击下，1945 年 9 月 2 日，日本外相重光葵代表日本政府向盟军投降。日本不仅吐出了通过战争所获得的全部利益，而且其自身的全境也被盟军占领，武装被解除，北方四岛丢失。日本的战败，使其在很长的时期里从东北亚战略博弈的舞台上完全退出。

第三节　俄国远东方向的扩张

俄罗斯国家起源于 13 世纪末期建立的莫斯科大公国。通过战争和购买等手段，莫斯科公国逐步统一了俄罗斯。之后，它又连年发动战争，不断扩张版图，成为欧洲最大的国家。1547 年，伊凡四世（伊凡雷帝）改大公称号为沙皇，1721 年，彼得一世改国号为俄罗斯帝国。俄罗斯本来只是一个欧洲国家，当其在欧洲的扩张碰壁以后，便把矛头指向亚洲，侵占大片中国领土，使领土范围最终到达太平洋沿岸，成为东北亚地区一支重要力量。这样，在东北亚地区，战略的较量就由中日两国的争斗演变为三国的角逐。又由于中国实力有限，俄、日两国的争斗一度成为东北亚地区国际博弈的主线。

一、向亚洲大力扩张

莫斯科大公国原是一个内陆国家，自其建立后，一直在欧洲地区进行武力扩张，连年征战，将边界推进到北冰洋、波罗的海，到 16 世纪初时，它已成为欧洲领土面积最大的国家。在欧洲地区不断兼并领土的同时，16 世纪末期，它又把扩张的矛头指向亚洲地区。伊凡四世率军与欧洲诸国进行立窝尼亚战争之时，派遣经常与西伯利亚汗国打交道的斯特洛冈诺夫家族去向西伯利亚汗国收取毛皮，以增加财政收入。该家族的部属，哥萨克人叶尔马克，1581 年 9 月，带领 840 人出发，越过乌拉尔山脉，先攻克鞑靼人古楚汗统治的西伯利亚。在随后的几十年里，俄罗斯人继续向东推进，几乎未遇到任何抵抗。1610 年，他们进入叶尼塞河流域，并建立了克拉斯诺亚尔斯克要塞；1632 年，他们抵达勒拿河，并在那里建立雅库茨克要塞；接着，他们发起一场野蛮的灭绝性战争，到达贝加尔湖；1651 年，他们在那里建立伊尔库茨克要塞。

大约在 1645 年，俄罗斯人进入阿穆尔河（黑龙江）流域，这是他们首次进犯中国清政府控制的地区。1650 年（清顺治七年），以哈巴罗夫为首的沙俄侵略军攻占“雅克萨”（在今呼玛县西北漠河东黑龙江北岸，由中国索伦部达斡尔族所筑，俄罗斯人称为阿尔巴津城），修筑城堡，并以此为据点，不断向黑龙江内地深入，世居雅克萨一带的达斡尔族被驱赶到嫩江流域。为了捍卫自己的利益，收复失地，中国清政府决定以武力反击。1658 年，清政府派一支远征队北上，夺回“雅克萨”，并把俄罗斯人从整个黑龙江流域清除出去。但是，清军一撤离，俄罗斯人又成群结队返回，清政府再派军收复。为了彻底解决这一问题，1685 年 2 月（清康熙二十四年正月），康熙帝令都统彭春等统兵，从水陆两路进取雅克萨。彭春与萨布素将军统率 3000 清军于 5 月 20 日自瑷珲城出发，6 月 23 日抵达雅克萨城下。在警告俄军撤回遭拒绝后，清军于 6 月 24 日开始围攻雅克萨城，并击败沙俄援兵。清军收复并平毁雅克萨城堡后，撤回瑷珲城。不久，俄军卷土重来，重建并盘踞雅克萨城。次年 3 月，康熙帝令萨布素将军等速行剿捕沙俄侵略军，收复雅克萨城。7 月 23 日，清军 2100 余人进抵雅克萨城下，开始围城。经过激战，侵略军死伤殆尽，侵略军头目托尔布津被击毙，史称“雅克萨之战”。沙俄侵略军遭到失败后，沙俄政府派员到北京要求举行谈判。12 月，康熙帝遣使到雅克萨前线宣布停止攻城。1687 年 8 月，清军全部撤离雅克萨，返回瑷珲城。经过两年的谈判，1689 年 9 月 7 日，中国清政府全权使臣索额图和俄罗斯帝国全权使臣戈洛文在尼布楚（今俄罗斯涅尔琴斯克）签订了《中俄尼布楚议界条约》（中国一般称之《尼布楚条约》）。

《尼布楚条约》的主要内容是划分两国的边界。条约规定：从黑龙江支流额尔必齐河到外兴安岭直到海，岭南属于中国，岭北属俄罗斯。西以额尔古纳河为界，南属中国，北属俄国；雅克萨地方属于中国。至此，俄罗斯与中国有了接壤的边界，其势力与影响进入了东北亚，使东北亚地区的国际格局发生了重大变化，由于原先的中、日两国间的博弈演变为三方角逐，进而将其他西方列强逐步引入东北亚的折冲之中。

二、从中国割取大片领土

随着《尼布楚条约》的签订，俄罗斯人在亚洲扩张的第一阶段基本结束。在随后的170年中，俄罗斯人一直停留在黑龙江河流域以外的地区。然而，19世纪中叶时，由于清政府的衰落，俄罗斯认为有机可乘，扩张野心又起，便大举南下，从东西两个方向对中国的领土进行掠夺。

19世纪50年代，克里米亚战争之后，由于在欧洲扩张受阻，沙皇政府就又把侵略的重点转向亚洲，除吞并几个中亚汗国之外，主要是割取中国的领土。以《尼布楚条约》所划定的边界为准，从1858年至1915年，沙俄通过一系列不平等条约割去中国领土150万平方千米之多，并违约侵占了数万平方千米的中国领土。

不仅如此，俄国还先后吞并中国的多个属邦。

正因为如此，也有人认为，截至到1945年，俄罗斯实际上从中国侵掠了588.38万平方千米，占全中国面积的1/3。[①] 中俄《瑷珲条约》签订后，马克思曾经这样揭露和斥责沙俄的罪行：“俄国获得了

---

① 我国历史著作和政府文件，一般地认为，沙皇俄国共割取我国150万平方千米的领土。这里所说的588.38万平方千米，应该包括我国并未实际控制或当时藩属国的土地。

鞑靼海峡和贝加尔湖之间最为富庶的地域。……从沙皇阿列克塞·米哈伊洛维奇到尼古拉，一直都企图占有这个地域。”① 恩格斯也指出，通过这一条约，“俄国从中国夺取了一块大小等于法德两国面积的领土和同一条多瑙河一样长的河流”。②

通过割取大片中国的领土，俄罗斯的边界进一步向东扩展，直接到达太平洋沿岸，使中俄两国在北太平洋地区的地缘关系发生了根本性的改变。俄罗斯成为一个在北太平洋有出海口的国家，而我国则成了一个无直接出海口的国家。地缘关系的变化，使我国的东北地区受到东进和南下的俄罗斯与西进和北上的日本双重挤压。这样，在东北亚地区，中俄与中日之间的争战逐渐被日俄之间的角逐所取代。

三、侵占中国东北地区

从《尼布楚条约》的签订到19世纪末和20世纪初，俄国通过一系列战争与条约，占据了中国诸多藩属和割取了大片领土，东部边界抵达北太平洋，与日本隔海相望。对此，俄国依然并不满足，企图进一步吞并整个中国东北，并染指朝鲜半岛。

经过数百年的战争，俄罗斯在欧洲和西、中亚地区扩张已达到极限，中小国家悉数吞并，剩下的全是大国或大国的势力范围。向南有衰落的奥斯曼帝国，其背后还有对奥斯曼帝国虎视眈眈的英法两国；向西有德国和奥匈帝国。因此，俄罗斯如再进一步扩张，必然与各列强或大国迎头相撞，不仅难以推进，而且还可能引起无法预料的后果。1853年至1856年的克里米亚战争已经使俄罗斯受到了一次教训。长期的战争与扩张，引起了西方列强的高度警惕与反制，俄罗斯已陷入孤立之中。同时，对于占领的大面积领土，俄罗

① 《马克思恩格斯选集》第2卷，人民出版社，1972年版，第35页。

② 同上书，第37页。

斯也需要时间进行消化。在这种情况下，俄罗斯决定先稳定西部。1895 年，它与英国划定与中亚国家阿富汗（此时已沦为英俄两国的半殖民地）的边界线，暂时缓和两国在这一地区的冲突；1897 年，它又和奥匈帝国达成维持奥斯曼帝国（1299—1922）的巴尔干半岛现状的协定，避免与其发生正面冲突。俄国在稳固了西部欧洲方向之后，便把注意力再一次转向了远东，主要目标是从中国夺取更多的土地。

尽管从 16 世纪起至 19 世纪末，俄罗斯已经割取了大片中国领土，将其边界推进到黑龙江和乌苏里江，但对此却并不满足。于是，它利用列强瓜分中国之际，妄图并吞整个东北地区，并且在沿海寻觅常年不冻港。尼古拉二世公然声称："俄罗斯无疑必须领有终年通行无阻的港口，此一港口应在大陆上（朝鲜东南部），并且必须与我们以前领有的地带相连。"① 其实，俄罗斯早就为此在做准备。19 世纪 90 年代初，亚历山大三世就批准修筑西伯利亚大铁路，并派皇太子（即尼古拉二世）到海参崴主持开工典礼（1891 年）。俄国财政大臣谢尔盖·维特说：这条铁路修成后，将使"俄国能在任何时间内在最短的路上把自己的军事力量运至海参崴并集中于满洲、黄海海岸及离中国首都的近距离处"。②

俄罗斯再次转身远东时，中国清政府已经衰败不堪，日本势力已介入朝鲜半岛，并对中国东北早已垂涎三尺。不仅如此，英美等国对于俄罗斯侵占朝鲜和中国东北的野心也高度警惕。英国认为，俄罗斯侵占中国东北和朝鲜半岛的企图，中国已无法阻止，唯有与日本联手方有可能。日本也持类似的看法，只有使英国"牵制"俄罗斯的情况下，日本才可能达到占有朝鲜半岛，进而渗透中国东北的目的。于是，日英加紧接触，并签订《通商航海条约》。俄罗斯也清楚地认识

① 参见：《日俄战争历史背景、经过以及影响》，中国历史网，http://lishi.zhuixue.net/shijieshi/32066.html。

② 参见赵国军：《中东铁路修建选址的历史》，《黑龙江史志》2015 年第 3 期，第 303 页。

到这一点。因此，为了创造夺取中国东北的机遇，俄罗斯以其老道的外交手腕，利用中日在朝鲜半岛的冲突，蓄意挑起中日争端。由于日本吞并琉球、染指台湾的行径，清政府已将日本视为主要威胁，从而希望得到诸列强，特别是俄罗斯的协助，以维护其在朝鲜半岛的利益。这就为俄罗斯提供了可利用的空间。日本出兵朝鲜时，俄罗斯怂恿中国也向朝鲜派兵。

1894 年 6 月，俄罗斯驻华公使喀西尼向清政府提出了出兵朝鲜“忠告”。① 于是，6 月 4 日，清军应朝鲜政府之邀，进入朝鲜。6 月 10 日，日本也派兵进入汉城。清政府对于战争，存在消极心理。6 月中旬，李鸿章正式邀请喀西尼出面劝告中国与日本同时从朝鲜半岛撤兵，但日本拒绝了喀西尼的“调停”。7 月 13 日，当中日在朝鲜的对抗急剧地走向战争之时，俄罗斯外交部向日本外务省发出了照会，强调：对日本政府的第二次“绝交书”② 表示“满意”，但俄国“以邻国之故，虽对朝鲜国内所起事变不能旁观，然今日我国政府本意，完全在于希望中日两国引起轇轕，希为谅解。”③ 于是，中日甲午战争爆发。在战争中，诸列强无一对中国予以协助，致使中国惨败。正由于如此，恩格斯在评论甲午战争时指出：“中日战争是把日本作为工具的俄国政府挑拔起来的。”④

甲午战争之后，中日签订的《马关条约》中把辽东半岛割让与日本的条款，同俄国图谋独占中国整个东北的侵略计划大相径庭。于是，俄罗斯统治集团决定，不惜以武力强迫日本放弃辽东半岛。他们

---

① 参见王绳祖主编：《国际关系史》第三卷，世界知识出版社，1995 年 12 月第 1 版，第 222 页。

② 1894 年 6 月 22 日，日本政府拒绝中国清政府提出的从朝鲜半岛撤军的“绝交书”。7 月 12 日，日本政府又向中国清政府发出了第二次“绝交书”，把两国在朝鲜问题上谈判分裂的责任加罪于中国。

③ ［美］威廉斯：《美国对俄关系（1781—1947）》，纽约 1852 年版，第 28 页。转引自王绳祖主编：《国际关系史》第三卷，世界知识出版社，1995 年 12 月第 1 版，第 222 页。

④ 《马克思恩格斯全集》第 39 卷，人民出版社，1956 年版，第 285 页。

认为，这样一来，中国就会把俄国当作“救星”，从而更好地勒索中国。这样，在1895年4月17日（即《马关条约》签字当天），俄国政府就伙同德法两国，共同对日干涉。演出了一场“三国干涉还辽”的闹剧。当时日本经过甲午战争的消耗，一时无力进行新的战争，在三国压力下，被迫“抛弃辽东半岛之永久领有”，但以白银3000万两作为补偿。1896年，俄国以战胜国的战胜国之借口，诱逼清政府接受《中俄密约》，索取了修筑中东铁路及其支线等特权。1897年底，俄国舰队擅自闯进中国旅顺口；翌年3月，俄国政府以军事压力为后盾，强行向中国政府“租借”旅顺、大连及其附近海域，霸占了整个辽东半岛，从而在远东取得了梦寐以求的不冻港。

不仅如此，俄罗斯还于1900年以镇压中国东北“义和团”运动为名，征调13.5万余官兵，大举入侵中国东北地区。俄国陆军大臣库罗帕特金公然叫嚷：“我们将把满洲变成第二个布哈拉。”是年10月1日，俄军占领奉天（今沈阳）；4日，占领锦州；6日，各路俄军在铁岭会师。至此，东北三省各战略要地均为俄军所控制。当参加八国联军的其他帝国主义侵略军撤出北京后，占领中国东北的俄军仍赖着不走，图谋永远独霸我东北，实现其所谓“黄俄罗斯计划”。俄国的阴谋引起中国东北和全国人民的强烈义愤，英日等帝国主义从本身的利益出发也坚决反对。1902年4月8日沙皇政府不得不签订《交收东三省条约》，被迫同意分三期撤兵，1年半撤完。然而，1903年8月俄国又悍然成立以旅顺为中心的远东总督区，任命阿列克塞耶夫为总督，接着又重占奉天，实际上把中国东北当成了俄国领土。更有甚者，俄国还摆出一副架势，如若其独占中国东北受到挑战，它就为此不惜一战。

四、与日本展开地缘争夺

19世纪90年代，俄罗斯再次将扩张的矛头指向朝鲜半岛和中国东北时，与日本的图谋产生了严重的碰撞。作为海岛国家的日本，早在19世纪80年代就初步形成了大陆政策，其目的就是通过“征韩”

和“征清”，夺取朝鲜半岛和中国的东北地区，一方面进行领土扩张，另一方面对俄罗斯加以防范。日本在这一时期极力密切与英国的关系就出于此种考虑。对于日本的战略意图，俄罗斯有着清晰的认知。因此，俄罗斯处心积虑，着力与日本展开争夺。

在当时的国际背景下，为了侵占中国东北，俄罗斯只有两项战略选择，要么直接对日开战，要么挑动中日开战。经过权衡利弊，俄罗斯选择了后者。如前文所述，俄罗斯利用其一切外交手段，使中日因朝鲜半岛的争端陷入战争，并在中日双方受到严重削弱之后，出兵占领了中国东北全境。对于俄国势力的东进和南下，日本一直怀有高度的戒心。甲午战争后，俄国策动法国与德国共同对战争的结果进行干预，使日本吐出了已经到口的“肥肉”——辽东半岛，日本对俄大为不满。俄国对中国东北的独占和对朝鲜半岛的觊觎，日本更感恐慌。在此背景下，日本政府决定冒险，与俄罗斯进行决战。

其实，甲午战争之后，日本就已意识到与俄国的战争在所难免，因而着手进行战争准备。首先，大幅增加军费。1893—1894 年日本的国家开支大约为 8400 万日元，而到了 1897 年，就猛增至 2.4 亿多日元，其中军费大幅度增加。其次，加快军备建设。甲午战后，日本通过一项陆海军军备计划和铁路建设计划，所需款项总额达 5.16 亿日元，这项计划到 1900—1901 年时基本完成。再次，缔结日英同盟。日本国土狭小，战争潜力不足，难以与俄国进行一场持久的战争，而且在甲午战争期间所暴露出来的巨大野心，令其他列强十分不安，在国际上处于孤立的地位。英国因与法、俄两国在殖民地争夺存在着各种矛盾，尤其是担忧俄罗斯在远东地区继续南侵，影响其在中国的利益。于是，日本便设法与英国结盟，既能从英国得到经济支持，又能对俄罗斯构成制牵。1902 年 2 月，经过几个月的谈判，日英两国正式签订了《英日同盟条约》。日本还清楚地认识到，一旦俄国西伯利亚铁路建成之后，俄国向远东地区的军事投送能力将极大地提高。届时，即使有英国的支持，日本也不可能取胜。因此，当日本认为其战争准备已经就绪后，就与俄国进行交涉，以划分两国在中国东北和朝鲜半岛的权益。

1903年7月，日本政府正式向俄国提出建议，就中国东北和朝鲜半岛问题进行直接谈判。俄罗斯接受了日本的建议，双方进行了为期8个月的谈判。日本坚持它在朝鲜的独占权，有保留地承认俄国在中国东北的特殊地位；俄国则坚持它在中国东北的作战权，有保留地承认日本在朝鲜的特殊地位。由于立场相去甚远，最后谈判破裂。1904年2月6日，日本宣布中止谈判，8日，日本海军袭击了俄国在旅顺口和仁川的舰队，10日，俄国与日本相互宣战，日俄战争正式爆发。

战争爆发后，英、美、法、德等国出于各自的考虑，相继宣布中立。这场战争虽然发生于俄日之间，但却充分地折射出诸列强在东北亚的全面角逐。英、美两国大力支持日本。英国是日本的盟国，不准俄国的黑海舰队通过达达尼尔海峡去救援其危在旦夕的太平洋舰队。美国希望看到俄日两国开战，并期待两败俱伤，以便把“门户开放”的政策推进到中国东北。因此，英美两国向日本提供了大量的军事贷款和战略物资，日本战争费用的一半是英美两国提供的。[①] 法国虽是俄国的盟友，但对其在远东的扩张心存芥蒂，不希望看到俄国在远东打仗，因为这将削弱其在欧洲牵制德国的能力。德国支持俄国与日本开战，力图讨好俄国，削弱俄国，进而拆散法俄同盟。为了使战争能够进行下去，德国既向俄国又向日本提供军事贷款与战略物资。

在战争中，无论是在海上还是陆上战场，日本都取得了胜利，俄军连败。到了1905年春天，日本损失重大，精疲力竭，求和希望迫切。俄罗斯更是步履维艰，难以支撑，导致国内革命的发生。在此种情况下，美国总统西奥多·罗斯福认为，他所期望的“双方都精疲力竭”的局面已经出现，决定接受日本的请求，进行调停。他提出的条件是：“日本继续保持满洲的门户开放，并将朝鲜门户开放。”已经无力将战争进行下去的日本，不得不答应美国的条件。深陷内外交困的俄罗斯更是缺乏谈判的筹码，也只得同意和谈。这样，日俄两国的全

① 王绳祖主编：《国际关系史》第三卷，世界知识出版社，1995年12月第1版，第308页。

权代表来到了美国的新罕布什尔州的朴茨茅斯城进行谈判。经过20多天的争吵，1905年9月5日，日俄两国签署了和约，即《朴茨茅斯和约》。通过对这次战争的间接参与与战后调停，美国开始正式介入东北亚事务，并以此为契机逐步参与到东北亚博弈中来，成为了东北亚博弈中最为重要的一支域外力量。

沙俄丧失在中国东北和朝鲜的利益于日本之外，还将库页岛南部的主权让与日本，将濒临日本海、鄂霍次克海及白令海的俄国沿海渔业权交给日本。经此一战，日本几乎独霸了西北太平洋海权，一举成为20世纪初的世界海军强国。日俄战争，是俄罗斯在东北亚地区扩张的一次重大挫折，也是俄罗斯军队第一次向后转。在其后的多年里，俄罗斯及其继任者苏联在远东地区蛰伏下来。直到第二次世界大战后期，作为反法西斯阵营的重要一员，苏联才再次东进，与盟国一道打败日本，夺取了日俄战争中失去的权益，并且作为东北亚地区的一支重要战略力量，重新加入大国博弈的行列。

五、与美国划分势力范围

第二次世界大战的爆发，彻底改变了世界的战略格局。在战争中，英、美、苏、中成为四大强国。在这四强中，英国损失重大，帝国体系面临危机，实力已大受削弱，从世界霸主的地位上跌落下来，成为一个二流国家；中国由于长年积弱积贫，根本不能与其他强国同日而语。实际上，只有美苏是真正的强国。在雅尔塔会议上，美苏两国就战后世界秩序的构建达成协议，划分了所谓势力范围，形成两极格局。在东北亚地区，苏联利用对日本开战的条件，提出了一系列的要求，力求在东北亚占据主导地位。

在1945年2月的雅尔塔会议上，美国同苏联达成秘密协议，以牺牲中国主权利益为代价，换取苏联对德战争结束后对日作战。同时，苏联表示将支持蒋介石领导的中国国民政府。根据雅尔塔协定，苏联将在对德战争结束二至三个月之内，参加盟国对日作战，但必须依照下述条件：（1）外蒙古（蒙古人民共和国）的现状须予维持。（2）对 1904 年由于日本背信弃义攻击所受侵害的帝俄旧有权利应予恢复，即库页岛南部及其邻近的一切岛屿均须归还苏联；维护苏联在大连商港的优先权益，并使该港国际化，同时恢复旅顺港口俄国海军基地的租借权；中苏设立公司共同经营合办中长铁路、南满铁路，并保障苏联的优先利益，同时维护中华民国在满洲完整的主权。（3）千岛群岛让与苏联。

关于涉及中国的条款，当时的国民政府并未被告知。直到 1945 年 6 月，美国总统杜鲁门在会见宋子文时，才透露出来。对于三大国的决定，蒋介石无法彻底扭转，因为无论是外蒙古，还是中国东北地区，都处于其实际控制区域之外。但由于抗战胜利在望，失地即将收复之际，蒋介石也不愿意完全听任他国的摆布。在他看来，苏联所做的支持他统一中国的保证，特别是关于归还满洲的保证，对其有利，但对于恢复沙俄在中国东北的权益，不能接受。因此，他派遣外交部长赴苏联进行谈判，尽可能地减少损失。1945 年 6 月至 8 月，经过两个多月的谈判，中苏两国于 8 月 14 日签订了《中苏友好同盟条约》，并同时缔结了《关于中国长春铁路之协定》《关于中国大连之协定》和《关于中国旅顺之协定》，将中苏谈判的内容做了正式的规定。通过谈判，苏联做了一些局部的妥协和让步，但总体上将雅尔塔协定给予苏联的在华权利都保留了下来。

通过《雅尔塔秘密协定》和《中苏友好同盟条约》，苏联恢复了沙俄时代在东北亚的全部权益，并与当时的中国国民政府建立了联系，打破了美国长期主导中国事务的局面。苏联还与美国就日本受降问题划定了界线，其中，朝鲜半岛以北纬 38 度线为界，以北为苏军的受降区，以南为美军的受降区。对于日本本土，也达成了分区占领的协议。因此，可以说，第二次世界大战结束时，苏联在东北亚的收益最大，不仅获得了西北太平洋的沿岸地区，控制了沙俄时代就梦寐以求的朝鲜半岛的北部，而且还占领了日本的北方四岛，同时还有可能将势力延伸到日本本土。这样，苏联就为未来与美国在东北亚进行角逐打下了坚实的基础。对于美国来说，实现了对日本的军事占领，将势力实质性地扩展到朝鲜半岛的南部，在中国的影响力虽然很大，但面临着极大的不确定性。

综上所述，自16世纪后期到20世纪中叶，俄罗斯通过不断地向东扩张，将其边界推进到西北太平洋沿岸，并取得了通向太平洋的港口——符拉迪沃斯托克（海参崴），成为东北亚地区的一支重要力量，使该地区国际格局发生了重大变化，由中日两国博弈转换成三国角逐。同时，随着俄罗斯在远东的扩张，西方列强也相继介入，使东北亚地区成了世界上各大战略力量逐鹿的焦点。

第四节　美国对东北亚的介入

美国脱胎于欧洲，虽然居于北美一隅，但随着经济发展和领土的扩张，逐渐将太平洋地区纳入其战略视野，并千方百计地与太平洋国家，主要是东亚国家建立广泛的联系。它建国以后，先是为了突破英国的封锁，打通与太平洋国家的贸易通道，以攫取商业利益，继而进行领土扩张，谋取政治影响，提出建立“太平洋帝国”、“太平洋伙伴关系”和“太平洋世纪”的构想，以获得在太平洋地区，特别是亚太地区的领导地位。这样，居于亚太核心地位的东北亚地区就成了美国地缘战略的优先方向。

一、打通太平洋方向的通道

在立国之初，美国仅为一个大西洋国家，与太平洋并不存在地缘上的关联。只是为了摆脱经济上“资源匮乏、商业凋敝、对外贸易受到英国百般阻挠”的艰难局面，① 才不得不尝试与太平洋地区的国家

① 卿如楫：《美国侵华史》第一卷，生活·读书·新知三联书店，1952年版，第52页。

建立贸易关系。作为一个大西洋西岸国家，美国不畏艰难，于 1784 年派遣其“中国皇后”（Empress of China）号商船首航广州，而且商务代表团也随船到达，打开了中美贸易往来的大门；东方的文明与富庶，进一步引起了美国政府对太平洋地区的关注与重视。19 世纪初期登上总统宝座的托马斯·杰斐逊极力推行向太平洋地区“扩张”的政策，成为美国“挺进太平洋的先驱”。[①] 美国的第五任总统昆西·亚当斯继续贯彻这一方针。他们采取了一系列向太平洋地区扩张的举动，如 1818 年与英国就路易斯安那与加拿大的边界达成协议，保留了美国未来向西北部太平洋沿岸进行开发的权利；1819 年与西班牙签订了《横贯大陆条约》，第一次把边界线推到了太平洋地区；1823 年与俄国在北太平洋划定分界线，限制了俄国势力在北太平洋的扩张；同年还派遣探险队向太平洋沿岸进行远征探险，被认为开创了美国“扩张史上的新纪元”。[②]

与此同时，美国通过西进运动、战争掠夺、强行购买等手段，迅速将边界推进到太平洋东岸，从一个大西洋沿岸国家，变成了濒临两洋的国家。这样，美国对太平洋的地区觊觎之心更加高涨，企图将“整个太平洋地区商业霸权置于自己的控制之下”。[③] 1840 年，英国发动了侵华的鸦片战争，打开了中国的大门，逼迫中国签订了不平等的《南京条约》，获取许多重大利益。之后，美国也不甘落后，紧随英国在中国攫取特权。1842 年与中国签订《望厦条约》，取得了相应的权益。

随着在亚太地区利益的增大，美国军事力量也伴之而来。1832 年，美国的海员在苏门答腊被杀害，美国海军进行调查，在遇到阻力

---

① Lionel E. Fredman: *The United States Enters The Pacific*, Sydney 1969, p. 121.

② Dulles, *America in the Pacific*, p. 36.

③ Graebner, Empire on the Pacific, p. 97.

时，便对爪哇当局开火，拉开了军事介入亚太事务的序幕。[①] 通过贸易和炮舰外交，美国打开与太平洋国家的通道。随着国家经济力量的迅速发展，美国对太平洋地区的战略需求不断扩大，进一步加大了向太平洋地区扩张的力度。

二、提出“太平洋帝国”构想

19 世纪中叶，美国在北美的扩张已基本完成，经济的发展极为迅速，对海外市场的需求急剧扩大。在当时的国际环境下，美国拓展商业利益的主要目标唯有欧亚大陆。欧洲大陆列强并立，相互之间不断倾轧，既在大陆上争斗，又在海外抢夺，且处于资产阶级革命的风暴之中，孤立主义思想主导下的美国，显然不愿卷入其中。因此，面向太平洋，与亚洲国家扩展经济贸易关系，就成了重要的战略选择。正是在这种背景之下，美国林肯政府及其继任者约翰逊时期的国务卿威廉·亨利·西沃德提出了建立“太平洋帝国”的构想。

西沃德主张的“太平洋帝国”构想，只是商业性质的，而非传统意义上的军事或政治帝国。具体地说，他就是要美国成为一个以亚洲、太平洋为中心的商业帝国。在他看来，当美国在北美大陆完成领土扩张的任务之后，不宜再进行领土扩张，而要推进商业的扩张，扩张手段是贸易而非武力。因为“战舰决不是能被派往国外的最成功的使节”。[②] 他还进而认为，商业是“一个国家的主要组成部分之一”和“文明进步、帝国扩张的主要力量”。[③] 美国要想成为世界上最强大的国家，就必须控制世界的贸易，因为“政治霸权随着商业优势而

① 孔华润/沃伦·I. 科恩主编：《美国对外关系史》上卷，新华出版社，2004 年版，第 208 页。

② Ernest N. Paoino, “The Foundations of the Amenican Empire, William H. Seward and U. S. Foreign Policy”, Ithaca and London 1973, p. 11.

③ Ibid, p. 26.

来”。[1] 作为一个处于欧洲和亚洲之间的国家，美国真正的目标应是“世界的商业”，而要实现这目标，美国人要为成为“最大的海洋帝国而奋斗”。[2]

在西沃德看来，美国要成为世界上最大的海洋国家和商业帝国，其中心就是亚太地区。美国的竞争对手和竞争者既不是在北美大陆，也不是在欧洲地区，更不是在加勒比、波罗的海和地中海，而是在东方那些大陆和海洋上。美国一旦控制了亚洲的市场，就一定能够成为当时各国中最强大的国家。因此，美国扩张的场所是在太平洋，而不是在大西洋。作为一个商业帝国，贸易是中心，美国与亚洲是两个基本点，太平洋则是连接两个基本点的中轴线，目标是在亚洲获取商业利润。美国要建成这样一个商业帝国，必须坚持“与中国合作”的政策。[3] 此后，美国大抵就是按照西沃德所指引的方向进行扩张。西沃德之后的美国战略学家艾尔弗雷德·马汉在其《亚洲问题及其对国际政治的影响》一书中认为，太平洋是未来世界列强的必争之地，谁控制了太平洋地区的中国，谁就控制了未来世界。世纪初曾任美国总统的西奥多·罗斯福也说过：“我们未来的历史将更多地取决于我们在面临中国的太平洋上的地位，而不是取决于我们欧洲的大西洋上的地位。[4]”

三、打开日本与朝鲜国门

随着向太平洋和亚洲方向扩张力度的增大，仅靠经大西洋—非洲

---

① Ernest N. Paoino，“The Foundations of the Amenican Empire，William H. Seward and U. S. Foreign Policy”，Ithaca and London 1973，p. 27.

② Ibid，pp. 27 – 28.

③ 参见张伟：《美国人为大清国当钦差》，人民网（www. people. com. cn）2003 年 1 月 27 日。

④ ［美］霍体德·比尔：《西奥多·罗斯福和美国强权的兴起》，纽约出版社，1967 年版，第 161 页。转引自朗毅怀：《跨越太平洋：中国走向世界的核心战略》，东方出版社，2015 年 9 月版，自序第 5 页。

好望角—印度洋—马六甲—西太平洋的航线已不能满足其需要，因而开辟横穿太平洋的航线就成为当务之急。而要开辟这样一条航线，美国就必须在西太地区寻求一个中继站。由于菲律宾已成为西班牙的殖民地，日本就成了美国在西太地区建立中继站的唯一选项。正是出于这一考虑，美国决定先打开日本的国门。

1852 年，美国政府任命海军准将马休·卡尔佩斯·佩里为东印度舰队司令，使其与日本交涉。1853 年 7 月 8 日，佩里率领 4 艘战舰，驶入江户幕府咽喉要地江户湾的浦贺港外的海面（今东京湾神奈川县南部）。这些军舰是奉美国总统菲尔莫尔之命前往远东，与日本、琉球等国商谈开国问题的大舰队的一部分。由于其船体为黑色，又像怪兽一样不断喷出漆黑的浓烟，发出轰鸣，所以被岸上那些震惊的日本人称作“黑船”。美国舰队要求日本幕府派代表接受美国总统的信件。浦贺当局按惯例要求美国舰队驶往长崎进行谈判，但遭到严辞拒绝。前往交涉的美国舰长表示，如果浦贺当局拒绝在当地受理，美国舰队就要到江户去，如果江户还不受理，就可能导致“迅速一战以决胜负”① 的局面。幕府担心发生战争，便接受了美国总统的信件。

菲尔莫尔的信里主要有三条内容：一是要求日本开放港口通商，改变“闭关锁国”的状态；二是要求日本向美国船只提供煤、水、粮食等补给；三是要求日本救护美国海上遭难人员等。幕府当局认为，事体重大，不便立即答复。佩里表示，他将在第二年来听取答复。1854 年 2 月，佩里率领舰队再次到达日本，经过谈判，双方于是年 3 月 31 日在神奈川签订了《日美和好条约》，通称《神奈川条约》。条约规定：日本开放下田、箱馆（涵馆）两个港口准许美船停泊并为美船供应煤、水、食物；美国可在下田派驻领事；日本应对美国海上遇难船舶和人员予以救助；日本给予美国最惠国待遇等。6 月，两国又

① ［日］井上清：《日本现代史》，生活·读书·新知三联书店，1956 年版，第 115 页。转引自王绳祖主编：《国际关系史》第 2 卷，世界知识出版社，1995 年 12 月第 1 版，第 242 页。

签订了《下田条约》，作为《神奈川条约》的附约，对下田开放的细则做了具体的规定。《神奈川条约》是西方列强逼近日本签订的第一个不平等条约，意味着日本“国门”正式开放。

日本“明治维新”之后，随着国力的增强，对外扩张的野心日益显露出来，“征韩论”甚嚣尘上。英国、法国和俄罗斯也对朝鲜虎视眈眈。而此时的朝鲜正奉行闭关锁国的政策，作为朝鲜宗主国的中国大清王朝正处于内忧外患的水深火热之中，已无力对其进行庇护。美国对此早有洞穿，便产生了首先打开朝鲜大门的企图。于是，1866 年 8 月，美国派商船侵入大同江，1871 年 3 月，又令军舰入侵朝鲜，史称“辛未洋扰”。但是，在朝鲜军民的坚决抵抗下，美国的行动都以失败告终。直到 1882 年，中国清政府为防止日本或俄罗斯侵占朝鲜，决定采取“以夷制夷”的方针，建议朝鲜向欧美开放，美国才得以与朝鲜签订《朝美修好通商条约》。《朝美修好通商条约》是朝鲜与外国缔结的第二个通商条约，也是朝鲜与欧美国家缔结的第一个条约。条约规定美国享有领事裁判权、协定关税、片面最惠国待遇等权利，因此对朝鲜来说是一个不平等条约。但是，《朝美修好通商条约》的签订有着非常重大的历史意义，它标志着朝鲜的门户向世界全面敞开，也意味着朝鲜半岛进一步走上世界大国竞争的前台，变成资本主义列强的角逐场所。

美国通过使用武力和威胁使用武力，先后迫使日本和朝鲜进行谈判，向美国开放国门，标志着美国的势力和影响扩展到东北亚。

四、推行“门户开放”政策

美国虽然打开了日本的国门，但穿过浩瀚的太平洋，依然需要一个由自己控制的中基地。1898 年，美国发动对西班牙的战争，从其手中夺取了关岛和菲律宾，1899 年，美国又吞并了夏威夷，从而在亚太地区拥有了立足点和桥头堡。接下来，美国要做的就是登上亚洲大陆，其直接的目标就是中国。此时的中国，由于甲午战争的惨败，基本上已被诸列强瓜分完毕。美国驻华公使康格就曾经说过："除了直隶省之外，事实上，没有其他地方剩下来给美国了。"[①] 如何既能在中国获取利益，又避免与列强发生冲突，是美国殚精竭虑要达到的目标。因此，"门户开放"政策应运而生。

1899年9—12月，美国国务卿海·约翰训令美国驻英、俄、德、日、意、法六国大使向各驻在国政府递交一份照会，主要内容包括以下三点：第一，各国对他国在中国所取得的任何"势力范围"、租借地、通商口岸和既得利益，不得干涉。第二，各国运往自己"势力范围"各口岸的他国货物，均由中国政府按照现行关税率征税。第三，各国对进入自己"势力范围"各口岸的他国船舶，不得征收高于本国船舶的港口税；当他国使用自己所修或所经营控制的铁路运输货物时，不得征收高于本国商品的铁路运费。1900年7月3日，八国联军已攻占大沽，严重威胁津京，海·约翰又发出了第二个"门户开放"政策照会，提出"保证帝国主义列强在中国一切地方有普遍平等的贸易权"，"保持中国领土与行政完整"。1902年，美国又将该政策扩大到矿山等投资部门。

通过"门户开放"政策，美国将其影响力渗透到中国，而且比其他任何列强都大。其他的列强在中国都有固定的势力范围，其影响力往往受到限制，而美国的"门户开放"政策，则使其影响不受所谓"边界"的制约，从而影响整个中国。第一次世界大战后，美国于1922年倡议召开《华盛顿会议》，继续强调和推行中国的"门户开放"政策，促动了《九国公约》的签订，从而进一步提升了美国在华的利益基础。此后，美国与中国的关系不断密切，超越了当时中国当局与其他任何国家之间的双边关系。这样，美国在亚太地区就有了重要的战略据点，使其在亚太地区事务中的地位与作用大幅上升。第二次世界大战接近尾声时，斯大林在1945年5月8日接见美国总统

① A. Dennis, Adventures in American Diplomacy, New York, 1928, p. 207.

特使霍普金斯时表示，他赞赏美国的对华“门户开放”政策。[①] 直到1950年1月，杜鲁门总统发表声明时依然强调，“门户开放”是美国对华的一贯政策。由此可见，经过半个世纪的努力与坚持，美国的“门户开放”政策取得了重大的成功，可以设想，如果没有“门户开放”政策，中美两国就难以结成抗日同盟，美国不得不两线作战，要付出更惨重的代价是不可避免的。所以，美国通过未雨绸缪的谋划，使中国成为其在远东的一个重要的战略基地，对于其维护国家安全，战胜对手发挥了难以估量的作用。同时，美国在华影响力的取得，为其更强地介入东北亚事务埋下了伏笔。

五、单独占领日本

日俄战争以后，日本很快吞并了朝鲜，夺取了俄罗斯在中国东北的权益，占据了库页岛和千岛群岛等，极大压缩了俄罗斯在东北亚的势力范围。其后，俄罗斯因为爆发革命，参加第一次世界大战，进行社会秩序的重建，应对法西斯德国的威胁等，在很长的时期里，在东北亚地区基本上无所作为。此时的中国，由于清政府的垮台，军阀割据，连年内战，也难以在东北亚地区采取有力的行动。通过第一次世界大战，日本夺取了原德国在山东的权益，将太平洋上的马里亚纳群岛、马绍尔群岛和加罗林群岛也置于自己的控制之下，在东北亚甚至整个西太地区占据了十分有利的态势。在这千载难得的历史机遇前，日本的侵略野心极度膨胀，悍然挑起“九·一八”事变，攻占东北全境，尝到甜头的日本欲求不满，最终发动“七·七”卢沟桥事变，企图全面占领中国。日本的侵华战争，不仅激起中国人民的坚决抗击，而且引起在华有着重大利益的美英等国的恐惧。

其实，在东北亚地区，美日之间的矛盾在第一次世界大战后就已

① 王绳祖主编：《国际关系史》第6卷，世界知识出版社，1995年12月第1版，第556页。

上升为主要矛盾了。1922年，美国通过华盛顿会议，在亚太地区建立了对其有利的国际体系。美国的商品与资本大量涌进中国，在中国的影响力快速扩大，这对于追求亚洲霸权的日本来说，是难以接受的。为了打破这一体系，日本法西斯力图使用武力。日本发动侵华战争，就是为未来的日美战争做准备。1929年7月，策动“九·一八”事变的主谋石原莞尔就在一份有关解决所谓满蒙问题的文件中提出，“若准备对美作战，就要立刻（对华）开战，断然将满蒙政权握于我手中。”[①] 对于日本占领中国东北，美国国务卿史汀生提出主张，即采取“不承认主义”[②] 的态度。

美国对于日本独占中国东北并窥伺关内的做法，怀有警惕之心，因为它将破坏其在华的“门户开放”政策，进而损害其在亚太地区的利益。同时，美国对日本还抱有一定的幻想，即抗衡苏联在远东地区的南下。基于此种考虑，一方面由于它在军事上还没有做好与日本作战的准备，另一方面也要继续观察日本的举动，从而为下一步所要采取的行动留有余地，因而提出了“不承认主义”。史汀生的“不承认主义”，虽然没有起到制止日本侵略的作用，但却导致美日之间在中国问题上没有妥协的可能性。随着日本侵华战争的扩大，美国的态度进一步严厉，增加了对中国抗战的支持力度。日本也从美国的政策和行动中做出判断，如果不打垮美国，它的对华战争就不可能取得成功。英国也认为，在远东地区，虽然它在中国的利益最大，但由于军

① 日本国际政治学会编：《走向太平洋战争之路》第2卷，朝日新闻社，1962年版，第367页。转引自王绳祖主编：《国际关系史》第6卷，世界知识出版社，1995年12月第1版，第60页。

② “九·一八”事变及其随后日本占领中国东北的军事行动发生后，美国国务卿史汀生于1932年1月7日，向中日两国政府发出内容相同的照会表示：“美国政府不能承认任何事实上的情势的合法性，也不拟承认中日政府或其代理人之间所缔结的有损于美国或其国民的条约权利——包括关于中华民国的主权、独立或领土与行政完整，或关于通称为门户开放政策的对华国际政策在内的条约和协定；也不拟承认用违反1928年8月27日中、日、美皆为缔约国的《巴黎公约》之条款与义务的方法，而获致的任何局势、条约或协定。”史称这一照会为“不承认主义”。

力有限，根本不可能对日本的侵略进行有效的干预。“我们无论如何不可能遏制日本，如果他真的要干（全面占领中国）并且看透了我们的话。因此，除非美国最终打算使用武力，我们在远东将无所作为……出于明显的理由，日本害怕美国更甚于害怕我们”。[①] 正是由于美日矛盾的不断激化，日本政府做出一个冒险的决定，命令其海军 1941 年 12 月 7 日突袭美国的珍珠港。次日，美国正式对日宣战，拉开了太平洋战争的序幕。

1943 年 12 月 1 日，中美英三国发表的《开罗宣言》强调，三国与其他盟国一道，“坚决进行为获得日本无条件投降所必要之重大的长期作战”。“日本自 1914 年第一次世界大战开始以后在太平洋所夺得或占领之一切岛屿，在使日本所窃取于中国之领土，例如满洲、台湾、澎湖列岛等，归还中华民国”。[②] 这里只是明确了日本无条件投降的原则和归还所窃取的中国领土与放弃在太平洋地区占领或夺得的岛屿，但对于战后如何处理日本问题，却没有具体的规定。鉴于美、苏、英三国德黑兰会议已大体确立了战后如何处理德国问题的基本原则，因而当美英诺曼底登陆准备工作已经就绪，欧洲第二战场即将开辟，德国法西斯的失败指日可待之际，美国便着手考虑如何处理日本问题。从防止日本军国主义势力东山再起，实现战争利益的最大化，特别是达到称霸亚洲的战略目的出发，利用其长期与日军正面作战的特殊条件，美国决定在战后单独占领日本。

1944 年 5 月 9 日，美国国务卿赫尔根据政府各部门研究讨论的情况，起草有关战后对日政策的备忘录。备忘录提出了美国处理日本问题的基本原则：日本从其他国家掠夺来的领土应予归还，但基本上应视为一个整体，不应进行分割；日本政府作为一个主体，在武装占领时期应停止活动；美国应作为东道主邀请所有对日作战的主要国家参

---

① *Documents on British Foreign Policy*, Ser. 2, Vol. 9, 1948, pp. 282 - 283. 转引自王绳祖主编：《国际关系史》第 6 卷，世界知识出版社，1995 年 12 月第 1 版，第 65 页。

② 《国际条约集》（1934—1944），世界知识出版社，1961 年版，第 407 页。

加对日占领和管制，但它们的作用仅限于提供“象征性的占领军队”。[1] 7月15日，副国务卿特别助理杜曼根据这一备忘录的精神，提出了一份《对日占领军与军政府备忘录》，对美国单独占领日本的构想做了进一步的阐述。杜曼备忘录强调，美国在太平洋战争中发挥了决定性的作用，因而在处理日本问题上，不能再搞分区占领，而是由美国负主要责任，占领军统帅和属下的主要司令官应是美国人。“美国在决定军政府时应有至高无上的发言权”。[2] 从赫尔备忘录到杜曼备忘录，美国已清楚地确定了战后单独占领日本的原则。

基于上述备忘录所提出的原则，1945年8月10日，当日本通过中立国瑞士和瑞典发出乞降照会时，美国当天就给予答复，要求日本“从投降时刻起，日本天皇和日本政府统治国家的权力即须听从盟国统帅之命令”。[3] 13日，美国立即与英、中、苏协商，由麦克阿瑟出任盟军最高统帅，为其单独占领日本创造条件。接着，麦克阿瑟根据总统的指令，发布“总命令第一号”，正式把日本本土划入自己单独占领的范围。至此，美国从基本原则到人事安排上已完成了单独占领日本的准备。

在美国筹划单独占领时，苏联也在考虑如何处理日本问题。斯大林曾经向美国方面提出，苏军至少应占领日本北海道，但遭到美国的断然拒绝。8月15日，于日本宣布投降的当天，美国总统杜鲁门发布《战后占领日本本土的各国军队的组成》命令，主张美国将与各国协商占领政策，但必须掌握主导权，各国提供的占领部队也必须听从由美国任命的总司令的指挥。29日，美国政府正式批准“美国战后初期对日政策”，详细规定了单独占领日本的基本立场和政策目标：使日本不再成为美国的威胁，不再成为世界和平与安全的威胁，使之最终建立一个和平和负责任的政府；美国欢迎其他国家参加盟军，也愿

① 参见刘同舜主编：《战后世界历史长编》第1册，上海人民出版社，1975年版，第244页。

② 参见刘同舜主编：《战后世界历史长编》第1册，第244页，第254页。

③ 《国际条约集》(1946—1947)，世界知识出版社，1959年版，第104页。

意与其他国家磋商占领日本的政策，但一切都将以美国的意见为准；同时文件还规定，盟军最高统帅具有为实现投降条款及贯彻占领和控制日本的政策所必需的一切权力。这份文件所显示出来的主要精神，就是美国已把其他国家参与处理日本问题的权力彻底排除在外。杜鲁门总统在其回忆录中曾经说过："我决定，对日本的占领不能重蹈德国的覆辙，我不打算分割管制或划分占领区，我不想给俄国人以任何机会，再让他们象在德国和奥地利那样去行动。"①

8 月 30 日，麦克阿瑟前往日本就任盟军最高统帅。9 月 7 日，盟军最高统帅总司令部在东京成立，并同时宣布接管日本的一切最高权力，天皇和日本政府必须在在最高统帅的指令下活动。这样，日本的安全、民政等责任和控制权都由麦克阿瑟一人掌握，从而使美国实现了对日本单独占领。

单独占领日本，是美国一项久远的战略考虑。1945 年 9 月初，在日本投降之际，杜鲁门总统就把其亚太地区的战略思想告诉其顾问，"美国未来外交重点是西半球和太平洋地区。"② 长期以来，美国一直把亚太地区作为扩张的主要方向。购买阿拉斯加、夺得关岛与菲律宾、吞并夏威夷，使得美国具有了向亚洲大陆扩张的跳板，"门户开放"政策的推行，使美国的影响力在亚洲大陆有了显著的增加，而占领了日本，就使得美国在东亚地区，特别是东北亚地区有了立足点，可以与该地区的其他国家进行直接的战略博弈。

六、跻身朝鲜半岛

对于朝鲜半岛，美国并没有太久远的考虑。在开罗会议上，美国提出让朝鲜在适当的时候予以独立。1945 年 2 月，在雅尔塔会议上，美国与苏联就朝鲜问题达成非正式的谅解，即战后由中、苏、美、英四国

① 《杜鲁门回忆录》，人民出版社，1962 年版，第 438—439 页。

② 参见王绳祖主编：《国际关系史》第 6 卷，第 145 页。

对朝鲜实行托管。直到1945年5月，美国决策者在考虑对苏政策时，才开始关注朝鲜半岛的问题。他们出于东北亚地区可能出现东欧那样状况的担忧，主张扶持一个能与苏联抗衡的力量。在波茨坦会议上，虽然美、苏、英三国的政治领导人并没有讨论朝鲜问题，但三国的军事长官在开会时，提出了一项建议，即应当在朝鲜整个地区就美国与俄国的海军和空军的作战范围划一条界线。对于陆上界线，根本没有提及。

1945年8月8日，苏联对日宣战后，日本在中国东北的关东军不堪一击。8月12日，苏军就进入朝鲜，并与金日成领导的朝鲜人民军一起迅速向南推进，大有一举拿下朝鲜半岛之势。而在此时，美国还在数百千米之遥的冲绳岛。在这种情况下，美国陆军部提出了一条建议，就是以北纬38度线作为美军和苏军在朝鲜半岛采取行动的界线。杜鲁门于8月14日批准这一建议，并于第二天向斯大林发出信件，并附上他给麦克阿瑟的发给日本帝国总部的“总命令第一号”。命令中有这么一段话：“在满洲、北纬38度以北的朝鲜和桦太岛的日本高级指挥官以及一切海陆空部队和辅助部队应当向苏联远东司令部投降。”“帝国总部、它在日本本岛、与本岛毗邻的小岛、北纬38度以南的朝鲜和菲律宾高级指挥官以及一切海陆空部队和辅助部队应当向太平洋美国陆军总司令部投降。”[①] 斯大林在8月16日回复杜鲁门信件时表示，“基本上不反对命令的内容”，虽然对美国的提议提出了一些修正建议，但对于朝鲜半岛的问题却未有提及。这样，苏军虽然早于美军27天进入朝鲜，并有可能解放整个朝鲜，但却没有那样做，而是接受了美国关于朝鲜半岛分区受降的安排，三八线的划分也就随之定下来了。

9月7日，麦克阿瑟宣布，暂由他本人行使“三八线”以南的一切政府权力，原日本政府人员将继续留职履行公务。8日，美军占领

① 苏联外交部：《苏联伟大卫国战争期间苏联部长会议主席同美国总统和英国首相通信集》第2卷，世界知识出版社，1963年版，第263、264页。转引自王绳祖主编：《国际关系史》第6卷，世界知识出版社，1995年12月第1版，第65页。

朝鲜半岛的南部，苏军按照两国政府的协议，从“三八线”以南地区的汉城、仁川等地撤回。因此，美苏两国以北纬38度线为界，分别占领了朝鲜半岛的北部和南部。

美国进占朝鲜半岛的南部，是其长期推行的向亚太地区扩张政策的继续。如果说美国征服夏威夷是取得通向亚洲中继站，夺得菲律宾是获得冲向亚洲大陆桥头堡，占领日本是取得登陆亚洲大陆跳板的话，那么对朝鲜半岛南部的占领，则是美国军事和政治力量正式在亚洲大陆上岸。美国占领日本和朝鲜半岛，使其拥有了与东北亚地区大国进行角逐的基地，取代日本成为该地区一支重要的战略博弈力量。美国力量进入东北亚，与苏联产生了激烈的利益碰撞。在日本战败，中国陷于内战的情况下，美苏两国的争夺成为东北亚地区的主要矛盾。

总之，从大国东北亚战略博弈的起源看，先是身处本地区的中国与日本展开竞争；接着，俄罗斯通过东侵，将其边界推进到东北亚，加入该地区的角逐；第二次世界大战中由于日本战败，美国取代日本成为该地区的一支重要的战略力量。在博弈的过程中，从总体上说，中国由优势逐渐转为劣势。历史上，中国无论是在国家治理，还是在周边环境营造方面都是一个“早熟”的国家。因此，在近代民族国家体系产生以前，中国就以其超强的国力和先进的文化与周边国家或民族政权建立了朝贡体系，成为亚洲国际体系的中心。然而，由于近代以来统治王朝的固步自封，失去了工业革命的机遇，被西方国家超越。西方国家势力不断向东方推进，对中国构建的东亚朝贡体系构成了巨大的挑战。因此，中国在东北亚地区主导地位也受到了严重削弱，并逐渐沦为任人宰割的对象，直到中华人民共和国成立以后，此种颓势才得以大力的扭转。于是，美国、中国和苏联在东北亚地区又进行了新一轮战略博弈。

第二章

大国东北亚战略博弈的演进变化

在第二次世界大战中，美国与苏联发挥的作用日益凸显，英国则逐渐沦为配角。由于美国在欧洲战场和亚洲战场都是主力之一，因而在战后的国际秩序安排上带有全球性的战略视野。苏联在欧洲战场做出的贡献巨大，在东北亚也有一定的参与，因而更加看重实际利益的获取。所以，总起来看，虽然中国与英国在战后秩序的构建上有一定的发言权，但美苏则起着决定性的作用。在欧洲，美苏双方根据各自军力所到之处划定势力范围，在东北亚，则主要是根据雅尔塔协定调整彼此间的利益。在欧洲，国际格局相对稳定，在整个冷战时期，几无变化。在东北亚地区，情况就完全不同，由于国际战略力量消长发生巨大的变化，利益诉求并没有通过战争得到合理的调整，大国间的博弈十分剧烈，不仅对手发生转换，而且角逐方式也变得更加复杂。在朝鲜战争中，中苏结盟与以美国为首的所谓联合国军作战；而随着历史的发展，到了20世纪70年代，中美又结成统一战线，共同反对苏联霸权主义行径；由于经济力量的大幅提升，日本在日美同盟的框架内，再一次加入大国博弈的行列；进入21世纪，中俄两国结成伙伴，美日两国保持同盟，形成了东北亚地缘战略博弈的新格局。

第一节　美苏全面争夺的展开

美苏冷战的主战场虽然是在欧洲，但东北亚地区也是两国激烈角逐的重要区域。对于东北亚地区，美苏两国都有着深远的战略考虑。对于美国来说，亚太地区一直是它的长期扩张的目标。作为一个海洋国家，控制边缘地带是操控大陆事务的主要手段。东北亚地区战略地位重要，大国力量汇集，如果没有立足之地，美国就无法对亚洲大陆的事务施加关键性的影响。对于苏联来说，控制了东北亚，就稳固了其东部的安全，就拥有了影响亚太事务的手段，也同时获取了亚太地区经济发展的红利。正由于如此，美苏为争夺东北亚展开了激烈的角逐。

一、争取中国成为盟友

中国是亚洲最大的国家，曾长期控制和管理着东北亚。只是在近代历史时期，由于国运衰落，难以抵抗俄罗斯东侵，丧失大片国土，对于日本的扩张，也不能进行有力的反击，从而失去了在东北亚地区的主导权。然而，作为一个大国，尽管历尽磨难，但历史的荣耀、现实的基础和未来的潜力，使世界任何一个国家都不能无视。美苏两国深切地认识到，若要在东北亚，甚至亚洲赢得战略优势，首先必须赢得中国。

相对而言，美国在中国的影响力远超于俄罗斯。近代以来，美国与中国并无太多的利益冲突，而俄罗斯对中国的伤害则极其巨大，侵占中国太多的利益。美国建国伊始的 1784 年，就急于要同远在万里以外的中国通商。一些商人和政府官员乘一艘由原先海军使用的帆船改装的商船—“中国皇后”号（The Empress of China，通过使用这样的名称，以示对中国的尊重）到达中国。随后，中美贸易关系建立起来。当然，美国对华政策的战略目标一直带有“塑造”的印记。当其他列强在中国攫取经济利益时，美国则向中国派出了大量的传教士，意在从思想上改变中国；当八国联军入侵中国，迫使中国签订《辛丑条约》，掠夺大量赔款时，美国却将其所得赔款的一部分用于在中国建立高等学校，旨在培育美国所期待的精英；当世界列强在中国瓜分势力范围时，美国提出“门户开放”政策，强调维护中国“主权独立”，企图全面控制中国；第二次世界大战中，美国大力支持中国抗战，使中国成为其推行“先欧后亚”战略的重要支撑；在罗斯福筹划的世界蓝图中，将中国视为其维护远东国际秩序的战略力量。

第二次世界大战还在进行时，美国在协调反法西斯力量对德国和日本进行决定性作战和考虑战后世界秩序的安排时，就充分地考虑到中国未来的地位与作用。根据盟国间的计划，1943 年 12 月，美、英、苏三国在德黑兰召开会议。美国提议，作为反法西斯战争的主要参与者的中国，应被邀出席会议。由于苏联的反对，美国便与英国协调，决定在召开德黑兰会议之前，于 1943 年 11 月 22—26 日在开罗举行首脑会议，不仅可以使中国领导人表达对战争指导的意见，也显示中国的大国地位。参加会议的有美国总统富兰克林·德拉诺·罗斯福（1882—1945）、英国首相温斯顿·丘吉尔（1874—1965）和中国国民党总裁、中华民国国民政府主席、国民政府军事委员会委员长蒋介石（1887—1975）。会议结束后发表的《开罗宣言》中明确宣告：在战争结束后，日本必须将东北三省、台湾和澎湖列岛归还给中国，使朝鲜独立。从一定意义上说，开罗会议是对中国世界大国地位的认可。

在构建联合国的谈判中，原先计划的安理会常任理事国只有美、英、苏三国。后来美国提议，作为远东地区的大国，中国应成为常任理事国。英国认为自己的力量既不能与美国相比，也不能和苏联抗衡，为了最大限度地维护自己的利益，提议法国也应作为常任理事国。这样，最终的结果是，联合国安理会常任理事国由五国构成。这样，中国在战后就成了世界上名副其实的四大强国之一。

美国之所以这样做，其基本的战略考虑就是使中国成为它远东地区的战略支柱。建立一个强大的中国作为远东所必需的主要稳定因素，可以抗衡苏联的影响和一切反美势力，有利于战后美国称霸亚洲。罗斯福曾对蒙巴顿将军说过，使 5 亿人的中国站在我们这一边，这在“紧接着战争结束以后的时期，是会非常有用的。”[①] 其继任者杜鲁门也认为，“应使国民党取代日本的地位，成为亚洲的稳定力量。”[②] 为此，美国的对华政策逐步由援华抗日转变为竭力扶持蒋介石，并藉由政治手段解决中国共产党问题[③]。在中国内战发生后，出于反共的需要，更是出于可能在中国共产党取得胜利后失去中国的担忧，美国采取了“扶蒋反共”政策。最后，美国搬起石头砸了自己的脚，“扶蒋反共”政策走向失败，最终失掉了中国。

苏联的对华政策要比美国稳妥得多。为避免刺激美国，在中国的前途尚未明朗之际，苏联采取了“两边下注”的策略。一方面，为了获得根据雅尔塔协定所规定的利益，对于当时仍处于执政地位的国民党政权，苏联表示支持。1945 年 5 月 28 日，杜鲁门总统的特使霍普金斯访问莫斯科时，斯大林在与其会见中表示，“苏联将尽最大努力来促进中国在蒋介石领导下的统一”，“这种领导权应继续到战后，因为没有别人是那么强有力”。“没有一个共产党领袖是那么强有力而足以统一中国。”[④] 斯大林还强调，他赞成美国的对华“门户开放”政策。1945 年 6 月至 8 月，苏联与国民政府进行谈判，并最终签订了《中苏友好同盟条约》。条约规定：双方将联合其他联合国家对日作战，直到获得最后胜利为止；在此次战争中，双方将互相提供一切必要的军事和其他援助；战后，双方将共同采取措施，使日本没有可能再事侵略破坏和平；一方如遇日本攻击，另一方应对之提供军事及其他援助。条约有效期为 30 年。苏联与中国缔结这一条约，固然有以恢复沙俄在华权益作为对日战争条件的考虑，但也有借此条约牵制美国，阻止其在华扩张的意图。

---

① ［美］迈克尔·沙勒：《美国十字军在中国》，商务印书馆，1982 年版，第 88 页。

② 转引自王绳祖主编：《国际关系史》第 8 卷，第 145 页。

③ 纪胜利、郝庆云：《战后国际关系史》，黑龙江人民出版社，2002 年版，第 65 页。

④ 参见王绳祖主编：《国际关系史》第 6 卷，第 556 页。

另一方面，苏联还对中国共产党给予有力的支持，以便在与美国争夺主导中国控制权中取得有利地位。对日战争结束后，苏联出于战略全局的考虑，并未完全按照《中苏同盟友好条约》行事，而是允许中国共产党的武装力量（八路军）进入东北，将锦州以南至山海关地区交给中共军队接管，并把它所缴获的部分日军仓库移交给中共军队。苏联利用其控制东北的有利条件，允许中国共产党的军队进入东北，为中共在东北地区发展奠定了基础，进而为其夺取全国的胜利创造了条件。苏联这样做的目的，就是在同美蒋争夺中国东北的控制权，同时为以后应对中国政局的变化创造机遇。中国共产党建立新中国以后，迅速与苏联签订友好同盟互助条约，加入社会主义阵营。与此同时，新中国推行“一边倒”、“重起炉灶”和“打扫干净屋子再请客”的外交政策，彻底肃清了美国在华的势力与影响，使美国在亚洲大陆的战略地位急剧下降。正是由于如此，在随后的东北亚博弈中，苏联占了巨大的优势。

在争夺中国的过程中，美国彻底失败了，不仅失去了一个长期着力经略的盟友，而且造就了一个与其势不两立的敌人。苏联赢得了根本性的胜利，通过对中国共产党的支持，在中国共产党建立新中国以后，与中国形成了“同志加兄弟”的关系。此后，在东北亚地区，美国面临的是两个大国的挑战。可想而知，无论美国的实力多么强大，且不说它在东北亚的地缘弱势，就是中苏两个大国的联盟，也已注定了它在这一地区博弈中的失败命运。

二、谋求控制朝鲜半岛

第二次世界大战中的开罗会议、德黑兰会议和雅尔塔会议，都认为战后的朝鲜应在适当的时候独立。战争结束之际，美苏两国经过协商，决定朝鲜半岛以北纬38度线作为接受日本投降的分界线。其后，两国的军队占领了朝鲜的北部和南部。但对于朝鲜半岛的政治安排，美苏两国并没有进行讨论。也就是说，北纬38度线，不具有特别的军事意义和政治内涵。随着美苏两国由盟友变成对手，双方在朝鲜半岛问题上，各持己见，都希望使朝鲜的局势朝着有利于自己的方向发展，因而展开了激烈的较量。

首先，对于朝鲜的托管问题。尽管1945年9月，美苏两国的军队就占领了朝鲜，但一直到12月底，美、英、苏三国的外长才在莫斯科会议上讨论朝鲜问题的处理。美国的态度是，朝鲜半岛需要托管10年，而苏联则认为5年的期限较为适宜。会议最后达成的协定是：由美苏在朝鲜的军事代表组成联合委员会，其职责是协助朝鲜组织临时民主政府，实现南北统一。同时，美苏两国邀请中国与英国加入，由美、苏、英、中四国共同对朝鲜进行为期5年的托管。后来，英国认为它在朝鲜没有利益诉求，中国也因国内情势的复杂，退出对朝鲜的托管。

其次，对于朝鲜政权的组成。1946年3月，苏美联合委员会在汉城讨论同朝鲜各民主组织协商建立临时政府问题。但是，由于在确定朝鲜参加协商的组织名单问题上，苏美两国严重对立，朝鲜临时政府迟迟无法建立。1947年10月18日，美国单方面在第二届联合国大会上提议终止苏美联合委员会的工作，在朝鲜建立临时政府的工作归于失败。

再次，关于朝鲜南北政权的建立。其实，美苏双方在朝鲜问题上根本不可能达成一致的意见，因为他们在占领朝鲜后不久，就在各自的战区分别扶持建立了带有政府性质的组织机构。1946年2月，美国将在美国侨居37年的李承晚接回朝鲜，在南部组成了以其为议长的“军政厅民主设议院”；8月，又设立所谓朝鲜民事行政机关；12月，美国军政府下令成立了“立法院”。1947年10月17日，联合国第二届大会在美国的操纵下，否决了苏联关于邀请朝鲜南北双方代表参加讨论朝鲜问题和苏美两国军队于1948年底之前同时撤出朝鲜的两项议案。11月14日，联合国大会通过决议，成立“联合国朝鲜临时委员会”，监督朝鲜大选和建立政府。1948年1月，该委员会进入朝鲜“监督选举”，结果只有南部举行了大选，并根据大选结果成立了国民议会。7月12日，“国民议会”公布了大韩民国宪法，8月15日成立大韩民国政府，李承晚出任总统。实质上，美国已在其占领区内单独建立了政权，迈出了分裂朝鲜的重大步骤。与此同时，在苏联的扶持下，朝鲜北部于1946年2月通过选举产生了以金日成为首的临时人民委员会，1947年2月选举产生了北朝鲜人民会议，成立了北朝鲜人民委员会，1948年9月8日北朝鲜公布了宪法，组成以金日成为首的内阁，9日朝鲜民主主义人民共和国宣告成立。

在美苏的争夺下，北纬38度线最终成为朝鲜南北双方的分裂线，将有着两千年历史的文明、统一的民族国家一分为二。北朝鲜政权建立以后，加入了以苏联为首的社会主义阵营。1948年底，苏军也从北朝鲜撤出，但留下了3000名军事顾问。韩国政府成立后，与美国迅速签订了《韩美临时军事协定》。1949年6月，美军从韩国撤离，但留下一个500人的军事顾问团。尽管如此，美苏在朝鲜半岛的角力并未到此结束，一场更大的风暴正在酝酿之中。

从表面上看，美苏在朝鲜的角逐似乎只在于使半岛的政治走向更符合自己的期待。但实际上，双方的战略视野早已投向更为宏大的空间，下一盘更大的棋，那就是新中国建立后，美苏两国为了争取中国，围绕着朝鲜问题进行全方位的博弈。

出于意识形态、历史教训和国家安全的考虑，新中国建立后，一边倒向苏联。对此，苏联当然是乐见其成。然而，苏南关系的破裂，使斯大林对于其他社会主义国家领导人，特别是在本国民众中享有崇高威望的领导人持深深的怀疑态度。对于中国，苏联曾支持蒋介石领导中国的统一，后又提出以长江为界由国共两党分治中国的建议。[①] 对此，中国共产党持反对态度。因此，当新中国建立后，斯大林虽然表示过歉意，认为那时“中国同志是对的，”但对中国仍然缺乏信任。毛泽东在《论十大关系》一文中曾经指出：“斯大林对中国做了一些

① 参见谢益显主编：《中国当代外交史》（1949—2001），中国青年出版社，2002年7月第2版，第33页脚注。

错事。解放战争时期，先是不准革命，说是如果打内战，中华民族有毁灭的危险。仗打起来，对我们半信半疑。仗打胜了，又怀疑我们是铁托式的胜利，1949、1950 两年对我们的压力很大。”① 如何更好地控制中国，继续持有雅尔塔协定所规定的，并已从旧中国政府所获得的在东北亚的利益，成了斯大林处心积虑思考的问题。

1949 年 12 月 6 日，毛泽东动身访问苏联，主要目的是签订中苏新条约。16 日，毛泽东与斯大林就中苏新条约问题举行第一次会谈，但斯大林搬出了雅尔塔协定，不愿谈判。他强调，1945 年的那个与国民党政府签订的旧条约是根据苏、美、英三国缔结的《雅尔塔协定》签订的，而苏联正是通过《雅尔塔协定》才在远东得到了千岛群岛、南库页岛和中长铁路、旅顺口以及蒙古这个战略屏障等。如果改动经过美国和英国同意的中苏条约，“哪怕改动一款，都可能给美国和英国提出修改条约中的涉及千岛群岛、南库页岛等条款的问题提供法律上的借口”。因此，经过慎重考虑后，苏联才“决定暂不改动这项条约的任何条款”。12 月 24 日，毛泽东与斯大林进行第二次会谈，斯大林依然持拒绝态度。1950 年 1 月 1 日，斯大林才迫于各种压力，同意签订一个中苏新条约。几经谈判，1950 年 2 月 14 日，中苏两国才签订《中苏友好同盟互助条约》。条约规定：缔约国双方保证共同尽其全力采取一切必要的措施，以期制止日本或其他直接间接在侵略行为上与日本相勾结的任何国家之重新侵略与破坏和平。一旦缔约国任何一方受到日本或日本同盟的国家之侵略而处于战争状态时，缔约国另一方即尽其全力给予军事及其他援助。”“双方宣布以忠诚的合作精神，参加所有以确保世界和平与安全为目的之国际活动，并为此目的之迅速实现充分贡献其力量。”② 同一天，中苏两国还签订了关于中国长春铁路、旅顺口及大连的协定，苏联将中苏共同管理中国长春铁路

---

① 参见《论十大关系》，毛泽东 1956 年 4 月 25 日在中国共产党中央政治局扩大会议上的讲话。

② 参见王春良等主编：《世界现代史》，山东人民出版社，1985 年 2 月第 1 版，第 484 页。

的一切权利以及属于铁路的全部财产无偿地移交给中国；苏军自中苏共同使用的旅顺口军港撤退；大连的行政完全直属中国管辖，苏联代管或租用的大连所有财产由中国接收。[①]

斯大林对于归还中长铁路、旅顺口和大连港是极不情愿的，因为这是沙俄自彼得大帝以来梦寐以求的战略要地，是苏联出动百万大军打败日本关东军所收复的所谓“失地”，是苏、美、英雅尔塔国际协定以及与国民党政府签订的中苏条约所确认了的。还有更重要的一点，即苏联将其在中国东北的权益归还中国时，彻底打乱了它在远东的战略安排。第二次世界大战后期，当美国要求苏联对日作战时，苏联就对其远东的战略目标做了全面的考虑：首先让外蒙古独立，然后控制住中国东北，收回千岛群岛和库页岛，再把整个日本海控制住，再通过中长铁路、旅大港，让太平洋的出海口有所保障。可是答应了新中国的要求之后，苏联的太平洋通路就断了，它的太平洋舰队只能回海参崴，这就等于进入了日本海。舰队出日本海必须经过对马海峡，而对马海峡的两岸正好一边是韩国，一边是日本，它们均在美国的控制之下，这个结果是苏联所不愿看到的。

为了既能控制中国，又能使在中苏条约所归还给中国的利益再名正言顺地拿回去，斯大林决定从两个方面入手。一方面，苏联在缔约谈判中，提出一些前置条件，如1950年2月1日，苏联对新条约提出一个补充协议，即如果发生战争，苏联军队可以自由使用中长路，中国表示同意。也就是说，如果远东地区发生战争，苏联就不用走了，就可以维持原来战略格局的设想。同时，又要求在新的条约中要求中国在国际事务中始终站在苏联一边，如第四条规定：“对有关中苏两国共同利益的一切重大国际问题，均将进行彼此协商。”这充分地体现了苏联对中国的戒备之心。因为它所暗含的逻辑就是，如果不写上这一条，中国就有可能在重大国际问题上采取与苏联不一致的立

① 参见王春良等主编：《世界现代史》，山东人民出版社，1985年2月第1版，第485页。

场，使苏联难办。[①] 苏联还要求中国采取措施不让外国势力进入中国的新疆和东北。当然，毛泽东对此非常愤怒，指责尤金（时任苏联驻中国大使）为斯大林在中国东北和新疆搞“两处势力范围”。[②]

另一方面，斯大林还谋求在朝鲜问题上寻找突破口。恰在此时，朝鲜半岛形势的发展也为斯大林提供了机遇。朝鲜半岛分裂以后，无论是南方还是北方，都有以武力统一半岛的诉求。只是由于各自的力量有限，如果没有外来力量的支援，都无胜利的把握。北朝鲜一直把国家统一的希望寄托在苏联的支持上。其实，对于朝鲜问题，斯大林有着较为深远的考虑。苏联曾希望在占领日本的问题上插一手，即至少要占领北海道，但是由于美国一直持拒绝态度，根本无法染指。然而，当苏联对日开战以后，以迅雷不及掩耳之势打垮了日本关东军，进入了朝鲜半岛。而美国兵力不及，却又想在朝鲜半岛占有一席之地，于是就同苏联商量，能不能以“三八线”为界，分别占领朝鲜。斯大林竟然接受了美国的建议。当然，他绝不会将到手的利益拱手让人，他有着自己的如意算盘，即我在朝鲜让你一半，你在日本让我一半（三八线向东延伸到达日本，就可以将北海道划进北方）。斯大林在朝鲜问题上做了让步，并没有获得美国的相应回报，美国单独占领日本的立场早就确定，而且不准备做出改变。尽管如此，由于苏联已恢复了原沙皇时期在东北亚的利益，斯大林也就不想改变现状。对于北朝鲜以武力统一国家的要求，斯大林曾坚决反对。然而，当苏联将其在中国东北的权益归还给中国时，苏联必须对其远东的战略做出重新安排，支持北朝鲜以武力统一南方不失为一个较好的选项。

1950 年 1 月 30 日，当中苏缔结新约的谈判尚在进行时，斯大林就给驻北朝鲜大使斯蒂科夫发去一封密报：“若金日成想就攻打韩国问题与我会面，我随时准备同他谈。请将我的立场转达给金日成，你

---

① 参见谢益显主编：《中国当代外交史》（1949—2001），中国青年出版社，2002 年 7 月，第 2 版，第 38 页。

② 毛泽东 1958 年 7 月 22 日与苏联大使尤金的谈话，《毛泽东外交文选》，中央文献出版社、世界知识出版社，1994 年 12 月版，第 323 页。

要强调我已做好准备帮助他。我们希望每年得到2.5万吨铅。”当斯蒂科夫将斯大林的复电告知金日成后，他自然兴奋异常。2月2日，斯大林再次致电斯蒂科夫：叮嘱金日成，对攻打韩国、用武力统一朝鲜的计划要绝对保密。电文中称：“无论是朝鲜的其他领导人，还是中国的领导人都不要知道，这是为了向敌人保密……”。1950春，金日成访问莫斯科，双方就以战争手段统一朝鲜半岛达成共识。1950年5月13日，在斯大林的授意下，金日成访问北京，向中国通报了情况。周恩来知悉后，当即中断与金日成的会谈，并向毛泽东报告。毛泽东当即要求直接向斯大林证实。次日，斯大林复电表示“国际形势发生了变化”。尽管电报中提到要征得中国的同意，否则要重新讨论，但以中国当时的地位，无能力也无理由阻止。

在斯大林看来，朝鲜战争发生后，无论出现什么结果，苏联都是受益者。如果美国不干预，北朝鲜必然能够取得胜利，那么，苏联就不仅将统一后的朝鲜置于自己的控制之下，保障了太平洋的出海口，而且既把中国稳固地拉在自己一边，又补偿了其在中国东北失去的利益；即使战争打败了，苏联也没有什么损失，反而可以根据中苏签约时达成的谅解，继续将军队留驻旅顺、大连，从而维持原来战略格局的设想。果然不出斯大林所料，战争爆发后，中国不得不请求苏军留驻旅顺基地。

1950年6月25日，朝鲜战争爆发。美国在第二天就采取了军事干涉行动，并且进驻台湾海峡，而苏联多次不出席安理会会议，导致美国打着联合国的旗号组成联合国军正式介入。当时葛罗米柯曾经提醒斯大林：苏联代表应该参加安理会会议以否决任何不利决议。但斯大林却出乎意料地指示：苏联拒绝复会。这样，战争就朝着斯大林预想的方向展开了。

第二次世界大战后，美国单独占领了日本，又在朝鲜半岛获得了立足点，大体上控制了西太平洋的濒海地区，基本上实现了称霸太平洋的目标。美国认为，苏联已从北朝鲜撤军，南朝鲜的军力加上美军顾问团，如果没有岛外力量介入的情况下，足以保障自身的安全，因而于1949年6月，从南朝鲜撤了军。但是，美国从未想到要在朝鲜打一场战争。对于中国的内战，美国已从坚定的“持蒋反共”转向等待“尘埃落定”的“袖手旁观”（Stand-off Policy）政策。新中国成立后，迅即与苏联签订了《中苏友好互助同盟条约》，彻底一边倒，美国感到了巨大的压力。如何适应“失去”中国后的亚洲局势，如何分化中苏同盟关系，成了美国决策者的重大战略问题。

对于中苏缔约的谈判，美国是清楚的，因而决定对两国的谈判进行干扰，如果未能达到目的，就设法瓦解分化。1950年1月5日，杜鲁门总统发表声明称：“在1943年12月1日的《开罗宣言》中，美、英、中三国元首申明，他们的目的是使日本窃取于中国的领土，如台湾，归还中国。过去四年来，美国和其他盟国也都承认中国对该岛行使主权。美国对台湾或中国其他领土从无进行掠夺的野心，也不准备以武装部队干预中国现在的局势。美国政府不准备采取任何足以把美国卷入中国内战的行为。”[①] 1月12日，美国国务卿艾奇逊在全美新闻俱乐部发表题为《中国的危机》的演讲，除了指责“苏联占据中国北部的四个区域”外，公开称国民党不是在战场上被打倒的，而是被中国人民抛弃了。美国总统和国务卿的讲话，是赤裸裸拉拢新中国的行为。而且除了前几天提到的台湾外，这次把朝鲜半岛也作为价码抛出来吸引中国，声称远东防御圈不包括朝鲜半岛和台湾。杜鲁门的声明与艾奇逊的讲话，触到了苏联的痛处。为了稳住中国，苏联一方面决定与中国缔约，答应中国提出的条件，另一方面同意金日成以武力解决朝鲜问题。

当朝鲜战争爆发后，美国从其冷战思维出发，认为是苏联社会主义阵营国家企图打破其遏制战略，立即出兵干预，以稳固其在东北亚的防御圈。在美国的强力干预下，北朝鲜军队出现了溃退的现象。对于朝鲜半岛的局势，中国一直密切关注，并做了相应的准备。但对于

① 参见梅孜：《美台关系重要资料选编》，时事出版社，1997年版，第69页。

是否答应金日成发出的出兵求救的吁请，毛泽东本人和中共中央经过反复权衡，认为还是出兵朝鲜有利。中国出兵朝鲜，达到了三重目标：一是打击了美国的嚣张气焰；二是维护了社会主义阵营的团结；三是维护了国家的安全与领土主权的完整。这里需要特别强调的是，通过朝鲜战争，不仅提高了中国的国际地位，更是彻底巩固了从苏联收回的东北权益。

朝鲜战争是美苏冷战的产物，更是两国在东北亚博弈的结果。通过朝鲜战争，中国的战略目的基本达到；美国虽然输掉了战争，但并没有失去多少现实的利益；苏联虽然成功地使中国摆脱了美国的拉拢，但并没有得到它预设的利益，反而使中国对朝鲜的影响力大增，进而把朝鲜这个进入太平洋的跳板也丢掉了。朝鲜战争之后，朝鲜的分裂基本上固化下来。韩国选择与美国结盟，朝鲜坚持与中苏友好。美苏在朝鲜半岛的较量继续以冷战的方式存在，一直到苏联解体也未出现大的改变。

三、争夺占领日本权力

美苏两国的较量，不仅体现在争夺中国成为盟友，取得对朝鲜的主导权，而且还围绕着如何处理日本问题展开激烈的斗争。日本虽然是一个面积不大的岛国，但善于向强国学习。在中国汉唐盛世时期，日本派遣人员到中国学习；当欧美国家因工业革命变得强大时，它又脱亚入欧，向西方列强取经。因此，通过历史的积淀和维新变革，近代的日本变得强大起来。当日本的实力大增以后，侵略野心也随之膨胀，不仅肆意屡屡侵犯中国，发动对俄战争，占领英国的殖民地，而且连远在太平洋对岸的美国也没有放过。可以说，日本周边的国家，无论大小，都曾受到过它的伤害，对其进行严惩是中、苏、美、英等国的共同意愿。但是，由于国际形势的变化，中国、英国在处理日本的问题上基本上失去了发言权，对日本问题的处理主要由美苏两国主导，其中，美国掌握着绝对的主动权。

对于美国单独占领日本，苏联心有不甘，一直想在日本问题上有所作为。当美国任命麦克阿瑟为盟军最高统帅时，苏联也提出将其远东军最高司令华西列夫斯基元帅与麦克阿瑟并列，但遭到了拒绝。杜鲁门曾经表示，远东盟军的“最高统帅不由美国人担任是不可思议的。”① 1945 年 8 月 16 日，斯大林对美国发布的“总命令第一号”提出修正，要求占领整个千岛群岛，同时沿着留萌到钏路一线对北海道进行分区占领。美国只是同意了苏联占领千岛群岛的要求，而对于分区占领北海道，则断然否决。

是年 8 月 18 日，苏军在千岛群岛登陆，同时占领了南千岛的国后、择捉岛以及属于北海道的齿舞和色丹岛。鉴于美国已单独占领日本，且态度强硬，而自己也获得了千岛群岛，特别是占领了日本北方四岛，苏联此后再也没有提出在日本获得占领区的要求。尽管如此，苏联并没有在日本问题上保持沉默，而是将与美国的较量战场转到了盟国对日本管理机构的设置及其运作上。

1945 年 8 月 21 日，美国向苏、英、中三国提出建议，准备成立一个由参战各国参加的“远东咨询委员会”，以便向参与占领的各国政府提出对日本管制的政策和措施。苏联虽然不反对成立这样一个机构，但主张在该委员会成立之前，应先成立一个享有决定权的对日管制委员会，以限制美国的权力。经过反复的争论，直到年底召开的莫斯科外长会议，两国才达成协议，决定在华盛顿成立一个由 11 个参战国代表组成的远东委员会，同时在东京成立一个由美、英、中、苏四大盟国组成的对日管制委员会。负责对日管制的咨询和决策的国际机构虽然建立起来了，但却无法改变美国独占处理日本事务的事实。麦克阿瑟就曾经说过：“委员会的职能是顾问性的和建议性的，它不能侵犯作为盟国在日本唯一执政当局的最高统帅所拥有的重大行政责任。”②

---

① 《杜鲁门回忆录》，第 371 页。

② 刘同舜主编：《战后世界历史长编》第 1 册，第 267 页。

其实，美国对日本问题的处理，还有更深远的目标。美国是一个擅长战略筹划的国家。第二次世界大战结束后，美国的战略视野已投向全球。无论是对欧洲秩序的塑造，还是对亚太安全的构建，它都着眼于世界领导地位的谋取。所以，对于日本问题的处理，美国利用其单独占领的优势，力求将其纳入自己的亚洲战略，甚至全球战略轨道。由于国际形势，特别是亚太地区国际形势的迅速变化，美国在相当长的时期里，都没有缔结对日和约。正由于如此，尽管早在1943年和1945年，盟国间对于战后日本问题的处置就已发布过《开罗宣言》和《波茨坦公告》，但直到1951年，美国才纠集一批盟国，与日本签署了《旧金山和约》，正式结束与日本的敌对状态，从形式上结束军事占领。随后，美日两国签订了安全与保障条约，建立了同盟关系。

美军单独占领日本后，麦克阿瑟就明确地宣称，美国占领日本的目的就是“确保日本今后不再成为美国的威胁，不再成为世界和平与安全的威胁。”① 从政策上讲，美国就是要使日本非军国主义化和民主化。为此，美国占领当局迅即解散了日本的军队，逮捕了战犯，剥夺军国主义头目和职业军人的公职，整肃了一批极右分子，解散财阀，实施土地改革，恢复包括共产党在内的一些政党的地位。尽管由于亚洲地区国际形势的迅速变化，使美国决策者难以制定一项全面的对日政策，但是，从麦克阿瑟的举措看，战后初期美国的对日政策是以打压为主则是毫无疑问的。

到了1949年底，美苏间的冷战已经形成，欧洲局势相对稳定下来。亚洲的战略形势也基本明确，美国长期扶持并寄予厚望的中国国民党当局已溃败，中国共产党已夺取政权，并建立了中华人民共和国。美国在中国大陆的势力丧失殆尽。在此种情况下，美国不得不重新审视对日政策。

---

① F. C. 琼斯、休·博顿、B. R. 皮尔恩：《国际事务概览，1942—1946年的远东》，上海译文出版社，1979年版，第743页。

1949 年 12 月 23 日和 30 日，美国国家安全委员会制定了 NSC 第 48/1 号和 48/2 号文件，详尽阐述了美国的亚洲政策。文件指出，美国的基本战略应该是“在西方搞战略进攻，在东方搞战略防御”，而东方战略防御的第一道防线“应该包括日本、琉球群岛与菲律宾”。[①]当时美国国务院政策设计委员会主席乔治·凯南提出，要把日本放在“主要的亚洲潜在盟国的地位”。[②] 这样，美国的对日政策与其亚洲战略吻合起来。一方面，美国着手继续改造日本，使其走上“民主化”的道路；另一方面，它对日本不再单纯地进行打压，而是按照自己的构想着手扶持。

为了早日结束对日占领状态，与日本在亚太共筑“反共防波堤”，美国于 1951 年 9 月 8 日，纠集 48 个国家（中国政府和台湾当局均未被邀请参会）在美国旧金山的战争歌剧院签订了对日和约（Treaty of Peace with Japan）。该条约于 1952 年 4 月 28 日正式生效。这一条约的目的是为解决第二次世界大战后日本的地位问题和厘清战争责任所衍生的法律问题。随着条约的生效，盟国结束了对日长达 7 年的军事占领状态，日本的国际地位得到了恢复。由于未参加和约的签署，中国一直认为该条约是非法的，不予承认。

美国在筹划对日和约的同时，就着手考虑与日本的关系。从国际法上说，和约签订后，日本的国家地位得到恢复，美国失去了继续军事占领日本的法律依据。为了保持在日本的军事存在，美国坚持在和约中规定，缔约国可以在日本驻军，日本可以自愿加入集体安全协定等，这就为美日建立同盟关系提供了法律依据。同时，在军队已经解散的情况下，日本也不得不把国家安全的保障寄托在已占领日本长达数年的美国身上。

正是由于如此，旧金山条约签署后的当天，美国国务卿 D. G. 艾

① 吴康和、袁胜育：《当代国际笑系》，军事谊文出版社，2001 年 6 月版，第 169 页。

② 王坚德：《当代国际天系》，民族出版社，2001 年 12 月版，第 357 页。

奇逊与日本的首相吉田茂在美国陆军第六军司令部签订了《日美安全保障条约（Treaty of Security and Safeguard Between Japan and United States)》。条约规定：为“维护远东和平和保卫日本”，美国有权在日本国内及其周围驻军；应日本政府的请求，美军可以镇压日本发生的暴动和骚乱；美军的驻扎条件由两国间的行政协定另行规定。1952 年 2 月 28 日，美日两国又在东京签订了《日美行政协定》。协定详细规定了驻日美军的地位及特权，日本向美军提供基地和设施，承认美军使用、管理和保卫这些基地和设施的权利；美国军人及其家属犯罪时，日本无权进行审判；日本每年向美军支付 1.55 亿美元的防卫经费等。

随着安全保障条约和行政协定的签署，美日两国建立起正式的盟国关系。在朝鲜战争爆发后，为减轻防卫日本的压力，美国决定变相地重新武装日本，要求日本“成立一支 7.5 万人的警察预备队，并增加 8000 名海上保安厅定员”，它还计划把日本警察预备队武装成四个步兵师。1953 年美日就签订《共同防御援助协定》进行谈判。10 月，双方达成协议，美国承诺对日援助，日本则同意在三年内把保安队扩充到 18 万人。1954 年，日本地面部队增加至 11 万人，当年的防卫预算增加到 1374 亿日元。1954 年 3 月 8 日，《日美共同防御援助协定》正式签订，美国把日本纳入自己的安全保障体系的过程最终完成。至此，形成了二战后“美主日从”的同盟关系。根据该协定，日本政府通过了《防卫厅设置法》和《自卫队法》，成立了陆上、海上、航空自卫队。

通过《日美安全保障条约》《日美行政协定》和《日美共同防御援助协定》，美日双方形成了同盟关系。美日同盟的建立，使美国成功地将日本纳入其亚太战略体系之中，日本则以牺牲部分国家主权换取了美国的“保护”。更为重要的是，美国利用日本的力量及其在日本的军事基地，与东北亚的中国和苏联进行博弈，将其国家安全的防御圈扩展到远离本土的太平洋彼岸。

总之，在争夺日本的较量中，苏联取得了局部的利益，获得了千岛群岛，占领了日本北方四岛。同时，它也陷入长期与日本为敌的状态，日苏关系正常化许久以后才得以实现。由于领土争端，日苏关系一直处于曲折之中。美国通过单独占领的优势，对日本进行民主化改造，与其结成同盟，将日本长期置于自己的控制之下，取得了与其他国家在东北亚角逐的重要基地。

第二节　中美对抗局面的形成

中美之间的交往较早，且相互之间并无太大的利益冲突。在东北亚地区，中美更无利益碰撞。但是，第二次世界大战后，美国把对华政策置于遏制战略和冷战政策框架之下，并从其现实利益和意识形态的立场出发，干涉中国的内战，实施“扶蒋反共”的政策，在新中国成立后，又采取敌视的态度，进行孤立与封锁，破坏中国的领土主权完整，企图把新中国扼杀在摇篮中，致使中美两国的关系进入敌对的状态，从而为两国在东北亚进行战略博弈埋下了深重的伏笔。

一、美国极力推行“扶蒋反共”政策

抗日战争胜利后，国共两党的矛盾成为中国社会的主要矛盾。这时，摆在中国人民面前的道路有两条：一是国民党奉行的专制反动路线；二是共产党主张的人民民主道路。经历过水深火热考验的中国人民，迫切希望走上一条由共产党领导的人民当家作主的道路。而国民党政府却置人民根本利益不顾，不惜发动内战，企图以武力消灭共产党的武装。共产党为了国家和人民的利益不得不奋起反击。这样，两条路线的斗争，导致了中国内战。对此，美国从其现实利益和意识形态的立场出发，不是支持进步的力量，而是顽固地坚持其错误的主张，实施“扶蒋反共”政策。

第二次世界大战后，美国已开始把整个世界作为棋盘与其他国家进行博弈了，其目标就是充当世界领导者。对于中国，美国也有着自

己的战略考虑，即把中国塑造为一个“大国”、将中国变为其在远东的战略支柱、防止中国落入苏联的阵营。为了实现这些既定的目标，美国的对华政策在中国内战中失去了灵活性，陷入了“扶蒋反共”的泥潭。

首先，力图把中国塑造成一个依赖美国的大国。自鸦片战争打开中国的门户以来，这个富饶而又羸弱的东方古国一直吸引着美国谋取更多的利益。然而在欧洲列强瓜分中国、划分势力范围的时代，美国这个新兴的资本主义国家，既没有足够的实力，也不敢挑战欧洲各国的在华利益，只能提出“门户开放”政策，从列强手中分一杯羹。与其他列强所不同的是，美国主张维护中国领土和行政的完整。① 1922年华盛顿会议上，美国代表起草的有关中国问题的《九国公约》草案中，继续把“尊重中国主权与独立和维护中国领土与行政完整”作为第一款第一条。② 尽管美国并不是为了主持正义，而是谋取扩大自身在华利益，但毕竟这是自鸦片战争以来从法律上认可了中国的领土主权的完整。

通过《九国公约》，美国迅速扩大了其在中国的影响。第二次世界大战爆发前后，欧洲各国处于战争之中，美国政府已与当时的国民党政府建立起一种特殊的关系。在二战中，中国成了美国重要的贸易伙伴和政治盟友，无论是美国政府还是国会，其对于中美关系的重视程度不亚于英美关系，甚至在某些方面还超过了英美关系。自其建国以来，美国梦寐以求的目标，就是跨过太平洋，在远东的亚洲大陆获得立足点。《九国公约》使美国的战略企图在一定程度上得以实现。

然而，时隔不久，日本侵华的野心极度膨胀起来。1931 年，日本发动“九·一八”事变，企图吞并中国东北；1937 年策划“七·七”卢沟桥事变，发动全面侵华战争；8 月 13 日，日军进攻上海；12 月

---

① 参见王绳祖：《国际关系史》第三卷，世界知识出版社 1995 年 12 月第 1 版，第 296 页。

② 同上书，第 128 页。

13 日占领南京。美国在中国的数年的经营毁于一旦。在日本侵华战争期间，美国开始时采取绥靖态度政策，抛出以“不承认”为核心的“史汀生主义”，同时继续与日本贸易，向日本出售大量的战备物资，甚至军火。直到 1938 年底，广州和武汉相继沦陷，日本宣布要建立“东亚新秩序”后，美国感到其在华利益已受到损害，才决定对日采取强硬的政策，[①] 决定向中国提供 2500 万美元的援助。1941 年 12 月 7 日，日本偷袭“珍珠港”。8 日，美国正式向日本、德国和意大利宣战。此后，美国才真正实施援华抗日的政策，不仅向国民党政府提供援助，而且对于共产党领导的武装力量也给予支持。为了打败日本等法西斯国家，“美国对华政策的全部注意力就在于：鼓励中国的两支主要力量——国民党和共产党，共同起来动员各自的力量去反对日本帝国主义。”[②]

美国在太平洋战争中，深切地感到中国地位的重要。参加开罗会议的美国海军将领威廉·李海曾经写道：“如果蒋的装备低劣和给养不足的部队在战场上支持不下去的话，那么击败日本将需要丧失更多的船只和生命……更不必说更多的财力的消耗了。”他坦率地承认：“美国的参谋长们确信支持中国就是保护我们本身的安全和利益，是我们盟国事业成功所不可或缺的条件。”[③] 从现实利益出发，美国战略决策者主张把中国建成一个“大国”，既可以帮助美国抗击日本，又可以在国际事务中成为美国的支持者。从民意上说，美国人认为，中国既没有沾上共产主义的色彩，也没有染上帝国主义的污点，它是强权政治的受害者，而不是强权政治的实施者；中国尤其被看做美国的天然的民主主义的盟国。1942 年 2 月的美国民意调查表明，62% 的美国人支持这场战争应首先集中力量对付日本，只有 25% 的人主张首先打败希特勒。有 80% 到 86% 的人相信，中国在战时和战后可以可靠

① 王绳祖：《国际关系史》第五卷，第 208 页。

② 参见刘立范、李安民：《解放战争前后中美关系的演变及影响》，《聊城师范学报（哲学社会科学版）》，1997 年第 1 期。

③ ［美］威廉·李海：《我在现场》，华夏出版社，1988 年版，第 211 页。

地同美国合作。[1]

所以在开罗会议期间，罗斯福对蒋介石表示，中国应取得它作为四强之一的地位。罗斯福还进一步建议，中美在战后应作出安排，遇有外来侵略，两国可相互支援。出于国家利益的需要，此后，美国一直力图把中国建成一个“大国”。当然，这并不意味着美国是多么友善，而是反映中国人民在世界反法西斯战争中做出重要贡献的结果。罗斯福只不过采取了正视现实的政策而已。在美国当局的眼中，以蒋介石为领导的国民党政府是其把中国建立一个大国的主要依托。

其次，着力将中国变成美国远东战略的支柱。美国建国后，奉行带有韬光养晦特征的“孤立主义”的政策，即避免卷入欧洲列强的政治纷争，而致力于同其他国家发展商贸关系。鉴于其特殊的地理位置，它要发展对外贸易，就不得不与政治经济发达的亚欧大陆打交道。又由于贸易与政治难以切割，如果与欧洲列强的贸易关系过于密切，一旦欧洲国家开战，美国都不可能全身而退，不仅经济上受损失，而且在政治上必然陷身其中，其结果就是与其他国家产生矛盾，引火烧身。因此，美国就将对外扩张的战略视野投向了亚洲。

第三任总统托马斯·杰斐逊，曾明确地表示，美国要向太平洋方向发展。经过“西进运动”和美墨战争，美国的本土扩大到太平洋沿岸之后，美国就着手向太平洋西岸推进。1844 年，美国利用中英鸦片战争之机，强迫清政府签订《望厦条约》，取得了在中国的特权（望厦图，及条约文本提要）。1853 年，美国海军准将马休·佩里率军到达日本海岸，向日本当局下最后通牒。1854 年，日本被迫与美国签订《神奈川条约》和《下田条约》，正式对美国开放国门。此时，美国与亚太国家的贸易大为增加。所以，林肯时期的国务卿西华德遂提出了“太平洋帝国”的构想。为了寻找跳板，他决定趁俄罗斯在克里米亚战争之后的困境之机，于 1867 年从沙皇俄国手中购买了阿拉斯加

① 陶文钊：《反法西斯战争时期的中国与世界研究第六卷》，武汉大学出版社，2010 年版，第 330—332 页。

（图，含海域）。西华德购买阿拉斯加，是其富有战略远见的标志。有了阿拉斯加，美国不仅拥有了丰富的资源产地，而且提供了一条重要的安全防线。为了进一步打通前往亚洲的通道，美国于 1898 年发动美西战争，夺取了关岛和菲律宾，1899 年又吞并了夏威夷，从而建立了冲向亚洲大陆的桥头堡。同一年，美国又提出“门户开放”政策，在中国取得了与其他列强一样的特权地位。至此，美国基本上完成了向亚太地区扩张的目标。

所以，美国虽然参加了第一次世界大战，但却拒绝批准《凡尔赛条约》，而是利用战胜国的地位召集华盛顿会议，在亚太地区建立了华盛顿体系，其目的就是谋求在亚太地区的优势，主导这一地区的秩序构建。在这一时期，美国在制定作战计划时，始终把对日作战放在首位，根本没有考虑在欧洲地区作战。早在 1911 年，美国就制定了对日作战的“彩虹计划”，1919 年，美国军方重新审定“彩虹计划”，制定了更加具体的代号为“霓虹－5”作战计划。1921 年，美国又进而制定了“作战计划 712D”，以解决岛屿攻防作战问题。美国只把日本作为作战对象，从未计划与德国作战。第二次世界大战爆发前后，美国虽然已经意识到将不可避免地被卷入，但其考虑的重心依然是如何与日本作战，确保关岛、菲律宾、夏威夷、中途岛等地安全，未曾计划再次与德国作战。

在第二次世界大战中，日本发动了侵略中国和东南亚国家的战争，直接威胁了美国在该地区的利益。在这种情况下，美国认为，若要保证它在这一地区的利益，只有依靠中国。所以，在开罗会议期间，罗斯福曾向蒋介石表示，战后就任何亚洲问题做出决定之前，中美应彼此磋商。在战后对日本实行军事占领时，中国应担任主要角色。[①] 美国关于战后国际秩序的种种考虑，实际上即为世界将在美国的领导下实现和平。而鉴于中美之间的特殊亲密关系，中国将毫无疑

---

① 参见王绳祖：《国际关系史》第六卷，世界知识出版社，1995 年 12 月第 1 版，第 248 页。

问地支持美国，并帮助美国实现这一目标。在美国看来，从太平洋东岸到西岸，只要中美两个大国联合起来，远东地区的国际秩序就能按照其意愿建立起来。因此，美国希望将中国变成其在远东的战略支柱。以蒋介石为代表的国民党政府必然能够满足美国的希望，美国必须对其进行扶持。

再次，极力阻止中国加入苏联的阵营。美国对于国共两党的矛盾是清楚的，已经意识到中国发生内战的危险。考虑到消化战后所取得的重大利益，即日本战败之后，美国军队进驻了整个太平洋，在中国和朝鲜找到了立足点。在美国扩张主义者看来，“已经出现了这样的前景，即整个太平洋都可以变为某种形式的夏威夷”，[①] 因而美国试图阻止中国内战的爆发。不仅如此，而且，如前文所述，还要把战时的盟友中国变成一个美国操纵下的“强国”。由于苏联已从 1945 年 2 月签订的《雅尔塔协定》中，获得了在东亚的巨大利益，也希望中国的政局稳定，以保证自身利益的实现。因此，1945 年 8 月，当赫尔利在国共两党之间进行调停时，斯大林直接打电报给中共中央，大意是：你党应维持国内和平，再不能打内战了，否则有把民族引向毁灭的危险。[②] 在这种情况下，美国有可能得到苏联的支持与合作，在中国建立以蒋介石为首的联合政府。

然而，由于意识形态和国家利益的对立，美苏陷入了冷战。美国对华政策又发生了变化，即从调停中国可能发生的内战，转向扩大美国在中国的势力，以抵消苏联影响。也就是说，美国战略考虑中的首要因素，是要紧紧地抓住中国，除了使中国在远东地区扮演抑制战败的日本的角色以外，还要服务于美国“遏制苏联扩张”的全球扩张战略。于是，从这一立场出发，中国内战爆发后，美国必然全力执行的扶蒋反共政策。正如 1948 年美国国家安全委员会的一份报告明确提

① 弗兰兹·舍曼（Franz Schurmann）：《世界权力的逻辑》（The Logic of World Power），潘特恩出版社，1974 年版，第 166 页。

② 向青：《共产国际与中国革命关系论文集》，上海人民出版社，1985 年版，第 231 页。

出的："美国在中国的长期基本目标，在于推动一个稳定的代议制政府来领导一个独立、统一，与美国保持亲善，并能在远东阻止可能出现的苏联侵略的中国。从中国的混乱情形看来，短期内切实可行的首要目标，是避免共产党完全控制中国。"[①] 根据美国的逻辑思维，中国一旦由共产党控制，就必然加入以苏联为首的社会主义阵营，美国无疑要面临极大的战略压力。

为了阻止中国成为苏联集团的一员，美国别无选择，只能千方百计地支持蒋介石政府。只要以蒋介石为代表的国民党政府得以存续下去，美国将一举两得：一方面，中国可以牵制日本，防止其东山再起，并维护亚洲的和平与稳定；另一方面，在与苏联的对抗中，美国必然能得到中国的支持，从而在东方压缩苏联的扩张空间。

鉴于中国对于美国的重要性，美国一直十分重视对华关系。对于中国国内的政治斗争，美国政府也有一定程度上的了解。美国政府与中国共产党第一次真正意义上的接触，是在抗日战争末期。1944 年 7 月 22 日和 8 月 7 日，美国军事观察组分两批到达延安。[②] 观察组不仅了解了延安的情况，还到华北各抗日根据地进行实地考察，其撰写的多份调查报告，也客观地反映了当时各抗日根据地的情况，并向美国政府提出了"援助共产党"的建议。然而，这一短暂的接触并未改变美国政府对于中国当时情况的认识和判断，随着美国总统特使赫尔利访华并接任美国驻华大使，美国的对华政策更加聚焦于对蒋介石当局的扶持。

首先，美国政府扶蒋政策由来已久。尽管美国一直期待在中国扩大其影响力，但是，无论是清政府时期，还是北洋政府时期，美国并没有找到合适的代理人。当 1899 年美国向英、法、德、俄、意、日六国发出"门户开放"政策的照会时，所得到回应是：要么避重就

---

① 美国国务院编：《美国外交文件集》（Foreign Relations of the United States，以下简称《文件集》），1948 年第 8 卷，第 45 页。

② 苏格：《美国对华政策与台湾问题》，世界知识出版社，1998 年版，第 38 页。

轻，要么不予理会。1900年，美国不得不发出第二份“门户开放”照会。《九国公约》的签署，固然增强了美国在中国事务中的影响，但仍然没有获得主导地位。蒋介石在南京建立的民国政府稳固之后，美国在华势力才真正地得到显著提升。在其后的若干年里，蒋介石的民国政府中，亲美派势力大增。太平洋战争爆发后，出于打败日本的考虑，美国对蒋介石政权更加看重，不仅在武器装备和资金方面给予支持，而且在战争指导上提供帮助。更为重要的是，罗斯福政府在处理美中关系时，把蒋介石当局的感受置于重要地位。如由于国民党政府在对日作战中屡屡溃败，罗斯福总统根据参谋长联席会议的建议，于1944年7月7日致函蒋介石，要求他以中国战区司令的名义，授权战区参谋长史迪威将军“指挥一切中美军队”，并拥有协调和指挥作战行动的全部责任和权力。然而，由于史迪威也支持中共抗日，蒋介石不仅拒绝了罗斯福的要求，而且还迫使罗斯福召回史迪威。罗斯福之所以向蒋介石妥协，召回了史迪威，还在于当时美国的民众以及官员们都支持中国，而且这种支持主要集中于蒋介石身上。罗斯福派往中国处理蒋史之争的特使赫尔利在其写给罗斯福的报告特别强调，如果总统在当前的争执中支持史迪威，他将失去蒋介石，也可能失去中国。① 而“失去中国”这个罪名，罗斯福是不愿承担的。所以，从这一事件中可以看出，美国政府的扶蒋政策已经根深蒂固。第二次世界大战结束后，面对中国的局势，时任美国国务卿的艾奇逊在致杜鲁门总统的信中，曾这样表示：“美国在中国碰到了三种选择：1. 它可以一干二净地撤退；2. 它可以实行大规模的军事干涉，帮助国民党消灭共产党；3. 它可以帮助国民党把它们的权力在中国尽可能大的地区里面建立起来，同时努力使双方妥协来避免内战。”② 他进而认为，第一种选择等于放弃美国的“国际责任”；第二种选择虽然似乎令人神

① 苏格：《美国对华政策与台湾问题》，世界知识出版社，1998版，第40页。

② 《中美关系资料汇编》第1辑，世界知识出版社，1957年12月版，第35页。

往，但完全行不通；美国政府只有能采取第三种选择，即扶蒋反共。[①]

其次，美国从政治上偏袒国民党。“双轨制”外交是美国一贯的做法。在抗日战争中，美国既支持国民党，也没有放弃与共产党的接触。美国记者斯诺所写的《红星照耀中国》（又称《西行漫记》），使美国政府和民众对中国共产党及其所领导的武装力量有了更进一步的了解。对于中国国共两党的矛盾，美国政府也大体上也清楚。总起来说，在美国人眼中，国民党和共产党的关系，就是强大的执政党和弱小的在野党的关系，虽然这个在野党有自己的武装，虽然这个执政党经过多年的努力仍然没有扑灭这支弱小的力量。对于美国而言，共产党虽是中国抗日战线一支重要的力量，但是力量太小，无论是经济实力、武器装备，还是人员数量、控制区域，都不足以与蒋介石的国民党相匹敌。尽管如此，美国还是希望中国能够建立以国民党为主导的两党联合政府。1944 年 9 月，赫尔利特使的另一重大使命就是推动国共两党进行建立民主联合政府的谈判。正是基于上述的认知，美国所采取的立场是：建立一个以国民党为主，但容纳共产党在内的联合政府。为了实现这个目标，赫尔利赶赴延安，与毛泽东会谈，并于 11 月 10 日签署了五点协议草案。当蒋介石拒绝这个草案之后，赫尔利又改变了态度，企图压服共产党接受国民党的三点建议。这样，赫尔利的使命就由推动国共两党谈判，变成了支持蒋介石并帮助他统一中国军队，以防止国民党政府崩溃。赫尔利完全站在蒋介石一边，使谈判陷入僵局。

其实，对于赫尔利的主张，美国政府内部并非完全认同，特别是国务院和驻华使馆的一些对中国事务有较为深切了解的官员更是不以为然。赫尔利成为美国驻华大使后，即使在驻华使馆里，他与在使馆工作以及担任驻华美军总司令部政治顾问的美国职业外交官发生了严重争论。对此，罗斯福总统采取了支持赫尔利的立场，将那些持不同

① 参见王绳祖：《国际关系史》第七卷，世界知识出版社，1995 年 12 月第 1 版，第 282 页。

意见、了解中国政情的外交官全部调离中国。[1] 由此可以看出，美国支持蒋介石的政策更加固化了。1945 年 4 月 2 日，赫尔利在记者招待会上宣告："中国的军事机构、美国的军事机构、中国中央政府和美国驻重庆大使馆现在是一支队伍。" 他声称，美国政策是 "承认中国的国民政府，而不是任何武装的军阀和政党"。[2] 他在讲话中始终把中共与封建军阀相提并论。赫的这番讲话，已经远远超出 "扶蒋" 的政策范围，将 "反共" 的大旗也高高举起来了。

在确立了 "扶蒋反共" 的基调之后，美国的对华政策就由对日战争期间的 "双轨制"，变为 "单轨制" 了，其核心目标就是支持国民党蒋介石政府，阻止中国共产党夺取权力，甚至要消灭共产党。由于赫尔利在华声名狼藉，1945 年底，美国不得不将其撤换，派遣乔治·马歇尔担任驻华大使。美国政府授予他的使命是：在国共两党之间进行调停，国民党着手民主改革，取消独裁政府，让出部分权力给共产党，并将其联合统一到以蒋介石为首的政府中去，以换取共产党交出军队。马歇尔来华的这一使命具有难以克服的内在矛盾，即一方面，他要使国共两党通过和平谈判解决内争，而另一方面又只援助国民党政府。其结果必然是一边倒的政策，支持反共的国民党政府，因而不可能成功。马歇尔的调停，使国民党政府中蒋介石等人相信，出于自身利益考虑，在国共冲突中，美国将始终无条件地支持他们。

中国内战爆发后，美国并没有检讨其对华政策的过失，反而从其冷战需要出发，加大对国民党政策的支持力度，在阻止共产党夺权方面走得更远。1947 年 7 月，杜鲁门政府派魏德迈赴华，目的是对中国的现状进行考察，就美国政府如何援助国民党政府提出建议。9 月，

---

① 参见王缉思：《1945—1955 年美国对华政策及其后果》，《美国研究》1987 年第 1 期。

② 参见［美］韦尔斯：《影响历史的七项决定》(Sumner Welles, Seven Decisions That Shaped History)，纽约 1951 年版，第 151 页。转引自陶文钊：《赫尔利使华与美国政府扶蒋反共政策的确定》，《近代史研究》1987 年第 2 期，第 265 页。

他回到美国，在提交给总统的报告中强调：中国简直是太重要了，不能冒险让其落入共产党手中，如果中国被“苏联或一个亲苏的政权所控制，中国将向我们的敌人提供这些财富，从而危及美国在日本、琉球和菲律宾的基地的效能”。[①] 之后，美国国会中的“中国帮”立即发起攻势，要求政府向蒋介石提供新的援助。

再次，美国在军事上支持蒋介石。在抗日战争接近尾声，日本宣布投降之际，美国就着手帮助蒋介石受降，用美国的军事力量将蒋介石的军队运往受降区，以便占领更多的地盘，同时与蒋介石共同利用日伪军抵制中共。对于这一点，杜鲁门总统在其回忆录中也毫不掩饰地说了出来。“假如我们让日本人立即放下他们的武器，并且向海边开去，那么整个中国就会被共产党人过去。因此，我们必须采取异乎寻常的步骤，利用敌人做守备队，直到我们将国民党的军队空运到华南，并将海军调去保卫海港为止。因此，我们便命令日本人看守他们的岗位和维持秩序，等到蒋介石的军队一到，日本军队便向他们投降……这种利用日本军队阻止共产党人办法是国防部和国务院的联合决定，并经我批准的。”[②]

在内战期间，美国一方面向国民党军队提供了大量的经济和装备援助，另一方面直接进行军事介入。根据 1946 年 8 月 14 日《解放日报》社论，在马歇尔赴华调停之前，美国以其军械为蒋介石的军队装备了 39 个师的陆军，到了 8 月已达 57 个师。此外还有由美机编成的空军，美舰编成的海军等。为了使蒋介石能够在内战中有足够的军火，美国以 5 亿美元的低廉价格将二战时期的剩余战争物资卖给蒋介石。[③] 据不完全统计，自 1946 年 7 月中国内战开始到 1948 年 3 月，

---

① 参见杨婉蓉：《1947 年魏德迈使华与美国对华政策的转变》，载《中国社会科学院近代史研究所青年学术论坛》2013 年，第 198 页。

② 《杜鲁门回忆录》第 2 卷，生活·读书·新知三联书店，1974 年版，第 72 页。

③ 参见 1946 年 8 月 14 日、29 日《解放日报》。转引自刘立范、李安民：《解放战争前后中美关系的演变及影响》，《聊城师范学报（哲学社会科学版）》，1997 年第 1 期。

美国援蒋数额已达46亿4千多万美元。源源不断的资金、技术和物资援助，极大地增强了蒋介石打内战的底气。

不仅如此，美国的军队还以提供顾问和其他方式介入中国的内战，企图帮助蒋介石消灭中国共产党。当美国国务院发表了《美国的对华政策》白皮书之后，1949年8月中共发表的多篇评论文章指出："美国的海陆空军已经在中国参加了战争。青岛、上海和台湾有美国的海军基地。北平、天津、唐山、秦皇岛、青岛、上海、南京都驻过美国的军队，美国的空军控制了全中国，并从空中拍摄了全中国战略要地的军用地图。在北平附近的安平镇，在长春附近的九台，在唐山，在胶东半岛，美国的军队或军事人员曾经和人民解放战争接触过，被人民解放军俘虏过多次。陈纳德航空队曾经广泛地参战，美国的空军除替蒋介石运兵外，又炸沉了起义的'重庆号'巡洋舰。所有这些，都是直接参战的行动。"①

综上所述，美国从现实利益和意识形态的立场出发，在抗战时期推行的是"扶蒋容共抗日政策"，在中国内战时期奉行的是"扶蒋反共政策"。蒋介石的执政符合美国的利益，如果支持共产党，一方面会招致蒋的不满而使中美盟友关系产生裂痕，另一方面，一旦共产党执政，中美关系走向将变得扑朔迷离。随着冷战的开始，意识形态方面的对立被推向顶峰。在美国看来，一旦共产党执政中国，其必然会倒向同属共产主义阵营的苏联，这样就使得美国关于在战后建立起一个牵制苏联和日本、同时亲美的中国的设想必然会落空。

美国"扶蒋反共"政策的制定与实施有其内在的逻辑，既有对中国形势的误判，即对中国共产党领导的革命力量发展估计不足，也有对自身能力的高估，即对自己左右中国形势能力过于自信；既是国际大气候的产物，即社会主义阵营与资本主义阵营展开的冷战，也是国内小气候的使然，即美国内部资本主义与共产主义意识形态斗争的结果。美国"扶蒋反共"政策无论是在国际上，还是在国内都产生了严

① 《毛泽东选集》，第4卷，人民出版社，1991年6月第2版，第1492页。

重的影响。

首先，加剧了美国政府对中国共产党的敌视。美国是一个资本主义国家，长期奉行反共政策。当世界上第一个社会主义国家苏俄（联）诞生后，美国是西方国家中对苏联进行武装干涉最为坚决的国家。当武装干涉失败后，美国曾长期拒绝承认苏联。直到欧洲德意法西斯势力崛起，亚洲日本已暴露出扩张的野心，出于维护自身安全的需要，美国才于1933年11月与苏联正式建立外交关系。两国关系虽然已正常化，但完全是权宜之计，美国丝毫也没有改变对苏联共产党政权的敌视。如前所述，在抗日战争期间，为了使中国把日本拖住、削弱，美国对国共两党都给予了支持。1944年7月，美国首批官方代表——美军观察组到达延安，8月，毛泽东为延安《解放日报》修改审定了题为“欢迎美军观察组的战友们”的社论，标志着美国与中共的半官方关系的建立和军事合作的开始。然而，当抗日战争结束，美国就一改原先的态度，推行扶蒋反共政策。当中国共产党夺取政权之后，美国政府并没有反思其政策的错误，反而在反共的道路上越走越远，一些知华派人士受到排挤，麦卡锡主义风行一时，对中国共产党的敌视愈发严重了。

其次，导致了中美长期对立。1949年，中国共产党领导的武装力量，将蒋介石集团赶出了中国大陆，并建立了中华人民共和国。出于扶蒋反共政策的惯性，美国就极力阻挠各国，特别是其盟友国家对中共政权的承认，并且从各方面封锁中国，加大对中国周边国家的渗透，防止所谓的“多米诺骨牌”效应的出现。不仅如此，对于盘踞在台湾的蒋介石残余势力，美国一方面给予大力援助，另一方面又在台湾驻军。1950年6月，杜鲁门政府公然违背《开罗宣言》的精神，以及1月5日对记者谈话的立场，[①] 抛出“台湾地位未定”论调，并

① 1950年1月5日，杜鲁门在记者招待会上表示，根据《开罗宣言》，台湾地区已于1945年归还中国，美国及其他国家均未提出疑义。对于台湾，美国既没有扩张领土的野心，也没有谋求任何特权的愿望。

派遣美国海军第七舰队在台湾海峡航行，阻挠中国人民解放军解放台湾。更有甚者，美国还于1954年与蒋介石当局签订了所谓《共同防御条约》，武装干涉中国统一的进程。同时，美国还极力阻止接纳新中国进入联合国。尽管为了改善与美国的关系，中国多次表达了良好的愿景，并保留了接触的渠道，但美国总是采取无视的态度，并拒绝与中共友好合作。美国的种种做法，迫使中国不得不采取反制措施，清除美国在华的一切影响。这样，中美两国长期处于敌对关系，历经艾森豪威尔、肯尼迪、约翰逊几届政府，直到尼克松1972年访华才有了转机。

再次，迫使中国倒向苏联阵营。在平等的基础上与世界上一切国家建立友好关系，是中国外交的根本追求。但是，对于那些企图操控中国事务，并歧视中国的行为，中国的一贯态度就是坚决抵制。新中国在建立之初，处于百废待兴之际，中国共产党在审视国际国内战略环境，总结历史经验教训之后，决定加入以苏联为首的社会主义阵营，既可以增强抗拒美国敌视政策的压力，以维护国家安全与政权的稳定，又能得到苏联的经济援助，以开展社会主义现代化建设。

新中国政府之所以做出此种政策选项，与美国的长期扶蒋反共政策是分不开的。1949年8月，毛泽东主席发表《别了，司徒雷登》一文时，其实就为新中国成立后对美政策定了调。在当时国际上两大敌对阵营已经形成，美国一直坚持敌视中国的情况下，中国别无选择，只能加入以苏联为首的社会主义阵营。可以这样说，没有美国长期奉行的“扶蒋反共”政策，中国在外交上可能走出一条独立、平衡的政策，既不倒向美国，也不倒向苏联。因为倒向哪一个，对中国都未必有利。19世纪60年代，中国执行的既反美帝，又反苏修，其实就是对建国初期一边倒政策的修正。

二、美国着力打压新中国

对于蒋介石的迅速溃败，美国是始料不及的。在中国内战进入尾声之际，美国国内掀起了对华政策的辩论。一方面，美国试图拉开与蒋介石集团的距离，采取“袖手旁观”，等待“尘埃落定”的“撒手政策”（hand-off policy），[①] 1950年1月，美国总统杜鲁门和国务卿艾奇逊都发表了类似精神的讲话。[②] 另一方面，它又很快改变立场，着力对新成立的中华人民共和国进行沉重的打压。

首先，在政治上极力打压。在看到蒋介石在内战中的失败已经无法挽回之后，美国试图从中国内战中脱身。美国召回了在华的联合军事顾问团，并拒绝给国民党提供新的援助，同时为了应对国会和舆论对政府对华政策的批评，将过去五年中美中关系的详细文件编成《中国白皮书》向公众发布。[③] 面对当时的中国形势，美国政府内部主流的看法是，“美国要保持政策的灵活性，避免死守一种行动方针，避免仅仅对中国某一个派别承担义务。”[④] 国务院政策设计室主任乔治·凯南在提交给国务院的一份序号为“PPS-39”的文件中，分析了中国的国情和国民党失败的原因，并提出以下观点：1. 中国的战略价值无足轻重；2. 中国不符合美国理想主义的期望；3. 美国无法控制中国局势的发展；4. 共产党无力管理庞大的中国，蒋之后的中国将出现混乱。因此，只要中国不成为苏联的附庸，就不会对美国构成威胁。他认为，“在世界形势、特别是苏联和中国的关系更加明朗之前，我们的短期政策必须是非常灵活并有原则性的。”他给政府的建议是：1. 继续承认国民政府；2. 当国民政府消亡后，根据当时的形势对承认问题做出决策；3. 尽最大努力防止中国成为苏联的附庸。这些建议后来被国务院采纳，成为国家安全委员会文件，编号为“NSC-34”。此时的美国对外政策的目标，即是防止中国成为苏联的附庸。

---

① 参见1949年1月，艾奇逊就任美国国务卿时发表对中国内战局势意见中的用语。

② 参见梅孜：《美台关系重要资料选编》，时事出版社，1997年版，第60页。

③ 陶文钊：《美国对华政策文件集（1949—1972）·第1卷》（上），世界知识出版社，2003年版，第3页。

④ 同上书，第4页。

在解放战争中，共产党已经成立了地方政权。随着战争进程的推进，中共成立全国政权也已无法逆转。对此，美国也曾考虑保持与中共的接触，在解放军渡江战役胜利后进入南京时，其驻华大使司徒雷登并未离开。他征得国务院同意，准备利用他曾是燕京大学校长的身份去北平与中共领导人接触。中共也同意与其进行非官方沟通。6 月 28 日，南京军管会外事处主任黄华告诉司徒雷登：同意他去北平，他希望与当局晤面事亦有可能。[①] 但是，就在司徒雷登准备启程时，他接到了艾奇逊的电报，指示其“不得在任何情况下访问北平”，并要他 7 月 25 日返回美国。可见，美国政府自己关闭了与新中国交往的渠道。

新中国成立后，美国国务院召集远东问题专家与“中国通”举行圆桌会议，就是否承认新中国的问题征求意见。尽管大多数专家都认为应当承认新中国，但是，美国政府依然固执己见，采取不承认的政策。不仅如此，美国还要求其盟国和国际社会“共同行动”[②]、暂时不要承认新政权，以后也要在承认问题上与美国保持共同立场。

美国在承认问题上的强硬态度，还在于中共政府是否承认美国即已获得的在华特殊利益。1949 年美国国务卿艾奇逊在给司徒雷登的电报中，提出了承认新政府的三条标准，即：1. 该政府在事实上控制该国的领土和行政机构，并且能够维持公共秩序；2. 该政府有能力并且愿意履行其国际义务；3. 它的执政得到其国内人民的普遍认同。其中关键的是第二项，所谓“愿意履行其国际义务”，就是继承前政府与外国签订的一系列条约和债务关系。1946 年 2 月，美国与国民党政府签订了《中美友好通商航海条约》和其他一系列的条约，这些形式上互惠、实际上单惠的条约，表面平等，其实不平等，这种“平等”在当时被讽刺为“三岁小孩与大力士作角力赛的平等”。而中国共产党

① 中国外交部外交史编辑室：《新中国外交风云》，世界知识出版社，1990 年版，第 24—32 页。

② 资中筠：《美国对华政策的发展 1945—1950》，重庆出版社，1987 年版，第 270 页。

早在1947年就宣布不承认1946年1月10日以后由国民政府单独签订的一切对外借款和丧权辱国的条约、协定和谅解。正是为了自身的利益，美国拒绝对新政权的承认。

当然，美国拒绝承认新生的人民共和国，主要还是出于对共产主义和中国共产党的敌视。在美国的对外政策中，既有强烈的意识形态因素，又有显著的实用主义特色。在苏（俄）联布尔什维克政权建立，即“十月革命”16年以后，美国出于反法西斯国家需要，才正式予以承认。在中国的抗日战争中，为赢得国共两党共同抗战，以减轻其对日作战的压力，它主张国共合作，并对中国共产党给予一定的支持。然而，第二次世界大战后，当法西斯国家被消灭后，美国外交中的实用主义又让位于意识形态，对苏联展开冷战。同样地，当日本被打垮以后，它就实施了“扶蒋反共”的政策。因此，当中国共产党夺取政权，建立了新中国后，美国便着力进行打压。

其次，在经济上着力封锁。经济是一个国家的生命线，没有经济力的支撑，任何一个国家或政党都不能生存和发展。历史的经验反复证明，国家的解体，政权的崩溃，无不源于经济的枯竭。当新中国成立以后，美国在经济上采取一系列措施，封锁、制裁、禁运等无所不用其极，目的就是梦想把新中国扼杀在摇篮之中。

从19世纪中叶起，美国就向中国派遣了大批传教士。通过这些传教士，美国政府对中国的情况已有较深的了解。进入20世纪，特别是国民党执政以后，美中两国的交往变得更加密切，在抗日战争和解放战争时期，美国有大批军政人员来华，对中国的局面，特别是经济状况，有了更全面的认知。连续近半个世纪的北洋军阀战争、土地革命战争、抗日战争和解放战争，中国的经济满目疮痍，已经崩溃。新中国建立后，中共所面临的首要问题就是解决民众吃饭、国家建设问题，因而如果不能在经济上稳定秩序，政权势将难以为继。为此，美国决定从经济上对中国施加压力。

美国对中国施加经济压力的主要方法是在贸易上进行封锁。在美国看来，中共政权在经济上将无法收拾旧中国的烂摊子，迟早会转向西方求援。[1] 他们设想，如果美国伙同其他西方国家对中国采取外交孤立和经济封锁政策，中国又不能从苏联得到大量援助，中国革命政权即使不垮台，也会被迫转变内外政策。因此，经贸问题是美国对付中共政权的“最有效的武器”。其实，早在解放战争时期，美国对中共政权实施严格的贸易控制，禁止向解放区出口可用于军事目的的一切物资。新中国建立后，美国对中国实行严格的出口管制制度，禁止一切具有战略意义的物资出口。不仅如此，美国还向盟国和西方国家施加压力和影响，希望他们在贸易管制方面与美国的政策保持一致。

通过经济施压，美国不仅未使中共政权垮台，反而进一步把新中国推向苏联的一边。

再次，在外交上全面孤立。一般情况下，一个新政权或新国家的建立，都希望与其他国家进行交往，建立正常的国家关系，获得其他国家的承认。从国际法上说，外交上承认是发展包括经济关系在内的重要条件。为了遏制新中国，美国全力阻挠其他国家，特别是其盟国，与中国建立正常的外交关系。

一是阻挠中国联合国合法席位的恢复。按照国际法规和惯例，一个国家的旧政府被推翻以后，新生政权将继承前政府在国际组织中的合法权益与义务。中国是联合国的创始会员国之一，也是安理会常任理事国之一。中华人民共和国成立后，被其取代的中华民国政府已是非法实体，已经不具备在由主权国家所组成的国际组织中的代表权，只有中华人民共和国的代表才能在联合国代表中国，这是理所当然的。周恩来外长就多次致电联合国秘书长赖伊和第四届联合国大会主席罗慕洛，要求取消“中国国民政府代表团”参加联合国的一切权利，并将其驱逐出联合国。[2] 苏联代表也在随后的安理会上提出周恩

① 罗伯特·布拉姆（Robert M. Blum）:《划分界线：美国在东亚遏制政策的起源》（Drawing the Line: The Origin of the American Containment Policy in East Asia），诺顿出版公司，1982 年版，第 51—52 页。

② 陶文钊:《美国对华政策文件集（1949—1972）》，第一卷（上），世界知识出版社，2003 年版，第 249 页。

来的上述提案。然而在提案表决前，美国积极对安理会理事国施加影响，阻挠恢复中国在联合国的合法席位。1950年1月13日，提案以3票赞成（苏联、印度、南斯拉夫）、6票反对（美国、古巴、厄瓜多尔、埃及、法国、国民党代表团）、2票弃权（英国、挪威）的结果被否决。直到1971年，联合国大会才以压倒性多数通过提案，将非法占有中国席位的国民党当局驱逐出联合国，恢复中华人民共和国在联合国的一切合法权益。

二是阻碍其他国家与中国建交。新中国成立后，以苏联为代表的社会主义国家迅速承认中共政权，并与中国建立了外交关系。还有一些亚非国家也突破美国的压力陆续与中国建交。一些西方国家，虽然有与中国建交的愿望，但在美国的干预下，迟迟不与中国建立外交关系。只有一些西欧与北欧小国如丹麦、挪威、芬兰、瑞典、瑞士迅速与新中国建立了外交关系。荷兰和英国虽然有与中国建交的想法，也致电中国外交部或发表声明，承认中华人民共和国，但由于各种因素的影响，仅与中国建立了代办级的半官方关系。20世纪60年代，奉行独立自主外交政策的西方大国法国，率先与中国建交。美国孤立中国的政策到了20世纪70年代才有所改变，日本等发达国家与中国正式建交。

美国在新中国成立后的系列政策是完全脱离实际的，不仅没有达到其任何预期的效果，反而将形势的发展变得对其更加不利。新中国的政权不仅稳定下来，而且还显示了强大的生命力。这样，美国就一步一步地把自己置于中国的对立面。相应地，当自己的善意反复遭到恶意的回报后，新中国不得不采取针锋相对的政策，对美国的种种敌视，进行有力的反击。

三、新中国推行“一边倒”政策

中国共产党人对于美国的政策，是在战争的推进和历史的演变中不断发展和成熟的。中国共产党不愿与任何国家为敌，主张在平等的基础上发展对外关系。对于美国，中共也抱有良好的合作愿望并采取了实际的行动。但是，美国对中国共产党的行动不仅没有给予应有的回报，反而在抗日战争后，变本加厉地推行“扶蒋反共”的政策。对此，中国共产党在建国以后，美国依然采取强烈的敌视态度，采取外交上孤立、经济上封锁，军事上包围的政策。在这种情况下，新中国出于自身安全与发展的考虑，不得不做出“一边倒”的战略选择。

第一，认清了美国政策的反动本质。巴黎和会上，美国与其他资本主义国家一道对中国实行出卖政策，使当时中国的共产主义者对于美国奉行强权政治的本质有了清醒的认识。为了反击日本帝国主义的侵略，中国共产党在 1935 年 12 月的瓦窑堡会议上通过决议，主张与国民党建立抗日民族统一战线，提出建立一个反侵略、反战反法西斯世界联盟的建议。太平洋战争爆发后，中共大力加强与美国驻华使馆的联络工作，积极争取美国政府及舆论界对中国事务的关注，利用美国的影响来改善中国的政治状况，制止内战，促进国民党政府的改革。在抗日战争中，毛泽东等中国共产党人认识到，可以利用帝国主义国家之间的矛盾，争取有利于革命斗争的局面。尤其是在日本发动全面侵华战争以后，英美等西方国家的在华利益受到损害，这就为争取英美支持、在国际间形成反日统一战线提供了可操作的空间。所以，当美军观察组访问延安等解放区时，中国共产党热烈欢迎并积极配合，然而，美军观察组的报告未能引起美国政府的重视。而且随着抗日战争的结束，美国的对华政策已经明显地偏向蒋介石。

对于美国对华政策风向的转变，共产党人对美国的政策进行了严厉的抨击。在中共七大闭幕式上，毛泽东就指出：“美国政府的扶蒋反共政策，说明了美国反动派的猖狂。但是一切中外反动派的阻止中国人民胜利的企图，都是注定要失败的。现在的世界潮流，民主是主流，反民主的反动只是一股逆流。目前反动的逆流企图压倒民族独立和人民民主的主流，但反动的逆流终究不会变为主流。”① 在解放战争

---

① 《毛泽东外交文选》，中央文献出版社，1994 年版，第 46 页。

期间，美国扶蒋反共政策的实施，使得中国共产党对其反动本质有了清醒而深刻的认识。

第二，采取了“反不承认”政策。随着解放战争的发展，蒋介石在内战中的败局已定，采取何种对美国政策提上了日程。鉴于美国长期奉行“扶蒋反共”政策，中国共产党清醒地认识到，美国不可能改弦易辙，必然继续反对中共建立的新中国。因此，中共也不得不选择针锋相对的做法，即你不承认我，我也不承认你。

在1949年1月的中央政治局会议上，中国共产党通过的题为《目前的形势和我党在一九四九年的任务》的报告中指出：“美帝国主义的对华政策，已由单纯地支持国民党武装反共，转变为两面性的政策。这即是：一方面，支持国民党残余军事力量及地方军阀，继续抵抗人民解放军；另一方面，则派遣其走狗混入革命阵营组织所谓反对派从内部来破坏革命。在人民解放军接近于全国胜利时，甚至不惜用承认人民共和国的办法，以求取得合法地位，实施这一‘内部破坏’的政策。”① 关于新政权的承认问题，毛泽东在这次会议上指出，帝国主义现在在中国没有合法地位，我们不急于承认他们，也不急于要他们承认。

随着国民党政府的垮台，西方资本主义国家对于中国的控制权也将被打倒，百余年来在中国取得的种种特权也将随之消失。中国共产党意识到，西方国家是不会轻易地放弃他们在华的特权，而这些问题不解决，新中国的独立和主权必会受到影响。为了摆脱旧外交对新政权的束缚，以平等的地位与西方国家建立外交关系，中国共产党对帝国主义国家、尤其是美国采取了“不急于获得承认”的政策，以获得外交上的主动。这种政策，被毛泽东形象地称之为“另起炉灶”、“打扫干净屋子再请客”。关于这个政策的长期性，毛泽东在七届二中全会上指出：“关于帝国主义对我国的承认问题，不但现在不应急于

① 中央档案馆：《中共中央文件选集》，中共中央党校出版社，1992年版，第17—18页。

去解决，而且就是在全国胜利以后的一个相当时期内也不应急于去解决。我们是愿意按照平等原则同一切国家建立外交关系的，但是从来敌视中国人民的帝国主义，决不能很快地就以平等的态度对待我们，只要一天他们不改变敌视的态度，我们就一天不给帝国主义国家在中国以合法地位。”①

中国共产党采取“反不承认”政策，从本质上讲，既是对美国长期“扶蒋反共”政策的回应，也是对美国政府要求中共承认其在华不平等利益的反击，同时也是中共主张在平等的基础之上建立外交关系的体现。

第三，推行了“一边倒”战略。所谓“一边倒”战略，就是指在国际上要与以苏联为首的社会主义国家结盟，成为社会主义阵营的一员，以对抗帝国主义国家的侵略和颠覆。由于美国顽固推行“扶蒋反共”和敌视新中国的政策，加之国际社会已形成两大敌对的阵营，新中国成立后，不得不做出“一边倒”的战略选择。

其实，早在南京解放之后，新中国成立在望之际，中国共产党就未来中国的外交走向已有了清晰的思考。1949 年 6 月 30 日，毛泽东在《论人民民主专政》一文中明确指出：“一边倒，是孙中山的四十年经验和共产党二十八年经验教给我们的，深知欲达到胜利和巩固胜利，必须一边倒。积四十八年和二十八年的经验，中国人不是倒向帝国主义一边，就是倒向社会主义一边，绝无例外。骑墙是不行的，第三条道路是没有的。我们反对倒向帝国主义一边的蒋介石反动派，我们也反对第三条道路的幻想。”②“我们在国际上是属于以苏联为首的反帝国主义战线一方面的，真正的友谊的援助只能向这一方面去寻

---

① 毛泽东：《在中国共产党第七届中央委员会第二次全体会议上的报告(一九四九年三月五日)》，《毛泽东选集》第 4 卷，人民出版社，1991 年 6 月版，第 1435 页。

② 参见宫力：《毛泽东与中美外交风云》，红旗出版社，2014 年版，第 27 页。

找，而不是向帝国主义一方面去寻找。”①

即便有了这样公开的表示，中国也并没有完全放弃与美国建交的可能性。7 月 7 日，中共方面给司徒雷登传口信，表示此文主要为了宣传，中美建交之后，这样的宣传也就不存在了。甚至在新中国成立前 2 天的 9 月 29 日，《中国人民政治协商会议共同纲领》对新政权外交原则的规定仍然是“凡是与国民党反动派断绝关系，并对中华人民共和国采取友好态度的外国政府，中华人民共和国中央人民政府可以在平等、互利及相互尊重领土主权的基础上，与之谈判，建立外交关系”。②

然而，美国方面关于承认问题依然依托于三个标准，并在西方世界努力形成一个不承认同盟，同时在对华贸易上实施出口管制，使得中美建交变得十分渺茫。而苏联在新中国成立的第二天便宣布承认，并承诺给予援助。这更加使中共坚定确立“一边倒”外交政策的意志。11 月 8 日，周恩来在谈到对新中国的外交现状和任务的认识时指出：“我们现在的外交任务，是分成两个方面的。一方面，是同苏联和人民民主国家建立兄弟的友谊……另一方面，是反对帝国主义。帝国主义是敌视我们的，我们同样要敌视帝国主义，反对帝国主义。”新中国的外交原则就从“有条件地接触、承认”转变为了“联合苏联反对帝国主义”。1949 年底，毛泽东应邀对苏联进行了 1 个多月的访问。1950 年 2 月 14 日，两国正式签署了《中苏友好同盟互助条约》，“一边倒”的战略以两国结盟的形式体现出来。

正是由于美国在国共内战中采取了严重错误的对华政策，才使得美国最终失去了中国；也正因为美国在随后的“等待尘埃落定”期间采取了更加严重错误的对华政策，将中国推向了苏联一边。至此，中美之间的对抗的局面已正式形成。中美对抗局面的形成，为在朝鲜战

① 毛泽东：《论人民民主专政》，见《毛泽东选集》第四卷，第 1468 页。

② 陈少铭：《1948—1949 年中国共产党对美外交政策的演变》，《哈尔滨市委党校学报》，2007 年第 3 期，第 88 页。

争中兵戎相见和随后在东北地区展开长期的战略博弈埋下了种子。

综上所述，第二次世界大战后，为了实现领导世界的目标，美国把遏制社会主义国家作为其对外战略的核心内容。对于中国，美国一改其传统的实用政策，对于中国探索崛起复兴的尝试视而不见，将对华关系置于其遏制战略的框架之下。在国共内战中，奉行“扶蒋反共”的政策，在新中国成立后，依然采取敌视的态度，美国倒行逆施的政策最终酿成了恶果，不仅没有达到预期目标，反而严重损害了自身的战略利益，致使中国加入了社会主义阵营，使美中两国关系走向敌对。朝鲜战争被视为两阵营冷战中的热战，由于地缘关系使然，更由于政治上的敌对，特别是作为社会主义阵营的一员，当美国干预朝鲜战争时，中国也就不会袖手旁观。这样，中美两国在朝鲜战争中迎头相撞也就在所难免，两国在东北亚的战略博弈也就顺势拉开。

四、朝鲜战争开启中美东北亚的长期角逐

中国在东北亚地区曾长期居于主导地位。但近代以来，随着日本帝国的扩张和沙皇俄国的东进，东北亚地区出现了三国争雄的局面。由于自身的衰落，中国在与日、俄的较量中逐步失去了在该地区的主导权。第二次世界大战的尾声阶段，当盟国对东北亚秩序做出安排时，中国被排除在外。在朝鲜半岛，中国基本上置身事外，那里的局面是美苏外交折衷造成的，中国无插手余地和必要。中美两国虽然存在敌对状态，但焦点集中于台湾海峡，在东北亚地区并无根本利益冲突。然而，朝鲜战争的爆发，导致两国利益碰撞，兵戎相见。战后，出于各自战略利益的需求，双方形成对峙。随着时代条件的变化，中美两国在朝鲜半岛的较量逐渐扩展为在东北亚地区的战略博弈。因此，可以这样说，朝鲜战争拉开了中美两国在东北亚地区角逐的序幕。

首先，朝鲜战争导致中美发生正面军事冲突。诚然，中美两国存在着各种矛盾。新中国成立前，因美国推行“扶蒋反共”政策，中国

共产党与其产生芥蒂；新中国成立后，美国对中国实施打压政策，使中共与美国的矛盾上升为国家间的矛盾；当中国加入社会主义阵营以后，在中美两国的矛盾中，又加入了国际冷战的因素。但是，无论是中国内战期间，还是在新中国建立后，中美双方虽然存在着各种矛盾，甚至是非常激烈，但所进行的都是间接的较量，并未发生正面的战争冲突。

正是由于如此，中美两国在新中国成立后，尽管矛盾重重，但都为以后关系的发展留有一定的空间。但是，朝鲜战争的爆发，将中美两国的力量引入半岛，先后参战，使两国产生了直接的利益矛盾，发生了第一次正面交锋。朝鲜战争是二战后大国间的第一场热战，虽然多国参与其中，投入兵力达200余万，但由于朝鲜军队战斗力薄弱，主要作战任务均是由中国军队担任，而韩国军队主要是配合联合国军的行动，美军作为联合国军的主力，担负了主要的作战任务，因此中美两国成为朝鲜战争中的主要力量。

其次，朝鲜战争成为中美未完的博弈棋局。在朝鲜战争中，双方的目标几经变化。在起初阶段，北朝鲜的目标是明确的，就是把南朝鲜和美国的军队消灭或赶下海。美国的目标也是清楚的，即把北朝鲜的军队赶回“三八线”以北。但是，随着战场形势的变化，各方的战争目标都进行了调整。美军到达“三八线”后，决定扩大战争，企图占领整个朝鲜半岛。中国也曾经制定了有限的目标，即将美韩军队赶到“三八线”以南，但达到初步的目的后，也调整了目标，决定把美军驱逐出朝鲜半岛，向“三八线”以南发动攻势，并一度解放了汉城（今首尔）。后来，美军发起反击，又将战线推进到“三八线”附近。此后，双方在“三八线”处于胶着状态，一直到停战。

朝鲜战争最终以停战的方式结束，成为中美两国并未下完的棋局。历史上，战争的结束多种多样，有的是一方被彻底打败，有的是一方主动投降，有的是双方都打不下去，有的是经第三方斡旋，相互妥协。但是，朝鲜战争结束方式是极其独特的，没有一方被彻底打败，也没有一方主动投降，双方更没有出现打不下去的局面。然而，双方却都出于战略全局的考虑，主动将战争停了下来。

朝鲜战争停战以后，朝韩两国又回到了38°线的两边，半岛统一的日程无限期推迟。美国的军队取得了在韩国长期驻扎的权利，并与韩国签订了共同防御条约，正式把韩国纳入其战略遏制圈。中国为了维护战争成果，也把军队留驻朝鲜，直到1958年才全部撤回国内。这样在朝鲜半岛，以中朝苏为一方，以美韩为一方，长期对峙下来。可以这样认为，朝鲜战争是中美两国在朝鲜半岛一盘没有下完的棋。

再次，朝鲜战争开启了中美在东北亚战略博弈的序幕。朝鲜战争将中美两国的力量引入朝鲜半岛，并在那里发生碰撞。由于双方以停战的方式终止战争，并未使朝鲜半岛的矛盾得以解决。停战以后，以中国、苏联和朝鲜为一方，以美国、韩国为一方形成对峙。南北朝鲜之间敌视未减，美苏之间冷战持续，中美之间旧患未了，又增新的矛盾点。尽管战争之后，国际关系几经变化：中苏反目、中美复交、苏联解体、中韩建交、冷战结束等，但中美两国在朝鲜半岛的博弈不仅没有止步，反而进一步扩大，演变为在整个东北亚地区的博弈。

第一，美国改变了从亚洲收缩的立场，在中国周边构筑军事同盟体系，将针对苏联遏制战略应用于中国。朝鲜战争是美国历史上第一场没有赢得胜利的战争，许多美国学者称之为“被遗忘的战争”。对于美国人来说，这场“苦涩的”战争没有荣誉，只有失望和痛苦，大多数人都急于将其在记忆中抹去。所以直到20世纪90年代，美国国内对于朝鲜战争的相关评论也是凤毛麟角。然而这场“失败”的战争，却对美国的亚洲政策产生了非常重要的影响，促使美国进一步强化遏制战略的推行。在朝鲜战争尚在进行之时的1951年9月，美国纠集二战中的一些盟国，撇开在打败日本的战争中做出突出贡献的中苏两国，与日本缔结了《旧金山和约》，并签订了《日美安全与保障条约》，与日本正式结盟；停战以后，美国迅速与韩国、中国台湾当局、菲律宾等国先后缔结共同防御条约；支持法国在南越的行动，阻止社会主义阵营成员国家越南的统一努力；拉拢一些国家成立东南亚条约组织，建立澳、新、美同盟等，企图在军事上完成对中国的包围。

第二，美国还大力支持韩国、日本和中国台湾地区的经济发展，提升它们对抗中国的能力。通过一系列条约和协定，一方面，美国为韩国、日本和中国台湾地区提供军事保护，另一方面又采取措施，扶持这些国家和地区的经济发展。这些政策的结果，导致上述国家和地区在经济和安全上严重地依赖美国，并在国际关系中长期地、稳定地与美国站在一边，从而恶化中国周边的安全环境和限制中国对周边国家，特别是海上邻国的影响力。不仅如此，美国与台湾当局关系的发展，还严重地阻碍了中国的统一进程。即使到了冷战结束20多年的今天，美国在亚太地区的战略布局依然如此，并没有发生太大的改变。

第三，美国的行动引发了中国的强力反弹。在朝鲜半岛问题上，中国的立场是一贯的。朝鲜战争停战以后，中国一方面在朝鲜保留部分驻军，直到1958年才完全撤出；另一方面又与朝鲜于1965年正式签订《友好互助条约》，实质上为朝鲜提供安全保护。不仅如此。中国还在很长的时期里，给予朝鲜慷慨的经济援助。朝鲜半岛事关中国的核心利益，中国必然不遗余力地加以维护，那里的任何变化，都会引起中国的高度关注。至于在台湾地区，中国一直与美国进行激烈的斗争，而且在国家统一的道路上，已经取得了重大的成果：迫使美国与台湾当局断绝外交关系，并从台湾撤军；迫使美国承诺推行一个中国的政策；迫使美国在台湾问题上采取“三不”政策；在越南战争中，我国给予越南方面大力的援助，使美国再次败北。

最后，中美两国战略博弈已从朝鲜半岛扩展到整个东北亚。朝鲜战争后，在东北亚地区已形成了鲜明的两大阵营，即以中苏朝为一方和以美日韩为一方。在美苏争霸时期，为了维护各自的国家安全，中国与美国展开了合作，成功地遏制了苏联霸权主义。在与美国改善关系的同时，中国与日本也实现了关系正常化。苏联解体，冷战结束后，中韩两国也建立了外交关系。由于朝鲜关岛的问题依然没有解决，又由于中美两国的实力地位已发生了变化，加之意识形态和其他方面的严重分歧，中美两国在东北亚地区还存在着重大的利益冲突。因此，中美两国都通过政治、经济、外交、甚至军事手段，在东北亚地区继续进行博弈，巩固既有的盟友关系，发展新的伙伴关系，力求扩大自己的阵营，推动战略态势向自己有利的方向转变，从而谋取战略优势。从目前看，这种博弈还将长期地进行下去。

第三节　中美联合反对苏联霸权主义

第二次世界大战后，东北亚国际战略格局出现了新的态势。日本退出了历史的舞台，美苏成了斗争的主角，中国的国际地位得到一定程度的恢复。朝鲜战争后，中国重新加入大国博弈的行列，苏联则隐居幕后，中美对抗走到历史的前台。然而，天下熙熙，皆为利来，天下攘攘，皆为利往。国际关系也遵循着同样的规律，因利而聚，以利而散。诚如英国前首相帕麦斯顿所言，国家没有永恒的敌人，也没有永恒的朋友，只有永恒的利益。新中国成立后，与苏联签订了同盟条约，加入了社会主义阵营，在朝鲜战争中与朝鲜和苏联并肩作战，粉碎了美国独占朝鲜的图谋。随着国际形势的变化，中苏由盟友变成敌人，而中美则由敌人变成朋友，共同反对苏联霸权主义，使东北亚大国战略博弈的格局再次发生变化。

一、苏联将中国推出自己的阵营

中苏同盟关系的建立之初，就埋下了分裂的种子，因为两国之间的利益存在着不均衡性。这种利益的不均衡必然导致双方关系的不可持续性。随着两国利益需求鸿沟的扩大，中苏蜜月渐行渐远，并最终走向破裂。

首先，在中苏同盟关系中，中国对苏联的安全需求远大于苏联对中国的需求。新中国成立后，之所以选择与苏联结盟，主要是出于国家安全的考虑。毛泽东对此做过明确的诠释。他说，我们虽然胜利，但国外还有帝国主义，国内也还很困难，在这种情况下，我们需要朋友。我们同苏联的关系，我们同苏联的友谊，应该在一种法律上，就是说在条约上，把它固定下来，用条约将中苏两国的友谊固定下来，建立同盟关系。帝国主义如果准备打我们的时候，我们就请了一个好帮手。[①] 那么，苏联为什么要与中国结盟呢？主要考虑就是在与美国展开冷战的情况下，需要中国站在苏联一边，以壮大社会主义阵营，一旦与美国发生战争，苏联就能得胜利。中苏两国在《中苏友好同盟互助条约》签订后发表的政府公报指出：此条约的签署是鉴于1945年以来远东形势所起的变化，即日本战败、国民党反动政府被推翻，新中国成立并执行对苏友好政策。[②] 从一定意义上说，新中国刚成立，特别是与当时的世界头号强国——美国为敌的情况下，中国的安全更有求于苏联。苏联虽然也把美国视为主要敌人，但其面临的威胁并不像中国那样迫切。它对中国的需求，主要是要中国执行对苏友好政策。

其次，在现实国家利益方面，苏联要做出重大的让步，而中国却难以给予补偿。第二次世界大战后，苏联对其远东的战略安排已经定型，前面已有论述，此处不再赘言。对于新中国一成立，就向其提出归还它在中国东北的权益，苏联是没有想到的。所以，当毛泽东向斯大林提出这一问题时，斯大林显得很冷淡。后来，虽然在各种因素的促动下不得不让步，但苏联还是通过增加限制性条款，为其继续掌握这些权益提供可能的空间。苏联做出利益方面的重大让步，而中国却无以补偿。苏联原希望通过朝鲜战争改变此种状况，但战争的结局出乎苏联的意料之外，中国军队打败了以美国为首的联合国军，却没有将其赶下海去，南北朝鲜继续分裂，美韩同盟继续存在，中国在北朝鲜的影响大为增长。停战协定签订后，苏联既不能以战争为由继续留驻中国东北，必须如约将其在那里的权益归还中国，又未能像预期的

① 《毛泽东外交文选》，第132页。

② 参见《中国当代外交史》（1949—2001），第37页。

那样获得朝鲜南部的四个港口。

第三，中苏两国之所以能够建立起同盟关系，是美苏冷战的产物，带有鲜明的意识形态色彩。这种价值观同盟，如果没有实际利益提供支撑，很难持续。同时，如果一方对共同的价值观加以修正或改变时，另一方往往难以接受，必然产生龃龉。斯大林去世以后，继任的赫鲁晓夫改变了他的路线。苏共“二十大”召开时，赫鲁晓夫做了一个《关于个人崇拜及其后果》的“秘密报告”，全盘否定了斯大林；他还主张与美国缓和关系，并且为此提出了“和平共处”、“和平过渡”、“和平竞赛”的思想，以作为理论基础。苏联的做法与国际共产主义运动的传统观念发生了冲突，对社会主义阵营也产生了恶劣的影响。苏共“二十大”所提出的路线，标志着其价值理念的变化，其他社会主义国家感到难以理解。中国共产党从其国际共运的大局出发，根据自己的理解，对苏联的做法提出异议和建议，本是合情合理的。但苏共不仅拒不接受，而且还在随后的一系列共产党和工人党会议上向中共发难，致使两党关系日益紧张。

第四，俄罗斯长期存在大国沙文主义的传统，控制社会主义阵营其他国家的企图和行动十分强烈，甚至通过干涉内政的方式加以实现。自社会主义阵营成立之后，基本上就处于苏联的控制之下。任何加入这一阵营的国家，都要听命于苏联。南斯拉夫的铁托，因表示不满而被开除出共产党和工人党情报局。中国加入社会主义阵营后，苏联也持同样的立场，谋求从军事上和政治上控制与驾驭中国，希望中国按其指挥棒转。《中苏友好同盟互助条约》第四条的规定和 1958 年苏联向中国提出建立“长波电台”和“联合舰队”的建议就是充分的体现。

朝鲜战争之后，在远东地区，中美矛盾已经大于苏美矛盾，也就是说，中国站在维护社会主义阵营远东战线的前哨，美国在这一地区对苏联的现实威胁已经由中国顶了过去。在欧洲地区，苏联对美国的战略意图也有了基本的判断，即美国并不想同苏联打一场大战，主要通过遏制战略进行冷战。因此，从国家安全角度来说，中国与美国在朝鲜半岛和台湾海峡进行冲突的可能性要大一些，对苏联的需求也同样大一些，而苏联由于并不存在迫在眉睫的安全威胁，对中国的战略需求自然低得多。从意识形态上说，当苏联不再认为美国是其现实威胁后，出于发展经济的考虑，也出于与美国争夺国际地位的想法，决定改善与美国的关系，为此提出“三和路线”的概念。社会主义阵营中其他国家，无论是苏联直接扶持起来的，还是间接支持而建立起来的，其思想基础都来源于苏联，对西方世界的认识也与苏联一致。当苏联突然改变立场时，其他国家，特别是中国一时难以转变，认为苏联出了修正主义。苏联之所以与中国建立同盟，其主要原因之一，就是要控制中国。但作为一个大国，绝不可能将自己的命运交给他人掌握的，因而中国主张平等的国际合作。对于苏联企图通过干涉内政，侵犯主权的方式控制中国时，中国理所当然地坚决反对。当苏联提出要在中国建立“长波电台”和“联合舰队”建议时，毛泽东主席明确地告诉苏联驻华大使：“这是一个政治问题”，“要讲政治条件，连半个指头都不行。”① 邓小平后来总结这段历史时说：“我们关系之所以搞坏，为什么搞坏，就是因为苏联要控制我们。”② 他还进一步指出，中苏之间“真正的实质问题是不平等，中国人感到屈辱”。③

综上所述，中苏两党和两国在国家利益的认知上已出现了难以弥合的分歧，分道扬镳只是时间问题了。当苏联认为它无法控制中国的时候，就采取一系列的反华和反中共的行动了。1959 年 6 月 20 日，苏联片面撕毁 1957 年 10 月两国签订的关于国防新技术的协定，拒绝向中国提供原子弹样品和生产原子弹的技术资料；9 月 9 日，针对印度挑起与中国的边界冲突，苏联罔顾事实，通过“塔斯社”发表声明，表示“令人痛心”和“遗憾”，名为中立，实为偏袒印度，谴责中国。其后，苏联更是变本加厉：在一系列共产党和工人党国际会议

---

① 《毛泽东外交文选》，第 328 页。

② 参见《邓小平会见希腊总理卡拉曼利斯时的谈话记录》，1979 年 11 月 14 日。

③ 《邓小平文选》第 3 卷，人民出版社，1993 年版，第 294、295 页。

上，围攻中国；从中国撤走专家，撕毁经济合作协定；开动舆论宣传工具，对中国进行攻讦；制造边界纠纷，恶化对华关系，等等。对于苏联肆无忌惮的挑衅，中国从维护国际共运、两党、两国关系的大局出发，曾委婉地表达自己的意见，但在不见效果的情况下，就不能忍气吞声了。先是在理论上与苏联展开论战，由《人民日报》和《红旗杂志》编辑部发表9篇评论员文章，阐明中方的观点。接着对苏联侵害中国的行为进行反击，抵制1965年3月莫斯科会议，拒绝与苏联在越南抗美“联合行动”，谴责苏联入侵捷克斯洛伐克，回击苏联对珍宝岛的进犯，严正警告苏联不得挑起核战争①等。对于苏联攻击中国核基地的意图和不断挑起边界的纠纷，1970年9月11日，中国总理周恩来在北京机场同苏联部长会议主席柯西金进行会晤时指出：“你们说，你们要用先发制人的手段来摧毁我们的核基地，如果你们这样做，我们就宣布，这是战争，这是侵略，我们就坚决抵抗，抵抗到底。”②

中苏同盟的形成，是两国的利益使然，与当时的国际环境密切相关。在随后的几年里，两国“同志加兄弟”关系十分密切，在国际事务中，两国相互支持，共同反击美国对朝鲜半岛事务的介入，维护社会主义阵营的团结，支持民族解放运动。不仅如此，苏联还向中国提供经济援助和贷款，派出大批专家，支持中国建设156个重大项目等。但由于利益的不均衡性、国际形势的剧变性、苏联大国沙文主义的扩张性，在不到10年的“蜜月”之后，中苏两党与两国关系就急

① 1969年9月，有苏联信息背景的英国记者维克托·刘易斯声言，苏联对中国在罗布泊的核设施有空袭的可能性。基辛格在其《白宫岁月》一书中披露，苏联在1969年8月通过外交渠道向就此问题向美国做过试探。同年11月苏美在赫尔辛基举行限制战略武器谈判的第一轮会谈和次年5月在维也纳的第二轮会谈期间，苏联人曾经提出两国联合对付“来自一个拥有核武器的第三国的挑衅性进攻”的问题。这里据说的“第三国”就是中国，所谓对付“进攻”就是主动进攻。

② 韩念龙主编：《当代中国外交》，中国社会科学出版社，1988年版，第125—126页。

转直下，走向破裂，变成了敌人。也可以这样说，即使中苏之间存在着一些分歧，但从中国的角度看，也没有什么解决不了的，是苏联自己从其一己私利出发，把中国从其阵营中排挤出去。

二、苏联推行包围中国的战略

在战后形成的以美、苏为首的两大阵营中，美国与苏联对各自盟国的管理方式是极其不同的。美国也要求其盟国在重大国际问题上采取一致或相近的立场，如果盟国的意见与其有着严重的分歧，也不要求绝对服从，而是以政策的效果来证明其立场的正确性。苏联对盟国的要求是绝对服从，不能容忍任何不同的意见。对社会主义阵营的其他国家，一旦出现与其立场不同的意见或采取有悖于其预期的行动时，苏联往往视其为“异己”，采取干涉内政或实施围攻的方法加以解决。当苏联对中国组织围攻无效，干涉内政失败后，就调整亚洲政策，对中国进行战略围堵。

在冷战时期，美苏矛盾是世界的主要矛盾，美国对苏推行遏制战略，从欧亚大陆的两端对苏联进行包围，苏联则采取强烈的反制行动。冷战初期，苏联在欧洲以华约来对付北约，在亚洲以中苏同盟抵挡美国，主要是将中国推向与美国对抗的前台。进入 20 世纪 60 年代，美苏冷战的态势在欧洲已经固化，任何一方都难以改变现状。在亚太地区，随着中苏关系的紧张，就出现了不确定性因素。鉴于对中国的信任已经失去，为了防止陷入战略被动，苏联决定对其亚洲战略进行重新布局，一要防范美国，二要针对中国。经过反复酝酿，在“珍宝岛事件”之后，苏联着手在军事上组建对中国的包围圈，使中苏矛盾成为东北亚地区的主要矛盾。

首先，陈兵百万于中苏、中蒙边界，对中国直接进行军事威胁。在中苏友好时期。苏联在中苏、中蒙边境只有 3 个师的兵力，但自 1964 年开始大规模地驻军，最多时总数达到 54 个师，100 余万军队，并配备了包括核导弹在内的大量先进武器，到 20 世纪 70 年代后期，苏联在远东地区部署了大量最新军事装备，并于1978年底建立远东战区司令部，统一指挥远东、后贝加尔和西伯利亚三个军区以及不断扩充的太平洋舰队，做好了在远东地区打常规战争和核战争的准备。对于来自北方苏联的强大军事压力，邓小平曾一针见血地指出，它“对中国构成了直接威胁”①。

其次，利用蒙古、越南、阿富汗、印度等作为战略支撑点，孤立中国。苏联对其他国家一直都存在着不信任的态度，即使是盟国，也千方百计地着手控制，往往采取内部制约、外部制衡的方式。对于中国，除了利用中美矛盾外，还把蒙古、印度、越南、阿富汗等国作为制衡中国的重要工具。1969年9月7日，苏联共产党总书记勃列日涅夫在“共产党和工人党莫斯科国际会议”上，正式提出了建立“亚洲安全体系”的主张，企图建立针对中国的军事联盟。早在1966年1月，苏联就同蒙古签订了“友好合作互助条约”；1971年8月，苏联同印度签订了“和平友好合作条约”，在涉及“第三国”的条款中约定，在任何一方遭到进攻或进攻威胁时，双方进行协商并“采取有效措施来保证两国的和平与安全”；1978年11月，苏联又分别同越南和阿富汗签订了含有同样条款的条约。这些条约都带有军事同盟性质。根据这些条约，苏联势力大举进入蒙古、印度、越南和阿富汗等国。

再次，从东西两线南下，构建对华包围圈。在西线，拉拢印度，支持印度肢解巴基斯坦，入侵阿富汗，直逼波斯湾，建立一道遏制中国的屏障。1959年和1962年，苏联利用印度曾先后两次在中印边界挑起武装冲突的机会，采取偏袒印度的立场，向其提供大量军事和经济援助，鼓励印度反对中国；1963年9月，公开发表文章支持印度反华势力，诬蔑中国是“亚洲战争的策源地”，是“世界和平的威

① 参见《邓小平会见美国高级企业家代表团时的谈话记录》，1985年10月23日。

胁”;[1] 1964年8月，向印度提供了当时最先进的米格飞机；1971年，支持印度以武力肢解巴基斯坦；后又支持印度吞并锡金，并同阿富汗联合起来策划进一步肢解巴基斯坦的所谓“俾路支斯坦计划”；1979年12月，直接出兵入侵阿富汗，并对其进行全面的军事占领等。这里需要特别强调的是，苏联对阿富汗的入侵，是构建包围中国的重大战略步骤。邓小平在会见日本客人时曾指出：“阿富汗问题更带全球战略性质。中国同阿富汗有共同边界，也构成对中国的威胁，对中国的包围。”[2]

在东线，苏联除了采取加强太平洋舰队的建设，增加对朝鲜的影响，试图改变在台湾问题上的政策等手法外，着重通过扶持和利用越南，控制东南亚。20世纪70年代中期，越南战争结束后，美军撤出印度支那，苏联趁机向东南亚扩张。1975年10月，苏越两党领导人发表“苏越宣言”，确定两党两国要进行全面合作，在国际问题上密切配合。为拉拢越南，苏联积极支持其建立“印支联邦”的计划，并在越南控制老挝后，支持其出兵占领柬埔寨。1978年，苏联又从越南获得金兰湾军事基地，支持越南驱赶华人华侨，强占南沙群岛，并在中越边界不断挑起事端等。

综上所述，20世纪60年代中期至70年代末，苏联按其预想，不断地推进所谓“哑铃战略”，着力形成“南北夹击”和“东西合围”的态势，企图把中国包围起来，进而控制整个亚洲大陆，与美国争夺世界霸权。苏联的战略举动，虽然不能排除含有指向美国的矛头，但却直接威胁中国的安全。

三、中国反制苏联战略包围

苏联咄咄逼人的扩张态势所带来的危险，不仅使中国的安全受到

① 王绳祖主编：《国际关系史》（第9卷），世界知识出版社，1995年版，第78页。

② 《邓小平会见日中友协代表团时的谈话记录》，1982年11月9日。

了威胁，而且也使美国的危机感与日俱增。为了维护自己的安全，也为了在国际博弈中获得有利的战略态势，中国决定从世界全局的高度，调整战略，改变“反帝反修”的“两个拳头打人”立场，转而推行“联美反霸”的政策，并采取强有力的措施，坚决打破苏联在战略上对中国的包围。

首先，科学认识国际斗争的主要矛盾，厘清解决问题的思路。一个国家的对外政策或战略，主要目标就是根据国际形势的变化，去谋求国家利益，其中一个重要的方面是为本国的发展创造有利的战略环境。要制定正确的对外政策或战略，必须对国际战略环境有清醒的认识。这种认识包括两个方面：一是对国际形势做出正确的判断；二是厘清解决问题的思路。根据20世纪60年代中期至70年代末国际战略形势的特点，毛泽东等老一辈中国领导人做出了一个基本的判断。毛泽东指出，苏联对中国实行的战略性包围看上去是针对中国的，但其实只是其全球战略的一部分，最本质的问题是与美国争霸。在争夺中，相比较而言，美国在战略上处于防御地位，苏联处于进攻地位。邓小平也强调：“第二次世界大战后，美国的目标是霸占所有的地方，结果变成一个大胖子，苏联现在每前进一步，都从你这个大胖子身上刮下一层油。”① 也就是说，国际斗争中的矛盾是美苏两国之间对世界霸权的争夺，苏联对中国进行战略包围从属于与美争霸需求，但却直接威胁了中国的安全。

在这种判断形成之后，中国领导人提出了解决问题的思路。毛泽东、邓小平等认为，要应对苏联的威胁，“中国不能只从自己的角度，而要从全球战略角度来考虑这个问题。”② 在战略上要做好内外两方面的准备。对内要做好备战防御。毛泽东提出了“备战、备荒为人民”的号召，邓小平也指出，“准备它早发动战争，有备无患”③，“我们

① 《邓小平会见菲律宾总统马科斯时的谈话记录》，1975年6月8日。

② 《邓小平会见阿根廷总统魏地拉时的谈话记录》，1980年6月7日。

③ 《邓小平会见日中友好议员联盟访华团时的谈话记录》，1977年9月10日。

宁可警惕性高些，看到危险，才能努力想办法消除危险。”[①]“只要你放松警惕，它就来了。这是我们对战略问题的总看法。”[②]对外就是要建立广泛的统一战线，联合世界上一切可以联合的力量反对霸权主义。为此，毛泽东提出著名的“三个世界”的理论。1974年，毛泽东在会见赞比亚总统卡翁达时说：“我看美国、苏联是第一世界。中间派，日本、欧洲、澳大利亚、加拿大，是第二世界。咱们是第三世界。”[③]要反对霸权主义，中国就必须运用其在中国革命和国际斗争中所形成的“统一战线”的法宝。要建立国际反霸统一战线，一是要利用各种矛盾，分化对手，二是要做好联合，形成合力。

毛泽东认为，苏美之间的矛盾是可以充分利用的。1972年，他在同周恩来等人的一次谈话中说过，利用两个超级大国之间矛盾，就是我们的政策。利用一方，任何一方不要两面作战。周恩来据此强调，按照毛主席的战略思想，我们应该利用美苏的矛盾。我们要争取多数，孤立少数，利用矛盾，各个击破。这是我们过去斗争几十年的经验。同时，联合其他有共同利益的国家，建立统一战线。毛泽东曾强调：“要团结多数人，要影响多数人，团结多数人，绝大多数的人，这是战略问题。”[④]邓小平也指出：只靠某一个国家的力量是不够的，“要有几种力量连在一起对付它才行。”[⑤]“我们主张大家联合起来，协调我们的行动，协调我们的战略，来对付这个霸权主义。”[⑥]“要争取更多的朋友才比较好。即使不能成为朋友，争取更多的国家中立也是比较好的。”[⑦]

---

① 《邓小平会见日本参议院议长德永正利时的谈话记录》，1981年1月11日。

② 《邓小平会见毛里塔尼亚总统达达赫时的谈话记录》，1974年9月18日。

③ 《毛泽东文集》第8卷，人民出版社，1993年12月版，第441页。

④ 《毛泽东会见新共总书记威尔科克斯、主席威廉斯及夫人、澳共（马）主席希尔等时的谈话记录》，1965年3月14日。

⑤ 《邓小平会见巴基斯坦总统齐亚·哈克时的谈话记录》，1980年5月4日。

⑥ 《邓小平会见阿根廷总统魏地拉时的谈话记录》，1980年6月7日。

⑦ 《邓小平会见扎伊尔新闻代表团时的谈话记录》，1978年6月14日。

毛泽东等中国领导人的认识和在此基础上形成的解决问题的思路，与当时国际形势的客观性是完全一致的。第一，从20世纪70年代初到70年代末，美国由于长期对外扩张，特别是深陷越南战争的泥潭，实力遭到严重削弱，而苏联趁机加紧扩军备战，在军事力量上与美国逐渐趋于平衡，美国的霸权主义地位受到挑战。为了加强同苏联的争夺，美国开始改变对华政策。第二，苏联利用自身实力的增长，进一步在亚洲地区进行扩张，并陈兵百万于中苏和中蒙边界，对中国国家安全构成直接威胁。根据这种形势，中国的战略重点，从同时反对"两霸"变为主要对付苏联一方。周恩来对此曾指出："两霸争夺，着重反对哪个霸，因为地区不同、形势不同，情况也不同。"[①]毛泽东根据形势的变化，提出了"一条线"、"一大片"的外交战略，他说："要搞一条横线，就是纬度，美国、日本、中国、巴基斯坦、伊朗、土耳其、欧洲。"[②] 要团结这条线周围的国家，共同对付苏联的扩张。邓小平后来告诉美国朋友，毛泽东制定的这个战略方针"是从东到西建立一条反苏霸的统一战线"。[③]

在认清国际形势的基础上，找出主要矛盾，根据自身的利益需求，联合世界上一切可以联合的力量，重点依靠亚非拉国家人民的支持，团结和争取欧洲和日本，充分利用苏联和美国的矛盾，就构成了20世纪60年代中期至70年代末中国打破苏联包围的重要的战略思路。

其次，采取切实可行的手段，粉碎苏联的战略图谋。在正确认识国际斗争主要矛盾的基础上，毛泽东等中国领导人指导中国政府对苏联展开反击。主要的措施包括四个方面：

第一，坚决反对苏联的在世界各地的扩张。20世纪60年代中期

---

① 《周恩来会见坦桑尼亚联合共和国总统尼雷尔时的谈话记录》，1974年3月30日。

② 《毛泽东会见美国总统国家安全事务助理基辛格时的谈话记录》，1973年2月17日。

③ 《邓小平会见美国战略与国际问题研究中心代表团时的谈话记录》，1984年2月22日。

以后，苏联采取直接入侵或间接干涉等方式在世界各地进行扩张。非洲大陆的独立运动在20世纪60年代达到高峰。在争取民族独立的过程中，一个国家内部往往存在多种政治力量共同战斗的情况。为了将自己的势力渗透到非洲一些国家，苏联就利用政治派别之间的分歧，在他们赢得国家独立后，进行挑拨，然后支持一方，从而引发内战，从中取利。如安哥拉在争取独立的过程中，就有三股政治力量，即安哥拉民族解放阵线、安哥拉人民解放运动和争取安哥拉彻底独立全国联盟。安哥拉甫一独立，苏联就向其支持的一派运送军火，派遣军事顾问，直接插手和指挥安哥拉内战。不仅如此，苏联还怂恿其他国家派出正规部队参与作战；当苏联在安哥拉立足之后，1977年3月，又唆使由流窜和逃亡到安哥拉的扎伊尔人组成的“雇佣军”侵入扎伊尔，导致扎伊尔“沙巴省事件”。苏联还于1978年3月利用埃塞俄比亚和索马里之间的矛盾，挑起两国的冲突，企图控制“非洲之角”；更有甚者，1979年12月，苏联发动入侵阿富汗的战争。对于苏联扩张主义的霸权行为，中国都利用各种方式对其进行抨击和反对。

第二，全力争取东盟国家的支持。针对苏联企图在东南亚建立包围中国的联盟，从20世纪70年代中期到70年代末，中国着重开展对亚洲特别是东盟国家的工作。东盟成立于1967年，最初由印尼、马来西亚、菲律宾、新加坡、泰国组成，是美国的势力范围。中美关系正常化后，东盟不再单独依靠美国，而奉行大国平衡政策，马来西亚、菲律宾、泰国于1974年和1975年先后同中国建立外交关系。越南战争结束后，美国退出印度支那，苏联趁机重提“亚安体系”，利用越南控制老挝、出兵占领柬埔寨，搞“印支联盟”，同时支持越南“挤入”东盟。对此，中国有清醒的认识。邓小平尖锐地指出：“越南提出加入东盟，实际上是打入东盟，以此推行苏联亚安体系战略。”[①] 这样，这个时期做好团结东盟的工作成为打破苏联战略意图、

① 参见：《邓小平会见美洲国家组织秘书长亚历杭德罗·奥尔菲拉时的谈话记录》，1979年2月19日。

维护东南亚地区的和平与安全的重要一环。中国继续采取“请进来”和“走出去”的办法，加强同东盟国家的交往。

1978年11月，邓小平出访泰国、马来西亚和新加坡，开展统一战线工作。在同东盟国家的交往中，中国着重表达了四层意思：一是揭露越南要求加入东盟的真实意图是为苏联的全球战略服务。二是指出越南如果控制了整个印支，苏联的影响就会扩大，东南亚就会动荡。这不仅关系到本地区，而且是世界性问题，关系到东西通道，即太平洋和印度洋的联系问题。三是希望东盟国家以适当方式给柬埔寨以道义上的支持。四是提倡全世界结成广泛的统一战线，反对苏联的战略部署，争取一个比较长的和平和稳定的局势。这些工作取得了实际的效果，东盟国家不但没有加入苏联的“亚安体系”，而且坚决抵制了越南加入东盟的要求，由此阻遏了苏联通过越南控制东南亚、形成包围中国态势的战略。这个阶段，中国在中越边界进行了对越自卫反击战，稳定了中国南部边界的局势。

第三，积极打开与欧洲和日本等发达国家交往的大门。20世纪60年代末70年代初，中国在继续巩固同已建交的瑞士、瑞典、丹麦、挪威、芬兰等国关系的同时，以法国为突破口，进一步推动了同西欧、日本等国关系的发展。1964年，中法建交，在世界引起震动，被西方媒体喻为“一次突发的外交核爆炸”。与此同时，中国同澳大利亚、新西兰、加拿大也开展了多层次的往来，发展同他们的贸易关系；中日关系也从过去的“民间先行”转入“半官半民”的阶段，为1972年实现中日邦交正常化奠定了基础。70年代初至70年代中后期，中国根据毛泽东“一定要争取第二世界”的意见，将对西欧的争取作为外交工作的重点。中国清楚地向西欧国家揭露苏联战略的真实意图，即苏联虽然在战略上对中国采取了包围政策，但其战略重点还是在西方。毛泽东指出：“苏联的政策是声东击西的，口里讲要打中国，实际上想要吞并欧洲。”[①] 邓小平也说：苏联的“重点还是同美

① 参见：《毛泽东会见法国外长舒曼的谈话记录》，1972年7月10日。

国争夺世界，首先争夺欧洲。”[①] 中国领导给出了三个理由：从苏联的全球战略看，它要争夺世界，既包括亚洲也包括欧洲；从苏联全球兵力部署看，它将3/4的力量摆在西方；从欧洲的战略地位看，苏联要争夺世界的霸权，必须力求首先控制欧洲，因为“不取得欧洲，要称霸世界不可能。甚至取得了中国，不取得欧洲，要称霸世界也不可能。”[②] 与此同时，中国同西欧国家加强了高层互访，强调欧洲联合的重要性，支持欧洲国家联合起来。1974年，英国前首相希思访问中国；1975年，邓小平访问法国，同年法国总理希拉克、德国总理施密特访问中国。经过耐心细致的说服工作，他们都表示认同中国的观点。希拉克说：“法国人和中国人都拒绝接受两个超级大国的霸权”，“我们都希望有一个更团结一致、更富饶和更有组织的欧洲”。[③] 希思说：“欧洲应该日益团结起来，并且用一个共同的声音说话，这是符合全世界的利益的。在我们同两个超级大国打交道方面情况更是如此。”[④] 这些言论说明，毛泽东等在这个阶段的工作是富有成效的。通过此举，中国使西方国家对苏联的战略目标有清晰的认识，从而增强其与中国改善关系的意愿。1972年3月中旬，中英之间自1954年建立起的代办级外交关系升格为大使级关系。接着，中国同荷兰、希腊、联邦德国等国家相继正式建交或实现外交关系升格。不仅如此，中国还与日本实现邦交正常化。中国在这一时期的一系列外交成就，严重地打击了苏联企图通过苏美合作主宰世界、包围中国的阴谋。

第四，适时调整对美政策。从20世纪60年代末至70年代初，面对苏美加紧争夺世界，苏联成为中国国家安全主要威胁的形势，毛泽东等确定“联美抗苏”的外交方针。1969年珍宝岛冲突后，毛泽东提议

---

① 参见：《邓小平会见日本自民党政党政治研究会议员访华团时的谈话记录》，1974年1月11日。

② 《邓小平年谱（1975—1997）》（上），中央文献出版社，2004年版，第7页。

③ 《人民日报》1975年5月19日。

④ 《人民日报》1974年5月26日。

由陈毅、徐向前、聂荣臻、叶剑英四位老帅研究一下国际问题。同年7月和9月，陈毅等先后将“对战争形势的初步估计”和“对目前形势的看法”两份研究报告送交中央。这两份报告提出：中美苏大三角关系中，中苏矛盾大于中美矛盾，美苏矛盾大于中苏矛盾；在美苏两国都急于打“中国牌”的情况下，中国处于战略主动地位。陈毅还提出从战略上利用美苏矛盾，打开中美关系的设想。[①] 这时，急于对付苏联的美国政府也做出一系列姿态，以缓和中美关系。陈毅等人对国际形势的分析和美国外交政策的新动向，引起毛泽东等的高度重视。随后，中国利用各种渠道，与美国高层建立了联系，1972年2月，美国总统尼克松打破国际外交惯例，访问了中华人民共和国，并与中国发表了著名的《上海公报》，开启了中美两国关系正常化的进程。中美关系的突破为中国打开全新的外交格局创造了重要条件。毛泽东曾说，中美关系正常化“是一把钥匙。这个问题解决了，其他的问题就迎刃而解了。”[②] 经过两国的共同努力，1979年，中美建立了外交关系。中美关系的改善，使美国的一些盟国纷纷与中国建立了外交关系，不仅提升了中国的国际地位，而且将推行霸权主义的苏联置于被动地位，彻底打破了苏联孤立和包围中国的战略构想。

第五，果断中止《中苏友好同盟互助条约》。1950年2月14日签订的中苏同盟条约，在中国对外关系史上具有重要的地位。但由于苏联改变了战略初心，自20世纪60年代以来奉行敌视和威胁中国的政策，制造边境流血冲突，并在全球范围内搞霸权主义，成为世界上最危险的战争策源地，中国不可能与苏联再保持这种所谓“同盟”关系。根据条约的规定，1980年4月11日，条约的30年的有效期满。1979年4月3日，中国五届人大常委会第七次会议做出决定，中国不再续约。中国外交部长黄华将中国人大的决定，正式通知苏联驻华大

---

① 参见熊向晖：《打开中美关系的前奏》，《中共党史资料》第42辑，中共党史出版社，1992年版，第72、87页。

② 林克、徐涛、吴旭君：《历史的真实》，中央文献出版社，1998年版，第255页。

使伊·谢·谢尔巴科夫。黄华同时也告知谢尔巴科夫，中苏之间虽然存在着矛盾和分歧，但依然可以本着和平共处五项原则的基础，保持和发展正常的国家关系。并建议两国可就悬而未决的问题和改善两国的关系进行谈判。

最后还需说明的是，中国坚决反对苏联霸权主义的行径，但并不敌视苏联这个国家。20 世纪 80 年代后，当苏联由于全球扩张战略受阻和国内外形势的压力，意识到有必要改善与中国的关系时，中国也做出了善意的回应。但是，中国政府要求苏联必须拿出切实的行动，即苏联从中苏边界撤军，包括从蒙古撤军；停止支持越南侵略柬埔寨；从阿富汗撤军。邓小平强调："我们之所以用消除三大障碍作为衡量苏联是否有变化的标准，就因为这关系到世界战略格局，关系到世界和平，而不只是因为它威胁中国的安全。"① 1989 年 5 月，经过近十年的艰难谈判，以邓小平和戈尔巴乔夫在北京会晤为标志，中苏关系实现正常化。用邓小平的话说：从这时开始，中苏之间"结束过去，开辟未来"。②

从 20 世纪 60 年代中期至 80 年代中期，中国成功地粉碎了苏联控制和包围的战略企图。在与霸权主义行为做斗争的过程中，毛泽东、邓小平等中国领导人，以其远见的卓识，高超的艺术，深邃的智慧，与其他国家进行联合，运用统一战线的法宝，不仅解除了中国所面临的来自苏联的威胁，摆脱了苏联控制中国的企图，而且彻底改善了中国的战略环境，使中国重新加入世界大国的行列，并占据了在亚洲特别是东北亚国际博弈中的有利地位。

四、美国转奉联华抗苏政策

美国虽然由于在中国内战中推行"扶蒋反共"政策"失去"了

① 《邓小平年谱（1975—1997）》（下），中央文献出版社，2004 年版，第 1074 页。

② 《邓小平文选》第 3 卷，第 292 页。

中国，并在朝鲜战争中直接与中国作战，使中国“一边倒”，但一些美国的战略家和决策者们认为，“中苏关系迟早是会变化的”,① 中美之间有妥协余地。美国一直在观察世界的变化，寻求机会改善与中国的关系。在20世纪50年代中期，既第一次台海危机之后，中美两国就在华沙举行了大使级会谈；50年代末，美国的学者和智库出现了评估中苏关系和改变对华政策的讨论。1959年9月，旧金山智囊机构“康隆有限公司”发表了《康隆报告》。这一报告是由参议院外交委员会正式决议进行研究并由参议院直接拨款的项目。《康隆报告》的实际名称是“美国对亚洲的外交政策”，由加利福尼亚大学教授斯卡拉皮诺执笔撰写。该报告关于对华政策部分提出了新的战略框架，认为美国的对华政策目标应该是试探和谈判。由于在台湾问题、越南战争、加入联合国等许多重大问题上分歧巨大，特别是美国政府对华政策基于“一中一台”或“两个中国”的框架，中美两国缺乏谈判的基础。然而到了60年代末，国际战略形势发生了重大的变化，美国决定调整其全球战略，通过改善对华关系，缓解其与苏联争霸中的压力。

1969年1月，尼克松就任总统时，美国正面临着极其严峻的挑战。其中，在国际上长期拥有的对苏战略武器优势地位已经丧失，全力实施的遏制政策接近崩溃。尼克松清楚地认识到，如要使美国摆脱战略困境，除了在国内发展经济，稳定秩序以外，在外交方面主要是解决亚洲问题，即必须结束越南战争、与苏联进行谈判，改善对华关系。为此，尼克松提出了“实力”、“谈判”和“伙伴关系”外交政策三原则，其目的就是在着重国际现实的基础上，运用尚存的实力，通过谈判的方式，构建有利的国际均势，从而维持美国微弱的国际领导地位。为了达到这一目的，美国决定从改善与中国的关系入手。

在尼克松总统看来，中国一直向越南的抗美战争提供了重要的道义、经济和军事援助，如果美国能改善与中国的关系，就有可能使中

① 《美国对外关系文件》，第155页，转引自苏格：《美国对华政策与台湾问题》，世界知识出版社，1998年版，第86页。

国减少对越南的支持和支援，因而能够争取早日结束越南战争。时任总统国家安全事务助理的亨利·基辛格曾经说过，美国寻求打开中国的大门是为了“向河内施加压力，迫使北越达成对印度支那冲突的合理解决。”① 不仅如此，美国还能通过此举震撼和制约苏联，在中苏关系中打入一个永久的“楔子”，从而使美国在与苏联争霸中保持有利的地位。尼克松及其顾问基辛格都是富有远见的战略家，在他们看来，中国的孤立与衰弱只是暂时的，让其永久地处于国际大家庭之外不符合美国的利益。因此，美国要抓住机遇，在中国崛起之前，使其成为美国所塑造的国际秩序中的一员，而不是继续作为挑战者。如果一个像中国这样的世界大国被排斥在国际秩序之外并与之敌对的话，就不会有安全稳固的国际秩序。② 而这一秩序是美国通过两次世界大战，付出了巨大代价后，基于自身利益设计出来的，是维护美国霸权地位的力量来源，而稳定的国际秩序是美国施展拳脚，与苏联进行对决的主场，因此美国在逐鹿全球过程中受阻的时刻，中国对世界秩序稳定，对美国稳住阵脚的意义就十分重大。所以，美国必须与中国交往，发展与中国的关系。

为了在美中关系上有所突破，1969 年 1 月，当尼克松入主白宫不久就指示进行有关美国对华政策的研究。8 月，基辛格邀请前国务院中国问题专家艾伦·S. 怀廷，到白宫介绍有关中苏边界冲突的情况，基辛格的研究小组也做了大量的研究工作。由于担心通过中美华沙会谈公开渠道接触会引起争论且时日拖得太久，美国通过巴基斯坦与中国建立秘密联系渠道。1971 年 7 月，基辛格借访问亚洲之际，由巴基斯坦转道秘密访问了北京，就改善中美关系与中国高层进行了首次直接会谈，并达成了共识。次年 2 月，尼克松正式访问中国，与中国政府发表了《上海公报》。公报以非正式表述双方立场和基本观点的形

① ［美］亨利·基辛格《白宫岁月——基辛格回忆录》，世界知识出版社，1980 年版，第 112 页。

② ［美］理查德·尼克松：《尼克松总统公开文件》，1971 年版，第 278 页。

式，树立了中美关系发展中的“公报模式”。《上海公报》虽然没有解决两国关系中的所有问题，却为新时期的中美关系构筑了基本框架，成为中美关系史上的一个重要里程碑。尼克松访问中国，虽然没有实现两国关系的正常化，但却使双方打开了交往的大门。此后，中美两国不断地努力，使中美关系的发展不断地向前推进。1979 年，两国正式建立外交关系，1982 年，两国又为解决美国向台湾出售武器达成《八・一七公报》。通过这一系列公报确立了中美两国关系的基本框架与原则。

为了既照顾到美国政策的连续性，又使中美关系保持在正确的轨道上，尼克松明确了在台湾问题的立场：一是将逐步并最终撤走美国在台武装；二是不支持台湾独立；三是不允许日本军事势力于美军在台期间进入台湾，同时，他也表示希望和平解决台湾问题。概括地说，尼克松首次明确美国奉行一个中国的政策，承认中华人民共和国是中国的唯一合法政府，台湾是中国的一部分。尼克松之后的历任美国总统，都坚持了这个基本框架。尼克松对华政策的调整，是顺应时代潮流、审时度势的明智之举。它不仅打破了战后以来美国长期与中、苏两个大国对抗的局面，极大地缓解了战略压力，而且还与中国形成合力，共同抗击苏联的霸权主义。中美关系的改善，对于中国来说，也结束了 20 世纪 60 年代以来“两个拳头打人”的政策，国家安全领域所面临的威胁大为降低，将反对苏联霸权主义作为主要的斗争方向。对苏联而言，虽然早就既与美国争霸，又与中国敌对，在中美两国各自为战的情况下，它所面临的压力还是可以承受的。但是一旦中美两国联手，其所形成的压力就成了苏联不能承受之重。到了 80 年代中期，苏联就进入内外交困的时期，其霸权政策再也无法为继，因而不得不寻求与美国谈判，同中国改善关系。

尽管尼克松在 20 世纪 70 年代初就提出了世界已形成了五大力量中心，即美国、苏联、中国、西欧和日本，但无论是经强政弱、国小物贫的日本还是貌合神离、元气大伤的西欧都难以构成世界力量结构中的一“极”。只有中、美、苏才是真正的世界性大国。战后以来的国际关系实践充分地证明，无论三大国中哪一国是多么地强大，它都无法与另外两个大国同时为敌，特别是另外两个大国联合起来的情况下，更是如此。战后初期及其后的一段时期内，美国是名副其实的世界最强大的国家，在中苏同盟存在的情况下，它纠集一些盟国干预朝鲜战争，直接挑起越南战争，都以失败而告终；当中国推行“两个拳头打人”的反美帝、反苏修的政策时，不仅在国际上相当孤立，而且国内的发展也困难重重；同样地，当苏联与联合起来的中美两国进行对抗时，其结局也就在人们的预料之中了。从一定意义上说，中美联合反霸是导致苏联由强变弱，直至解体的推动因素之一。一句话，三大国中的任何一国，一旦与另外两个联合起来的大国相对抗，其结局只有一个，那就是失败。

中美关系的改善，使东北亚的战略格局发生了变化。朝鲜战争之后，中美两国在东北亚地区长期对抗。虽然中苏关系在20世纪60年代后出现了分歧，但在东北亚地区还存在着共同的利益，即共同支持朝鲜，反对美国及其盟国对朝鲜半岛的威胁。所以，在中美关系改善以前，中国与日本只有民间往来，与韩国几无接触。之后，中日关系很快就实现了正常化，于1972年正式建交，韩国也释放出与中国改善关系的愿望。1973年6月23日，韩国总统朴正熙发表《有关和平统一外交政策的特别声明》，表示将向包括苏联与中国在内的所有一切国家实行门户开放政策，不管其意识形态和社会制度是否存在差异。随后，中韩之间开始了有限的接触。到了80年代，中韩双方经贸关系不断发展，民间交流日益增多，政治共识逐渐形成，1992年终于建交。与此同时，朝鲜的政策也进行一些微调，从朝鲜战争之后主要依靠中国，逐渐转向更多地依赖苏联。特别是80年代，当中国全面实行改革开放政策以后，朝鲜的对华政策变得更加微妙。

第四节　中俄伙伴制衡美日联盟

20世纪80年代末90年代初，随着东欧的剧变和苏联的解体，战后持续40余年的美苏冷战画上了句号。之后，国际战略格局出现了美国一超和中、俄、欧盟、日本等多强并存的局面，大国关系相对缓和。在东北亚地区，大国之间的战略态势有了一些新变化，冷战时期界线分明的阵营对垒一度出现模糊的状态；进入新世纪以后，特别是"9·11"事件后，朝鲜核、导问题逐渐成为各方关注的焦点；随着国际战略力量消长的变化，大国在东北亚的博弈的格局进一步发展，从曾经的模糊走向日益清晰，中俄战略伙伴关系不断地密切，美日韩同盟也变得日益巩固。

一、中美结构性矛盾的凸显

从20世纪70年代初到90年代中期，中美两国之间虽然存在着一些矛盾，但均属于局部性的，因为两国之间的互动并不在一个平台上。苏联的解体与中国的迅速发展，使中美关系成为世界上最为引人注目的双边关系。如果说，克林顿时期遏制中国的政策开始萌芽的话，到小布什时期，则上升为国家战略了。新世纪以来，特别是"9·11"事件后，虽然反恐成为中美战略关系的利益纽带，但不断缩小的经济差距，特别是中国的快速增长的趋势，已使美国产生了严重的战略焦虑。于是，中美之间的矛盾逐渐带有全面的性质，上升为结构性的矛盾。所谓结构性矛盾，就是指那些长期形成、严重掣肘两国关系发展、单凭主观意愿难以轻易化解的问题。其主要表现就是"中美两国在国际体系权力结构中位置不同及利益需求的差异而产生的矛盾，并在一个时期以来主要表现为中国力量上升、利益需求扩展与美国维护其霸权安排的深刻冲突。"① 对于中美之间结构性矛盾的具体表现，由于视角不同，立场不一，人们的看法有所差异。但是，对于这些矛盾的存在，无论是在中国还是在美国，却存在着程度颇高的

① 唐永胜、卢刚：《中美关系的结构性矛盾及其化解》，《现代国际关系》，2007年第6期。

共识。

首先，国际地位变迁的矛盾。第二次世界大战后，虽然国际格局由美苏两极构成，但并不是对称的两极。苏联的控制力与影响力大体上局限于其阵营之内，对其他地区的影响力是有限的、短期的，而美国的控制力与影响力则是世界性的、长期的。正由于如此，战后的国际体系是由美国及其西方盟友主导建立的。苏联解体后，美国更是一超独大，称霸世界达20余年。作为一个世界头号强国，美国最大的战略忧虑就是失去这一地位。早在1997年，美国国防部长威廉·科恩在其提交的《四年防务评估》报告中就指出，防止出现敌对的地区联盟或霸权国家是美国的核心利益。[①] 此后，美国进一步明确，其国家安全战略的目标之一，就是防范在欧亚大陆出现一个能够挑战美国国际地位的国家或国家联盟。因此，中国实力的增强，就成了美国要“防范”的对象。

近代以来的国际关系史表明，霸权国或守成国与挑战国或成长国之间的矛盾往往是难以克服的。无论是拿破仑战争，还是两次世界大战，都是由于国际格局转换所造成的。冷战是美苏相互争霸的产物，最后也以弱者失败而告终。霸权国或守成国与挑战国或成长国之间通过和平方式发生角色转换的只有英美之间。但是，这种和平转换也是建立在反法西斯战争的基础上的。历史经验证明，没有一个霸权国或守成国愿意退出舞台，总是想方设法维持自己的地位，并对挑战者或成长者进行遏制与打压。挑战国或成长国为了自己的发展，往往主动地或被动地与霸权国或守成国展开包括战争在内的各种方式的竞争。对于此种现象，古希腊历史学家修昔底德早就注意到了。他在研究公元前5世纪雅典与斯巴达两国之间的战争之后总结道：“使得战争无可避免的原因是雅典日益壮大的力量，还有这种力量在斯巴达造成的

① 威廉·科恩：《四年防务评估报告》，第8页。

恐惧。"[①] 也就是说，一个新崛起的大国必然要挑战现存大国，而现存大国也必然要回应这种威胁，这样战争就不可避免。这种现象被称为"修昔底德陷阱"（Thucydides's trap）。自1500年以来，新兴大国挑战现存大国的案例一共有15例，导致战争的就有11例。[②]

进入新世纪之初，美国对于它制定国家安全战略所基于的国家利益进行评估时认为，它"较以往历史上的大国拥有更大的权力和更少的对手。相对于任何潜在的竞争对手，美国更强大，更富有，更比自罗马帝国以来的任何国家更具影响力"[③]。因此，美国要利用这个前所未有的"单极时刻"（unipolar moment），强化有利于自身利益的霸权安排，千方百计地维护和加强自己的"一超"地位，积极扩大在国际体系中的影响力，不断拉大与其他大国的实力差距。2002年以来，美国以反恐为名，推行单边主义政策，实施先发制人战略，其真实目的就是进一步扩充战略空间，如将军事力量投送到中亚地区，运用军事手段强力改造中东等，以加强美国的国际地位，进而限制其他国家的发展空间。然而，随着反恐战争的久拖不绝和2008年发生的金融危机，不仅使美国的如意算盘落空，反而削弱了自己的地位。与此形成鲜明对比的是，中国通过改革开放，克服了一个又一个瓶颈，与美国的实力差距，特别是经济力量的差距不断缩小，2010年，中国GDP总量已跃居世界第二。截止到2015年，中国的国民生产总值已达美国的58.31%。2016年，中国增速约为6.9%，美国则在2.7%左右。从发展趋势看，中国的快速增长状态还会保持相当一段时间，而美国的经济虽有复苏，但依然增长乏力。所以，中美经济实力差距还会进一步缩小。根据2012年11月10日世界经济合作与发展组织在北京

① 郑永年：《中美如何避免"修昔底德陷阱"?》，人民网2015年11月4日，http：//world. people. com. cn/n/2015/1104/c1002 －27775273. html。

② 郑永年：《中美如何避免"修昔底德陷阱"?》，人民网2015年11月4日，http：//world. people. com. cn/n/2015/1104/c1002 －27775273. html。

③ The Commission on America's National Interests, America's National Interests, Washington, D. C. , July, 2002, p. 1.

发布的《展望2060：远期增长的全球视野》报告，中国可能最早会在2016年取代美国，成为世界第一大经济体；前智利驻华大使马塔认为，到2020年左右，中国将成为全球第一大经济体；[①] 2011年国际货币基金组织发布一份报告，认为中国将在2016年，成为世界第一大经济体；世界银行预测中国将在2030年成为世界第一大经济体；等等。一句话，中国超越美国，成为世界第一大经济体，只是时间问题，且并不遥远。

不仅如此，中国在国际上的影响力也在不断地扩大。随着现代化进程和对外联系的增多，中国在世界政治中占据着日益重要的位置。进入新世纪以来，中国与东盟的关系已度过“黄金10年”，正在进入下一个“钻石10年”[②]；中非关系发展迅速，2006年“中非合作论坛”建立以来，双方的战略伙伴关系更加密切；中欧关系也突飞猛进，2003年双方建立了“全面战略伙伴关系”，2007年以来，中欧首脑会议机制化；中国与俄罗斯和中亚国家建立的“上海合作组织”稳步发展，正从地区安全合作向经济、政治等领域深入；中美之间建立了“战略与经济对话”机制，并努力着手构建新型大国关系；等等。为了保障和实现中国在世界日益扩展的国家利益，中国必然要与相关国家积极开展世界性的或地区性的各类安全、政治领域的合作与对话，甚至创建和参加地区组织，扩大世界的和地区的影响力。中国在地区和世界范围影响的扩大，将不可避免地与美国的霸权相遇。

近年来，对于中国的不断上升的实力和国际影响力，美国已产生了严重的“战略焦虑”，一方面，它强调无意遏制中国，希望看到中国的发展和强大。另一方面，它又制定和实施“亚太再平衡”战略，带有明显的遏制中国崛起的企图。美国维护霸权国或主导国地位的企图与中国走向世界的国家追求之间必然存在着难以克服的矛盾。美国

① 参见《2020年中国或将成为全球第一大经济体》，http://www.askci.com/news/201207/06/14575-85.shtml。

② 沈丁立：《中国—东盟合作迎“钻石十年”》，《人民日报·海外版》，2013年10月10日。

新现实主义学者米尔斯海默认为，中美冲突将是必然的，因为按照历史循环的简单逻辑，中国实力的增长将不可避免地挑战美国在亚洲的力量存在，因此在21世纪初期，美国可能面临的最危险前景是中国成为东北亚的潜在霸权国，因为富裕的中国不可能是一个维护现状的大国，而将是一个决心获取地区霸权的雄心勃勃的国家。[①]

其次，战略空间挤压的矛盾。美国著名现实主义国际关系学派的鼻祖汉斯·摩根索认为，“权力界定利益的边界”。利益边界往往决定一个国家的战略空间。一个国家越强大，它在世界上的利益范围就越广泛，它的战略空间也就越大。当前，美国的利益遍及世界，它的战略空间也极其广泛。就中美之间的战略空间来说，亚太地区将成为未来主要的较量场所。

中美两国都是亚太国家，既有着重大的利益重叠，又存在严峻的利益冲突。第二次世界大战后，美国利用其战略优势，将其势力伸展到西太平洋地区，先后与韩国、日本、中国台湾、菲律宾等签订了共同防御条约，建立了防务合作网络。同时，出于遏制苏联和中国的需要，美国还提出了岛链防线的概念，而且还分为第一岛链、第二岛链和第三岛链。迄今为止，除了1980年废止《美蒋共同防御条约》以外，美国与其他亚太国家签订的共同防御条约都依然有效，与韩国、日本、菲律宾、泰国等国仍然保持着盟国关系。此外，美国还与新加坡、印度尼西亚等国建立战略伙伴关系，参与东盟“10+3”会议。2009年以来，美国先是提出“重返亚洲”战略，继而又改称为“亚太再平衡”战略。美国重返亚洲的“亚太再平衡”战略，造成了中美两国别具一格的博弈棋局。“首先，美国此举等于在东海和南中国海扔下了两枚深水炸弹，激发了日本和菲律宾以岛屿主权对抗中国的斗志，中国陷入和邻国矛盾的困局之中；其次，美国在西太平洋的领导力和仲裁力加强；其三，美国也收获了重返亚洲不平衡战略的副作

① John Mearsheimer, *The Tragedy of Great Power Politics*, W. W. Norton & Company, 2001, p. 401.

用，日本走得太远，在历史和慰安妇问题上的倒行逆施，使其在东北亚变得孤立。中日关系的恶化，也使美国担忧被牵涉入新的‘太平洋战争’之中。”① 美国还多次声称，南中国海的航行自由、和平与稳定涉及其国家利益。如此等等。对于中国来说，要想走向世界，太平洋是绕不开的关键通道，而进入太平洋，就必须打破岛链封锁以及其他障碍。这样，美国要利用其在太平洋的力量结构，阻止中国进入太平洋，而中国为了走向世界，就必须进入太平洋。因此，美国要挤压中国，中国要反弹，这就构成了一对矛盾。

正由于中美两国在这一地区存在着战略空间相互挤压的矛盾，一些其他亚太国家的战略选择就出现了“两面下注”的情况。在经济上，它们企图分享中国的发展成果，与中国发展经贸关系。在安全上，它们又与美国密切合作。中美两国为了实现利益最大化，也各取所长，对相关国家施加影响。中国希望通过贸易和经济联系，建立命运共同体，使它们摆脱对中国的安全疑虑。美国则通过与这些国家的安全合作，来“对冲”中国所做的努力。在可以预见的未来，中美两国在亚太地区的战略空间的“相互挤压”还将客观存在。

再次，意识形态对立的矛盾。中美两国结构性矛盾的又一表现，就是意识形态的对立。在美国的国家安全战略中，意识形态具有重要的地位。美国人一直自诩为上帝的选民，将自己的国家视为“山巅之城”、“人类灯塔”，肩负着拯救世界的使命。输出“民主”是美国安全战略的重要手段。20 世纪 90 年代初，克林顿将国家安全、经济繁荣和民主推广作为国家安全战略的三大支柱。小布什政府时期，更是以民主自由与否作为人类尊严生活的划分标准。中国坚持以马克思主义理论为指导的社会主义核心价值观与共产主义信念，与美国的意识形态有着本质的不同。

两国在意识形态上的差异，主要表现在政治制度、价值观念、文

---

① 张敬伟：《中美关系“3T”困扰》，联合早报网 2014 年 2 月 28 日，http：//www. zaobao. com/special/report/politic/sino-us/story20140228 - 315327。

化背景和思维方式的不同。美国是当今资本主义世界的“老大”，而中国是最大的社会主义国家。反共是美国意识形态中的重要组成部分，而多年的冷战更强化了美国人仇视共产主义的思维定式。美国人对于通过战争手段击溃德国和运用和平演变打败苏联，常常津津乐道为打垮法西斯主义和“共产主义”。在许多美国人的眼中，中国是属于“异类”的“极权国家”。在中美关系上，每当遇到重大问题时，意识形态很快就浮出水面，美国对中国总是“另眼相看”。

冷战结束后，美国国际关系理论界提出了“民主和平论”，把意识形态和美国的安全利益密切地结合起来。这一理论认为，第二次世界大战以来的历史证明，民主国家之间几乎没有发生军事冲突，更不要说战争。而其他类型的国家之间较易于发生军事冲突或战争。因此，为了维护或营造和平稳定的国际环境，美国应把推进民主作为美国对外战略的重要支柱之一。冷战结束以来的美国国家安全战略报告及相关文件中，都体现出一个鲜明的逻辑，即中国正在变得越来越强大，而中国“不是一个民主国家，因此它将会给这个世界带来许多的不确定性因素”。在此情况下，各色各样“中国威胁论”也粉墨登场。

美国对外政策与战略实践的经验告诉人们，尽管出于实用主义的考虑，在一个时期内，美国可能淡化意识形态的影响，但在骨子里是很难改变的。在对华政策与战略上亦是如此。无论是在清代，还是在民国时期，抑或在新中国成立以后，美国的对华政策与战略的主轴十分清晰：那就是打开中国的大门，推进中国“民主化”，塑造中国，将中国纳入其战略轨道。换言之，就是“西化”中国。

对于美国的战略企图，中国政府是高度警惕的，并坚决抵制和反击。20 世纪 80 年代中期，中国开展反对资产阶级自由化运动，在思想领域清除以美国为代表的西方意识形态的影响与流毒。80 年代末 90 年代初，苏东发生剧变以后，中国更是加强思想政治工作，开展理想信念教育，揭露和批判美国资产阶级民主的虚伪性。2012 年 11 月，党的十八大明确地提出，中国既不走僵化封闭的老路，也不走改旗易帜的邪路，而是要坚定不移地走中国特色的社会主义道路，坚持“道路自信、制度自信和理论自信”。[①]

尽管中美两国在发展国家关系上不断地前行，而且有时也着力跨越意识形态的分歧，但由于存在着意识形态的矛盾，双方之间的战略互信却相当匮乏。在过去的40余年里，中美两国力量相差悬殊，且存在着反对苏联霸权主义、反对国际恐怖主义等外部推力，同时又由于经济全球化浪潮造成的两国经济的互补关系，意识形态对两国关系的影响虽时起时伏，但并不发挥关键作用。然而，随着上述条件的逐步丧失，一旦中美关系重蹈历史上大国关系覆辙，即修昔底德定律的时候，意识形态的负面作用就会大幅上升。

第四，经济关系失衡的矛盾。经济贸易关系是中美两国关系的纽带与基础。1972年两国发表的《上海公报》就指出：“双方把双边贸易看作是另一可以带来互利的领域，并一致认为平等互利的贸易关系符合两国人民的利益。”[②] 经贸关系是中美关系的重要组成部分。中美经济关系一直是两国不断震荡的政治外交关系的减震器、取暖器和发展动力。[③]

在全球化的推动下，中美两国在经济上互补，形成了密切的依赖关系。美国提供技术、资金和管理经验，中国提供丰富的劳动力资源，各方都有所图，并且达到了目标。但是，这种互补状态并不是可持续性的。近年来，中国劳动力成本大幅提高，30余年的改革开放，已使中国的企业管理能力、技术水平大为提高，资金状况也从短缺走向大幅赢余。中美两国的贸易逆差持续扩大。不仅如此，由于实体经济空心化和战争的影响，美国的财政状况不断恶化，不仅导致了2008

---

① 胡锦涛：《坚定不移沿着中国特色社会主义道路前进　为全面建成小康社会而奋斗》，2012年11月8日。

② 转引自周教仁：《中美经贸关系：互补性决定了贸易交流的双赢局面》，《国际展望》2001年第6期。

③ 苗迎春：《经济因素：冷战后中美关系的取暖器》，《世界经济与政治论坛》2002年第1期。

年以来的世界金融危机，也使得美国政府于2013年10月初关门10余天。截止到2013年11月底，中国已持有1.3万亿美国国债，等于美国欠中国人均1000美元。自从奥巴马政府上台以后，着手调整经济发展战略，从“实体空心化”转向再工业化。2014年2月，美国政府计划投资3000亿美元，改善基础设施。因此，中美间经济互补性会有所减弱，竞争性将开始加强。

到目前为止，中美经济关系仍然是正常的，相互依赖严重，但两国的发展阶段却是不同的。美国是一个最大的、最强的发达国家，中国现在虽然是世界上第二大经济体，但还是一个发展中国家。因此，在国际经济领域，两国的轻重缓急、议事日程有很大差别，而且处理的方式也不一样。所以，中美两国在为国际社会制造公共产品，解决全球挑战问题上，差距很大。这就是为什么在气候变化问题上，中美两国难以形成共识的主要原因。这种经济上结构性的矛盾，在未来相当长的时间里，中美两国都难以找到恰当的处理方法，因而进一步加剧两国关系的复杂程度。

第五，台湾问题上的矛盾。台湾问题是中美结构性矛盾的焦点所在。台湾问题对于中国来说不仅关系着国家统一和领土完整这一最高利益，也背负着历史耻辱的洗雪和民族崛起的希望。“实现国家的完全统一，是中华民族坚定不移的国家意志和历史情结。”① 毛泽东曾说过，台湾问题不解决，中国就不能算是完全的独立。纵观世界强盛民族的崛起，无一不是从建立一个统一的民族国家开始。所以，中国要实现真正的崛起，台湾问题就必须解决。

解决台湾问题，完成祖国统一，对中国来说，不仅是民族大义所系，更是国家安全的根本利益所在。台湾在军事上具有极其重要的战略价值，它是作为中国经济和文化中心的东南数省的海上屏障。因为台湾问题的存在，中国东部沿海和南部沿海的防线被从中间切断，使中国东南门户洞开，国家安全和发展面临严重威胁。台湾问题的存在

① 金钿主编：《国家安全论》，中国友谊出版公司，2002年版，第359页。

既是造成中国战略地位相对弱势和被动的重要因素，又是敌对势力囚困中国于近海大陆，阻遏中国走太平洋乃至世界的关键所在。因此，实现国家统一，是中国不可动摇的意志。这就是中国要制定《反分裂国家法》最重要的原因。

在美国人看来，“台湾被中华人民共和国用武力统一代表美国领导地位的失败，将使华盛顿作为盟国的可信度面临疑问，因此会破坏美国至关重要的双边联盟”①。如果美国对亚洲盟友的承诺失去信誉，其在亚太地区经营60余年的同盟与安全体系就会土崩瓦解。倘若如此，美国将失去对欧亚大陆东端的控制，从而被排斥在世界政治的中心之外，这对美国战略家来说是不可接受的。所以，美国必然依据“与台湾关系法”，向台湾提供防御性武器和防务服务，同时在亚洲加强双边合作，增加军事存在，以牵制中国。这就是2009年以来美国坚持要推行“重返亚洲”战略，继而改为“亚太再平衡”战略的原因。由此，中美两国之间在台湾问题上，因为各自的安全利益，有可能被迫进行一场双方都不愿意看到的军事冲突。

尽管在过去的几年里，海峡两岸的关系有了很大的改善，如“九二共识”得以恢复、自由贸易框架协议已经签署、两岸直航变成了现实、大陆民众赴台湾旅游已开放、两岸的接触扩展到了官方等，但军事互信尚未建立，和平谈判也未举行，政治安排尚未成型。对于两岸的接触，美国虽然表示欢迎，但是20世纪90年代初的历史是否会重演，现在还不能贸然地下定论。一句话，美国在台湾问题上是不会轻易退出的。

最后，国际治理理念的矛盾。当今世界的治理体系和国际秩序是美国主导建立起来的。从战后几十年的运行看，它有一定的合理之处，如国际贸易顺利展开，世界总体和平得以维系，联合国的作用得到普遍认可等。但它也存在着极大的缺陷，如国际上不公平、不公正

---

① The Commission on America's National Interests, America's National Interests, Washington D. C., July, 2000.

的现象大量存在，导致恐怖主义盛行，国际间贫富差距过大。特别是美国依仗自身强大的实力，穷兵黩武，在一些地区制造混乱；通过建立联盟体系，奉行集体安全政策，对其他国家构成威胁；大力推广民主价值，引发“颜色革命”，导致他国动乱等。对此，美国并没有很好地反省，而是一意孤行，不仅于世界发展无益，而且也使自己走上衰退之路。中国并不主张推翻现行的国际秩序，但希望改善国际治理体系，通过相互合作，共同发展，尊重各国人民自己选择的发展道路，在世界上构建人类命运共同体。然而，在美国看来，中国的做法是对其国际地位的挑战。

中国外交学会理事、前副会长、前驻约旦和以色列大使陈永龙认为，“中美双方都不否认，中美存在难以调和的结构性矛盾，存在战略竞争的挑战，但中美关系具有许多与以往崛起大国和守成大国关系所不同的特点。中美对抗并非必然，并非由历史预先设定。中美有条件走出一条大国合作的新路径。”① 中国社会科学院美国研究所副所长倪峰也指出，2008 年金融危机以来，中美关系进入一个新的发展阶段，“其中一个突出的特征就是两国间战略竞争加剧，具体表现是在中美间传统四大结构性矛盾（战略互疑、台湾问题、经贸摩擦、人权问题）之外又出现了一些新的问题领域，如海上争端、网络安全等，其中中美海上争端最为突出。”②

中美结构性矛盾的存在，使得两国在东北亚地区的利益冲突日益上升，如在朝鲜核、导问题上相互指责，在钓鱼岛问题上针锋相对，在“萨德”导弹部署问题上各不相让。尤其是通过“亚太再平衡”战略的实施，提升与日本和韩国的军事同盟关系，使中国倍感压力。在这种情况下，中国不得不在国际上寻求合作伙伴。

---

① 参见陈永龙：《中美能够避免大国战略对抗的厄运吗?》，Foreign Affairs Journal，the 106th Issue，Winter 2012。

② 倪峰：《当前中美关系的基本态势及其问题》，人民网 2015 年 11 月 9 日，http：//theory. people. com. cn/n/2015/1109/c136457 –27792474. html。

二、俄美战略性对抗的升级

由于长期与美国争霸，苏联战略消耗严重，致使国内发展乏力，国际陷于孤立。20 世纪 80 年代中期，为摆脱内外交困的局面，苏联也做了政策调整，着手修复中苏关系，致力与美国等西方国家谈判，推进军备裁判，签订《中导条约》；对内进行改革，政治上强调公开性，经济上采取市场化，全面颠覆国家的社会制度。然而，由于积重难返，改革措施失当，苏联于 1991 年解体。俄罗斯接棒后，曾一度主张融入西方社会，但却遭到无情地挤压，俄美分歧加重，双方的对抗不断升级，且带有全面的性质。

首先，全面争夺战略空间。俄美对抗的核心是战略空间的争夺。俄/苏美两国所奉行的战略理论和采取的战略实践在实质上是相通的，如“均对强调‘国家竞争’与‘空间争夺’的经典地缘政治理论方法情有独钟，均将本国的权势在空间上的增减视为争取全球性影响、确保国家地位、维护国家利益的主要指标，均特别强调欧亚大陆对于国际政治格局的演进及本国生存安全的关键性意义。”① 所以，第二次世界大战后，欲独霸世界的美国很快就制定了遏制战略，以限制苏联势力的扩展。苏联也将自己的社会制度推进到军队所到之处，而且还力图扩大影响和控制范围。这样，美苏迅即从二战盟友变成战后的敌人。苏联解体后，美国及其他西方国家违反与苏联领导人所达成的约定，推动“北约”和“欧盟”东扩，挤压俄罗斯的战略空间。在东北亚地区，随着苏联的解体，俄罗斯的太平洋舰队及其他军事力量也有所收缩，其在远东地区的军事影响力也丧失殆尽，美国的军事力量则乘机获得了该地区的优势。因此，一旦俄罗斯的国力稍有恢复之后，就立即进行反击。因此，俄美在欧洲和亚太地区特别是东北亚地

① 葛汉文：《国际政治的地理基础》，时事出版社，2016 年 6 月版，第 5 页。

区展开了战略性的对抗。

俄罗斯与美国都高度警惕对方的行为。其实，在冷战时期，苏美两个大国就在战略空间的争夺上进行激烈的较量，由于势均力敌，特别是核武器的存在，双方都为对手划设了不可逾越的红线。双方虽然在边缘地带通过代理人打了一些战争，但都设法将战争置于可控状态。因此，从总体上看，世界和平得到了保持。冷战结束后，由于苏联解体，俄罗斯处于重建之中，国力比较衰微，美国便越过以前美苏设定的红线。美国的做法并无法律基础，因而当俄罗斯力量再次强大起来之时，也以其人之道还治其人之身，竭力将失去的战略空间再夺回来。

其次，逐点谋求战略优势。在争夺战略空间的斗争中，俄美两国竞相采用控制与反制措施。在乌克兰、叙利亚、格鲁吉亚等问题上，俄罗斯与美国采取了针锋相对的行动。如美国通过大力支持叙利亚反对派，试图将俄罗斯的盟友，建有军事基地国家的阿萨德政权推翻。对此，俄罗斯的态度是坚决反制，直接派兵介入；乌克兰危机发生之后，美国及其盟友对俄罗斯进行大力度的经济制裁和外交孤立；针对美日军事联盟的深入合作，俄罗斯则加大远东地区的军事力量，特别是再次部署重型战略轰炸机部队，形成反威慑态势；对于俄罗斯研制新导弹，提升核能力的做法，美国也量体裁衣，在东欧地区部署反导系统。不仅如此，以美国为代表的西方国家固执地认为，苏联解体的根源在于技术落后，因而就采取技术封锁或研发高新技术作为应对的手段。美国提出的“第三次抵消战略”，就是针对俄罗斯和中国在人力和武器规模等方面的优势而采取的反制措施。

再次，大力推进意志比拼。国家意志在战略博弈中起着巨大的作用。俄罗斯在与美国的对抗中，展现出了坚强的意志。近年来，俄罗斯领导人反复强调，俄罗斯是一个核国家，如果国家核心利益受到侵害，将不惜使用核武器；俄罗斯国土虽大，但没有一寸是多余的；任何国家都不要逼迫俄罗斯采取维护国家利益的措施；俄罗斯的国土疆界是不受限制的；等等。美国表达国家意志的用语虽然相对委婉，但也不乏力度。如奥巴马多次强调，美国绝不做世界第二；他领导着一支世界上最强大的军队；一旦国家核心利益受到威胁，它将单独地使用武力；不放弃首先使用核武器的原则；等等。为了使各自战略威慑意志具有可信性，两国都投入巨大资源改进或发展核武器。俄罗斯继续提升核武器的质量和投送能力，美国则极力使核武器小型化和实战化。

俄美之间的战略互信已荡然无存。俄罗斯认为，美国在国际上所做的一切都为了削弱俄罗斯，肢解俄罗斯，欲将置俄罗斯于死地而后快。美国也认为，俄罗斯扩张主义的本质不会改变，总是千方百计地擦肩掠夺他国的土地，侵蚀美国的势力范围。因此，苏/俄与美国的矛盾并未因冷战结束而消失。冷战的结束只是标志着俄美之间新一轮博弈的开端而已。

三、美日联盟关系的扩展

进入21世纪，特别是“9·11”事件以来，由于国际战略环境发生了重大的变化，美日同盟的发展又获得了新的动力，不但进行转型，而且合作领域也不断地扩展。美日同盟关系的加深，逐渐由区域性同盟向全球性同盟演变。

首先，构建战略磋商机制。自20世纪50年代初，美日虽然建立了同盟关系，但基本上都由美国所主导，日本则处于从属的地位，双方并没有设立高层磋商机构。21世纪伊始，美国决定调整全球战略。小布什政府认为，中国经济实力和军事实力的不断增长对美国的国家利益是一种“潜在威胁”，在世界未来局势尚不确定的情况下，美日关系显得尤为重要。“9·11”事件后，美国基于反对恐怖主义的战略需求，提出要强化美日同盟关系，并着力推动同盟向全球化发展。

面对中国的强势崛起，日本的“危机感”加深。日本政府认为，“9·11”事件的发生，是与美国扩展同盟关系的重要时机。于是，为了在战略上配合美国的行动，日本便开始制定了一系列新法案。2001

年10月29日，日本参议院通过了《反恐怖特别措施法案》《自卫队法修正案》和《海上保安厅法修正案》三项新的法案。新法案与原先的自卫队用兵法案相比主要有三个方面的重要突破：一是实现了日本自卫队海外派兵的“无地域限制”；二是放宽了日本自卫队外出时的武器使用标准；三是日本向海外派兵的权限得到进一步扩大。① 由此可见，日美军事同盟关系发生了深刻变化，日本由原来被动的配合美军维护自身的安全升级为协助美军开展军事行动，开始公开涉足地区和国际安全事务。

这样，美国再也不能无视日本在同盟决策中的地位了。2002年，美国《国家安全战略》报告提出，“期待日本在地区和全球安全事务中继续发挥领先作用”。美国官方和学界人士也纷纷建议将美日同盟关系由“共承负担”升级为“权利分享”，实现同盟关系由磋商机制向协同作战转化，加强美日同盟和全球伙伴关系的制度建设，以便共同处理日本面临的来自朝鲜的威胁和危及日本安全的周边紧急事态。

2005年2月、10月和2006年5月，美日连续三次召开由双方外交和国防部长参加的安全磋商委员会会议（“2+2”会议），确定了21世纪日美同盟转型的整体框架，日美同盟向“全球干预”和“主动进攻”型转化。2007年5月，日美在华盛顿举行“2+2”会议，并发表了题为《同盟转型：推进美日安全合作与防卫合作》的共同声明。此次会议进一步扩大了双边军事合作范畴，并加强了在导弹防御、情报合作等方面的交流与合作。2007年，日本将防卫厅升格为防卫省，日本安全磋商委员会（SCC）也改为高层安全会议（SSC）。2011年，日美再次举行“2+2”会议，并发表了题为《基于50年伙伴关系—迈向更为深入和广泛的日美同盟》的联合声明，明确了日美同盟新的共同战略目标。2013年和2014年，“2+2”会议均如期举行，对《防卫合作指导方针》进行修改，并主张与澳大利亚进行安全

① 张春燕：《美日安全关系的变化与趋势》，《现代国际关系》2002年第9期，第44页。

合作方面的磋商。

其次，推进安全合作转型。从美日同盟建立到本世纪初，其性质基本上以防御为主。无论是 1951 年的安全保障条约，还是 1960 年的新安保条约，其中的关键条款都体现了防御性。尽管冷战结束后，同盟的使命有所调整，从防卫日本，维护远东和地区的和平与稳定，扩展到主导东亚安全秩序的构建，不免带一些威慑的意味，但并没有从根本上改变其防御的性质。因为条约明确规定，其适用范围限于日本政府实际管理下的地区。尤其对于日本来讲，其军事活动区域严格地限制在条约适用范围内。

然而，进入新世纪，特别是“9·11”事件后，美日的安全合作已开始转型，由完全的防御型转向部分进攻型：

第一，日本向海外派兵严重违反了其 1957 年国防基本方针中“专守防卫”政策。2001 年以后，日本国会制定一系列法案，为日本自卫队参与联合国或美国主导的海外军事行动打开绿灯。1958 年 10 月，当日美就修订安保条约进行谈判时，日本方面以向海外派兵违反宪法为由，拒绝了美国提出的军事上“相互支援”的提议。众所周知，即使到了今天，日本的和平宪法也没有改变。日本通过可以向海外派兵的法案，参与美国主导的军事行动，已突破了“防卫”的范围。

第二，美日同盟关系从区域性走向全球性。虽然在 1996 年，日美发表的联合保障宣言中，就提出两国要建立全球性战略伙伴关系，但是在实际行动上却未见到实际的进展。然而，2005 年以来，美日两国通过“2+2”部长会议，确立共同战略目标。根据 2005 年 10 月两国“2+2”部长会议的建议，2006 年，两国政府签订《驻日美军整编协议》。这一协议的签订，标志着日美同盟不仅实现了内部战略互动，而且也使同盟的使命由区域性扩展到了全球范围内的“改善安全环境”。日本前防卫厅长官大野功统曾在 2006 年自豪地宣称：“日美同盟过去一直是美军保护日本，从现在起进入了日美为维护世界和平与改善安全环境而共同做出努力的时代。”[①] 2007 年 5 月 1 日，美日安保关系委员会发表《联盟之变—推进美日安全与防务合作》声明，再次强调了美日同盟的地区性与全球性角色。

再次，扩展军事行动领域。自 1978 年美日双方签订《防卫合作指导方针》以来，美日军事合作开始密切起来。根据国际形势的变化和两国安全的需求，1997 年、2015 年，两国政府对《防卫合作指针》进行了两次修订。防卫指导方针每一次修订，都使双方的军事合作更进一步。

安倍上任后，坚定回归美国阵营，首次访美即高调宣称“日本回来了”。安倍斥重金做通冲绳县政府工作，在解决普天间机场搬迁这一长期困扰日美同盟发展的难题上取得明显进展。通过加强军事一体化建设、修订《日美防卫合作指针》，进一步深化同盟关系。同时，日本不满足于“小跟班”角色，试图提升在日美同盟中的地位，即注重“借美谋利”，利用美对日倚重实现军事松绑；在钓鱼岛问题上拉美卷入，为其撑腰出头；在南海等地区热点问题上跳上前台，借势提升自身在亚太地区的影响力。

2014 年 4 月，美国总统奥巴马访问日本，与安倍就深化同盟关系、修订《日美防卫合作指针》、日解禁集体自卫权等进行确认或协调，并重申“《日美安保条约》适用钓鱼岛”。10 月 8 日，日美“2 + 2”部长会议发布修订《日美防卫合作指针》中期报告。报告删除了现行版本中限定自卫队支援美军“周边事态”的提法，代之以“全球范围支援美军”，显示日美安全合作将向拓展任务职能、提升作战能力、打造盟友网络、调整内部关系四个重点方向推进，并明确体现了日解禁集体自卫权、放宽武力使用限制等相关内容。2015 年 4 月 27 日，日本首相安倍晋三访问美国，与奥巴马总统进行会谈。两国签订了《防务合作指针》，决定把美军与日本自卫队的合作范围扩大到

① 王缉思、倪峰等：《美国在东亚的作用、观点、政策及影响》，时事出版社，2008 年版，第 82 页。

全球，明确要加深、加快两国军事一体化，强调在提升导弹防御能力、空间安全、网络安全等方面进行密切合作。

美日军事合作的方式变得多种多样。美国将大批新型武器如 F-22 猛禽战斗机、鱼鹰运输机等先进武器装备部署到日本，并向日本出售先进武器；美日之间建立双边情报合作和信息共享；深化 BMD 合作，包括侦测和探听虚实技能等。

总之，日美同盟自建立以来，总是随着两国国内和国际形势的变化以及各自的利益和战略需求的变化而不断地调整。总的来说，同盟变化的特点是由单边依赖走向对等，由单一区域走向全球，由单一合作走向一体。在未来一段可预见的时期内，日美同盟关系很有可能得到进一步强化，双方将围绕共同关心的地区和国际问题开展更为密切的合作。美日同盟的扩展势必对中俄两国构成重大的战略压力。

四、中俄战略合作的再启

为了应对美国的战略威胁，20 世纪 50 年代初，中苏建立了同盟关系。其后，两国共同合作，赢得了朝鲜战争的胜利，导致美国在越南战争中的失败，在日内瓦会议上取得了巨大的成功。随着国际战略环境的变化，中苏关系破裂，中美互动密切。到了 90 年代初，国际战略格局又发生剧变，美国一超独大，苏联解体，中国走上了崛起之路。美国利用所谓“千载难逢”的战略机遇，不断挤压俄罗斯的战略空间，同时又抛出“中国威胁论”，加大了对中国的防范。进入 21 世纪，美国霸权主义思想作祟，奉行单边主义，企图建立由其主导的单极世界，一方面继续挤压俄罗斯，另一方面遏制中国利益的范围。在东北亚地区，美国加深与日本的同盟关系，以增强与中国和俄罗斯角逐的筹码。在此情况下，中俄再次联手，建立战略伙伴关系，以制衡美日联盟的扩展。

苏联解体后，美国对中国战略需求降低，也将对华政策做了调整，从“联华反苏”转变为“接触 + 遏制”，且不断向遏制方面倾斜。这样，中俄两国都感受到来自美国的强大压力。为了消解这一压力，中俄两国便在继承中苏关系的基础上，很快建立了平等信任、面向21世纪的战略协作伙伴关系，2014年，两国又将其进一步升格为全面战略协作伙伴关系。

1992年12月，俄罗斯总统叶利钦来华访问，与中国国家主席江泽民签署了《关于中华人民共和国和俄罗斯联邦相互关系基础的联合声明》，初步确定了新形势下两国发展国家关系的模式，双方共同宣布“相互视为友好国家”。[①] 1992年，中俄两国正式确立了友好国家关系。1996年4月，中俄两国元首在北京发表《联合声明》，宣布双方将发展平等信任、面向21世纪的战略协作伙伴关系。所谓战略协作伙伴关系，它具有两个方面的内涵：一是“伙伴关系”，即是说，两个国家既致力于两国友好关系的发展，同时又强调各自独立性；二是“战略协作”，既着眼双方协作的全局性，又主张协作的长期性。它不同于结盟，但又相互支持，它强调彼此协调，同时又不失灵活性。根据《联合声明》，中俄战略协作的范围，包括战略稳定、建立世界政治经济新秩序以及亚太地区安全与合作等。[②] 之后，两国元首和政府根据国际形势的变化和两国关系的特点发表了一系列联合声明，表达两国的共同立场与协调行动。其中具有重大影响的主要有1997年4月《中俄关于世界多极化和建立国际新秩序的联合声明》，将推动世界多极化和建立公正合理的国际新秩序作为两国战略协作的优先方向；2005年7月《中俄关于21世纪国际秩序的联合声明》，就如何建立21世纪国际新秩序提出了12点共同主张。2010年9月《中俄关于全面深化战略协作伙伴关系的联合声明》，强调中俄战略协作伙伴关系的重要内容是在涉及核心利益的问题上相互支持；2014年5月《中俄关于全面战略协作伙伴关系新阶段的联合声明》，决定将

---

① 参见：《关于中华人民共和国和俄罗斯联邦相互关系基础的联合声明》，中华人民共和国国务院公报》1992年第32期，1992年12月28日。

② 参见《中俄联合声明》，新华网1996年4月25日，http://news.xinhuanet.com/ziliao/2002-11/27/content_642464.htm。

两国的战略协作伙伴关系升格为全面战略协作伙伴关系。2015 年 5 月《中俄关于丝绸之路经济带建设和欧亚经济联盟建设对接合作的联合声明》，表示将通过发展两大工程建设的对接合作，加强区域经济一体化。需要强调是，针对国际战略形势发展的新特点，2016 年 6 月，中俄两国同时发表了三个联合声明，即《关于加强全球战略稳定的联合声明》《关于协作推进信息网络空间发展的联合声明》和《中华人民共和国与俄罗斯联邦联合声明》。这是中俄两国在建立战略协作伙伴关系以来首次就“全球战略稳定”问题表达共同立场，不点名地对美国进行了批评，强调两国在反对霸权方面相互支持，着力推进经济以及其他方面的深度合作。

在过去的 20 余年里，中俄两国在促进国际政治经济秩序改革和世界多极化、维护国际战略稳定、稳步实行联合国安理会改革、政治解决朝鲜核问题与伊朗核问题及叙利亚问题、加强上海合作组织与“金砖国家”框架下的合作等重大国际和地区问题上进行了良好的协调与合作。

总之，在东北亚地区，一个客观的现实是：中俄的战略合作日益成熟、理性，是维护地区和平与稳定的重要力量。中俄反复强调，双方的战略协作伙伴关系不针对任何第三方，完全是两国共同利益推动的结果。美日之间联盟关系不断密切与巩固，更多地带有防范、遏制中国与俄罗斯的意图。这样，在东北亚地区，实际上已形成了中俄战略伙伴与美日联盟相互制衡的格局。

第三章

着眼长远的地缘竞争

世界固然很大，但对于大国来说，紧要之处并不是很多。自古以来，各大国在兼并征伐中，无不把具有重大战略价值的“紧要之处”作为攻占的目标。当然，由于时代条件的变化，“紧要之处”的地位也会发生改变。有些地区在一定的历史时期内，是大国博弈聚焦的地方，一旦时过境迁，其重要性随之降低或消失，如近东地区曾是奥斯曼帝国、沙俄帝国、奥匈帝国和德意志帝国甚至英法等大国的竞争焦点，但随着上述几大帝国的消失，这一地区在当今的大国博弈中已不再居于核心地位。有些地区重要性则持久存在，为大国所长期关注，如中东地区、北大西洋地区，东北亚地区等，一直是大国战略博弈的焦点。根据历史和现实的经验，但凡有重大经济利益，与国家战略空间增减有重大影响的地区都是大国进行角逐的主要场所，因为所有的大国都有控制对本国生存和发展有至关重要影响的地域的意图和行动。东北亚地区对每一个参与博弈的大国来说都处于核心利益的地位，因而都不愿也不能退却。域内外国家为了谋求地区主导权或维护既得利益，抑或是拓展利益，已经博弈了数百年，在未来可预见的时期里，它们还将持续下去，且程度日趋激烈，如果弄得不好，完全有可能导致规模巨大，控制极难的世界性悲剧——战争。正由于如此，各大国都从长远考虑，进行战略筹划，既坚持底线思维，又强调有所作为，着力塑造对已有利的战略环境。

第一节　明确战略利益诉求

利益是大国战略博弈的根本动力，利益的重要性越高，博弈的力度就越大；利益的对抗性越强，博弈的烈度就越高。毛泽东曾经指出："事物发展的根本原因，不是在事物的外部而是在事物的内部"[①]，"外因是变化的条件，内因是变化的根据，外因通过内因起作用。"[②] 因此，我们不难发现，国家间战略博弈的本质在于利益的碰撞。可以这样说，在东北亚地区，就中美两国而言，其博弈的过程取决于两国的对外战略选择；两国的对外战略选择又取决于两国对利益的认知、对利益的排序，以及实现利益的方法。[③] 其他各大国之间的博弈也遵循着同样的逻辑。左右博弈进程和未来走向的根本，归根结底还是各国在东北亚地区的战略利益。长期以来，大国在东北亚之所以展开激烈的战略博弈，就是由于相互之间既存在着利益重合，又有着利益的冲突，彼此交织碰撞。在不同的历史时期，虽然由于战略力量的消长变化，各大国利益的轻重缓急会发生相应的转换，但根本的战略利益诉求却基本上保持稳定，维护核心利益的意志也鲜有动摇。即使某一大国或国家集团在一轮博弈中失败了，不得不失去一些利益，但还会聚集力量，等待和创造机遇，东山再起，以再次实现利益的相对平衡。过去是这样，当今是如此，未来也亦然。如果有什么区别的话，那就是在利益诉求上从以往的模糊转向当今的清晰。

---

① 毛泽东：《矛盾论》，见《毛泽东选集》第1卷，人民出版社，1991年6月版，第301页。

② 同上，第302页。

③ 阎学通：《道义现实主义的国际关系理论》，《国际问题研究》2014年第5期，第118页。

一、中国东北亚战略利益的演进

以新中国成立为起点，跨越抗美援朝战争、社会主义过渡时期、社会主义探索与建设时期、改革开放时期直至当前，中国在东北亚地区不同阶段的战略利益既相互传承、相互联系又有所区别，演进过程中历经多次关键性的调整与变化。从战略利益的生成机制看，中国的国家身份、安全观念与中国的东北亚战略环境发挥了重要作用，且前两者的影响更为关键，特别是国家身份。① 建构主义者认为，国家因其身份不同，对国际社会也会产生不同的态度，进而制定出不同的政策。② 从这一理论出发，中国在东北亚地区的国家身份定位对中国自身的战略利益认知就起到重要的作用，同时战略利益也成为了国家身份的一个重要表征；③ 并且国家身份的调整，实质上带动了中国在东北亚地区“物质与精神需要”的变化，具体体现就是战略目标的变化。

中国国家身份的变化有内因也有外因，其内因主要来自国内形势和国内社会的发展，占主导作用；外因则主要来自环境的变化和由此

---

① 2014年12月19日，北京大学国际关系学院主办的“中国外交：新趋势、新挑战”第二期“中国与全球治理论坛”时，中国社会科学院学部委员张蕴岭在题为《中国周边外交新趋势》的主题发言中指出：“中国的自我定位尚不清晰”，“新中国建立后，政策变动大”；北京大学国际关系学院院长贾庆国在题为《崛起中的中国：外交面临的困惑与选择》的演讲中也指出：“中国在一定程度上面临着身份困惑”。

② Katzenstein P J, *Norm, Identity, and Culture in National Security*, Jepperson R L, Wendt A, Katzenstein P J, *The Culture of National Security*, New York: Columbia University Press, 1996, p. 52.

③ 关于国家身份的定义与我国国家身份重大调整在国家经济利益层面的论述可参见秦亚青：《国家身份、战略文化和安全利益——关于中国与国际社会关系的三个假设》，《世界经济与政治》2003第1期，第10—11页。需要指出的是，本书采纳秦亚青对国家身份的定义，即“国家身份指一个国家相对于国际社会的角色。具体地说，国家身份是一个现代意义上的主权国家与主导国际社会的认同程度”。

形成的“他者”（异域）想象[①]，起到的是修正作用。建国以来的基本历史经验表明，“中国的安全战略受国内政治牵动的作用大大超过外部环境的影响”[②]。基于此，国家身份作为标尺，中国在东北亚地区的战略利益演进便有了以下阶段性特征：一是20世纪70年代前，中国作为革命性的“体制外国家”，倡导“中国的事情必须由中国人民自己作主张，自己来处理，不容许任何帝国主义国家再有一丝一毫的干涉”[③]，采取“一边倒”外交政策，积极抗衡来自美国的政治、安全威胁，在东北亚地区的一切行动均直接服务于维护党的政权和国家生存；二是20世纪80年代之前，中国作为“游离性”的国家，其内部由乱到治，外部面临苏联军事威胁，开始逾越社会制度障碍与美国互求战略协调，在东北亚地区的战略利益紧密围绕国家主权和安全，在威胁判断上较上一时期有了“翻转性”变化；三是20世纪80年代之后，中国作为负责任大国的形象日益明显，进行改革开放，与韩国建交，开启了“六方会谈”。总之，新中国的对外战略经过50年代与苏结盟的“一边倒”、60年代的“反帝反修”、70年代联美抗苏的“一条线”和80年代的“独立自主与不结盟”[④]，在冷战后，更加强

① 关于“他者”对国家身份作用的论述可参考：Hopkins N，Murdoch N，The Role of the“Other”in National Identity：Exploring the Context-dependence of the National Ingroup Stereotype，*Journal of Community & Applied Social Psychology*，1999，9：pp. 321－338；Triandafyllidou A，National Identity and the“other”，*Ethnic and Racial Studies*，1998，21（4），p. 599；王立新：《在龙的映衬下：对中国的想象与美国国家身份的建构》，《中国社会科学》2008第3期，第156—173页。

② 牛军：《改革开放30年中国国家安全战略再思考》，《国际政治研究》2009年第4期，第103页。

③ 毛泽东：《在新政治协商会议筹备会上的讲话》，见《毛泽东选集》第4卷，第1465页。

④ 李少军：《国际战略学》，中国社会科学出版社，2009年版，第306—330页。

化经济认同[1]、弱化意识形态对抗[2]，并逐渐朝向维护东北亚安全稳定和经济繁荣的方向摸索前行。同时，中国在东北亚地区的战略利益也在经历从较为单纯地锁定政治和军事安全到重视区域经济安全与发展，从高度关注核心利益及传统安全再到不断提升对非核心利益及非传统安全重视程度的不断演进和丰富的过程。

当前，中国的崛起使其国家实力实现了实质性跃升，在东北亚地区实力地位和影响力迅速提高，使其对国家安全的认识更加全面系统，形成了总体国家安全观的思维。这种内涵丰富、外延广泛的安全观使得中国在东北亚地区的战略利益“比历史上任何时候都要丰富”，“比历史上任何时候都要宽广”，“比历史上任何时候都要复杂”。从政治、经济、安全三个维度，以利益强度和紧迫性为依据，中国在东北亚地区的战略利益如下：

政治上，中国的核心利益是全力以赴地坚持和维护“中国的国体、政体和政治稳定，即中国共产党的领导、社会主义制度、中国特色社会主义道路”[3]，这也是中国经略东北亚，制定和实施对外政策的根本基点。当前，东北亚地区各国以及以美国为首的西方国家均存在反华势力，它们或独立或联合，通过各种渠道的渗透对中国实施西化和分化，不断对我制造不和谐因素，使得我意识形态领域斗争尖锐且复杂。

经济上，中国的东北亚战略利益就其重点而言，主要包括以中国

① 江泽民：《把一个和平繁荣的世界带到二十一世纪》、《发展中美关系要向前看》，参见《江泽民文选》第1卷，人民出版社，2006年版，第330—335页。

② 1989年12月，江泽民在会见美国总统特使斯考克罗夫特（Brent Scowcroft）时指出：“从意识形态上讲，中国搞社会主义，美国搞资本主义，但这不应该成为发展两国关系的障碍，不应该影响我们在和平共处五项原则的基础上进行来往和合作，不应该影响中美发展关系”。参考：江泽民：《发展中美关系要向前看》，江泽民：《江泽民文选》，第1卷，人民出版社，2006年版，第85页。

③ 中国国务委员戴秉国：《坚持走和平发展道路》，中央政府门户网站，http：//www.gov.cn/ldhd/2010－12/06/content_1760381.htm。

依靠东北亚地区获得经济资源供应和维持地区金融安全及市场安全为主的重要经济安全利益、以中国在东北亚地区对外贸易为主的海外经济利益、以中国在该地区吸引外资、人才和引进技术为主的特殊经济利益、以海外投资为主的新兴经济利益，以及以发展“亚投行”、实现中日韩 FTA 等为主的参与国际经济体制和制定国际经济规则的战略性经济利益。

安全上，中国的东北亚战略利益主要表现在维护主权和领土完整、应对地区及域外军事威胁以及防止核扩散等方面。其中，在维护中国的主权和领土完整方面，焦点是怎样在日渐复杂、敏感又反复的钓鱼岛主权斗争和东海划界问题上捍卫国家海洋权益。在应对域外军事威胁方面，重点为怎样在“美国持续推进亚太‘再平衡’战略，强化其地区军事存在和军事同盟体系”① 的地区安全形势下，维护并拓展战略利益及空间；怎样在日本“咄咄逼人”的战略走向中寻求维护国家发展和地区稳定的纵横捭阖之道，以及怎样在紧张的韩朝、美朝关系中避免和消除其对中国及周边带来的直接或间接的军事威胁等。在防止核扩散方面，无论从现实还是长期看，东北亚地区激烈的对抗与竞争，以及域内他国拥核意愿的上升②，都可能引发核武器或常规武器的军备竞赛③，从而破坏东北亚稳定局面和安全格局，对中国带来潜在核威胁。因此，中国东北亚战略利益的又一重要体现即为坚持推进朝鲜半岛无核化进程。长期以来，中国对朝鲜的战略支持并非根植于两国相同的意识形态或历史上的合作，更多的是出于中国自

---

① 中华人民共和国国务院新闻办公室：《国防白皮书：中国的军事战略》，中华人民共和国国防部网站，http：//news. mod. gov. cn/headlines/2015 - 05/26/content_4586684. htm。

② Kissinger H，*World Order*，New York：Penguin Press，2014，p. 340.

③ 东北亚地区国家加强军事现代化建设虽然其不同的历史考量，但其最终综合形成的结果是值得注意的。参考：Jackson V，China Unlearns US Trade Lesson，*Far Eastern Economic Review*，2008，171（1），pp. 29 - 33。

身的安全考量[①]，其中由朝鲜半岛安全形势失衡所导致的我东北边境动荡、难民大量涌入、核污染等严重问题都将直接威胁中国在东北亚地区的战略利益。[②] 中国人民大学教授时殷弘就中国在朝鲜半岛的持久利益做了如下概括：第一，朝鲜半岛基本和平稳定，即“不生战”；第二，朝鲜内部不能出现严重和急剧的大失控、大混乱以致内战状态，即“不生乱”；第三，朝鲜必须对中国有起码的友善，防止朝鲜对华持久敌视态度；第四，强有力地阻滞朝鲜的核武器和中远程导弹发展，促使它在这方面至少有实质性的收敛，以致争取最终实现半岛无核化；第五，保持中国在对朝政策和中朝关系方面必须的起码灵活回旋余地；第六，朝鲜半岛不得成为美国针对中国的重大战略/军事堡垒，而且与此密切相关，争取和维持韩国对中国的基本友善。[③]

综合考虑，中国在东北亚地区的战略底线（战略利益下限），可以概括为“内”和“外”两个相辅相成的部分。所谓的“内”，无非就是指中国的核心利益，即“国家主权、国家安全、领土完整、国家统一、中国宪法确立的国家政治制度和社会大局稳定、经济社会可持续发展的基本保障”[④]，这无疑是中国东北亚战略的根本出发点和归宿，并决定了“外”的诉求。所谓的“外”，是东北亚地区独立于中国国内而存在的利益下限：其一是“中国坚决反对和遏制日本采取任

---

① Barker, China and North Korea, A Tangled Partnership, *Geopolitical Weekly*, http://www.stratfor.com/weekly/china-and-north-korea-tangled-partnership.

② 关于中国在朝鲜半岛战略利益的分析，可参考：Dujarric, Changsu Kim, Stanley E A, China and Korea: Security Pivot in Northeast Asia, Hudson Institute, 1998, p. 65; Tang Shiping, *A Journal of East Asia Affairs*, Fall/Winter 1999, 13 (2), pp. 464－483；朱阳明：《亚太安全战略论》，军事科学出版社，2000年版，第73页；张世平：《马克思恩格斯与战略》，军事科学出版社，2007年，第95－101页；Baker R. China and North Korea, A Tangled Partnership, *Geopolitical Weekly*, http://www.stratfor.com/weekly/china-and-north-korea-tangled-partnership。

③ 参见时殷弘：《关于中国的亚洲西太平洋战略中的朝鲜问题》，http://www.zaobao.com/forum/expert/others/story20161027－682872。

④ 中华人民共和国国务院新闻办公室：《中国的和平发展（白皮书）》。新华网，http://news.xinhuanet.com/2011－09/06/c_121982103_4.htm。

何方式侵犯中国对钓鱼岛的主权。”①；其二是“朝鲜半岛就在中国的家门口。在半岛问题上，中国始终有一条‘红线’，就是决不允许生战生乱。”② 同时，一些学者也对中国利益的上限提出过一些相关见解及构想，其中北京航空航天大学张文木教授认为：“中国国力伸展距离与亚太其他至少与中国对等的大国的关键利益线或核心利益线的远近成反比”③，并明确指出中国海权拓展的节点为第一岛链。④ 此外，中国还致力于朝鲜半岛无核化，构建符合本国利益和地区和平稳定的东北亚地区安全机制，以及让“命运共同体意识”在涵括整个东北亚地区的周边国家落地生根。⑤ 这些尽管并非是完全意义上的战略利益上限，但却是中国在可预见未来期望实现的重要目标。当然，还有更为极端的西方学者认为：“中国的利益所在无疑是将美国军队赶出亚洲”，“并最大限度地占有世界权力”⑥，甚至中国早已开始筹划一场为取代美国全球超级大国地位的秘密“百年马拉松”。⑦

中国在东北亚地区的战略利益一方面经历了不断调整和丰富的过

① 中华人民共和国国务院新闻办公室：《钓鱼岛是中国的固有领土（白皮书2012年9月）》，人民出版社，2012年版，第1页。

② 王毅：《朝鲜半岛就在中国家门口，决不允许生战生乱》，中国新闻网，http：//www. chinanews. com/gn/2014/03 -08/5926818. shtml。

③ 张文木：《论中国海权》，海洋出版社，2010年2版，第186页。

④ 2014年10月31日，“第十一届军事海洋战略与发展论坛”会议上，北京航空航天大学张文木教授在作大会报告时对中国海权的节点阐述了他的看法；2015年1月3日，中国人民大学国际关系学院与全国高校国际政治研究会共同举办的“中国国际问题高级讲坛2015：中国特色的大国外交”上，中国人民大学时殷弘教授谈到“中美亚太博弈新特点与趋势”时说：“总有一天……美国必须做一个决定，在第一岛链以西的这个‘西’——太平洋西部，到底是承认中国有充分的战略权力，还是同中国冷战对抗或是互相冲突。”

⑤ 习近平：《让命运共同体意识在周边国家落地生根》，新华网，http：//news. xinhuanet. com/politics/2013 -10/25/c_117878944_2. htm。

⑥ ［美］米尔斯海默：《大国政治的悲剧》（修订版）王义桅、唐小松译，上海人民出版社，2014年中文版序言，第10页。

⑦ Pillsbury M，*The Hundred-Year Marathon*：*China's Secret Strategy to Replace America As The Global Superpower*，New York：Henry Holt and Company，2015.

程，表现出“由陆向海、由内而外”的拓展特征；另一方面又延续着不曾中断的脉络，中国的核心利益持续贯穿主线[①]并自始至终与实现中华民族伟大复兴的历史进程紧密相连。特别是新形势下，习近平主席一再昭告世界：“我们希望和平，但任何时候任何情况下，都绝不放弃维护国家正当权益，绝不牺牲国家核心利益”。[②]

二、美国东北亚战略利益的变迁

与中国不同，美国用整个19世纪奠基[③]，为国家创造安全，又于19世纪末逐步形成谋求世界优势地位的历史自觉，赢得了大国地位，[④] 并最终获得世界霸权。整个过程以强大的科学技术为先导，先后与北大西洋地区的各种力量进行博弈，再统筹其全球力量用以缔造全球经济，实现社会现代化。从麦金利、威尔逊，到罗斯福和杜鲁门，再到尼克松、小布什、奥巴马等几届具有代表性的美国政府的战略设计所共同构成的历史纵深审视，人们可以发现美国以全球视野思考对外战略的特点特别突出，其战略利益也是全球性的。冷战期间，

---

① 新中国成立以来党和国家的最高领导人在不同时段不同场合对国家利益特别是核心利益问题上，都曾作出过重要宣示。邓小平指出：“考虑国与国之间的关系主要应该从国家自身的战略利益出发”，“国家的主权、国家的安全要始终放在第一位，对这一点我们比过去更清楚了。”；江泽民指出：“归根到底就是一句话，外交工作要坚定不移地维护国家和民族的最高利益。”；胡锦涛指出：“如果不能从政治上观察和思考问题，脑子里缺少国家利益全局这根弦，迟早是要吃大亏的。”参考：邓小平《结束严峻的中美关系要由美国采取主动》《国家的主权和安全要始终放在第一位》，《邓小平文选》第3卷，人民出版社，1993年版，第330、348页；江泽民：《外交工作要坚定不移地维护国家和民族的最高利益》，《江泽民文选》第1卷，人民出版社，2006年版，第314页；金一南：《认识与把握国家核心利益》，《心胜》，长江文艺出版社，2013年版，第145页。

② 习近平：《决不放弃维护国家正当权益，决不牺牲国家核心利益》，新华网，http://news.xinhuanet.com/politics/2014-03/11/c_119721043.htm。

③ ［美］韩德（Michael H. Hunt）：《美利坚独步天下——美国是如何获得和动用它的世界优势的》，上海人民出版社，2011年版，第11—47页。

④ 同上书，第49—86页。

近乎主导美国外交政策的“遏制战略”就是最佳例证。当前，一些美国学者认为，随着外界变化，对美国而言“世界各大洲在其重要性方面飘忽变化”，美国的外交政策也因而变得飘忽不定。[①] 因此，美国在东北亚地区的战略利益在很大程度上就取决于它在不同时期对世界形势的不同认识。[②]

从战后到朝鲜战争爆发，美国在东北亚地区的对外政策经历了“从扶华制日到扶日制华”的转变，而转变的根由就在其基于一元论世界观的东北亚地区形势认知[③]：“共产主义在中国的胜利，加之南亚与东南亚其他地区的政治经济形势，为（共产主义）在这一动乱地区的进一步入侵提供了跳板”[④]，并且“在可预见的未来，对美国安全最为险恶的威胁源于苏联的敌意、强大的实力，以及苏联制度的根源”[⑤]。因此，美国决定通过扶植日本应对“共产主义中国”，以达成其“减弱苏联实力和影响”，“促使俄国现政权从根本上改变国际关系运作方式”的目标。[⑥] 这一时期，美国在东北亚地区的战略利益就体现在孤立中华人民共和国、控制整个朝鲜半岛以防苏联突破安全

---

① ［美］威尔德：《美国在冲突地区的外交政策》，江苏人民出版社，2014年版，第8页。

② “战后美国历届总统提出过很多有关对外政策的‘主义’……他们都是根据当时国际形势的特点，提出美国的战略方针，各自有一点创新。”参见资中筠：《冷战后与冷战时期》，《美国十讲》，广西师范大学出版社，2014年版，第157页。

③ 周建明：《美国国家安全战略的基本逻辑——遏制战略解析》，社会科学出版社，2009年版，第79页。

④ NSC 68 Series，A Report to the National Security Council by the Executive Secretary（Lay），*Foreign Relations of the United States*，1950，*Volume* Ⅰ，Foreign Economic Policy，Document 85，http：//history. state. gov/historicaldocuments/frus1950v01/d85.

⑤ NSC 20/4. Report to the President by the National Security Council，*Foreign Relations of the United States*，1948，*Volume* Ⅰ，Part 2，General；The United Nations，Document 61（1948 - 11 - 23），http：//history. state. gov/historicaldocuments/frus1948v01p2/d61.

⑥ Ibid.

线，以及遏制共产主义蔓延之中。然而，经过朝鲜战争这一东西方两大阵营间的直接军事交锋，东北亚却形成了十余年的“阵营对抗式”安全格局，同时也使得“维持现状”成为了美国在朝鲜半岛延续至今的战略底线，即利益下限。

随着国际形势的发展，美国逐渐认识到：“一个和平的中国大陆是一个和平亚洲的中心”[①]，战略界也开始酝酿调整既有对华政策；此后，中苏关系恶化，美国开始谋求“逐步改善与共产党中国的关系，同时继续保持对中国发动直接军事侵略与核讹诈的威慑”[②]，将打“两个半战争”的战略设想改为“一个半战争”，逐渐解冻中美关系，并最终于1979年实现中美建交，中国的对外关系也随之盘活[③]。在这一时期，美国对东北亚地区威胁的判断进一步向苏联聚焦，力图在东北亚扮演均势支配者的角色，以实现其与苏联争霸和在全球范围内遏制社会主义发展的战略利益。[④]

冷战期间，美国在东北亚地区凸显其“以加强盟友的力量加强自己”和“顺我者昌”（这一点苏联做不到）的对外政策特点，[⑤] 日本、韩国也借此得到发展壮大。冷战后，美国失去了与之匹敌的意识形态

---

① President Johnson discussed U. S. policy in Asia in an address to the American Alumni Council broadcast on radio and television, *Foreign Relations of the United States*, 1964 - 1968, *Volume XXX*, China, Document 168, http://history.state.gov/historicaldocuments/frus1964 - 68v30/d168.

② Memorandum From the President's Assistant for National Security Affairs (Kissinger) to President Nixon, *Foreign Relations of the United States*, 1969 - 1976, *Volume* Ⅰ, Foundations of Foreign Policy, 1969 - 1972, Document 41 (1969 - 10 - 20), http://history.state.gov/historicaldocuments/frus1969 - 76v01/d41#fn1.

③ 资中筠：《冷战后与冷战时期》，《美国十讲》，第169页。

④ 陈开仁：《冷战——实力与谋略的较量》，中共党史出版社，1997年版，第353—354页。

⑤ Memorandum From the President's Assistant for National Security Affairs (Kissinger) to President Nixon, *Foreign Relations of the United States*, 1969 - 1976, *Volume* Ⅰ, Foundations of Foreign Policy, 1969 - 1972, Document 41 (1969 - 10 - 20), http://history.state.gov/historicaldocuments/frus1969 - 76v01/d41#fn1，第170 - 172页。

和地缘政治对手，将崛起后的中国标定为其在东北亚及整个亚太地区新的战略指向。从一定意义上讲，美国此时已经达到了“霸权的极限”,[①] 成为名副其实的全球霸主。“9·11”事件发生后，美国囿于全球战略形势，其东亚地区战略的进攻性也随之收敛,[②] 着重致力于最大限度地维护东亚现状和维护本土安全。奥巴马时期，美国在推动国内经济复苏的基础上，相继提出“重返亚太”和“亚太再平衡”战略,[③] 旨在通过强化美国在亚太地区的力量资源配置，巩固军事优势，维持并谋求继续提升其地区影响力，从而实现“强化安全、扩大繁荣、增进民主价值观和提升人类尊严”的目标。[④]

美国历来是“根据实力、经济开放和促进美国理想的传播界定美国国家利益的”。[⑤] 具体地讲，美国在东北亚地区的战略利益主要表现为：第一，希望东北亚地区在政治上和平稳定，并且具有可预测的前景；第二，希望东北亚地区对美永久开放商贸和投资；第三，希望东北亚地区的核武器与大规模杀伤性武器能够得到有效管控；第四，希望东北亚地区能够实现美国式民主；第五，希望东北亚地区国家能够加强双边安全协定，自主解决纠纷，避免美国被迫卷入其中的危险纠葛；[⑥] 最后，希望中国在该地区持续发挥建设性作用，而又不改变地

① ［美］米尔斯海默：《大国政治的悲剧》（修订版）第41—43页。

② ［美］莱恩C.：《和平的幻想：1940年以来的美国大战略》，上海人民出版社，2009年版，第29页。

③ 许琳：《从“重返”到“亚太再平衡”：美国亚太战略的调整》，黄凤志、刘清才、张慧智等：《东北亚地区政治与安全（2014）》，社会科学文献出版社，2014年版，第215—234页。

④ National Security Advisor Susan Rice Speaks at Georgetown，参见美国乔治城大学网站：http://www.georgetown.edu/news/susan-rice-event.html。

⑤ ［美］莱恩C.：《和平的幻想：1940年以来的美国大战略》，第12页。

⑥ ［美］威尔德：《美国在冲突地区的外交政策》，第97页；［美］阿特：《美国大战略》，北京大学出版社，2005年版，第56页。

区的权势结构和国际秩序。[①]

历史地看，美国在利益设定与政策实施过程中，综合凸显了超级大国所具有的极强战略定力：正如美国学者莱恩（Christopher Layne）指出的那样，美国“战略最鲜明的特点不在于其新颖之处，而在于其没有任何变化的老面孔”，并始终坚持“以不变应万变”。[②] 冷战期间，以美国为首的反共产主义联盟完成了对欧洲和亚洲的地区主义界定，[③] 坚决抵制苏联统治欧洲和东亚，[④] 尽管其秉承“等级式的秩序观”在欧洲和亚洲分别施行多边与双边两套主义，但却又在两者之间一以贯之地遵循着一套逻辑——不允许哪一个国家作为第三股势力或者中立集团以独立一极的姿态挑战其霸权。[⑤] 至今，美国仍坚守着其控制欧亚大陆两端以维护其两洋“门户”和东西半球关键利益的地缘战略，[⑥] 仍致力于维护有利于美国国家利益的欧亚大陆所谓的“深度和平”。[⑦] 其中，东北亚聚集着中国、俄罗斯两个重要地缘政治棋手，以及准棋手日本和作为地缘政治支轴的韩国，[⑧] 后两者与美国所形成

---

① ［美］布热津斯基：《战略远见：美国与全球权力危机》，新华出版社，2012 年版，第 2 页；［美］阿特：《美国大战略》，第 55—58 页；［美］米尔斯海默《大国政治的悲剧》（修订版），第 10 页。在政界，这一认识同样反映在美国原常任副国务卿佐利克（Robert B. Zoellick）在 2005 年 9 月的对华政策演讲中，参考：Zoellick R B.，Whither China：From Membership to Responsibility? Remarks to National Committee on U. S. – China Relations，New York City. U. S. Department of State，http：//www. state. gov/s/d/rem/53682. htm。

② ［美］莱恩 C.：《和平的幻想：1940 年以来的美国大战略》，第 206 页。

③ ［美］卡赞斯坦：《地区构成的世界——美国帝权中的亚洲和欧洲》，第 47 页。

④ ［美］米尔斯海默：《大国政治的悲剧》（修订版），第 211 页。

⑤ Leffler M. P.，*A Preponderance of Power：National Security，the Truman Administration，and the Cold War*，Stanford：Stanford University Press，1992：17.

⑥ Special Message to the Congress on the State of the Union，1957 – 01 – 1，Eisenhower D D，*The Papers of Dwight David Eisenhower*，*Volume* 17，Chapter 23，p. 2482. Johns Hopkins University Press，http：//eisenhower. press. jhu. edu.

⑦ ［美］阿特：《美国大战略》，第 69—74 页。

⑧ ［美］布热津斯基：《大棋局：美国的首要地位及其地缘战略》，中国国际问题研究所译，上海人民出版社，2007 年版，第 34—40 页。

的军事同盟，也为美遏制中俄走向太平洋构筑了重要屏障。从某种意义上讲，维持美国同日本与韩国的现有军事同盟关系也成为了美国在东北亚乃至全球的战略利益，并与维持朝鲜半岛现状共同形成了美国在东北亚地区战略底线。

在对华战略上，美国在东北亚地区的战略底线也在中美博弈的演进历程中不断清晰：在安全上，确保东北亚及整个亚洲的军事力量对比不发生有利于中国的重大转变，不允许中国替代美国成为解决东北亚地区热点问题的决定性力量，不允许中国在东北亚安全秩序的中发挥美国无法掌控的影响力甚至是主导作用；在经济上，不允许出现由中国主导的且完全排除美国在外的地区经济体和自由贸易区；在政治和文化上，不允许出现中国具有全方位压制美国的软实力和辐射力。[①]总之，美国在东北亚地区的战略底线的核心就在于确保美国在该地区的领导地位不动摇。可以预见，美国在中短期内仍然具备阻止任何行为体挑战美国在东北亚地区战略底线的能力。[②]

三、俄罗斯东北亚战略利益的调整

俄罗斯是一个横跨欧亚两洲的大国，在地缘上被称为“双头鹰”国家。虽然其地缘战略的重心长期在欧洲，但对于远东地区的重视也从未松懈。自其将领土扩展到东北亚地区以来，俄罗斯多次发动侵略中国的战争，竭力获取在东北亚的陆上土地；与日本打过仗，试图把日本在东北亚陆上所获取的权益全部据为己有。苏联建立以后，继续沙俄时期的政策，一方面染指中国蒙古，将其变为自己的势力范围，另一方面着力防止日本实施北上战略，以保障自己的领土安全。第二

① 上述一些观点参考：王帆：《美国对华战略底线与中美冲突的限度》，《外交评论》，2011 年第 6 期，第 23—26 页。

② WOHLFORTH W C. U. S. Strategy in a Unipolar World [M] //IKENBERRY J. America Unrivaled: The Future of the Balance of Power. Ithaca: Cornell University Press, 2002: 103 - 104.

次世界大战期间，苏联通过雅尔塔会议，不仅获得了美英等国对其维持蒙古独立状态的认可，恢复了1904—1905年日俄战争中失去的利益，而且还在战争结束之际，占领了日本的北方四岛，将触角延伸至朝鲜半岛的38度线以北。战后，苏联及其继承者俄罗斯根据自身力量的消长和国际战略环境的变化，在维护和扩展利益方面也随之发生了改变。

战后初期，苏联在东北亚地区的主要目标就是实现和维护根据雅尔塔会议所获取的利益，并且根据形势的变化进一步扩展相关利益。由于雅尔塔会议所规定的东北亚的利益调整涉及到中国的主权问题，苏联不得不与当时的中国政府打交道，于1945年8月14日，即日本宣布无条件投降的前一天，与中国签订了《中苏友好同盟条约》，将雅尔塔会议有关协议变成现实。新中国成立后，出于当时的国际环境和国内政治的考虑，与苏联签订了《中苏友好同盟互助条约》，加入了以苏联为首的社会主义阵营，以巩固政权。之后，为了阻止美国独占朝鲜半岛，甚至将其从那里赶出，以弥补与中国结盟而失去的权益，苏联联合中国与美国进行战略较量。朝鲜战争的结局出乎苏联的预料，不仅未突破美国在朝鲜半岛建立的遏制线，而且使中国的国际威望得到了空前提高。在这种情况下，苏联不得不对其在东北亚地区的战略重心做出调整，即不再谋求利益的扩展，而是维护朝鲜半岛的现状，与美国继续冷战，长期对峙。20世纪70年代，苏联为了与美国展开东北亚甚至整个亚洲控制权的争夺，同时又达到遏制60年代初即与其分道扬镳的中国的目的，一方面在中苏和中蒙边界陈兵百万，另一方面又加强太平洋舰队的建设，将战略触角东南亚，在越南的金兰湾建立军事基地。这一时期，苏联在东北亚的战略利益，就是谋取战略优势，打破美国在亚太地区的霸权，防止中国影响力的扩展。

由于难以克服国内外长期积累的矛盾，20世纪80年代末和90年代初，苏联的东欧盟国先后发生剧变，华约集团崩溃。出于同样的原因，苏联也于1991年12月走向解体。继承其主体的俄罗斯，面临着极其严峻的挑战。在西部的欧洲，波罗的海三国独立后，俄罗斯在那里的出海口已遇到许多的限制，乌克兰独立后，其在黑海的通道也受到一定程度的掣肘，因而它在太平洋地区的通道就显得更加重要。在其后相当长的时期里，西方国家的力量如日中天，北约和欧盟双双东扩，严重挤压了俄罗斯的战略空间，而由于受到各种条件特别是国力下降的限制，俄罗斯难以展开有效的反击。这样，作为疆域横跨欧亚大陆，当今世界主要的军事大国和政治大国，无论是从确保现实的地缘利益还是从拓展未来的战略空间方面考虑，俄罗斯联邦都不会将自身置于东北亚地区之外，“自 20 世纪 90 年代中期以来，‘近邻优先’逐渐取代‘西方优先’成为俄罗斯对外战略的重点，任何可能削弱或取代俄罗斯在苏联曾经获得的地区主导地位的行为都令俄罗斯难以接受。因为这些地区既是俄罗斯长期以来的势力范围，也是俄维护其现实安全、实现经济发展和国家复兴的战略基础。”① 正是因为如此，在国力得到一定的增长之后，俄罗斯在东北亚地区又变得活跃起来，利益诉求也清晰地显现出来。

首先，维护大国的战略地位。俄罗斯高度重视其在世界上的地位，对于任何危及其大国地位的行动都要采取反击行动。2008 年 8 月，俄罗斯对格鲁吉亚果断进行军事打击，扶植南奥塞梯和阿布哈兹独立；2016 年 3 月，它又迅速军事介入叙利亚，对 IS 阵地实施轰炸，防止阿沙德政权崩溃，导致不利于俄罗斯的情况发生。在东北亚地区，俄罗斯的战略目标也很明确，就是坚决捍卫其大国的地位。近年来，俄罗斯的一系列举措凸显出对其在远东地区利益的关注。一是加强东部战区的力量。2009 年，俄罗斯推行“新面貌”军事变革，正式成立东部战区。无论从人力规模、辖区面积还是从武器装备、力量部署看，相对于其战区，它都具有强大的作战能力。二是实施展示战略意志的行动。2010 年以来，俄罗斯领导人打破惯例，视察与日本存

---

① ［俄］T·A·沙克列伊娜：《美国对外政策与俄美关系》，《现代国际关系》2006 年第 2 期。

在争议的岛屿。2010 年 11 月 1 日，俄罗斯总统梅德韦杰夫视察南千岛群岛（日本称北方四岛）最南端的国后岛，这是俄罗斯总统首次视察俄日之间存在争议的岛屿；2011 年 1 月 31 日，俄罗斯联邦地区发展部长巴萨尔金受俄总统梅德韦杰夫委派，率领政府最大代表团，成员包括了俄渔业署、交通部、经济发展部、能源部、卫生与社会发展部和财政部的主要官员，登上南千岛群岛的国后岛，用行动再次彰显俄方在南千岛群岛问题上的强硬立场。三是进行战略轰炸机的巡航。2010 年以来，俄罗斯多次派出战略轰炸机在日本海和西太平洋地区进行战略巡航行动。如 2010 年 11 月 12 日，4 架俄罗斯图 -95MS 战略轰炸机在太平洋海域上空执行巡逻任务，日本、韩国不得不派出 F-16、F-15、F-2 等战斗机对其进行监控；12 月 6 号，正当在日本海举行日美历史上的最大规模军事演习时，两架俄罗斯伊尔—38 反潜巡逻机从不同方向横穿演习中心区域，"巡逻"时间长达数小时，美军和日本自卫队不得不停止军事演习；2011 年 2 月 16 日，俄罗斯两架"图 -95"型轰炸机当天在日本海及太平洋海域上空巡逻飞行，航线飞临韩日争议的独岛（日本称竹岛）的内海，穿越北方四岛（俄方称南千岛群岛），围绕日本进行巡逻，以表示对美日军事同盟和美日韩军事同盟的蔑视。类似的军事政治行动在最近的几年里已成常态化。这种情况之所以发生，其根本的原因就在于俄罗斯不能容忍其他国家对其大国地位的忽视。

冷战结束以来，特别是苏联解体后，美国等西方国家一直采取各种措施，对俄罗斯的战略空间进行挤压。在过去的十几年里，俄罗斯在与西方国家的斗争中，除了收回克里米亚半岛之外，基本上没取得其他的成效。相反地，美国还在俄罗斯的近邻国家部署反导系统。鉴于历史和现实因素，尽管俄罗斯所采取的分化北约国家的外交努力已经取得一定的效果，但却没有彻底改变被动应付的局面，仅乌克兰危机，就足以需要很长的时间进行消化。当俄罗斯在其西部的欧洲地区感到焦头烂额时，其东部所在东北亚地区也发生了重大的变化。新世纪以来，中国改革开放政策的效应进一步显现，经济强势崛起，以中国为中心的亚洲经济发展带已经形成，全球经济和政治的重心转移到了亚洲。当今世界上主要大国似乎已形成共识，亚太地区成为21世纪的世界经济与政治中心。而在亚太地区，东北亚又居于核心位置。

为了在未来的国际战略格局中占有重要的一席之地，俄罗斯在东北亚地区展示了强力作为的姿态。而要实现这一目的，就必须采取措施维护其大国的地位。苏联解体以来，西方媒体极力抹黑苏联和俄罗斯，抹杀了苏联人民对反法西斯胜利做出的巨大牺牲和伟大贡献，颠覆了苏联人民的二战英雄与胜利者的形象，否定苏联人民的反法西斯行动和解放行动。这些完全不符合历史事实的表述，严重损害了苏联国际政治地位的主要继承者——俄罗斯的国际形象，进而贬低俄罗斯的大国地位。于是，俄罗斯不得不运用其军事领域的优势，在东北亚地区采取强硬举动，如举行重大军事演习、开展战略轰炸机巡航，在相关国际问题特别是在俄日领土争议上提出绝不妥协的立场，向全世界宣示自己是第二次世界大战的英雄和胜利者形象，重新让世界恢复二战历史的真面目，唤起其民众对俄罗斯历史的骄傲和全世界对二战历史的认识。俄罗斯之所以这样做，就是要让世界明白，不是只有美国和英国才是二战的胜利者和英雄。同时，俄罗斯还要使其他国家认识到，尽管在东北亚地区存在着美、日等国的军事联盟，但它完全具备与其争雄的战略能力。

其次，寻求经济的发展空间。经济发展是国家得以生存和安全得到保障的前提条件。一个经济上落后的国家，不可能是一个真正强大的国家。无论是从历史还是从现实上看，经济繁荣都是一个大国得以形成和持续的基石。苏联之所以能成为第二次世界大战中的胜利者，其雄厚的资源、强大的产能发挥了至关重要的作用。第二次世界大战后，苏联能够与美国进行对抗，进而在全球范围内争霸，也是由于经济上提供了有力的支撑。苏联之所以走向解体，固然是诸多因素共同作用的结果，但不可否认的是，经济上的困难是为主因。所以，俄罗斯联邦承袭苏联之后，其主要任务是发展经济。

由于传统的地缘重心在欧洲，俄罗斯曾把欧洲地区作为其发展经济的主要依赖方向。早在苏联时期，尽管与西欧国家在战后存在着严重的政治对立，但是即使在20世纪60年代冷战的最高峰时期，双方的经贸关系也未中断，而且修建了苏联至西欧国家的天然气管道。在当今俄罗斯出口欧洲的7条天然气管道中，其中有3条是在苏联时期修建的，另外4条则是俄罗斯时期修建的。然而，冷战结束以后，俄罗斯一度在外交政策上“西歪”，试图融入西方世界，但是却遭到了一次又一次的无情打压，北约与欧盟不断“东扩”，使其在东欧的势力范围荡然无存。不仅如此，进入新世纪以来，特别是2008年国际金融危机之后，欧洲国家特别是西欧国家的经济进入长期的衰退，而且在可以预见的未来，还看不到复苏迹象。在自身经济陷入难以自拔的情况下，欧洲国家不可能为俄罗斯的经济恢复进行输血。更有甚者，2013年乌克兰危机之后，西欧国家与美国一道对俄罗斯进行经济制裁，更使俄罗斯强烈地感受到，不可能通过依靠西方实现经济的振兴。也就是说，无论是从市场容量还是从金融资源等方面来看，欧洲国家已难以满足俄罗斯的需求。

与此形成鲜明对照的是，亚太国家的经济却迅速发展。不仅如此，东北亚地区主要国家，无论是中国还是韩国，乃至日本都有与俄罗斯进行经济合作的愿望。在此种情况下，俄罗斯只得将其战略视野从西方转向东方。近年来，俄罗斯努力与亚太地区的国家发展关系，尤其是与中国建立密切的战略伙伴关系，不仅仅是出于政治方面的考虑，也是着眼于经济发展方面的需求。正由于如此，俄罗斯先后与中国和日本达成协议，建立输往中国和日本等国的油气管道。2012年，俄罗斯政府设立远东地区发展部，全面统筹该地区的经济发展。2015年，为扩大与亚太地区的国际合作，俄罗斯政府决定每年举办一次东方经济论坛。2016年9月初，俄罗斯已在海参崴举办了第二届论坛，东亚国家都派出高级代表甚至国家元首或政府首脑出席会议。

随着亚太地区经济的进一步繁荣，俄罗斯的经济重心也必将大幅度地东移。这样，俄罗斯远东地区的经济发展将成为其整个国家的战略支柱。因此，东北亚地区在俄罗斯的地缘战略中的地位也会日益上升。所以，谋求经济发展空间，就成了俄罗斯在东北亚地区的重大战略利益之一。

再次，确保军事的优势存在。数世纪以来，俄罗斯一直为寻求不冻港而不停地扩张。20 世纪 90 年代日里诺夫斯基《南下战略》一书，对俄罗斯的战略追求做了清晰的表述。为了达到这一目标，俄罗斯一直把使用武力作为主要手段。从莫斯科大公国建立以来，几乎常年用兵，不停地与周边邻国作战，因而有着所谓“战斗民族”的称号。鉴于此，几个世纪以来，俄罗斯对军事力量的建设与运用高度重视。沙俄时期是这样，苏联时期是如此，当今俄罗斯也难以改变。自 2008 年以来，俄罗斯对格鲁吉亚用兵，支持乌克兰东部的亲俄势力，获取克里米亚等就是明证。苏联建立不久，就把大国的国家资源投入到军事力量的建设之中，全力发展带有强烈军工色彩的重工业；俄罗斯时期以来，尽管面临着严峻的经济问题，但对军事领域的投入却并未减少（相对而言），不断研发新式武器，增大和优化战略核武器。叶立钦任总统期间，修改了苏联时期制定的核政策，废除了不首先使用核武器的承诺。普京就任俄罗斯最高领导人后，不止一次警告西方国家，俄罗斯是一个核大国。在东北亚地区，俄罗斯把保持强大的军事优势作为其实现战略目标的重要方式。2015 年，韩国关东大学教授姜元植在《中国评论》月刊 7 月号发表专文《俄国的东北亚安保战略：韩国观点》。作者认为：“当然东方政策的核心是经济。为确保经济发展，在对外政策上最紧要的任务就是维持稳定，为此，俄国还试图加强这一地区的军事力量。世界经济的中心正在转往亚洲，在应对中美纷争、中日纷争，朝鲜核危机等各种可能状况的同时，为促进远东地区发展，提高在这一地区的影响力，俄国有必要增强这一地区实质上的军事力量。”其实，从沙俄将其边界推进到东北亚时起，俄罗斯就对这一地区苦心经营，抓住一切时机扩大在这地区的影响，获取更多的利益。其中，保持强大军力的存在是俄罗斯最惯常用的手段。

远的不说，即使在 20 世纪 30 年代末、40 年代初，当欧洲的战争已经爆发，德国入侵苏联的军事行动迫在眉睫之机，苏联仍将重兵部署在远东，以防止日本北上战略的实施。在苏联当局看来，来自欧洲的侵略并不可怕，因为它的战略纵深大，能够以空间换时间，通过发动力量将其赶出去。从沙俄到苏联，俄罗斯已与多个西方国家打过仗，对其军事能力和战略战术已有深切的认知。历史上，许多欧洲大国无不败于俄罗斯。不然的话，俄罗斯也不能获得波罗的海出海口，数次瓜分波兰，将边境推进到黑海沿岸。曾经在横扫中西欧大陆国家的拿破仑的军队，也在远征俄罗斯时遭到溃败。所以，即使德国入侵苏联，甚至在一定的时期内取得了所谓胜利，占领一部分领土，但苏联完全有能力打垮敌人，收回失去的领土。更何况，在欧洲地区，苏联也不是孤立作战，因为英法等国也是纳粹德国的敌人。在远东地区，情况则有所不同，如果日本发动对苏联的入侵，它所受的牵制十分薄弱，而且一旦占领了苏联大片领土，由于东西距离远，苏联将难以将战争力量投送到远东，要想收复失土，将要付出难以想象的代价。所以，苏联在这一时期，将大量的兵力部署在这一地区。

综上所述，俄罗斯在东北亚地区的战略利益也有轻重缓急之分。其下限是，不允许发生任何不利于俄罗斯的地缘政治的变化。对于蒙古，俄罗斯一直高度关注，既在防止其政策发生有利于美国的倾斜，又警惕其与中国的关系过于密切；对朝鲜半岛，既不愿意看到朝鲜的崩溃，也不希望失去与韩国的合作；对于日本，既希望得到经济上的利益，同时又不愿在领土问题上让步。对于美国搞所谓的美日同盟和美日韩同盟，俄罗斯着力发展与中国的战略伙伴关系，加以平衡。其扩展的目标是，利用各国对俄罗斯资源的需求，推动国际合作，发展远东地区，既增强经济实力，又提升军事优势，使俄罗斯成为东北亚地区的核心力量之一，保持在东北亚国际博弈过程中的话语权。

四、日本东北亚战略利益的认知

历史上，日本曾是东北亚战略博弈的主要力量之一。早在19世纪70年代，日本就提出了它在东北亚地区的“生命线”和“利益线”的概念。第二次世界大战期间，它又抛出“大东亚共荣圈”的构想。在战后相当长的时期里，由于战败，日本一度退出了在东北亚的战略博弈，基本上是在美国的保护伞下，全力以赴地进行经济、政治和社会重建。然而，自20世纪70年代初以来，随着经济力量的增强，以及由此带来的国际地位的提升，日本又产生了重回国际舞台的欲望，一方面设法挤进西方经济大国的行列，另一方面希望在亚太地区提升影响，提出了“环太平洋构想”，在东北亚地区的事务中又开始发挥作用。

战后，日本在安全上依靠美国的“保护伞”，全力以赴地发展经济，在外交上以“日美关系为基轴”，基本上“一边倒”。由于经济快速恢复，1964年，日本就加入西方“发达国家俱乐部”（经济合作与发展组织）；到20世纪60年代末，它已成为资本主义世界第二大经济体；1975年，日本又参加了美、英、法、联邦德国、意大利召开的解决经济问题的首脑会议，加拿大也在随后加入。这样，日本又成为西方“七国集团”（G—7）的一员。随着国家综合实力进一步增强，日本政府在70年代提出了从经济大国走向政治大国的目标，制定了“等距离”、“全方位”外交政策，调整与苏联和中国的关系，使其国际环境得到重大改善。为了在国际事务中发挥更重要的作用，同时拓展国家的发展空间，日本进而提出了“环太平洋合作构想”。进入80年代之后，随着战略环境的变化和自身力量的进一步增强，日本制定了“综合安全保障”战略，试图拉开与美国的距离，摆脱在安全问题上对其完全依赖。冷战结束后，日美同盟赖以存在的条件发生了重大变化，日本在重新审视日美关系的同时，着眼构建在亚太地区的利益圈。作为东北亚地区的重要国家，日本对于其在本地区的利益也有着较为长远的考量。

首先，实现政治大国的追求。日本是一个力争“有为”的国家，希望在东北亚甚至整个东亚建立起以其为中心的国际秩序。为此，自近代以来，日本多次发动战争。但是，由于国力不济，用心险恶，手段残酷，遭到他国的坚决抵抗和反对，最后落得惨败的下场。第二次世界大战后，在美国的庇护下，日本在经济上取得了重大成就，因而又产生了成为政治大国的欲望。从 20 世纪 70 年代至今，日本一直为实现这一目标而不懈地努力。由于身在东北亚，日本追求政治大国的起点也始于东北亚，无论是保持与美国的同盟关系，还是发展与中国和苏联/俄罗斯的关系，抑或是倡导或推动区域合作，都紧紧地围绕这一目标，竭力争取与美国、中国、俄罗斯“平起平坐”的地位。所以，在朝鲜核、导问题上，日本极力争取作为“六方会谈”的一员。

其次，促进经济持续的发展。日本清楚地认识到，相比于其他大国，它有着致命的弱点。国土面积狭小，发展潜力不足，处于各大强国的包围之中，而且还有一个“战败国”的帽子。在第二次世界大战中，尽管日本的军国主义精神比较地“顽强”，但在中、美、苏三大强国的共同夹击下，最后落得无条件投降的下场。因此，日本在当代大国东北亚的战略博弈中，经济上具有一定的优势。而这种优势的取得，东北亚国家的作用巨大。“1985—1995 年，日本与美、加、墨三国的进出口总额从 1008 亿美元增至 2052 亿美元，增长 103.6%。而在同一时期，日本与东亚地区的进出口总额从 743 亿美元增至 3009 亿美元，增长 305%。”① 这也就是日本在建立中、日、韩三国自由贸易区方面持积极态度的原因。

再次，确保海上通道的安全。在地缘关系上，日本的地位是脆弱的，它对海外的依赖程度超过任何一个大国。日本技术先进，产能强大，但资源匮乏，市场有限。因此，无论是资源的取得，还是产品的销售，都离不开海上通道。所以，日本一直把海上通道的安全视为自己的生命线。随着中国、俄罗斯海、空军事力量的增强，日本对其海上通道的安全变得日益敏感。

最后，防止领土争端的失利。日本与中国、韩国和俄罗斯都存在

---

① 刘世龙：《冷战后的日本外交战略》，《日本学刊》2003 年第 5 期，第 25 页。

领土争端问题。第二次世界大战中，苏联对日宣战，在收回库页岛和千岛群岛的同时，占领了日本北方的齿舞、色丹、国后和择捉四个岛屿。战后以来，日本历届政府都试图将四岛收回，敦促苏联、俄罗斯与其进行谈判。第二次世界大战后，美国取得托管冲绳的权利。20世纪70年代初，美国在将冲绳移交日本时，居然将中国钓鱼岛的行政管理权也一并交给了日本。此外，日韩之间在“独岛”（日本称竹岛）的归属上也有争议。在这些领土的争端中，特别是与中、俄领土的争端中，日本都处于不利地位。因为根据波茨坦公告，“日本的主权必将限于本州、北海道、九州、四国及盟国所决定的其他小岛之内。”① 迄今为止，第二次世界大战后盟国所确立的国际秩序依然有效。也就是说，从国际法上说，日本领土主张的理由是令人质疑的，甚至是没有法理依据的。

由此可见，日本在东北亚战略利益是谋求大国的地位，争取与美、中、俄“平起平坐”的权利，避免成为其他大国战略博弈的筹码，同时确保经济发展的可持续性以及海上交通要道的安全，并防止在领土争端中失利。

综上所述，各大国在东北亚地区的战略利益存在着地缘空间的矛盾性和重合性。美国和日本属于海洋国家，其着眼点在于遏制和防范大陆由陆向海，同时着力将自身的力量实现由海向陆，扩大利益范围；陆上大国—中国与俄罗斯既要阻止海洋国家由海向陆，又要设法走向海洋，拓展发展空间。为了实现各自的战略利益，各大国都把朝鲜半岛作为博弈得失的晴雨表。历史上，各大国为了争夺朝鲜半岛打了许多仗，今天，各大国在朝鲜半岛上角逐依然不遗余力。朝鲜半岛的分裂就是大国战略博弈的产物。在未来，朝鲜半岛的走向继续是各大国战略博弈的焦点。

---

① 参见：《历史文献：波茨坦公告（全文）》，新华网2015年07月25日，http：//news. xinhuanet. com/2015－07/25/c_1116039806. htm。

第二节　制定战略指导构想

为了维护战略利益诉求，各大国都精心进行战略设计。美国对于东北亚一直高度重视，将其纳入东亚或亚太战略体系之中。上个世纪90年代后期，美国政府就正式公布过《东亚战略》报告。奥巴马政府提出的“亚太再平衡”战略，也把东北亚视为该战略的“北锚”。俄罗斯也有着清晰的东北亚地区战略。中国提出的“一带一路”战略中，对如何经略东北亚也有明确的定位。日本虽然并从未发布过有关东北亚地区的战略报告，但从政策宣示和实际行动中也能看出其大体的战略轮廓。

一、美国“亚太再平衡”战略

第二次世界大战后，美国亚洲战略的重心就一直放在东北亚地区。虽然亚洲地域宽广，所包含的民族国家众多，但从地缘上说，东北亚居于核心地位，因为这里各大战略力量集聚，利益矛盾突出。所以，早在20世纪的1990年、1992年、1995年和1998年，美国国防部就颁布了四份《美国东亚报告》，阐明了美国在亚太特别是东亚地区的战略意义以及保持强大武装力量的重要性，强调要巩固与日、韩两国的同盟关系，保持前沿军事存在，以具备对全球性威胁做出迅速和灵活反应的能力；阻止地区霸权主义的出现；增强对该地区事务的影响力；向美国的盟友及潜在的对手显示其对该地区安全事务的关切。[①] 2000年3月，美国国防部颁布的《2025年的亚洲》报告指出，美国亚洲战略的首要目标是防止地区竞争霸权的崛起。[②] 2001年5

① 参见美国国防部：《美国东亚战略报告》，1995年。

② Robert G. Kaiser, “2025 Vision: A China Bent on Asian Dominance”, Washington Post, March, 2000.

月，美国又发布了《美国和亚洲：走向新的美国军事战略和军事部署》，认为亚洲的战略环境已发生重大变化，美国必须构建一项新的亚洲战略，以保持其在全球事务中的主导地位，根本目标是是在亚洲地区阻止一切可能导致战争的对抗性竞争、相互猜疑和不安全因素的增长。[①] 由于“9·11”事件的发生，美国并未将上述报告的精神付诸实施。直到奥巴马政府上台后，美国才着手反思长年的反恐战争，重新评估自身力量及其所处的国际战略环境，提出重返亚洲的战略，2012 年正式确立“亚太再平衡”战略，决定将更多的战略资源投入亚太地区。截止目前，美国政府并未出台系统完整的“亚太再平衡”战略报告，但奥巴马总统及其众多政府高级官员通过发表讲话、出版文章、公开报告等不断阐述美国的亚太政策，并高效地将政策落实到行动中。经过奥巴马两个任期的努力，美国的亚太政策由重返亚太、转身亚太，逐渐明确为“亚太再平衡”战略。由于国际战略格局的不断发展变化，域内国家的近身博弈以及美国自身的国内问题，美国的“亚太再平衡”战略仍处于动态发展变化之中。但从“亚太再平衡”战略的制定过程看，大体上分为如下几个阶段。

首先，重返亚太的提出。奥巴马政府认为，实现美国战略调整重返亚太是具有创新性的举措，可以作为其政治外交的遗产，[②] 因此对于战略的推行异常高调。2009 年 7 月 21 日，希拉里作为美国多年来首次出席东盟系列会议的国务卿在会上宣布“美国已返回东南亚”，表示美国将全面与东南亚伙伴国合作以应对所面临的广泛挑战。[③] 同年 11 月 14 日，美国总统奥巴马访问日本期间，在东京发表演说时更是高调自称为美国“首位太平洋总统”，表示美国作为太平洋国家将

① 参见 Http：//www. rand. org/hot/press/asiastrat. html。

② 刘飞涛：《奥巴马的“亚太再平衡”：降速纠偏》，《国际问题研究》2013 年第 3 期，第 82 页。

③ Hilary Rodham Clinton, Press Availability at the ASEAN Summit, http：//www. state. gov/secretary/20092013clinton/rm/2009a/july/126320. htm.

增强并持续保持在亚太地区的主导地位。[①] 2010年10月28日希拉里在夏威夷发表了关于美国作为一个太平洋国家的重要政策演说。[②] 在演说中，希拉里强调，美国在亚太地区将要实现的首要目标是："保持和加强美国在亚太地区的领导力"。美国将采取"前沿部署"外交政策，通过"发展同盟关系、建立新兴伙伴关系，参与地区机制加强与亚洲的接触，在经济增长、地区安全和持久价值观三个领域发挥领导作用"。[③]

自奥巴马2009年上台至2010年，他与国务卿希拉里通过双边和多边的努力，"使美国作为一个参与者不仅重返亚太地区而是常驻亚太地区"。[④] 在这一时期的美国亚太政策，被称之为重返亚太政策。

其次，"亚太再平衡"战略概念的形成。2011年是奥巴马政府新亚太战略发展成熟的关键之年。是年10月11日，时任美国国务卿希拉里发表题为《美国的太平洋世纪》一文，论述了21世纪亚太地区对美国的重要性以及美国对该地区投入的重要性。该文指出，"战略上转移至亚太地区在逻辑上符合美国保持全球领导的总体努力。"[⑤] 同年11月10日，希拉里在美国夏威夷东西方中心再次以《美国的太平洋世纪》为题发表演讲，表示"亚太地区需要一个富有活力、持久稳定的跨太平洋体系，一个成熟全面的安全和经济架构，美国将在其中发挥核心作用就像在跨大西洋体系中一样"；"21世纪将是美国的太

---

① Barack Obama, Remarks by President Barack Obama at Suntory Hall, https://www.whitehouse.gov/the-press-office/remarks-president-barack-obama-suntory-hall.

② Secretary Clinton, Travel to Asia, http://www.state.gov/secretary/2009 2013clinton/trvl/2010/149864.htm.

③ Hilary Rodham Clinton, America's Engagement in the Asia-Pacific, http://www.state.gov/secretary/20092013clinton/rm/2010/10/150141.htm.

④ Office of the Spokesman Washington, Secretary Clinton's Address Caps Year of U.S. Engagement and Leadership in Asia-Pacific, http://www.state.gov/r/pa/prs/ps/2010/01/135094.htm.

⑤ Hilary Rodham Clinton, America's Pacific Century, http://www.state.gov/secretary/20092013clinton/rm/2011/10/175215.htm.

平洋世纪，亚太地区面临的诸多挑战需要美国的领导，这也是美国转身亚太的原因”。[①] 至此，美国的亚太政策也由重返亚太发展为转身亚太，为“亚太再平衡”战略的形成做好铺垫。

2011 年 11 月 17 日，奥巴马在澳大利亚议会发表演讲，表示“美国作为一个太平洋国家通过支持核心原则以及与盟国、伙伴国密切合作，在塑造地区未来方面发挥巨大和深远的作用”；“美国将在亚太地区的三个领域发挥作用：安全、繁荣和人权；在 21 世纪的亚太地区，美国将全程参与”。[②] 奥巴马虽然未在此次演讲中提及“亚太再平衡”的字眼，但美国智库普遍认为这次演讲是阐述“亚太再平衡”战略的重要事件之一。

2012 年 1 月 5 日，美国发表《维持美国的全球领导地位：21 世纪国防的优先任务》，明确提出“亚太再平衡”概念及将资源部署重点向亚太地区倾斜的战略指针。[③] 同年 6 月 2 日，时任美国国防部长莱昂·帕内塔（Leon E. Panetta）在新加坡举行的第 11 届香格里拉对话会（以下简称“香会”）上发表演说，阐释了美国新的防务战略，表示美军将保持维护安全与稳定的全球力量，实施面向亚太地区的“亚太再平衡”。[④] 2012 年 11 月 15 日，时任美国国家安全事务助理汤姆·多尼伦（Thomas Donilon）在华盛顿战略与国际问题研究中心发表演说时指出，“美国在亚太的总体目标是维持稳定的安全环境和基于经济开放、和平解决争端、民主治理和政治自由等原则的地区秩

① Hilary Rodham Clinton, America's Pacific Century, http://www.state.gov/secretary/20092013clinton/rm/2011/11/176999.htm.

② Barack Obama, Remarks By President Obama to the Australian Parliament, https://www.whitehouse.gov/the-press-office/2011/11/17/remarks-president-obama-australian-parliament.

③ U. S. Department of Defense, Sustaining U. S. Global Leadership: Priorities for 21st Century Defense, January 2012, http://archive.defense.gov/news/Defense_Strategic_Guidance.pdf.

④ Leon E. Panetta, Remarks by Secretary Panetta at the Shang-La Dialogue in Singapore, http://archive.defense.gov/transcripts/transcript.aspx? transcriptid=5049.

序”；“亚太‘再平衡’不是简单的军事资源的转移，而是要调动整个国家的力量，进行长期的努力以应对机遇和挑战”；所采取的方式是“加强和更新亚太地区的安全联盟，深化与新兴大国的关系，深入参与全球和地区机制，与中国构建稳定和建设性的关系，推动建立地区经济架构”；“总统的亚洲之行标志着‘再平衡’实施下一阶段的开始，包括面向亚太地区和在亚太地区内部的‘再平衡’”；“亚太‘再平衡’战略不仅包含军事方面，还包含经济和政治方面，并且需要长期的关注和坚持”。①

多尼伦的演说是对当时美国“亚太再平衡”战略最全面系统的阐述，也标志着奥巴马政府的亚太政策由重返亚太、转身亚太最终确定为“亚太再平衡”战略。

再次，“亚太再平衡”战略内涵的确立。经过几年的努力，奥巴马政府制定了“亚太再平衡”战略，那么，它究竟有哪些内涵呢？在其第二任期开始后，美国政府逐渐赋予“亚太再平衡”战略明确的内涵。2013 年 3 月 11 日，多尼伦在纽约亚洲协会发表演讲，重申了美国在亚太地区的总体目标，阐述了美国“亚太再平衡”战略的五大支柱是：强化同盟关系，加强与新兴大国的关系，与中国建立稳定的、富有成效的、建设性的关系，建立地区机制，建立能够共享繁荣的地区经济架构；同时表示“亚太再平衡”战略不意味着削弱与其他地区重要伙伴国的关系，不是遏制中国抑或企图主导亚洲，也不仅仅是军事存在的问题。② 多尼伦的演讲对美国前期的亚太政策进行了全面的总结，使美国“亚太再平衡”战略走向成熟。2013 年 6 月 1 日，时任美国国防部长查克·哈格尔（Chuck Hagel）在新加坡第 12 届“香

① Thomas Donilon, Remarks by National Security Advisor Tom Donilon—As Prepared for Delivery, https://www.whitehouse.gov/the-press-office/2012/11/15/remarks-national-security-advisor-tom-donilon-prepared-delivery.

② Thomas Donilon. Remarks By Tom Donilon, National Security Advisor to the President: “The United States and the Asia-Pacific in 2013”, https://www.whitehouse.gov/the-press-office/2013/03/11/remarks-tom-donilon-national-security-advisor-president-united-states-an.

会”上再次阐述了“亚太再平衡”战略，被称为“亚太再平衡”战略2.0版。哈格尔表示“亚太‘再平衡’战略并不代表美国从世界其他地区的撤离，美国的亚太‘再平衡’是综合外交、经济和文化的战略”；同时着重强调了“亚太再平衡”战略在军事方面的举措，“在2020年前将60%的海军力量和60%海外空军力量部署到亚太地区，并将配备先进的武器装备”。[①] 2014年5月31日，哈格尔在新加坡第13届“香会”上发表演讲时指出，作为太平洋国家，美国在安全领域有四项优先任务：“鼓励和平解决争端，维护原则，坚决反对胁迫、恐吓和侵犯行为；建立一个基于国际准则的地区合作架构；提高盟国和伙伴国维护自身安全的能力；强化美国的地区防务能力”。[②] 2015年5月30日，美国国防部长阿什顿·卡特（Ash Carter）在第14届“香会”上的演讲更侧重于美国“亚太再平衡”战略的军事方面，表示在下一阶段，美国国防部将进一步增强与亚太盟国和伙伴国的关系，实现兵力部署的多样化，在关键能力和核心平台方面增加新的投入以应对亚太复杂安全环境。他还同时表示，在经济方面要推进TPP谈判的成功，在外交方面继续加强与亚太国家的交流互动。[③]

2016年5月27日，卡特在美国海军军官学校的毕业典礼上发表演讲，其演讲中有2个词汇高频出现：一个是“原则”。卡特强调要在亚太地区建立一系列明确的原则，诸如和平解决争端；确保域内国家在不受威胁的条件下做出安全和经济选择；强化国际和地区机构的作用；确保飞行和航行自由等原则，这样才能确保亚太地区的和平稳

① Chuck Hagel, International Institute for Strategic Studies (Shangri-La Dialogue) As Delivered by Secretary of Defense, http://archive.defense.gov/Speeches/Speech.aspx? SpeechID = 1785.

② Chuck Hagel, IISS Shangri-La Dialogue As Delivered by Secretary of Defense Chuck Hagel, http://archive.defense.gov/Speeches/Speech.aspx? SpeechID = 1857.

③ Ash Carter, IISS Shangri-La Dialogue: “A Regional Security Architecture Where Everyone Rises”, http://archive.defense.gov/Speeches/Speech.aspx? SpeechID = 1945.

定。另一个是“中国”，全文共23次提到中国，6次提到南中国海，一方面表达出美国不寻求与中国对抗的意图，另一方面表达出美国对中国的密切关注，认为中国的一些行为破坏了地区安全秩序，是在构筑“自我孤立的长城”。①

时至今日，随着美国政府高官通过演讲、国会作证、发表文章等方式，美国“亚太再平衡”战略逐渐清晰并不断发展完善。对于“亚太再平衡”战略本身的认识，值得注意的有两点：一是关于“平衡”的认识。此次战略命名之所以用“平衡”一词而非“遏制”一类的词汇，究其原因是二者目标指向不同。美国推行“遏制战略”之时，其战略竞争对手明确为苏联。而至于“亚太再平衡”战略，正如美国所表态，并未将中国作为敌手，该战略并非针对中国，所以没有采用“遏制”一词。但由于中国的迅速崛起，经济、政治、军事实力的显著增强，在美国看来，已然对美国主导的世界秩序提出挑战，对美国的领导地位构成威胁。因此，美国对中国产生战略焦虑，进行战略调整以“平衡”中国的影响，试图将中国拉入自己主导的世界秩序以维护自身对世界的领导。二是关于“亚太再平衡”的认识。自奥巴马政府推行战略重返，其官方表态经历了“重返”、“转向”等一系列变化，最终确定为“亚太再平衡”。其目的是为了淡化“重返”的说法，强调美国作为亚太国家从未离开过亚太地区。② 再加之，美国认为自身的战略资源过多地集中于欧洲和中东地区，而忽视了日渐成为世界经济政治中心且对自身发展至关重要的亚太地区，因此，美国对资源分配及战略布局进行“亚太再平衡”，将更多的关注转向亚太地区，在全球层面实现亚太与欧洲的平衡，在区域层面实现中国与美国的平衡。

① Ash Carter, Remarks at U. S. Naval Academy Commencement, http://www.defense.gov/News/Speeches/Speech-View/Article/783891/remarks-at-us-naval-academy-commencement.

② 阮宗泽：《美国“亚太再平衡”战略前景论析》，《世界经济与政治》2014年第4期，第5页。

在过去的几年里，美国逐步将“亚太再平衡”战略推向实施阶段。虽然奥巴马政府一再公开声明，“亚太再平衡”战略是涵盖政治、外交、经济和军事等方面的综合性国家大战略，但迄今为止，“亚太再平衡”战略在军事方面的推进最为明显。美参议院外交关系委员会在2014年发布的《对再平衡进行再平衡——资助美国在亚太地区的外交战略》报告指出，相对于美国政府其他部门，仅国防部增加了对亚太地区的资源投入，更快、更一贯地执行了资源的再平衡。① 美国国防部动作迅速，提出了应对“反介入/区域拒止”作战理论、构建亚太地区防务合作网络、调整军事力量部署、加快武器装备研制等，无论是战略指向，抑或是理论构建，其重心都是东北亚。可以这样说，现行的美国东北亚战略其实是“亚太再平衡”战略的重要组成部分。

第一，着力应对中国的崛起。中国是东北亚地区的一个大国，曾长期主导着本地区的事务，只是在近代，由于西风东渐，中国才沦为列强欺侮的对象。新中国成立后，特别是通过朝鲜战争，又重新成为东北亚战略博弈的重要一员。经过近40年的改革开放，中国迅速崛起，不仅在经济上取得了巨大成就，而且在国际事务中的地位也得到了大力的提升。尤其是在东北亚地区，中国在战略环境塑造方面获得重大进展。随着中国的迅速崛起所引起的亚太态势的巨大变化，美国虽然有一定的心理准备，但也有预料不足之处。20世纪90年代初，美国就出现了“中国威胁论”的声音。在整个克林顿政府的任期内，中美关系充满了矛盾和斗争，到小布什政府上台时，美国曾一度把中国确定为其战略竞争对手，准备实施战略东移。然而，随后长期的反恐战争，美国疲于奔命，国力受到极大的消耗，2008年的全球金融危机，更是雪上加霜，世界一超的地位岌岌可危。与此同时，中国却一

① Re-Balancing the Rebalance: Resourcing U. S. Diplomatic Strategy in the Asia-Pacifica Region, A Majority Staff Report Prepared for the Use of the Committee on Foreign Relations United States Senate, 113th Congress, Second Session, April 17, 2014, p. 2, http: //www. Gpaccess. gov/congress/index. html.

心一意谋发展，聚精会神搞建设。在经济总量上先后超越德国、日本，成为世界第二大经济体，在政治上也比任何时候更接近世界舞台的中心。于是，在“亚太再平衡”战略的框架下，美国进一步明确了东北亚地区的战略目标，那就是为了应对中国的崛起。

第二，全面加强与日韩同盟关系。美日、美韩同盟是冷战的产物。冷战结束以后，由于失去了对手，美日同盟进入了“漂流”期，美韩同盟也曾进入严重的“不信任”阶段。与此形成鲜明对照的是，中日韩关系却变得日益密切。特别是进入新世纪以来，中日韩着手建立三国自由贸易区，引起了美国的高度警惕。为了推行“亚太再平衡”战略，美国利用其一手制造的“楔子”—钓鱼岛问题以及日本成为政治军事大国的战略需求，使美日同盟又强化起来。日本被称为美国在亚太地区战略部署的“北锚”，美日同盟是美军推进“亚太再平衡”战略的基石。基于此，美日两国频繁就亚太地区热点问题及两国关系进行密切磋商，并于2015年4月27日，在美国纽约举行的由双方外长和防长参加的安保磋商委员会（即“2+2”部长会议）上出台了新版美日《防卫合作指针》（下文简称新“指针”）。新“指针”强调，它“将促进旨在应对21世纪新产生的课题的更为有效的日美同盟关系”。[①] 新“指针”明确地显示，美日将强化同盟内部的协调、提升情报共享水平、扩展合作范围、构建“全球”同盟、开辟新领域军事合作。在美军推进“亚太再平衡”战略的背景下，新“指针”突出强调了美日同盟的“全球性”，提出了从平时到发生突发事件时的“无缝”合作，标志着两国同盟关系进一步深化、军事一体化进一步发展。[②] 同时，美国又利用朝鲜半岛的核问题和其他安全问题，推进美韩同盟的发展。在李明博及朴谨惠任总统期间，“美韩同盟均得到强化并逐步转型，起到了配合美国对东亚谋篇布局、重塑领导权的

① 《日本7日谈：日美公布新版〈日美防卫合作指针〉意欲何为?》，参见：http：//japan. people. com. cn/n/2015/0429/c35469 - 26926119. html。

② 参见孙斌：《从2015年〈防卫合作指针〉看日美军事一体化的动向》，《情报学刊》2015年第2期，第78—82页。

作用”。[①] 2009年6月16日，美韩两国首脑发表《美韩同盟共同愿景》的声明，重申1953年两国《共同防御条约》是双边安全关系的基石，在此基础上，两国将构筑双边、地区乃至全球范围内的综合性战略同盟。美方首次在国家元首层级以书面形式向韩国承诺提供包括核保护伞在内的延伸威慑，美韩军事同盟关系得到强化。[②] 为了加强两国的沟通交流，两国在原有的美韩安保会议之外迅速建立起一系列沟通对话机制，包括始于2010年7月的美韩外交部长和国防部长“2+2”会谈，2011年10月建立的美韩亚太问题高级别磋商，2012年4月启动的美韩统合防务协商及其框架下的“安全政策构想”会议、“战略同盟2015计划工作组”会议、“延伸威慑政策委员会”等。[③] 2014年9月，韩国政府正式决定购买40架美F-35A隐身战机，首架将于2018年抵达韩国，2021年前全部交付，并且洛克希德·马丁公司还将为“韩国”型战斗机（KF-X）研发项目提供17项制造技术。[④] 通过密切的安全合作磋商、经常性的军事互动以及军售活动，美韩同盟得到巩固和深化，韩国也逐渐成为美军推进“亚太再平衡”战略的东亚桥头堡。

第三，提出应对“反介入/区域拒止”作战理论。历史地看美国百余年的海外征战史，其常胜的关键在于超前的精细化设计及适时地升级作战理念，正是由于超越对手的战略思维、作战理念，确保了美军的行动优势。美军为了更好地推进“亚太再平衡”战略，针对中国等亚太国家发展的军事能力，创新作战理论以应对“反介入/区域拒

① 阮宗泽：《权力盛宴的黄昏：美国“亚太再平衡”战略与中国对策》，时事出版社，2015年版，第147页。

② The White House, Joint vision for the alliance of the United States of America and the Republic of Korea, June 16, 2009, https://www.whitehouse.gov/the-press-office/joint-vision-alliance-united-states-america-and-republic-korea.

③ 阮宗泽：《权力盛宴的黄昏：美国“亚太再平衡”战略与中国对策》，时事出版社，2015年版，第151页。

④ 周杨：《韩国决定购买40架F-35战机 将获17项先进技术》，http://mil.huanqiu.com/world/2014-09/5149362.html。

止”挑战。在美国2012年1月17日出台的《联合作战进入概念》(JOAC) 中明确指出,“反介入”是指通常利用远程手段阻止敌军进入作战区域的行动和能力,“区域拒止”是指通常利用近程手段限制敌军在作战区域的行动自由的行动和能力。[①] 需要指出的是,“‘反介入/区域拒止’威胁进入美军研究视野已近20年,被列为美军的作战目标已有10年”。[②] 但是,把“反介入/区域拒止”作战理论提升到战略层次,却是在美国提出“亚太再平衡”战略之后。美国认为,中国的综合实力虽然在一定期限内不足以与美国进行全面抗衡,但却具备“反介入/区域拒止”能力,以非对称作战的方式将美国排除在地区事务之外,妨碍美军对于“亚太再平衡”战略的推进。因此,许多美国智库的研究报告更是明确以中国为作战对象。在美国眼中,中国具备的“反介入/区域拒止”能力包括:反卫星与网络战武器;战略导弹部队及空军对前沿基地的打击威胁;反舰导弹对水面舰艇的打击威胁;侦察卫星、雷达、预警机对海上目标的搜索定位;海军航空兵的打击威胁;潜艇的潜射导弹打击威胁;光纤网、地空导弹、陆基拦截飞机组成的防空网。[③] 所以,针对中国所具备的“反介入/区域拒止”能力,美国研发了相应的作战理论,即“空海一体战”[④]。2013年5月,美国国防部空海一体战办公室发布了《空海一体战:军种协作应对反介入和区域拒止挑战》(Air-Sea Battle: Service Collaboration to Address Anti-Access & Area Denial Challenges),系统阐述了“反介入/区域拒止”、“空海一体战”的概念及其在联合作战中的作用和实施

---

① U. S. Department of Defense, Joint Operational Access Concept, January 17, 2012, p. i, http://www.defense.gov/Portals/1/Documents/pubs/JOAC_Jan%202012_Signed.pdf.

② 叶建军:《美军应对“反介入/区域拒止”战略的形成过程及背景探析》,《解放军国际关系学院学报》,2012年第1期,第12页。

③ 参见:Andrew F. Krepinevich, Why AirSea Battle? http://csbaonline.org/publications/2010/02/why-airsea-battle/.

④ Air-Sea Battle Concept, ASB. 在美国2010年版的《四年防务评估报告》中明确提出该概念。

情况。报告指出“空海一体战”要求在空、海、陆、天、网络空间实施网络化、一体化的纵深打击（Networked，Integrated，Attack-in-Depth，NIA），以破坏、摧毁、击败（Disrupt，Destroy，Defeat，D3）敌手的“反介入/区域拒止”能力，为友军和联盟部队提供最大的行动优势。其中D3是决定“空海一体战”能否成功的关键环节，“破坏”指破坏敌方的C^4ISR（指挥、控制、通信、计算机、情报、监视和侦察系统）网络，“摧毁”指摧毁敌方的作战平台实现行动自由，“击败”指击败敌方已发射的武器和进攻部队。① 在2015年1月8日，由美国联合参谋部主任空军中将大卫·高德费恩（David Goldfein）签发备忘录，将“空海一体战”概念正式更名为“全球公域介入与机动联合概念”②，同时将国防部“空海一体战”办公室合并入联合参谋部联合部队发展部，以便于更好的运用“全球公域介入与机动联合概念”。

第四，在台湾问题上不断地制造事端。美国一直把台湾问题作为牵制中国发展的一个重要战略棋子。自中美建交以来，台湾问题一直是中美关系的“晴雨表”。当中美关系密切的时候，台湾问题往往就变得边缘化，而当中美关系出现波折时，台湾问题又会凸显出来。1982年，中美两国就美国向台湾出售武器问题进行谈判，并签订了《八·一七公报》。美国承诺将逐步减少对台武器出售，并经过一段时间导致问题的最后解决。然而，1992年，美国背信弃义，对台出售150架F－16战斗机。克林顿政府时期，中美达成建立建设性战略伙伴关系的协定，台湾问题又边缘化起来。1998年6月30日，克林顿访华期间，就台湾问题提出了“三不”原则，即不支持台湾独立，不

① Air-Sea Battle Office, Air-Sea Battle: Service Collaboration to Address Anti-Access & Area Denial Challenges, http: //120. 52. 72. 51/archive. defense. gov/c3pr90ntcsf0/pubs/ASB-ConceptImplementation-Summary-May－2013. pdf.

② Joint concept for Access and Maneuver in the Global Commons, JAM-GC. 关于此概念译名参见俞晓鹏：《“空海一体战”与“全球‘公域’进入机动”——兼谈对新概念译名的看法》，《外国军事学术》2015年第7期，第36—38页。

支持“一中一台”、“两个中国”，不支持台湾加入任何必须由主权国家才能参加的国际组织。[①] 小布什政府上台之初，准备把中国作为战略竞争对手。于是，2001 年 4 月 23 日，美宣布向台出售包括极具进攻性的柴油动力潜艇、“基德”级驱逐舰等在内的 40 多亿美元的武器；还公然宣称美国将会“不惜一切代价协防台湾”。美太平洋总部司令布莱尔公然宣称售台武器要与中国大陆军队建设挂钩。“9·11”事件后，美国致力于全球范围内反恐战争，又把中国视为其伙伴，因而在台湾问题上又改变了做法。2003 年，针对台湾民进党当局的“台独”言行，小布什总统对中国国家主席胡锦涛说：“陈水扁是麻烦制造者”。[②] 奥巴马上台后，在处理对台关系上又有所突破，如在台湾建立 X 波段雷达站，派遣高级现任官员访台，允许台湾官员访问美国国防部，增加对台军售的力度等。美国的所作所为，就是要中国台湾与大陆的“不统不独”的局面，将台湾作为遏制中国的一张“王牌”。

第五，调整军事力量部署。“战略筹划指导的对象是军事斗争，而军事斗争是由军事力量来承担和实施的”。[③] 当今世界追求全球和地区霸权的国家，往往“根据建立和保持霸权的需要选择军事力量的运用方向”。[④] 美军推进“亚太再平衡”战略就是为了重构亚太战略环境，维护自身的世界领导地位。为达成这一目的，美军势必将军事力量向亚太地区调整，以确保战略的顺利推进。美国 2014 年版的《四年防务评估报告》中强调，“美军将持续为美国向亚太地区的再平衡做出贡献，维护这个对美国政治、经济、安全利益至关重要地区的和

---

① 中国国际互联网新闻中心：《克林顿总统公开重申对台湾“三不”原则》，新浪网 1998 年 6 月 30 日，http：//news. sina. com. cn/CNS/187. html。

② 参见《美国总统对中国国家主席胡锦涛说：陈水扁是麻烦制造者》，南方网 2003 年 10 月 23 日，http：//www. southcn. com/news/hktwma /liangan/200310230887. htm。

③ 王文荣：《战略学》，国防大学出版社，1999 年版，第 106 页。

④ 参见高金钿、顾德欣：《国际战略学概论》，国防大学出版社，1995 年版，第 92 页。

平与稳定。美军将强化在东北亚、东南亚及大洋洲的军事存在，以维护亚太地区的稳定”。[①] 美国 2015 年版的《国家军事战略》中强调，美国在世界关键地区的军事存在是巩固世界秩序的基础，同时在应对危机时提供了与其他国家合作的机会。因此，“美军将继续推进亚太‘再平衡’战略，将最先进的作战能力和更多的作战部队配置在这一至关重要的地区”。[②] 在军力部署的调整上，尽管美国强调要形成“地理上更分散、行动上更灵活、政治上更持续”的军事布势，[③] 但其重点就是提升在东北亚的作战能力。2015 年，美军派遣新型航空母舰“里根”号前往日本替换“华盛顿”号航母执行战备任务；在亚太地区部署最新型的两栖攻击舰“美利坚”号直至 2020 年；在日本增派 2 艘“宙斯盾”驱逐舰；配属 3 艘最新型号的隐身驱逐舰 DDG－1000 至太平洋舰队。为了对水面作战能力形成补充，美军还配备了最强的空中作战装备，主要包括 F－22“猛禽”隐形战斗机，B－2“幽灵”隐形战略轰炸机，B－52H“同温层堡垒”战略轰炸机，为海军陆战队和特种部队配备 V－22“鱼鹰”倾转旋翼机，同时在 2017 年第一轮前沿部署的 F－35“闪电Ⅱ”联合攻击战斗机将配置在日本岩国机场。需要注意的是，美国国防部还将在接下来的几年内购买 395 架 F－35 战机，其中的大部分将配属在与东北亚关联的亚太地区。在水下方面，美军在关岛基地增派 1 艘攻击型核潜艇并投资额外建造 2 艘“弗吉尼亚”级核潜艇。为了发挥舰机更大的作战能力，美国国防部还采购了联合空对地防区外导弹—增程型（JASSM-ER）和新型远程反舰巡航导弹，并将于 2017 财年在美太平洋司令部辖区内部署第

---

① U. S. Department of Defense, *Quadrennial Defense Review* 2014, http: //archive. defense. gov/pubs/2014_Quadrennial_Defense_Review. pdf.

② The Joint Chiefs of Staff, *The National Military Strategy of the United States of America* 2015, June 2015. p. 9, http: //www. jcs. mil/Portals/36/Documents/Publications/2015_National_Military_Strategy. pdf.

③ Robert M. Gates, Remarks by Secretary Gates at the Shangri-La Dialogue (2011－06－03), http: //archive. defense. gov/transcripts/transcript. aspx? transcriptid＝4831.

一批 MQ－4C 无人机。[①] 同时，美军已于2014年在关岛海军基地增加部署2架 RQ－4B“全球鹰”无人机，使得关岛“全球鹰”无人机的数量达到5架，而且多次将“全球鹰”无人机前置部署至日本三泽基地用以对我国进行侦察。不仅如此，美军还加强东北亚地区的反导能力。2014年，美军在日本完成部署第2部陆基X波段雷达，并于同年12月份投入使用。在日本增派2艘具有反导能力的“宙斯盾”舰，使得美军在日本部署的“宙斯盾”舰达到7艘。此外，美军还于2013年在关岛部署一套“末端高空区域防御系统”（THAAD，简称“萨德”系统），同时现在正积极谋求在韩国部署1套“萨德”系统以应对朝鲜核、导威胁。再加上美国及其盟国在日、韩早已部署的“爱国者”系列反导系统，美国在东北亚地区的反导体系已初具规模。

需要着重指出的是，为了显示其在亚太地区强大军事存在的决心，2016年上半年，美国将其长期在太平洋东部活动的第三舰队的一个航母战斗群调入西太地区。更有甚者，是年8月，美国将其现有的三款战略轰炸机，B－1B，B－2和B－52H同时部署到关岛。这在美军历史上尚属首次。美国还对驻日、韩军事基地及其军力部署结构进行优化。2012年2月，关于驻日美军整编计划美日两国达成一致，原驻冲绳的约1.9万名美海军陆战队员中的9000名将迁至澳大利亚、关岛、夏威夷等地。同时，驻韩美军的基地调整计划也在有条不紊持续进行，驻韩美军的28500人将于2016年从100多个分散零落的基地集中部署到以平泽和大邱为中心相对集中的约50个基地内。总之，美军的兵力部署与调整，其根本目标就是为了“将关岛建设为西太平洋的‘战略轮毂’，改善美军应对亚太地区可能发生的

---

① U. S. Department of Defense, Asia-Pacific Maritime Security Strategy（2015－08－14）, p. 21, http：//www. defense. gov/Portals/1/Documents/pubs/NDAA% 20A-P_Maritime_SecuritY_Strategy－08142015－1300－FINALFORMAT. PDF.

紧急事态的能力”,[①] 尤其是应对东北亚地区事务的能力。

综上所述，“亚太再平衡”战略是美国的一项国家大战略。从地缘上说，这一战略的核心就是确保美国在东北亚的国际地位。在亚太地区，美国一旦失去了在东北亚的存在和影响力，也就等于完全退了出去。实际上，美国的东北亚战略蕴含于“亚太再平衡”战略之中，以日、韩为前沿，美日、美韩同盟为基轴，以关岛为中心的第二岛链、甚至以夏威夷为中心的第三岛链为依托，将中俄大陆国家封锁在大陆上，从而维护其在东北亚地区的主导地位和西太平洋地区的海上霸权。尽管在2016年大选期间，共和党总统候选人特朗普表示，除非日韩愿意负担更多的成本，否则他就要从这两个国家撤走美军。然而，当他在2017年1月就职后不久，就派遣国防部长詹姆斯·马蒂斯出访韩国与日本。马蒂斯出访日韩两国，既是他就任国防部长后的首次出访，也是特朗普内阁部长中的首个海外访问行程。这表明美国对美韩和美日同盟的重视。在访问韩国时，马蒂斯与韩国代总统黄教安进行了会谈，表示要按计划部署萨德系统；在访问日本时，马蒂斯受到了日本首相安倍的接见，表示鉴于美日面对来自朝鲜与其他威胁，《日美安保条约》第五条很重要，并重申了该条约第五条适用于“尖阁诸岛”（中国钓鱼岛）的立场。[②] 这充分地说明，美国特朗普政府虽然可能对美国的“亚太再平衡”战略进行某种程度的调整，甚至取消这一战略的称谓，但其亚太战略的本质和目标不会有太大的变化。

二、俄罗斯的东北亚战略

基辛格曾说过，“俄罗斯向外扩张很少节制。一旦受阻它就满怀

① Leon E. Panetta, Remarks by Secretary Panetta at the Shang-La Dialogue in Singapore（2012－06－02）, http：//archive. defense. gov/transcripts/transcript. aspx? transcriptid = 5049.

② 参见：《美防长马蒂斯访日重申 日美安保条约适用钓鱼岛》，《联合早报》2017年2月4日，http：//www. zaobao. com/news/world/story20170204－720654。

悲愤，暂时隐忍，伺机报复”。[①] 数百年来，从沙皇俄国至苏联，再到今天的俄罗斯，都殚精竭虑地进行战略筹划，以便在东北亚地区攫取土地，扩大影响，获得新的利益。鉴于当代国际环境的变化和自身力量的限制，俄罗斯再以发动战争或在其他国家之间制造战争的做法已经失灵，因而把维护既得利益作为其地缘战略筹划的首要任务。

通过雅尔塔协定，苏联在东北亚获得了巨大的利益，不仅恢复了日俄战争中失去的权益，而且在领土和国际影响上都有所收获。从领土上说，苏联得到了库页岛、千岛群岛以及日本的“北方四方”；从国际影响上说，随着新中国和朝鲜加入社会主义阵营，使东北亚国际力量的对比发生了对其有利的转变。从某种程度上说，苏联在东北亚已取得了决定性的战略优势。在接下来的长时期里，苏联都把中国和朝鲜作为应对美国遏制战略的重要依托，一直到 20 世纪 60 年代中期，当中苏关系破裂后，苏联才对其东北亚的地缘战略做了改变，既与美国展开争夺，又对中国进行战略包围。冷战结束后，其继承者俄罗斯再次调整苏联时期的地缘战略，通过改善与中、日、韩的关系，融入地区安全体系，参与地区事务的解决，从而加快经济发展，维护其在该地区的利益。从近年来俄罗斯领导人的讲话和政府的相关文件中，可以清楚地看出俄罗斯东北亚战略的概貌。

首先，确保东北亚地区的稳定。战争与混乱对于一个强国来说，是机遇，而对于弱国而言则是灾难。俄罗斯在东北亚地区的领土都是从中国或其他国家割取或占有的。在清朝晚期，中国国力衰败，不断遭到列强的侵掠。俄罗斯就是利用这一时机，通过战争和其他手段胁迫清政府割让大片领土。可以说，今天俄罗斯在东北亚地区的大部分国土都是从中国割取的，千岛群岛的北方四岛是从日本占据的。在那一时期，俄罗斯是强者。今天，当俄罗斯不再是该地区的最强国之后，它就不希望再看到战争或混乱，一旦发生了这样的情况，就可能出现领土变迁的机会。所以，冷战结束后，俄罗斯的东北亚战略的核

---

① 参见基辛格：《大外交》，152 页。

心或主要目标，就是要维护地区的稳定。正是由于如此，冷战结束以来的俄罗斯，着手在东北亚进行战略布局，其中一个根本性的举措就是与中国发展战略伙伴关系。只要处理好与中国的关系，它在远东地区就免除了后顾之忧。通过此举，它既巩固了在东北亚的地位，同时又减轻其在西部欧洲地区所面临的来自西方的战略压力。

其次，推进与东北亚国家的合作。为了实现维护东北亚稳定的目标，俄罗斯利用其战略优势，加强与该地区其他国家的合作。俄罗斯在东北地区有两大优势，即强大的军事力量和丰富的自然资源。强大的军事优势，可以对其他国家构成威慑，丰富的自然资源则是与其他国家合作的筹码。尽管中国与日本在领土问题上与俄罗斯存有宿怨，也对其构成一定的压力，但也有重大的共同利益。中国与美国存在着结构性的矛盾，加之在资源方面对俄罗斯有重大的需求，两国在政治上“抱团取暖”，在经济上共同发展。而日本为了收回北方四岛，防范中国，增大与美国讨价还价的空间，同时对俄罗斯存在着一定程度的依赖。韩国无论是政治上，还是在经济上，对俄罗斯也有着较大的战略需求。因此，这就为俄罗斯推进与中、日、韩的合作提供了极大的空间。因此，近年来，俄罗斯与中国的战略伙伴关系有了全面的发展，与日、韩的合作也取得了相当大的成就。

再次，力求实现战略平衡。无论是从国家整体战略还是从地区战略来说，俄罗斯都不得不重视与中国的关系。苏联解体后，使其继承者俄罗斯面临的形势十分严峻。中亚各原加盟国家的独立，使俄罗斯的西南边界后退上千千米；西部欧洲各加盟国家的独立，又使其西部边界后退数百公里。不仅如此，华约集团瓦解后，俄罗斯的东欧安全屏障不复存在。作为横跨欧亚两洲的国家，俄罗斯最忌惮的事情莫过于两线作战。20 世纪 40 年代，在面临来自德国与日本的两面进攻时，苏联果断地与日本缔结了中立条约。冷战结束以后的俄罗斯也深切地感受到美国及其盟友从东西两个方向对其施加的压力。俄罗斯也考虑全面“融入”西方，但由于其长期以来的政策与战略实施，西方国家对其严重地不信任。不仅如此，西方国家还利用俄罗斯面临的困境，不断地挤压其战略空间。要在欧洲地区与西方抗衡，俄罗斯很难找到一个能与其志同道合的盟友。而在东方，由于美国与中国存在着结构性的矛盾，对中国奉行“接触 + 遏制”的政策，中国也需要在国际上寻求共同对抗美国的盟友。这样，出于解构美国战略压力的需求，俄罗斯与中国就有了利益契合点。所以自 20 世纪 90 年代前期开始，俄罗斯就设法与中国建立更密切的关系，并得到中国的积极回应。于是，俄罗斯先是与中国建立战略协作伙伴关系，解决边界争端问题，签订《中俄睦邻友好合作条约》，接着又与中国共同努力，提升两国关系的水平，形成全面协作战略伙伴关系。在当今世界，国际社会常常把中俄在战略上视为一体，认为中俄是实质上战略联盟。通过与中国建立战略伙伴关系，俄罗斯不仅东北亚地区解除了安全之虞，而且在欧洲地区与西方国家的斗争中也赢得了主动权。近年来，无论是在高加索地区还是在中西亚地区，以及中东地区，俄罗斯都获取了重大的战略利益，特别是重新将克里米亚置于自己的控制之下。

作为一个大国，虽然在推行地区战略上有所偏重，但也不可“把鸡蛋都放在一个篮子里”。俄罗斯深切地认识到，在国际战略中，“平衡”是一个不可或缺的要素。1996 年 6 月，叶利钦在其发表的第一个《总统国家安全咨文》中明确地表示，在战略关系方面，俄罗斯政策的重点是与中国、美国、韩国、朝鲜都进行战略合作。面对北约东扩，俄罗斯以中俄战略协作伙伴关系为基础，改善同日本及朝鲜、韩国的关系，恢复与蒙的传统友好关系，以此稳定东部，巩固后方。“9. 11”事件后，俄罗斯在中国、日本之间实行平衡；在政治手段和经济手段之间实行平衡。俄罗斯将根据国家利益的需要进行权衡，采取灵活的政策。俄罗斯在发展与中国战略关系的同时，也注重与东北亚另外两个重要国家—日本和韩国发展合作关系，全力使蒙古与其保持密切的睦邻关系。2016 年 12 月 1 日，俄罗斯总统普京签署的新外交原则的文件，即《俄罗斯联邦外交政策构想》中，把“向东看”作为俄罗斯外交的新方向，再次强调要加强俄罗斯在亚太地区的地位。[1] 为此，一方面突出中国在俄罗斯外交中占有重要位置，另一方面注重发展与蒙古和朝鲜传统友谊，同时加强与韩国和日本的合作，

进入新世纪以来，俄日拓展和深化了在政治对话、经贸合作和军事方面的交流。在过去的十余年里，俄日关系虽然因日本北方四岛问题、乌克兰问题产生了不少龃龉，但在诸多领域的合作也取得了一些进展。如双方都表示要进行对话和协商，发展双边关系；积极谋求实质性的合作，2002 年 6 月日本正式提出“不拘泥于领土问题，全面发展日俄关系”的构想，并得到了俄罗斯方面善意的回应；2003 年日本首相访问俄罗斯时与普京总统正式签署了一份旨在深化两国关系的“日俄行动计划”，开始构筑面向未来的全新的建设性伙伴关系。在过去的几年里，尽管由于受到多种因素的制约，日俄关系的发展差强人意，但从总体上看，两国关系还是比较稳定，没有出现大的波折。2016 年 12 月 15 日，俄罗斯总统普京还对日本进行了访问，尽管在领土争端上没有取得进展，但是对于两国关系的其他方面特别是经济合作领域还是有所推动。

同时，俄罗斯还着重发展与韩国的关系。由于冷战和朝鲜战争的影响，苏联与韩国一直到 1990 年才建交。苏联解体后，作为主要继承者的俄罗斯联邦在苏韩关系的基础上，继续加强与韩国的合作。冷战结束后，特别是苏联解体后，俄韩两国之间基本上没有什么矛盾和冲突。在过去的 20 多年里，俄韩关系发展顺利，双方在政治、经贸以及军事技术等方面都取得了很大的成就。只是在 2016 年上半年，当美韩达成在韩国部署“萨德”系统之后，俄韩之间才产生了矛盾。俄罗斯坚决反对美国在韩国部署“萨德”系统，并表示要采取适当而有力的反制措施。由于俄罗斯的战略指向主要是美国，从其地区稳定的战略框架考虑，不大可能以此激化与韩国的矛盾。

① 谢亚宏：《俄罗斯新外交政策文件：俄中是全球稳定基本要素》，《人民日报》2016 年 12 月 1 日。

最后，构建地区牵制关系。为了掌握在东北亚地区事务的主动权，俄罗斯除了与中、日、韩进行合作以外，还要设法使各国之间，特别是中日之间形成一种竞争关系。既然要搞地区“平衡”，俄罗斯就必须把自己置于“平衡者”的地位。而要实现这一目标，俄罗斯就必须利用战略资源的优势，使东北亚地区的其他国家之间处于竞争或矛盾的态势。从历史上看，俄罗斯常采用这一战略手段。更何况，在当前的东北亚地区，也存在着可供俄罗斯利用的现实环境。朝韩之间有冲突，中日之间有矛盾，中韩之间有分歧，域外国家的美国与中、日、韩都既存在着共同利益，又存在着矛盾分歧。实际上，俄罗斯在在其外交实践中极力在上述各国之间纵横捭阖，制造和利用矛盾，以使其处于主动的有利地位。

总之，避免两线作战是俄罗斯传统的地缘战略。在东北亚地区，俄罗斯的基本目标就是维护其数百来的扩张成果，防止其领土或国家进一步肢解。为此，它要保持强大的军事存在，利用其战略资源，推进与各国的合作，利用各国的矛盾，保持地区平衡，从而设法维护地区的稳定，捍卫其领土主权完整，并在与其他大国的博弈中处于有利地位。

三、中国制衡均势战略

博弈论在分析国家战略时加入了与其他国家的比较，通过对比可以看到国家间的依存关系。[①] 因而，博弈论在战略对抗中可以作为国家的战略指导策略存在。在博弈论的观点中，一个国家战略的制定要综合考虑其他国家的制约因素，并不是只有自身的发展目标。战争与冲突只是国际关系中的部分内容，最关键的还在于把握国家之间的利益，在制约中追求稳定和发展。[②] 在国际关系的实践中，无论是大国

① 廖瑞、谢黎焱、李大伟：《基于博弈论的国家战略利益冲突分析》，《舰船电子工程》2012 年第 3 期，第 23—25 页。

② 金强一：《论中国的东北亚区域战略》，《韩国研究论丛》第 12 辑，中国社会科学出版社，2006 年版，第 35 页。

中的强国还是弱国，为了赢得主动地位，均势战略是一个运用最多且成效最为显著的选项。英国作为一个欧洲大国，利用其有利的地缘位置，对欧洲大陆长期奉行“扶弱抑强”的均势政策；奥地利在拿破仑战争后，相比于其他欧洲强国，处于弱势地位，但其首相梅特涅运用高超的外交手段，构建了一种对奥地利有利的、以均势为主导的维也纳国际体系；德国著名宰相俾斯麦，也运用均势战略，构建三个“三国同盟”体系，与俄罗斯签订两个“保险”条约，同时联合英国，编织了一个维护德国安全的网络；尼克松总统及其国家安全事务助理基辛格，在当美国与苏联争霸中处于劣势时，也把均势原则用于指导国家战略，并取得了显著的成效。尽管“均势”战略不是处理国际关系的灵丹妙药，但却是一种屡试不爽的重要方法。实际上，中国虽然从未发布过有关东北亚地区的战略报告，但从政策宣示和外交行动上可以看出比较清晰的“制衡”特征。

在东北亚地区博弈的诸大国，都把“均势”或“制衡”作为重要的战略考量。美国为了维护在东北亚的主导地位和重要利益，在东北亚范围内构建霸权主义下的均势状态。利用各国间错综复杂的关系，以自身实力作为保障，充当大国间维持平衡关系的仲裁者。最终力图在东北亚地区实现遏制中国的崛起，防范俄罗斯的复兴，打击日本军国主义以及联合韩国抵制朝鲜的目的。通过东北亚各国的相互牵制和相互制衡，实现其维护在东北亚霸权地位的目的。如前文所述，俄罗斯也大体上采用同样的手法。与此相对应的是，为了维护东北亚地区的和平与稳定，确保未来和平发展的国际环境，打破美国的战略遏制，也防止自己成为俄罗斯的战略工具，中国也把“制衡”作为重要的手段。

首先，防范美国“一超独大”。冷战结束后，美国成为唯一超级大国。海湾战争中，美国“一呼百应”，不仅其传统的盟国紧随其后，而且许多其他国家也积极参与。联合国安理会竟然罕见地通过了“678 号决议”，授权以美国为首的多国部队对伊拉克使用武力。海湾战争之后，美国以“冷战”胜利者的姿态，推行“参与和扩展”战略，企图在全球范围内建立美国式的所谓民主制度。对于中国，美国的态度也有所改变，认为苏联解体后，对华战略需求有所降低，“遏制”政策的幽灵重现。其实，美国对华战略一直带有“双轨”的特征，一方面希望把中国纳入其主导的国际体系中，另一方面又对中国持有强烈的防范意识。20 世纪 90 年代初，美国就为遏制中国而抛出了“中国威胁论”。1992 年，美国政府公然违反中美“八·一七”公报，悍然向台湾出售 150 架 F－16 战斗机。1996 年，台湾李登辉当局出现“台独”倾向。中国政府为了捍卫国家的领土完整，决定进行导弹发射演习，震慑台湾当局。美国对此做出了强烈反应，竟然派遣强大的航母编队至台湾东部的海面，进行所谓的“反制”。1999 年，在科索沃战争中，美国更是肆无忌惮地“误炸”我驻南联盟大使馆。可以说，在 20 世纪 90 年代，尽管两国领导人实现了互访，达成了建立建设性战略伙伴关系的共识，但从总体上看，两国关系是在磕磕绊绊中前行的。1997 年，美国麦田公司出版了《即将到来的中美冲突》一书，极度宣染中美之间的矛盾与对立。[①]“炸馆”事件的发生，更是使中国对美国仅存的一点战略信任消失殆尽，并有了高度的警醒。小布什上台后，一度把遏制中国作为美国的首要战略，提出要“尽其全力”“协防台湾”，只是由于“9·11”事件的爆发，才改变战略走向。奥巴马上台后，美国政府制定和推行“亚太再平衡”战略，构建亚太地区防务合作网络，其目标指向当然是中国。对此，从国家的安全与发展出发，中国不得不采取相应的战略举措，防范美国的遏制。

其次，推进与俄罗斯的战略合作。当一国试图建立世界霸权时，

① 《即将到来的中美冲突》（the Coming Conflict with China）由白礼博（Richard Bernstein）和孟儒（Ross H. Munro）两名记者所著。白礼博曾任美国《时代杂志》驻香港特派员，驻北京第一任分社主任和《纽约时报》驻联合国分社主任和国家文化特派员；孟儒曾任《时代杂志》驻香港、曼谷和新德里分社主任、多伦多《全球邮政》驻迪拜特派员。两个作者从国际新闻的视角，对中美关系进行了分析，认为中国的积极发展，改变了与美国的力量对比，使两国关系中的许多矛盾显现出来，并导致两国关系深受困扰，难以找到答案。

此霸权所引发的危机感必将激化其他成员的团结和制衡[①]。毫无疑问，在参与东北亚地区战略博弈的大国中，美国的力量依然首屈一指，同时，还有日本与韩国两个区域内国家作为盟友。很显然，中国要靠自身力量与美国及其盟友进行对抗，压力自然是十分巨大的。为此，从长远的观点看问题，中国必须通过国际合作，对冲美国及其盟国的力量。因此，联俄就再次成为中国的战略选择。历史上，尽管俄罗斯对中国的伤害极为严重，占据了大片的土地，但往往在历史巨变的时刻，总是把俄罗斯作为获得救助的对象。孙中山领导的国民党在广州建立临时政权时，提出了联俄、联共的政策；国民党政府在抗战胜利之初，也与苏联签订友好同盟条约；新中国成立后，毛泽东很快就赴苏联访问，与苏联谈判缔结友好同盟互助条约；在朝鲜战争中，中国与苏联坚定地站在一边，共同抗击美国对朝鲜半岛的侵略；20 世纪 90 年代，面对冷战后不确定性的国际局面，中俄战略合作再启。

中国是世界人口最多的国家，俄罗斯是世界上领土面积最大的国家，并且地理位置相邻，从“互相视为友好国家”发展为当前的“全面战略协作伙伴关系”，不仅对于彼此的发展都至关重要，而且对于世界局势的发展和稳定更加重要。中俄两国战略合作，在客观上起着平衡美日同盟的作用，对于稳定东北亚局势乃至整个亚太地区和平与稳定发挥着重要的影响。

再次，稳定朝鲜半岛局势。朝鲜半岛是大国东北亚战略博弈的核心地区，也是一个具有爆炸性的国际热点地区。如前文所述，所有参与东北亚博弈的大国之间，都因为朝鲜半岛问题直接地或间接地打过仗。朝鲜半岛分裂局面的形成，就是大国博弈的产物。朝鲜半岛属于中国的核心利益范畴，朝鲜半岛稳定，则东北亚稳定；朝鲜半岛混乱，则东北亚局面危急。这就是中国政府反复强调不允许“家门口”生乱的主要原因。为了使朝鲜半岛稳定的局面得以维护，中国的立场

---

① 袁明、阎学通、王缉思等：《争论中的国际关系理论》，《世界知识》，2003 年第 5 期，第 40—45 页。

是清楚的，一方面坚定地主张朝鲜半岛无核化，另一方面明确强调使用和平外交手段解决半岛争端。在实际的外交行动中，中国也是双管齐下，既对朝鲜核、导试验进行制裁，同时又反对韩国引入美国“萨德”系统。不仅如此，中国还旗帜鲜明地反对任何一方激化朝鲜半岛矛盾的作法。所以，中国在朝鲜半岛的政策，也可以视为平衡的作法，既要使朝鲜与韩国相对平衡，又要使在朝鲜半岛存在瓜葛的大国之间也要适度地保持平衡。正因为如此，2016 年 6 月，中俄两国发表的关于世界战略稳定声明中指出：“域外力量”“计划在东北亚部署‘萨德’系统”，“将严重损害包括中、俄在内的域内国家战略安全利益，中俄两国对此强烈反对。”①

最后，增进利益纽带的平衡作用。在全球化时代，国家间经济关系相互依存，任何一个国家都难以通过自身的强大抑制其他所有国家的发展。各国在世界范围内展开激烈的竞争，并在竞争中共同进步。美国想要在东北亚地区构建“霸权均势”（Hegemonic Balance of Power）格局，不仅需要依靠强大的军力，更需要建立以美国为核心的亚洲金融秩序。② 均势主义理论认为，维持均势的成本低于均势带来的利益时，双方都倾向于尽可能地保持现状。美国虽然综合国力强盛，军事力量强大，但也无法控制所有国际性或地区性组织。在东北亚地区，美国选择极力维持霸权主义下的均势状态，这主要因为中国的经济发展使得美国打破平衡的代价愈发难以估量，与其不负责任地打破平衡，不如在保持东北亚地区和平稳定的基础上维护好自身利益。

为了使美国难以承受打破东北亚战略平衡的代价，从而在中国主张的框架内采取维持现状的态度，中国已着手运用利益的纽带，着眼在东北亚地区的经济领域中构建一种相互依赖的局面。例如，针对性

① 参见《中俄关于加强全球战略稳定的联合声明》，新华社北京 2016 年 6 月 25 日电。

② 熊李力：“超越‘霸权均势’——亚太地区国际体系中的中国外交”，《当代世界与社会主义》，2010 年第 4 期，第 124—128 页。

地赋予上海合作组织更多的经济交流职能，以密切成员国之间的经济联系，形成共同利益。上合组织六个成员国都是能源大国，各方通过能源的合作不仅能带动相关产业的升级，更能在升级的过程中创造新的岗位和更多的就业机会。上海合作组织成员国还可以就其合作领域所涉及的相应人才需求，加强教育方面合作，从而提供更全面更系统的专业人才。为相关领域的良好运作保驾护航。上合组织积极地欢迎其他国家的加入，特别是美国、日本和韩国，不仅可使本组织更具代表性，而且能借组织规范形成各国间的有效制衡。这种密切的经济合作能够加强各方的利益联系，从而实现均势的制衡。又比如，持续推进中日韩合作机制和“中日韩自由贸易区”建设，并以其为中心向外进行辐射，加强同美国、俄罗斯、朝鲜和蒙古的双边、多边贸易，形成东北亚“命运共同体”。

总之，着眼于核心利益的维护，精心于战略筹划，在东北亚地区建立一种相互制约的均势制衡关系，从而最大限度地谋求区域事务的主导权，是中国东北亚战略的基点。

四、日本东北亚战略的架构

作为东北亚国家的一员，同时又希望在地区乃至世界事务中有所作为的日本，在东北亚的博弈中不可能袖手旁观。战后，日本由于战败，曾在一段时间里，退出了博弈。随着经济的发展，国力的增强，日本再次登上大国在东北亚地区角逐的舞台。尽管日本政府，或其领导人以及政治和战略学界，都没有宣称日本制定过东北亚战略，但从对外政策和交往中仍然能够看出其大体的战略框架，那就是设法跻身大国行列，坚持日美关系优先，既防范又接触中俄两国，谋求地区主导地位。

首先，从战略目标上说，日本主张成为政治大国。在 20 世纪 70 年代前，日本的国家目标就是全力发展经济，在对外政策中，也是经济优先。因此，日本被世界上许多国家视为“经济动物”。然而，随着经济实力的迅速上升，日本政界在20世纪80年代“逐步形成了与美国的东亚战略保持一定程度的一致的同时以军事力的扩张为基点迈向政治大国的外交基调”。① 冷战结束以后，由于来自北方的战略压力减轻，中国的崛起尚未成事实，日本决定修改防卫政策。1995年，日本制定的防卫大纲中，主张大幅度提升防卫能力，同时与美国发表新安保宣言，扩展两国安保体制的范围。不仅如此，日本还公开宣布参加美国的MD计划，制定《周边事态法》，大肆扩张军事实力。通过提高军事能力，增大与其他国家博弈的筹码，为摆脱二战以来国际社会对它的种种制约，成为“正常国家”创造条件，从而实现政治大国的战略目标。

其次，从战略手段上看，日本为了实现政治大国的目标，必须根据国际政治特别是东北亚战略环境的现实而进行选择。在参与东北亚战略博弈的大国中，日本应是最弱的一个，而且还处于美国的控制之下。因此，日本在手段的运用上，一是坚持日美同盟。日本的战略家清楚地地认识到，美国的对日政策是：既主张日本发展一定的军力，成为遏制和防范中国、俄罗斯的前哨，同时不愿意看到日本在军事上的独立。在这样的背景下，日本不可能摆脱美国而一意孤行，因而只得借助美国的力量而达到自己的目的。二是与中国、俄罗斯保持适度的互动。尽管日本与中国和俄罗斯在战争态度和领土问题上存在着争端，有着较强的防范心理，但也不得不设法与两国保持适度的互动。唯有如此，才能使美国出于维护其东北亚地区主导地位的战略立足点，从而减弱对日本的控制。基于这些考虑，日本在与中俄特别是中国进行互动的同时，也不时地制造一些矛盾，如扩大“中国威胁论”和“朝鲜威胁论”，“参拜靖国神社”和“修改教科书”等问题。三是在中俄之间搞平衡。中俄两国固然建立了全面战略协作伙伴关系，

① 参见金强一：《中国东北亚区域战略与朝鲜半岛问题》，载于2003年延边大学东北亚国际政治研究所主办的“中国东北亚区域战略与朝鲜半岛问题”学术会议论文集。

但是在国家利益上并非完全一致。于是，日本就在中俄之间玩弄平衡，增强对两国政策的灵活性。

再次，从战略步骤上讲，鉴于战后几十年对美国的严重依赖，日本不可能一蹴而就地达到自己的战略目标，还必须循序渐进，分步实施。由于各种因素的制约，日本东北亚战略充满着各种矛盾。如果对美“一边倒”，它必然失去本地区国家的信任；如果不向美国一边倒，它又担忧自身的安全。因而早就有人说过：“从长远的观点看，日本一边加强与美国的军事同盟，一边与东亚各国发展经济合作的战略具有不可持续性。”[①] 因此，从目前日本的政策走向看，其东北亚战略分为两大步骤，即先把日美同盟关系设定在优先地位，并充分利用周边政治环境特别是朝鲜半岛的分裂和核导问题，来实现军事大国化，实现正常国家的目标。而当普通国家地位恢复，并在国家安保问题上不再担忧时，再着手修改向美一边倒的外交政策，从而成为一个真正的大国。

日本对于大国在东北亚地区的战略博弈影响关键。除了中俄之外，日本是东北亚地区综合力量最强大的国家，因而对大国在东北亚地区的战略博弈有着关键性的影响。日本属于大国东北亚战略博弈的地缘政治空间折冲之要，历史上往往投向支配力量以求自身安全，[②] 战后以来就成为“美国西方盟国中最紧跟美国的国家”[③]，同时与中国和俄罗斯长期维持着复杂、脆弱且敏感的交往关系。日本因其根深蒂固的外张性战略文化，在东北亚地区长久以来挟美自重，远交近攻，向周边示强，不断巩固地区强国地位，从军事安全领域最大限度

① 刘世龙：《冷战后的日本的外交战略》，《日本学刊》2003 年第 5 期，第 24 页。

② 阐述这一思想的成果，［美］亨廷顿：《文明的冲突》，新华出版社，2013 年版，第 211—213 页。

③ 尹承德、江培柱：《日本》，载中国国际问题研究所编：《中国周边国家与合作组织》，人民出版社，2014 年版，第 28 页。

地挤压中国战略空间，谋求“倒行逆施”的战略主动，[①] 并企图利用钓鱼岛争端，搅动东北亚安全形势，通过肆意解释宪法，推动所谓的“积极和平主义”，最终完成“国家正常化”以实现政治和军事大国的战略抱负，[②] 并由此成为影响中美东北亚战略博弈进程中最具野心的参与者。同时又以经济往来为诱惑，使俄罗斯在北方四岛问题上让步。总体而言，日本决策者历来“习惯于盯着局部想全局，而不习惯

① 日本认为，尽管本世纪以来国际政治力量平衡发生重大变化，但美国凭借其强大的军事和经济实力，以及其价值观和文化所形成的软实力，依然是世界范围内综合国力最强的国家，并强调日美同盟自成立以来，为日本的和平与安全以及亚太地区的和平与稳定，始终发挥着无法替代的作用。在具体措施上，以新版《日美防卫合作指针》为牵引，日本还将“周边事态”拓展为全球，并特别罔顾中国将钓鱼岛纳入其中。借此，实现日美双方军事力量从平时到战时的“无缝对接”，通过深化太空、网络等新领域军事合作实现军事同盟的“跨域无界”，巩固和强化其所谓的“慑止与应对能力”与美方给予的核领域“延伸威慑”，并在维护和拓展其自主安全发展空间基础上，将自身绑上美国亚太和全球战略的战车，夯实美国在亚太地区的军事存在，最终实现美日压制中国战略空间、争取战略主动的共同军事目的。参考：日本《国家安全保障战略》文本（2013 年 12 月 17 日；于淑杰：《世界主要国家安全战略及评析》，军事科学出版社，2014 年版，第 127 页。

② 鉴于日本战前长期奉行对外扩张政策，日本当前成为东北亚地区主要国家间领土纠纷问题与各民族仇视感的矛盾焦点。然而，日本呈现政治右倾化，罔顾此严峻现实和中日关系稳定发展的良好势头，竟于 2012 年 9 月公然宣布钓鱼岛国有化，一手造成中日关系的紧张与对立，一度为东北亚安全形势带来震荡性影响。此后，日本通过其所谓的“冷静且毅然应对”方式，展开大规模军事动作并开启了难以回头的风险博弈，攻击中国设立“东海防空识别区”，制衡中国在钓鱼岛维权行为，于 2014 年颁布《2014 年度以后的防卫计划大纲》和《日本中期防卫力量发展大纲》，着力发展“维持海上与空中优势的防卫力量”，将防卫预算提高到迄今 5 年的峰值，同年 10 月又通过《特定秘密保护法》减少本国透明度，并于 2015 年 6 月通过《防卫省设置法》修正案正式废除“文官统领”制度等。参考李凡：《战后东北亚主要国家间领土纠纷与国际关系研究》，江苏人民出版社，2013 年版，第 309—315，319—322 页；《日本公布〈保密法〉运用标准》，新华网 2014 年 10 月 15 日，http：//news. xinhuanet. com/world/2014 – 10/15/c_127098743. htm；《日本通过〈防卫省设置法〉修正案，废除文官统治》，人民网 2015 年 6 月 10 日，http：//world. people. com. cn/n/2015/0610/c157278 – 27134139. html。

于从全局思考局部”①，加之其极度的好胜精神与危机意识，致使其往往缺乏长远战略思考，不遇到失败很难改弦更张。因此，面对中美东北亚战略博弈，日本时至目前尚难积极参与东北亚地区和平的多边主义进程，仍企图诱导和利用美国，拉拢俄、韩、蒙古等国，以实现对中国的抗衡，并进一步谋求牵制和干扰中国的发展进程。

总之，各大战略力量特别是中、美、俄三国为赢得在东北亚地区战略博弈的优势，都在进行谋篇布局。一方面，各方都致力于提高自身的综合实力；另一方面，各方还在东北亚地区以外的更大的国际舞台上进行角逐。美国不断强化其联盟战略，扩大所谓国际民主大家庭。中国也利用地缘优势，与欧亚大陆国家发展密切的合作关系，如在与俄罗斯建立“全面战略协作伙伴关系”的同时，也加强与欧盟之间的互助合作，以扩大欧洲与美国的政治裂缝。日本则致力于政治大国目标的实现，并在此基础上获取东北亚事务的优势地位。

第三节　构建战略博弈力量

力量是国家间战略博弈的基础。为了在东北亚战略博弈中赢得主动和成功，近年来，各大国在增大国防投入，推进军事变革，着力经济发展，提升科技水平的同时，着重通过巩固联盟或伙伴关系，扩展国际合作空间，挤压对方的阵营范围等，以最大限度地构建战略博弈的力量基础。

一、美日着力巩固联盟关系

美日同盟一直是美国介入东北亚事务的基石。冷战后，随着苏联

① 刘江永：《中日关系正迎来新甲子大变局》，载国防大学战略研究所编《国际战略形势与中国国家安全（2013—2014）》，国防大学出版社，2014年版，第50页。

解体和中国的改革开放，美、日两国在东北亚地区面临的威胁基本消失，因而同盟关系有所淡化。在这样的背景下，两国在美军驻扎、费用分担、基地调整等问题上产生龃龉，纷争多年。然而，进入新世纪以来，随着东北亚地区战略力量的消长造成的安全环境变化，美、日在安全领域又产生新的合作共识。为此，美日双方决定调整原有的双边同盟体系，一方面，使日本承担更多的防务责任，以弥补美国在全球范围内维护世界领导地位所带来的力量不足；另一方面，则使美国在东北亚地区投入更多的战略资源，以减轻日本的安全疑虑，进而提升美日同盟在东北亚地区的地位和作用。

美国是一个具有世界野心的国家，从其建立之时起，就有了统治全球的思想。但是，由于偏居于美洲一隅，远离世界政治中心——欧亚大陆，因而要将野心变成现实，美国必须在欧亚大陆或其边缘地带获得依托点。在国家力量不够强大，尚不具备与西欧列强进行博弈的能力的时候，美国便避强就弱，向太平洋方向扩张。美国在亚洲的理想就是把中国变成其战略支柱，但每一次都以失望而告终。因此，为了控制欧亚的东端，美国只好利用第二次世界大战的机遇，单独占领日本，并与日本结盟，将其变成它在亚洲特别是东北亚的战略支柱。

为了稳固日本这个战略支柱，美国可谓处心积虑。一是大力扶持。自占领之时起，美国就着手重建日本，经济上援助，政治上改造、文化上塑造，军事上保护，使日本不仅在各个方面依赖美国，而且在价值观上完全同一。二是严加控制。美国扶持日本的目的是为自己的战略服务的，而不是使其成为挑战者。因此，美国始终把日本规制在其设定的战略轨道之中。如冷战结束后，由于贸易逆差巨大，结构不平衡严重，日本的经济发展迅速，在规模上似有接近美国的迹象，于是，美国就开始对其进行打压，迫使日本签订“广场协议”，致使日本经济在其后20余年的时间里处于停滞状态。三是军事控制。美国长期在日本驻军，一方面是为了保护日本，这是两国间的盟约所规定的，但另一方面也是防止日本军国主义复活。用美国人的语言表述，就是使日本不再成为世界和平的威胁者和破坏者。四是制造麻烦。为了防止日本“背信弃义”，全心全意地绑在其的战车上，美国在日本周边打下“楔子”。美国对北方四岛问题一向不愿多发声，使日俄之间不断地有麻烦；在钓鱼岛问题上，美国在移交冲绳时故意留下的“绊子”，使日中之间难以真正地亲善；在日韩关系上，美国既不愿看到它们密切，又不想它们敌视，拉打结合，掌握好平衡度。尽管如此，如果日本面临真正的威胁时，美国绝不会袖手旁观。这样，美国与日本的联盟关系不仅长期地稳固下来，而且还有相当大的发展空间。

由此可知，美国之所以把日本视为最重要的盟国之一，就是因为它在亚洲特别是东北亚地区需要这么一个战略支撑点。可以试想一下，如果美日同盟解体，美国在东北亚还有与其他大国进行博弈的筹码和依托吗？

日本也把发展与美国的同盟关系作为对外战略的首要任务。尽管在20世纪70年代至90年代中期，日本曾打算在日美同盟之外扩展更大的国际空间，摆脱对美国的依赖，但很快又改弦易辙，又回到原先的道路上。进入新世纪，随着政坛的剧变，民主党上台执政，日本虽然产生了“等距离”平衡外交的构想，但最终并未变成现实。安倍政权执政后，日本进一步推动与美国同盟关系的发展。在奥巴马政府时期，日美同盟关系稳定，在许多领域取得了新的进展。2016年11月，共和党人特朗普当选总统后，安倍打破历史惯例，前往美国与其进行沟通。12月26日，安倍又赴珍珠港，对1941年日本发动突袭所造成的亡灵进行所谓的悼念。其实，他的目的只有一个，就是充分表达出对日美同盟关系的重视。

在可以预见的未来，为了在东北亚地区的博弈中取得有利地位，美日两国战略需求难以发生大的变化，因而双方的同盟关系不仅将继续存在下去，而且还可能有所深化和拓展。

二、美韩大力稳定战略同盟

韩国是美国在东北亚地区又一重要战略支点，因而美国一直致力于稳定美韩同盟关系。相对于日本，韩国的力量要弱一些，其面临的国际环境也比日本更为复杂。美韩同盟是在朝鲜战争之后形成的。在朝鲜战争中，倘若没有美国的干预，韩国可能也就不存在了。停战以后，出于安全的考虑，韩国选择与美国结盟。鉴于中国派遣志愿军作战，苏联也站在朝鲜一边，在整个冷战时期，韩国成为美国遏制苏联与中国战略上的一环。20 世纪 90 年代初，韩国先后与苏联和中国建交，且与两国关系特别是中国的关系迅猛发展，经济交往与政治互动频繁，美韩关系出现了“信任危机”。进入新世纪以来，即使朝鲜核危机加剧以后，韩国在“六方会谈”中也注重与中国的立场协调。在处理与中美两国的关系上，韩国一度出现了疏美近中的倾向。在加入中国倡导的“亚投行”和出席 2015 年中国“9・3”阅兵的问题上，韩国都顶住了美国的巨大压力。但是，由于朝鲜的核试验和发射导弹，美韩同盟又出现了强化的势头。2016 年以来，随着朝鲜进行第四、五次核验、发射“光明星”四号卫星和不断地试射导弹，韩国对中国的战略信任趋于降低，再次向美国倾斜。鉴于朝鲜与中国和俄罗斯的特殊关系，韩国很难将其安全问题寄希望于中、俄两国。美国利用朝核问题，使美韩同盟关系变得进一步密切起来。如战时指挥权问题已搁置，“萨德”系统部署势所难免，军事演习完全实战化，等等。韩国在安全上既依赖美国，又不能无视其他大国的影响。因此，韩国的对外政策时常表现出在大国之间寻求某种程度的平衡，从而使美韩之间的“信任度”要低一些。为了使韩国坚定地站在一边，美国高度重视与韩国同盟关系的稳定。

美国之所以如此，主要是出于如下的考虑。首先，捍卫战争的结局。在开罗宣言中，美、中、英三国达成共识，使朝鲜在适当的时候独立。在其后的有关战后安排的国际会议中，各大国在朝鲜独立的问题上一直存有共识，即使北纬38度线作为美苏军队接受日本投降界线的安排，也是临时性的动议，而不具有任何政治和军事意义。但是，随着美苏矛盾的加深，双方各不相让，才使38度线成为半岛的分裂线。不仅如此，这种安排还使朝鲜半岛成了大国博弈的焦点，并进而引发了朝鲜战争。朝鲜战争结束后，美国已经无法离开朝鲜半岛了，因为它付出了沉重的代价。保护韩国，使韩国得以生存下去，关乎美国的尊严，关乎对其付出代价的珍重。

其次，巩固战略阵地。韩国是美国在东北亚陆上唯一驻军的国家。既然从欧亚大陆两端控制欧亚大陆是国家的长远战略，仅仅依靠日本，就显得极其单薄。拥有韩国这一阵地，与日本相辅相承，以韩国为前哨，以日本为后援，美国在东北亚地区就有了更大的战略行动空间。正是由于拥有了韩国这一重要战略基地，美国才得以真正地成为东北亚地区有重大影响的战略力量。

再次，着眼未来博弈。作为一个世界性的大国，美国的利益遍布全球。无论是过去还是未来，美国都要与其他国家进行斗争与合作。战略空间的得失是国际博弈成败的重要标杆，也是国家安全边界的变动标识。一般地说来，一个国家安全边界距离国家核心区越远，国家的安全就更有保障，国家的力量也一定更加强大。把博弈的焦点尽可能推进到他国边界，无论如何都对本国极为有利。只要美国的势力在韩国还存在，那么，大国在东北亚的战略博弈就会继续下去，持续的时间越久，说明美国的战略支持力也就越久。因此，通过稳定与韩国的联盟关系，美国就可在东北亚地区的战略博弈进行下去，从而使其战略安全空间得到有力的保障。对于韩国而言，虽然清楚地认识到与其他大国发展关系的重要性，但鉴于历史和现实的原因，不得不把韩美同盟置于优先的地位。所以，美韩同盟在经过一段时间的摇摆之后，又重新进入稳定状态。

2009年6月16日的韩美峰会上，两国“通过发表《韩美同盟未来发展蓝图》重新修复了过去10多年里出现裂痕的韩美关系，并确定了韩美同盟的未来发展蓝图”。[①] 2010 年 3 月 26 日，韩国军舰“天安号”沉没事件发生后，美韩关系再次得到加强，双方就应对朝核问题的六方会谈所持立场重新达成高度统一，强调在朝鲜作出实质性的放弃核武器措施、或者公开道歉前，美韩都将保持一致，不会重新恢复参加六方会谈。

由两国防长参加的安保会议是美韩之间安全与防务合作的重要磋商机构，每年举行一次，迄今已召开46 届。2010 年 10 月 8 日，美韩防长举行第42 届年度安保会议，正式签署《国防合作指南》《战略计划方针》《战略同盟 2015》等文件，构筑两国“21 世纪全面战略同盟”。[②] 2014 年 10 月 23 日，美国国防部长哈格尔和韩国国防部长韩民求举行第46 次韩美安保会议，争取就再次延长战时作战指挥权交接时间达成协议。

为了进一步加强磋商，美韩也参照美日安全磋商的模式，于 2010 年 7 月建立了“2 +2”部长会议机制。21 日，双方首次防长与外长共同参加 的“2 +2”会议中，美方不仅有盖茨、希拉里这样的关键性人物参加，还派出了美军参谋长联席会议主席穆伦、负责亚太事务的助理国务卿坎贝尔、白宫首席亚洲事务顾问贝德和美军太平洋司令部司令罗伯特·威拉德等重量级官员。美国国防部长盖茨在会后评价说，“会谈为巩固美韩同盟关系做出了极大的贡献……加强同盟关系是我们一同迈出的重要步伐。”[③] 2014 年 10 月举行的第五次“2 +2”部长会议上，双方将就加强美韩同盟和安全合作的方案、朝鲜及朝核问题、全球性合作事宜深入交换意见，着重讨论了近来朝鲜的挑衅、朝核问题、再次推迟美向韩移交战时作战指挥权的时间问题、联合防

---

① ［朝］朱庸中：《韩美峰会：恢复血盟关系确立未来发展蓝图》，载《朝鲜日报》中文网络版，http：//chn. chosun. com/site/data/html_dir/2009/06/17/20090617000008. html。

② 季慧、王玉华：“美国亚太战略的联盟因素”，宋德兴主编：《战略与外交》，时事出版社，2012 年版，第 225 页。

③ 《美防长称美韩 2 +2 会谈进行了全面对话 巩固同盟》，中国新闻网，2010 年 7 月 22 日，http：//www. chinanews. com/gj/2010/07 –22/2420052. shtml。

卫态势、加强“全球伙伴关系”方案等。在此过程中，双方还将就两国在“伊斯兰国”事态、埃博拉疫情、乌克兰局势等问题上的合作方案进行了磋商。

为了应对朝鲜研发核武器造成的半岛动荡局势，两国提升了军事演习的规模。2010 年 7 月 25 日至 28 日美韩两国在黄海举行了 1976 年以来的最大规模联合演习。在此之后，美韩保持了密切的军事互动，年度联合演习投入也居高不下。2012 年 2 月 27 日，美韩举行多达 20 余万人的“关键决心”军演，2013 年至 2016 年的年度“关键决心”演习大体上都保持了同样的规模。

最后需要强调的是，2016 年美国当选总统特朗普在竞选期间曾发表言论，改变美国的联盟政策，从韩国等地撤军。尽管韩国总统朴谨惠因“闺密”干政问题面临被弹劾的艰难处境，特朗普仍然在胜选后第二天就致电朴谨惠，表示为“确保韩美两国安全，美将坚持与韩国合作路线不动摇。”① 由此可见，美国还将大力推动韩美同盟关系的稳定和发展。

三、美、日、韩增强战略互动

日韩两国虽然都是美国的盟国，但相互之间却由于历史问题和岛屿争端而矛盾重重，甚至敌视。因此，美日、美韩同盟如同两条并行的铁轨，只在一定的节点产生交集。美国曾计划把美日、美韩同盟变成三国同盟，即东北亚的“小北约”，却一直未能实现。然而，近年来，由于东北亚地区国际关系的变化，特别是大国战略力量消长和朝鲜核、导问题的升级，情形则有了一些变化，日韩之间开启有限的军事合作。至于美国的“小北约”梦想能否成真，还需要时间来证明，那么美、日、韩三国在战略层面上进行了互动，已然成为事实。

① 参见麦可欣：《特朗普致电朴谨惠重申协防承诺》，联合早报网，2016 年 11 月 10 日，http://www.zaobao.com/realtime/world/story20161110-688544。

美、日、韩三国在战略上进行互动，并不是内生性的，而是外部力量作用的结果。首先，朝鲜核、导问题的催生。自20世纪90年代初起，朝鲜核问题浮出水面，进入21世纪后，朝核问题更加凸显。为了解决这一问题，在中国的倡导和推动下，除蒙古以外，东北亚五国与美国进行了“六方会谈”，持续四年，进行了六轮，并取得了一定的成果。但由于美朝立场相去甚远，“六方会谈”最后无果而终。2006年以来，朝鲜已进行了五次核试验，数次导弹发射试验，并成功地发射了卫星。朝鲜发展核武器和进行导弹试验，既使韩国感到严重的威胁，也令日本产生极度的不安，又将美国在东北亚甚至西太平洋地区的军事基地置于打击的范围，这就使美、日、韩三方出现了共同的利益，战略互动便随之而来。

其次，美国亚太战略的推动。日韩两国既存在历史问题瓜葛，又有现实领土纠纷，虽然都是美国的盟国，却因政治上的冲突未决，无法进行军事合作。然而，近年来，除了朝鲜核、导问题之外，美国为行实施“亚太再平衡”战略，极力推动日韩和解。2011年，日本的防卫相与韩国的国防部长举行首次会晤，就两国的防务合作问题进行商讨；2012年，两国就军队之间后勤互助达成协议；2014年，两国还签订了《情报共享协议》。更为重要的是，2012年，炮击延坪岛事件发生之后，日本与韩国共同参加了由美国主导的在黄海的联合军演。2015年底，日本首相安倍正式就二战期间的慰安妇问题向韩国政府道歉，为日韩军事交往消除了一个政治障碍。今后，日韩之间的军事合作，将取决于朝鲜政局的发展和中国东北亚政策的走向。

由此，我们可以得出这样的结论，在能够预见的未来，为了应对所谓的“安全挑战”，美、日、韩的双轨同盟，有可能向单轨同盟方向演进。当然，由于日韩间还存在着一些矛盾，美国要想把美日、美韩同盟变成东亚的“小北约”，还是要费一番力气的。因为，它所受的制约因素太多，而且也太强。但是，一个不容置疑的事实是，美、日、韩三国在朝鲜核/导等问题上，存在着高度的共识，互动难免。但在对待中国问题上，美日的立场接近一致，美韩的立场距离甚远，日韩之间几无共识。又由于中国和朝鲜存在着难以切割的关联，美、日、韩共同采取针对朝鲜的行动，也可能转向对付必然介入的中国。

最后，共同防卫利益的促进。无论是日本还是韩国，在防卫问题上都严重地依赖美国。对于美国而言，不管是在日本的军事存在，还是在韩国的驻军，都是出于其东北亚战略的布局。在20世纪60年代以前，由于美国在日、韩驻军相对固化，形势总体上稳定，加之日韩之间尚未建交，美、日、韩之间几无军事互动。1965年日韩邦交正常化后，才使美、日、韩三边军事互动成为可能。美、日、韩军事互动起源于美日就冲绳的归还问题进行的商榷。第二次世界大战后，美军占领冲绳。美军在冲绳军事基地不仅关乎日本的国家安全，同时关系到美军对韩国的有效防卫。因此，韩国在美日就冲绳归还问题的磋商中积极参与，同日本展开非正式协商，日韩两国出于对美国撤出军事基地的担忧而加紧双边安全领域的合作。冲绳问题最终在1969年尼克松——佐藤峰会中得以解决，日本在此次峰会后发表的《美日联合声明》中载入了“涉韩条款”。通过这一事件，我们可以看出美、日、韩在军事防卫上的共同利益。其后，美、日、韩在军事互动方面不断有所进展。

美、日、韩战略互动，从高到低，可以概括为四个方面：一是战略协调；二是情报共享；三是作训联合；四是军需互助。

第一，致力构建三边协调机制。1999年4月25日，美、日、韩建立了“三边协调与监督小组”（TCOG）。TCOG在处理朝鲜半岛危机方面发挥重要作用。“9·11”事件的爆发和国际社会反对恐怖主义的联合行动推动了美、日、韩三国实质性联盟关系的维护。2008年美韩双方商讨了美、韩、日安全协作机制，并策划成立“东北亚联合安全实体”。2010年以来，新一轮朝鲜半岛危机的发生，美、日、韩为面对共同的安全威胁，日韩之间暂时将民族问题与领土争端等矛盾抛之脑后，在美国的极力斡旋之下频繁互动，不断加深安全防卫领域合作程度，建立应对地区安全问题的内在机制，开始显露出三边军事联盟的特征，并且“有可能成为干预地区冲突的一体化武装力量”。

美、日、韩防务官员频繁接触，国防部长进行不定期的会晤，完善“美日韩高级政策协调会”的机制；在“联合委员会”的基础上设立“政策委员会”，加强三方的协调与联络。

第二，三国之间致力情报共享。情报合作是军队之间密切合作的重要标志之一。2007 年 8 月 10 日，日本外相麻生太郎与美国驻日大使托马斯·希弗签订了《军事情报保护协议》。根据 2015 年 4 月 27 日签订的《日美防卫合作指针》，两国和两军之间要进行充分的情报共享。“日美两国政府认为在形势判断上达成统一认识非常重要，因此应在包括国家战略层面在内的所有层面加强情报合作与情报共享；日美两国政府为实现紧密的情报合作与情报共享，应继续在制定机密情报保护政策、通用做法及程序等方面加强合作；日美两国政府还应寻求与伙伴国开展情报共享合作。”早在 1987 年，韩国就同意与美国进行情报合作。目前在美韩同盟的框架下，两国情报共享不存在问题。总体上来说，主要是美国向韩国提供情报。在美国的推动下，日韩两国防长在 2011 年 1 月在首尔举行的会议上曾达成共识，计划于 2012 年签订一个《军事情报共享协定》，但由于韩国国内强烈反对，推迟了签订时间，至今也未完成。不过，2016 年 3 月 31 日，美日韩在华盛顿核安全峰会期间会晤时，韩日之间就加强情报交流和签订《军事情报保护协定》达成共识，11 月 23 日，正式签署这一文件。

其实，早在 2014 年 12 月 29 日，美、日、韩三国签订了《情报共享协议》。该协议规定，三国情报共享仅限于朝鲜核试验和远程导弹发射的信息。但是，由于这一情报的共享，使韩国加入美国主导的导弹防御成为可能，也被理解为具有针对中国和俄罗斯的性质。不仅如此，美日韩在东北亚地区，无论是空中、海上，还是陆地，三国的侦测系统对于本地区的军事活动都进行严密地监控，一旦发现情况，彼此共享。

第三，推进作训联合。在美军的作战条令中，对于如何与盟军联合作战有明确的规定。自第二次世界大战以来，美国在海外进行战争中，其模式大抵上是相同的，即与盟友共同行动。朝鲜战争、越南战争、海湾战争、阿富汗反恐战争、伊拉克战争、武装干预利比亚、打击伊斯兰国等，都是如此。由此可以推断，将来要是在东北亚地区发生了战争，美国仍然会采取这样的行动。实际上，从冷战时期开始至今，美国一直在做这样的准备。

目前，美日在军事上一体化上已经有了很大的进展，美韩军队的指挥系统是合一的，韩国军队在战时将由美军统一指挥。尽管日本自卫队和韩军之间缺乏实质性的合训，但由于它们都是在美军的指导下发展起来的，在和平时期的建设与训练与美军实行对接，在体制与编制上与美军基本相同，将来参与以美国为主导的联合作战，似乎也不困难。

迄今为止，美、日、韩尚未举办过三边实战性演习，只是在2012年6月，在朝鲜半岛济洲南部的海域进行了史上首次联合救援性的军事演习。此后，美日韩未再进行过三边军演，但常常共同参加多边演习训练。

第四，三国之间着眼于军需互助。美日之间通过一系列条约和协定，特别是《日美防卫合作指针》等文件，完全实现了设施上共用、后勤上互助。美韩之间由于战时指挥权由美军行使，军需合作自然不成问题。2011年1月，日韩就两国缔结《相互军需支援协定》（ACSA）也达成共识，虽然因韩国民众的坚决反对，2012年双方中止了协定的签署，但此协定是二战后韩日历史上的首个军事协定。在实际层面，日韩之间也在某些领域实现军需物资的相互支援。

总之，尽管日韩之间存在着深刻的历史矛盾和现实纠纷，但在应对朝鲜及与其相关的威胁上，已经形成了诸多共识。不仅如此，又由于两国都是美国在亚太地区的主要盟国，美国也会尽力使日韩之间化解矛盾。正由于如此，美日、美韩同盟之间逐渐出现了这样的局面，即战略上协调、情报上共享、作战上联合、设施上共用、后勤上互助。

四、中俄深化全面战略伙伴关系

对于东北亚地区出现的美日同盟密切发展的现象，中俄两国重新审视国际战略环境，决定进行全面的战略合作，以保持和推进世界的和平与稳定，为各自的发展创造战略机遇。进入新世纪之后，中俄两国在上个世纪90年代战略合作的基础上，将双方的战略伙伴关系再推进一步，形成了全面战略伙伴关系。近年来，双方通过国家元首互访、政府首脑晤谈、国际会议磋商、区域组织合作等机制，协调彼此立场，增大在国际社会的影响力，使国际治理体系的发展进入两国预设的轨道。

在两国领导人和政府的共同努力下，中俄两国战略协作伙伴关系取得了长足的发展。首先，在外交方面相互策应。中俄战略协作伙伴关系的建立是基于双方对外战略的共同需求。20世纪90年代中期，面对北约和欧盟的双东扩，俄罗斯感到战略压力巨大，急需在东方寻求与其一道抗衡美国的政治朋友，因而向中国提出建立战略协作伙伴关系的倡议。而此时中国，为应对美国日益明显的遏制中国的政策，特别是对台湾问题的干预，也需要在国际上寻求其他力量的支撑。这样，中俄两国不谋而合。一句话，中俄两国之所以结成战略协作伙伴关系，就是出于共同应对美国挑战的需要。正由于如此，在外交上相互策应构成了中俄两国战略协作的主要内容。例如，中国支持俄罗斯在车臣维护国家统一和社会秩序的行动，俄罗斯则在台湾问题上支持中国的立场；为了防止美国在中亚地区立足，中国与俄罗斯、哈萨克斯坦、吉尔吉斯斯坦、塔吉克斯坦共同签署在边境地区加强军事领域信任协定和相互裁减军事力量协定，于2001年将“上海五国”元首会晤变成一个开展多边合作的地区机制——上海合作组织，2005年上海合作组织阿斯塔纳峰会发表《上海合作组织元首宣言》，要求美国制定从中亚撤军时间表；1999年，两国共同反对以美国为首的北约发动科索沃战争，并促成科索沃问题最终在联合国安理会范围获得政治解决；针对美国入侵伊拉克，北约扩大到俄罗斯西部边界，独联体多国发生“颜色革命”等形势变化，中俄两国强调双方对国际新秩序、维护发展模式多样化、巩固全球战略稳定等问题的立场，反对美国部署国家导弹防御系统和东亚战区导弹防御系统，抵制美国的太空武器化图谋；为了进一步扩大两国战略协作的力度，俄罗斯提出建立俄中印战略三角的构想，中国则给予有力的支持；在中俄共同努力下，“金砖四国”战略协调也得到大力推进；当美国以朝鲜核、导问题为借口企图在韩国部署“萨德”系统时，中俄共同反对，并就采取相应的反击措施进行协调；等等。

其次，增加彼此间政治互信。其实，无论是在俄罗斯，还是在中国，对中俄战略协作伙伴关系的发展都存在着置疑的声音。早在20世纪90年代，俄罗斯就出现了各种版本的“中国威胁论”，21世纪初俄远东中国移民、中国在中亚地区“扩张”等问题被某些俄罗斯人视为潜在威胁。随着中俄国力和国际地位易位，俄罗斯对中国崛起后将推行什么样的对俄政策，中俄力量对比的变化会否使俄处于不利境地，中国会不会成为俄罗斯战略竞争对手等，充满战略疑虑。如2014年1月21日，在俄罗斯与西方围绕乌克兰危机斗争日益激烈的时刻，著名智库俄罗斯外交与国防政策委员会发布了《21世纪的战略（讨论稿）》，报告竟然认为，未来俄罗斯安全面临一“软”一“硬”两个威胁：一个软威胁是中国的逐渐强大，他以使邻国依附于自己为传统目标；一个硬威胁是近东伊斯兰极端主义向俄罗斯势力范围甚至俄国内的蔓延。众所周知，俄罗斯外交与国防政策委员会的成员都是俄知识界或政界或商界的精英，然而这些精英对本国眼前面临的西方地缘政治挤压视而不见，却对未来中国崛起后的邻国政策忧心忡忡，这不能不说明俄罗斯对华战略疑虑之深且重。当然，中国也有一些人对俄罗斯的对华政策与中俄战略协作伙伴关系持不信任、不看好的态度。因此，中俄两国不仅要做好增信释疑工作，更要采取措施深化各领域战略协作，以持续加强战略互信。既要如普京所说，让俄罗斯感受到中国经济增长对俄来说不是威胁，中国之风是吹动俄经济之帆的机遇，又要让中国感受到俄确实是一个值得信赖的战略协作伙伴。①

为了夯实长远合作的基础，两国在政治领域采取了重大措施，消除不信任的根源。2001 年 7 月，两国签署《中俄睦邻友好合作条约》，确立中俄致力于建设“永久和平、世代友好”② 的相互关系，并决定将两国战略协作的范围扩展到全球。2004 年，签署《中俄国界东段补充协议》，全面解决历史遗留的边界问题，增进了两国政治互信。中俄两国为加强彼此间的政治互信，国家元首、政府首脑除举行定期会晤之外，还利用 G20 峰会、APEC 非正式首脑会议、上海合作组织峰会、金砖国家集团峰会、世界核安全峰会以及其他重大国际会议场合进行交流。

再次，两国还加强了有利增强政治互信的军事合作。军事合作是国家政治关系的晴雨表。一般地说来，没有高度的政治互信，军事合作往往难以展开，而军事合作的密切，也可反过来推动政治互信。为了增强两国间的政治互信，中俄开启了多方面的军事合作。一是深度展开军事技术合作。苏联解体后，俄罗斯军事工业步履维艰，乐于向任何有购买力的客户出售武器，以维持其生存。中国面临军事力量现代化问题，把引进外国军事技术作为重要解决途径之一。因此，从 1992 年起，中俄两国军事技术交易呈现快速发展之势。1995—1999 年，中俄军火贸易额达 33 亿多美元③。其中主要包括战斗机、运输机、现代化潜水艇、驱逐舰、雷达系统、防空导弹系统以及其他武器装备。其中，苏 - 27、苏 - 30 和苏 - 35 都是当时世界上最为先进的战斗机。2014 年，中俄两国经签署《S - 400 “凯旋” 防空导弹系统

① 上述内容参见柳丰华：《中俄战略协作伙伴关系——从外交策应到共同发展》，《俄罗斯学刊》第 5 卷，总第 30 期，第 16 页。

② 参见《中俄睦邻友好合作条约》，《人民日报》2001 年 7 月 17 日。

③ Stockholm International Peace Research Institute, SIPRI YEARBOOK 2000, Armaments, Disarmament, and International Security, New York: Oxford University Press, 2000, p. 341.

供应合同》，合同规定俄罗斯将向中国供应至少6个营、总价值超过30亿美元的S－400防空导弹系统。俄罗斯对华供应S－400防空导弹系统将为双方军事技术合作注入更加强劲的活力。二是启动国家安全磋商机制，举行系列军事演习。2005年，在上海合作组织的框架下，中俄两国共同参加“和平使命”联合军事演习，并使之成为年度的例行性演习；2012年开始，两国又启动“海上联合”军事演习，之后每年举行一次；三是开展国际军事比武活动。2013年，俄罗斯国防部又邀请中国参加其主办的一年一度国际军事比武活动。四年来，中国一直派遣部队参与国际军事比武，而且参加的项目不断增加。中俄军事合作力度的增强，为两国战略协作伙伴关系的深化和政治互信的增加注入了强劲的活力。

最后，双方共同努力推动经济贸易关系的发展。为了增强战略协作的纽带，两国经济贸易领域展开密切的合作，巩固双方战略协作关系的。2006年，中俄两国就泰舍特—纳霍德卡输油管线的中国支线项目达成协议；2011年，两国贸易额达到792.5亿美元，2014年中俄贸易额猛升为952.8亿美元，中国成为俄罗斯第一大贸易伙伴；2014年5月两国签署总额4000亿美元、以380亿立方米年输气量供应30年的《中俄东线供气购销合同》，11月签订供气规模为300亿立方米/年、供气期限为30年的《关于沿西线管道从俄罗斯向中国供应天然气的框架协议》。中俄天然气合作进一步加强两国能源战略合作伙伴关系；2014年2月，习近平主席赴俄罗斯出席索契冬奥会开幕式，中俄领导在中国建设丝绸之路经济带和俄罗斯建立欧亚经济联盟实现无缝对接的问题上达成共识。中俄经贸领域的合作，使两国战略协作伙伴关系的发展产生了内在动力。

中俄两国全面战略协作伙伴关系的发展，对东北亚地区的局势产生了重大的影响。在《中华人民共和国和俄罗斯联邦联合声明》中，对东北亚问题做了这样的表述：“中俄反对域外势力在东北亚于区加强军事存在，反对以应对朝鲜核导计划为借口，在东北亚地区部署作为美国全球反导系统太平洋地区组成部分的新的反导据点。”[①] 韩国《今日亚细亚》在6月26日的报道中说，中俄两国虽然否认，“但说实际上已结成了同盟关系也并不夸张”。韩国的“朝鲜”电视台也在报道中声称：“越走越近的中俄关系正成为东北亚局势新的变数。对韩美为应对朝鲜核武器的‘萨德’部署问题，两国悄然表明了反对立场。”[②] 在当今和可以预见的未来，东北亚地区大国战略博弈的格局已显现出一个日渐明朗的趋势，那就是在中俄两国战略伙伴关系迅速发展同时，美日韩联盟关系在朝鲜核、导问题的“牵引”下也日益强化起来。

在过去的20余年里，中俄两国在促进国际政治经济秩序改革和世界多极化、维护国际战略稳定、稳步实行联合国安理会改革、政治解决朝鲜核问题与伊朗核问题及叙利亚问题、加强上海合作组织与“金砖国家”框架下的合作等重大国际和地区问题上进行了良好的协调与合作。

综上所述，尽管在东北亚地区，各大战略力量在构建博弈力量方面有重合之处，覆盖的领域也比较地广泛，但在军事安全领域形成了日益清晰的两股力量，即美日、美韩同盟与中俄战略伙伴。虽然相关各方都表示，它们结盟或建立伙伴关系不针对第三方，似乎与第一次世界大战前的同盟与协约国有显著的不同，但是，一个无法否认的事实是，美日同盟和美韩同盟都是冷战的产物，其目标是针对当时的苏联和后来的中国。冷战结束后，美日、美韩同盟因失去了明确的对手，曾一度进入“漂流”状态和“信任”危机，但随着中国的迅速崛起、俄罗斯的复兴，又进一步强化起来。中俄全面战略伙伴关系的发展，虽然不能说就是指向美日韩同盟，但从2016年两国发表的关于世界战略稳定的声明来看，不无震慑美国的成份。从目前的趋势看，中俄战略伙伴关系与美日军事同盟已经显示出某种程度的相关性，即美日同盟的加强，促使中俄战略伙伴关系的深化，而中俄战略

① 《中华人民共和国和俄罗斯联邦联合声明》，新华网2016年6月26日，http：//news. xinhuanet. com/politics/2016 - 06/26/c_1119111908. html。

② 参见《中俄签“重量级”联合声明 携手维护全球战略稳定》，环球网2016年6月27日，http：//world. huanqiu. com/exclusive/2016 - 06/9085609. html。

伙伴关系的深化，又反过来推动美日同盟的巩固。

第四节 把握战略博弈走向

总的来说，国家战略博弈的目标在于维护和拓展利益。而要实现利益，又必须建立起对己有利的机制，在力量对比上赢得优势，在手段运用上实现主动。从现今大国东北亚战略博弈的发展态势看，各方已明显地聚焦于国际秩序的建立、域内国家的支持、经济合作的加深和极端方式的避免。也就是说，大国努力把握东北亚战略博弈的走向，政治上确立新准则，外交上形成新焦点，经济上孕育新前景，安全上呈现新态势，斗争与合作交互，尽力使局面处于可控状态。

一、着眼国际秩序的竞争

所谓国际秩序，即各个国家在从事利益交换活动中所必须基于的一定规则。当一个国家违反这些规则时，将受到国际社会特别是主导国的惩罚。一般来说，任何一个国际秩序，都反映着主导国的价值观念和利益导向，因而一旦某种国际秩序形成后，常常有利于主导国。比如说，战后世界秩序是美国主导建立的，其中的很多方面对美国有利，特别是以美元作为国际货币为美国带来了巨大的利益。自20世纪80年代尤其是本世纪以来，许多国家反对美国的“单边主义”，主张推动国际多极化建设，其目的就是为了打破美国一家独大的局面，建立更加公正的国际秩序。目前许多地区都存在大国博弈问题，其实质就是大国竞相成为地区的主导国，制定国际行为规则，从而获得重大利益。可以说，各大国东北亚各领域战略博弈的主要目的就是试图以自己的方式改善或构建国际秩序。东北亚现实的情况是，在国际秩序构建方面，无论是从经济上、政治上，还是文化上和思想上，中美是博弈的主角；俄罗斯只是更多地在战略上与中国进行协调，但不可能建立起由其主导的国际秩序；

日本不得不与美国紧密地合作，即使在地区秩序的建立上有想法，但由于国力的限制，也难以有所作为。

卡赞斯坦（Peter J. Katzenstein）认为："世界是地区组成的世界，这个世界深深地嵌入了美国帝权之中。"[①] 冷战后，美国便开始长期把持东北亚地区的主导权，在政治上"拉帮结派"，在安全上保持绝对权威，在经济上规制他国发展。这也生动体现着，世界主导国从来都具备这样一种特质，即有意愿和能力建立一套符合自身价值的国际体系，[②] 和通过维护该体系下的国际秩序，进一步深化自身利益的历史规律。[③]

由此，美国对地区现有国际秩序的把控，同其对地区主导权的维护是紧密相连且同等重要的，特别是冷战结束初期，美国在对华政策上也是拉着中国"朝向国际社会靠拢"。[④] 国际秩序包括权力分配、国际规范和国际机构。[⑤] 然而，从权利分配角度看，中国在经济领域已取得了巨大的成就，特别是在金融领域的国际机构和国际规范设置上也有了新的突破，这在客观上也深化了中美博弈中围绕地区权力分

① ［美］卡赞斯坦：《美国帝权中的亚洲和欧洲》，北京大学出版社，2007年1月版。

② 阐述这一重要思想的著作有很多，其中具有代表性的是：Jacque M, When China Rules the World: The Rise of the Middle Kingdom and the End of the Western World, New York: Penguin Group, 2009, p. 358; Kissinger H, Diplomac, New York: Simon & Schuster Paperbacks, 1994, p. 17; Kennedy P, *The Rise and Fall of the Great Powers: Economic Change and Military Conflict from* 1500 *to* 2000, New York: Random House, 1987;［美］米尔斯海默：《大国政治的悲剧（修订版）》，上海人民出版社，2014年版。

③ 贾庆国：《中国外交改革创新任重道远——对〈打造中国外交改革创新的机制〉的评述》，《国际政治科学》2014年第4期，第72页。

④ Berger S, A Foreign Policy Agenda for the Second Term, CSIS, Mar. 27, 1997, http://www.whitehouse.gov/WH/EPO/NSC/html/speeches/032797speech.html.

⑤ 阎学通：《大国提出的国际秩序观，既要好听还得好用》，澎湃新闻网2015年4月15日，http://m.thepaper.cn/newsDetail_forward_1320812。

配及国际秩序的竞争。[①] 当前，东北亚乃至整个亚太地区的“经济—安全”二元格局已初步形成，在中国崛起特别是经济实力迅猛发展的“磁吸”效应下，东北亚地区的经济格局正在经历重组，地区的经济主导权正在经历演变，地区的国际秩序也在经历重塑，且均向着利于中国的方向发展。

从中国的地缘政治环境和当前中国的力量辐射现状及能力看，中国倡导的对国际秩序和体系的改革重点是亚洲，东北亚地区又是整个亚洲的重中之重。对于中国，革新东北亚地区的国际秩序并非为了谋求霸权，也不是为己划定势力范围，而是为实现中华民族伟大复兴而塑造一个“稳定、和平、合作、发展”的战略环境。[②] 因此，中国将会更加积极地参与到国际规则的制定与国际机构的领导中来，在东北亚地区现有经济领域国际秩序继续作为，同时扩展其在安全、文化等诸领域对国际秩序变革的影响，最终落实好“共同、综合、合作、可持续”的亚洲安全观，[③] 以在政治领域“共同营造对亚洲、对世界都更为有利的地区秩序”[④]。

随着中国对国际秩序改革的诉求和中国对国际秩序改革实际能力的双重提升，东北亚地区国际秩序也在经历不断的调整和变化，而其后果即是东北亚地区主导权分配的一次又一次重塑。从理论上讲，尽管东北亚地区的中美权力分配在不同领域可能展现出不同的态势，但

---

① 事实上，中国早已认识到利用改革国际秩序来维护和追求自身战略利益的道理，中国外交部部长王毅也指出：“中国历来是国际秩序的建设性力量”，“中国主张对国际秩序和体系进行改革”，参见王毅：《中国是国际秩序的建设性力量》，中国网 2015 年 3 月 28 日，http：//news. china. com. cn/2015lianghui/2015 - 03/08/content_34988939. htm。

② 张蕴岭：《中国的周边区域观回归与新秩序构建》，《世界经济与政治》2015 年第 1 期。第 21 页。

③ 《主持亚信第四次峰会并发表主旨讲话，习近平提出亚洲安全观，努力走出一条共建、共享、共赢的亚洲安全之路》，《人民日报（海外版）》2014 年 5 月 22 日，第 1 版。

④ 《习近平“四观”倡导国际新秩序》，人民网 2015 年 3 月 28 日，http：//politics. people. com. cn/2015/0328/c1001 - 26764763. html。

归根结底，权力重新分配的结果必然是“零和”的，即在东北亚地区每个领域内中美之间必定会出现“你多我少”的局面，也必然会产生领域内的权力主导偏移。由此，美国同中国无论是在东北亚地区主导权还是国际秩序的竞争中，势必会采取更多对抗性措施。然而，这一现实带来的结果将是，中美两国出于最大限度维护和拓展自身在东北亚乃至整个亚洲战略利益的目的，将会把中美东北亚战略博弈中的具体领域和具体问题置于更高的战略维度进行思考，特别是在非核心利益的边缘化问题上更加不在乎“一城一地的得失”；而维护和塑造对己有利的地区国际秩序，竞争和护持各领域主导权，将成为战略博弈行动的出发点和落脚点，由此上述两点也将成为衡量未来中美东北亚战略博弈行动的新准则。①

二、争取域内国家的支持

国家获取利益的方式主要有三种：一是土地掠取；二是资本扩张；三是区域合作。在封建时代，国家主要依靠领土掠夺的方式，以占有更多的资源，从而使国家的发展具有可持续性；在资本主义时代，国家通过资本扩张的方式在世界范围内谋取利益；在当今世界，土地与资本虽然都不可或缺，但在主权概念日益明晰的情况下，任何

① 需要注意的是，尽管中美在东北亚地区主导权和国际秩序竞争将会上升到一个新的层次，但是长期以来，中国是处于主动融入且以意愿合作的姿态融入已有的国际规范和国际机构过程之中的，并且中国在现有的国际秩序中成功壮大了自身力量，特别是在东北亚地区已经处于现有体系的顶端，成为了现存体系巨大既得利益者。这就注定了中国对东北亚地区国际秩序改革将不会是“另起炉灶”，而是在现有国际秩序内部进行重塑和完善。由此，在可预计的将来，中美在东北亚的地区主导权和国际秩序竞争也将是在现有基础框架内的竞争，这也使得这种竞争也必然是双方都必须有所妥协。与此同时，历史地看，中国在该竞争过程中，较之美国将承受域内国家更多的抱怨、指责、批评，甚至是挑衅。参考：Johnston A I, Is China a Status Quo Power? *International Security*, 2003, 27 (4), pp. 5 - 56；郑永年：《大格局——中国崛起应该超越情感和意识形态》，东方出版社，2014 年版，第 18—19 页。

国家都不能像过去那样明目张胆，而是要有所限制。于是，一种新方法应运而生，即通过区域合作，实现国家利益的最大化。在东北亚地区，大国一直努力争取域内国家的合作，只不过在方法的运用上不断变化而已。

其中，朝鲜半岛是该地区的地缘核心。历史地看，在朝鲜半岛及其周边，中、美、俄、日几国一直在朝鲜半岛进行较量，大小战事发生多次。自朝鲜战争结束后就形成固化的分属阵营，一边是中国、苏联和朝鲜，另一边是美国、韩国和日本，且长期以来，双方互不染指。然而，上世纪 70 年代，在美国向中国的“越顶外交”冲击下，日本认为恢复中日邦交已经成熟，[①] 很快与中国实现正常化，进入了中日“蜜月期”。之后，中国长期主张中日友好，但进入新世纪后，随着日方一系列严重践踏历史事实和违反国际法理的行为，中日关系多次降至冰点。同时，美国在对外政策上也发生了较大转变，两国间分割鲜明的地缘政治界限日趋模糊，而两国对战略利益诉求的扩大就是打破这一界限的最重要因素。当前，中美在东北亚地区几近形成了地缘政治的新战略平衡，即中国背靠俄罗斯与美日竞争的形态。[②]

随着各大国战略利益诉求的继续增长和调整，东北亚地区的韩国与蒙古正在成为两个当前没有“固化倾向”的外交博弈的争取对象。其中，韩国是首要，它位居东北亚核心，聚焦了国际关注与大国博弈。尽管早在 20 世纪 50 年代，韩美就已结成军事同盟，但是从东北亚地区形势发展再到半岛问题的和平解决，都离不开中国与苏联/俄罗斯。1990 年，苏联与韩国建立了外交关系。1992 年，中国突破了中朝关系难点，与韩国建交。自此，发展与韩国的双边关系在当今中国的东北亚地区外交上占据了越来越重要的地位。[③] 特别是 2014 年 7

① 谢益显：《中国当代外交史（1949—2009）》，中国青年出版社，2009 年第 2 版，第 247—254 页。

② 清华大学当代国际关系研究院外交改革课题组：《打造中国外交改革创新的机制》，《国际政治科学》2014 年第 4 期，第 39 页。

③ 钱其琛：《外交十记》，世界知识出版社，2003 年版，第 137—162 页。

月，习近平主席打破惯例先于朝鲜对韩国进行了国事访问，提出“惟以心相交，方成其久远”，[①] 在 23 个领域确定了 90 余项合作事项，[②] 并于 2015 年 6 月正式签订了中韩自贸区协定，并邀请韩国总统朴槿惠作为重要客人登上天安门城楼参加“9·3”阅兵盛典，将中韩关系推向了历史最好时期。尽管如此，在安全领域韩国依旧受美国牢牢把控，如由于“萨德”部署问题，中韩之间产生了认知的冲突，这也意味着中韩之间的战略合作伙伴关系的发展相比美韩同盟关系还是次要的，中国在短期内对韩国的争取很大可能依旧浮于经济，仅会在朝鲜半岛无核化与地区公域非传统安全问题上取得有限进展。俄罗斯对于韩国也极为重视，因为韩国的资金与技术对其远东地区的发展都是极其重要的。相对于中国而言，俄韩在朝鲜核问题上也没有太大的冲突。俄罗斯对韩国的争取，在一定意义上也限制着美国和中国影响的扩大。日本也着力改善与韩国的关系，因为只要日韩矛盾存在下去，日本在东北亚的作为就很难实现。这就是安倍在慰安妇问题上做出让步，向韩国公开道歉的原因所在。

受地缘政治影响，蒙古作为中俄两国的邻国，在各领域对中俄两国都有依靠，强调着重发展与中俄两国关系，但是其也有防范的一面。受历史原因及蒙古国内形势的影响，中国同蒙古间交往自 20 世纪 90 年代才明显增多，特别是两国经贸关系持续快速发展，两国间关系在 2003 年到 2011 年不到十年的时间，完成了从“睦邻互信伙伴关系”到“战略伙伴关系”的提升。至于美蒙关系，冷战时期长时间受限于美苏两大阵营的关系发展，冷战结束后，美国将蒙古认为是“第三邻国”，特别是自美国推行“亚太再平衡”战略后，美蒙之间的政治高层互访日益频繁，两国之间的军事合作也更加多样并趋于常

---

① 《习主席访韩：惟心相交，方成久远》，新华网 2014 年 7 月 7 日，http://news.xinhuanet.com/world/2014-07/07/c_1111498042.html。

② 《聚天时地利人和，谋和平发展合作——外交部长王毅谈习近平主席对韩国进行国事访问》，新华网 2014 年 7 月 4 日，http://news.xinhuanet.com/world/2014-07/04/c_126711971.html。

态。美国长期致力于将蒙古树立为亚洲转型国家的效仿榜样，在推行美式民主价值观问题上极力支持。同时，美国出于长远战略考量，对蒙古的矿产资源也十分重视。但是，导致蒙古变为中美在东北亚地区争取新焦点的根本成因，主要还是在于中美对地区主导权和国际秩序竞争的需要。从一定意义上讲，遏制中俄，长久以来就是美国全球战略的重点，特别是随着美国推行“亚太再平衡”战略和乌克兰事件发生，这一目的变得更加强烈且更加凸显。可以预见，随着美俄之间角力的日益深化以及中国实力的进一步提升，美国对蒙古的地缘政治需求将进一步扩大，中美之间围绕对蒙古的外交争取也将变得日益激烈。在未来的时间里，中美对蒙古的阶段性争取结果将很可能是在经济和安全两个领域同中美两国分别形成了比现在更为固化的关系，即蒙古在经济上对中国将更加依赖，在安全上同美国更加紧密。苏联存在时期，与蒙古关系深厚，其他大国对蒙古几无影响。苏联解体后，蒙古外交有了自主性，其他大国抓住机遇，才设法与蒙古展开互动，以扩大对其影响力。

此外，纵观东北亚地区的发展趋向，中俄关系日益紧密，美日同盟也在不断升级。从大国博弈的视角分析这一趋向，也可得到这样的理解，即在短时间内，俄罗斯受制于乌克兰问题、车臣问题、国际能源价格下跌问题以及来自北约的战略挤压，其在东北亚地区脱离了对中国的依靠将难以实现同美国的对抗；而日本则受制于自身实力，脱离了对美国的依靠也将难以同中国进行战略利益的争夺。因此，中美两国其实是大国在东北亚博弈的主角。但是，肯尼思·华尔兹（Kenneth Waltz）认为：对一个国家而言，其国际地位总是与其所占有的物质资源同步增长，放弃成为大国则属于结构性反常的选择。[①] 从这个意义出发，随着俄罗斯、日本以及韩国实力的发展，如果三国在未来取得了极大发展，势必会分别弱化同中国以及美国之间的紧密关系，

① Wittkopf R, Jones C M, Kegley C W, *American Foreign Policy: Pattern and Process*, San Francisco: Wadsworth Pulishing, 2005, p. 157.

特别是在东北亚地区今后很可能出现的“两超”格局中，这些国家面对中美东北亚战略博弈，将会固化其在东北亚地区实施“对冲战略”的逻辑。[①] 由此，在更为久远的未来，也不能排除中俄关系以及美日和美韩同盟将会出现大幅松动的可能。此外，从朝鲜半岛的形势分析，南北间的势力失衡和相互威胁状态还将继续，朝鲜也难以做到“弃核”，其自由化程度在未来也会有所提高，在中美东北亚战略博弈中也将不会在短时间内倒向美国，而中国也依旧会是其最好的战略关系选择。[②] 即使如此，依旧不能排除朝鲜是打破大国特别是中美东北亚战略博弈进程平衡的关键不确定因素。

三、调整经济压舱的作用

经济关系是国际关系的基础。2015 年美国国家安全战略报告指出，国家安全始于经济发展。从当今的现实看，尽管东北亚地区各大国都致力于运用国际资源以推动经济的发展，但面对过去 20 年里经济力量消长的巨变，各国着手运用政治力量，以减弱长期以来发挥“压舱”作用的经济的影响力。中、美、俄、日的经济规模发生了巨大的改变。尽管美国还处于第一位，但与居于第二位的中国的差距不断缩小；从苏联演变而来的俄罗斯，其经济力量已今非昔比；日本也有了巨大落差，从仅次于美国的第二位，滑落到第三位，而且差距越来越大。经济力量发展的不平衡，必然在政治层面有所反应。目前，虽然各大国都着力发挥各自的优势，千方百计地发展经济，从而在战略博弈中占据主动地位，但同时又从政治的角度出发，对经济合作的方式与领域施加影响。

从中美两大经济体来说，东北亚是两国战略博弈的核心地域，双

---

① Jackson V, Power, Trust, and Network Complexity: Three Logics of Hedging in Asian Security, International Relations of the Asia-Pacific, 2014, 14, pp. 331 –356.

② 阎学通：《历史的惯性：未来十年的中国与世界》，中信出版社，2013 年版，第 67—68 页。

方在该地区的战略利益联系紧密、深度交融，特别是在经济领域，共同利益最为广泛。因此，无论是政界还是学界，长期以来都把中美经济关系誉为两国关系的“压舱石”，这一点在东北亚地区更加明显。“压舱石”作用的本质强调的是互利共赢。[①] 然而，从当前中美东北亚经济领域博弈现实和其他领域博弈的趋向看，经济领域在战略博弈中的“压舱石”作用将出现进一步减轻的可能。

根据国际货币基金组织的预测数据，到2020年中美两国的GDP[②]将分别达到16.16万亿美元和22.49万亿美元，中国将占到美国的71.85%，相比2015年将提高10个百分点，并且根据中美经济体量和中美经济增长速率的预期对比，中国在不久的将来在GDP上实现对美国的超越，并同时作为世界第一大经济发动机和世界第一大经济体而存在。当前，中美的经济关系在一定程度上已呈现出从“不稳定相互依赖”向“可持续互利共赢”的发展倾向，但是随着两国围绕地区主导权与国际秩序进行竞争的这一新准则出现，中美东北亚经济领域博弈受其他领域的影响也日益深刻，无论是经济领域内部还是外部都会在未来遇到更多的机遇和挑战。

从成因上看，可归结为“内”与“外”两个方面。从内部分析，首先是中美间经济外交与金融货币的竞争博弈大大增加。随着中美围绕中日韩FTA博弈的深入，中美在东北亚地区经济领域的冲突性战略利益大大增加，然而这些冲突性战略利益带来的将会是，两国间竞争性甚至是对抗性战略博弈的增多。从外部分析，政治及安全领域对经济领域博弈的干扰性较以往更为复杂，其来源主要是意识形态与国家安全对经济领域的捆绑与纠缠。可以预见，它们将随着中国经济实力的继续崛起以及美国对维护其经济金融霸权所做

---

① 《习近平：经济是中美关系“压舱石”》，中国共产党新闻网2013年3月20日，http://theory.people.com.cn/n/0320/c49150-20849001.html。

② 以下相关数据均为以美元现价计GDP，数据来源为：IMF，World Economic Outlook Database，April 2015［2015-08-16］. http://www.imf.org. 特别指出的是，对于中国的所有GDP统计不包括中国的香港、澳门和台湾地区。

出的抗争而不断拓展并继续深化，具体体现在美国对中国企业在美投资和并购制造障碍、美国利用“量化宽松”政策打压中国经济、美国阻碍人民币国际化进程、美国指责中国窃取美国技术和商业机密以降低企业研发成本，以及中国限制采购美国技术产品、中国抨击美国企业在华违规操纵等。[①] 2016 年当选总统的特朗普曾经表示，他上台后，将迅速宣布中国为汇率操纵国，并向中国出口美国的商品征收 45% 的关税。

究其根本，就是中美两国间冲突性利益的增长速率高于共同利益的增长。[②] 如果这种趋势在未来的经济领域愈演愈烈，经济领域在战略博弈中的“压舱石”作用不仅会大大削减，甚至会对中美东北亚战略博弈起到极大的负面影响。值得注意的是，尽管存在上述极端性可能，但是中美双方在未来的一段时间里，维持双边经贸关系高速发展的需求和意愿将不会改变，两国在经济领域仍然可以创造出更多更大的发展空间，特别是中国国家主席习近平将 2015 年的访美首站定为西雅图，就是对两国经贸合作重要性的又一次重要凸显。[③] 从这一意义上讲，即使经济领域在战略博弈中的“压舱石”作用将进一步减轻，但其“压舱石”地位也不会丧失，并且在可预见的未来将会继续作为最重要的“压舱石”而存在。

从上述意义上讲，中美两国无论是在东北亚还是全球范围内，彼此间的经济领域共同利益还是在不断深化的。随着两国经济合作的不断扩大，两国也势必会对传统生硬的战略利益护持手段加强反思，并且更易于在位于经济领域地区主导权和国际秩序竞争

① 王缉思：《大国关系——中美分道扬镳，还是殊途同归?》中信出版社，2015 年版，第 250—251 页。

② Yan Xuetong, Qi Haixia, Football Game Rather Than Boxing Match: China-US Intensifying Rivalry Does not Amount to Cold War, *The Chinese Journal of International Politics*, 2012 (5), p. 124.

③ 申亚欣、赵越：《专家解读：为何习近平访美首站选择西雅图》人民网 2015 年 9 月 17 日，http://politics.people.com.cn/n/2015/0917/c1001-27596359.html。

边缘且又对两国经济繁荣具有巨大促进作用的议程上，进一步增信释疑。随之，经济领域的“压舱石”所蕴含的互利共赢榜样作用也将会在这些议程上得到进一步显现。其中的重点就包括：美国的对华高科技出口限制、两国间政府采购问题，以及两国间的投资保护问题。①

具体来讲，在美国的对华高技术出口限制问题上，中美在20世纪曾具有较好的合作基础，② 然而经过长久的绝断后，在中国长期的反复呼吁下，美国尽管在行动上仍旧消极，但在口头上已经表现出合作的意向。当前及未来的一段时期，美国在这一问题上仍面临着两难选择：一边是可以降低成本，减少对华贸易赤字，增加盈利投入下一代高科技产品的研发；另一边是为防止中国在技术领域降低与美国间差距。相比之前，随着中美间博弈的深入，彼此制衡手段日益趋向间接化、体系化，在这一具体的议程上，中美很有可能能够实现有限合作。同理，中美两国政府对彼此产品的采购，特别是在中国方面表现更为明显的自我保护倾向问题上（这里并不包括涉及两国国家安全的物品），随着中国市场经济的进一步发展和综合实力的提升，也必然会朝着通过更加鼓励中国企业同外国企业竞争的方式，进一步提升本国经济可持续发展的路径前进。在两国间的投资保护问题上，随着2013年中美双边投资保护协议谈判的开启，在可预见的未来也会得到解决。除了上述三项之外，中美在经济领域可“精耕细作”的议程还有很多，这些都会成为稳定两国经济关系的基础，也会为中美东北亚战略博弈的未来发展起到“减压阀”的作用。

---

① 贾庆国：《秉持“只争朝夕”精神：积极构建中美新型大国关系》，载贾庆国，严军编：《新型大国关系：机遇与挑战》，第48页。

② 1980年6月，美国助理国务卿霍尔布鲁克（Richard Holbrooke）表示，美国决意进一步发展同中国的合作，包括向中国转让包括军事应用在内的尖端技术。中国在此间，获得了来自美国的直升机、声呐、鱼雷、舰载反导火炮等军事技术的支持与飞行员的军事训练指导。参见倪峰：《中美安全关系的发展及演变》，《中国党政干部论坛》2002年第7期，第41页。

当然，其他国家之间以及他们与中美两国之间，也存在着经济领域的合作与竞争关系，但其政治与战略方面的考虑占据着更重要的地位。

四、谋求冲动审慎的平衡

从历史经验看，大国战略博弈的结局都是悲剧的。美国芝加哥大学教授米尔斯海默在其《大国的政治悲剧》一书里，提出了这一鲜明的观点。大国博弈的最终结局常常要通过战争来体现，许多的大国在战争中崩溃和灭亡。第二次世界大战前，每次国际博弈的最后，都往往引发了战争。美苏两国在战后的博弈中，虽然发生过间接的热战，但更多的是以“冷战”的方式进行较量。今天的世界，又出现了两大阵营的趋势。对此，基辛格感到忧心忡忡，认为这是第一次世界大战前国际局势的再现。那么，在东北亚地区，各大国会不会“两次都踏进同一条河流”呢？特别是居于主角地位的中美两国能否在冲动和审慎之间找到平衡，既维护了各自的利益，又不至于发生军事对抗，就成了举世关注的问题。

随着中美在东北亚地区战略利益的不断拓展，两国战略博弈领域的泛化现象也日益显著，加之两国合作领域的不断增多，都极易使人们产生一种假象，即安全领域在中美东北亚战略博弈中的主导性地位将会成为历史，中美在东北亚地区的军事博弈将不再重要。这不单是一种危险的认知倾向，同时也违背了中美东北亚战略博弈演进的基本逻辑。无论从战略利益、战略环境，还是域内他国的战略调整看，安全自始至终都贯穿其中，并且一直是中美两国战略筹划的重中之重。因为，安全关乎两国的和平、关乎东北亚地区的稳定、关乎世界的发展命运。

历史地看，战略行为的后果高度依赖于前人战略行为的直接或间接影响,[①] 因此“顺势而为”与“知止”就成为战略承袭者在如何保持战略定力这一问题上所必然要处理的平衡。[②] 从战略指导者的主观层面考察，这一平衡的直接体现就在于怎样处理好战略冲劲与战略审慎之间的平衡，并且这对平衡不仅存在于中国，还存在于美国，不仅存在于单一领域的内部，也存在于各领域间的联系之中，而安全领域的博弈态势就是上述这些问题最敏感和最深刻的体现。可以这样讲，对于中美而言，双方至今均未能够对彼此对外政策的前景有详尽且清晰的认知，其最显著的体现就在安全领域，同时其最直接后果也将反映在安全领域。

比较地看，学界对战略冲劲与战略审慎之间的讨论更多聚焦于中国。党的十八大之后，中国一方面在总体上提出了“四个全面”的战略布局，特别是在安全领域，中国为维护钓鱼岛主权进行了坚决斗争,[③] 宣布设立中国东海防空识别区，展示了大量现代化武器装备，进一步调整和丰富了新形势下积极防御军事战略方针，深化军队改革，大力推动军力发展，同时又扩展数处岛礁并建设相关军事设施等；另一方面，中国又提出了“中美新型大国关系”，在 2013 年 4 月以来的多项重要声明中反复重申和强调中国传统的和平发展方向。正是基于上述所谓的“彼此矛盾”的相关事态,[④] 美国对中国是否会继续崛起，是否会坚持和平发展，是否已经展现更大的战略冲劲又开始

① 唐世平、王凯：《历史中的战略行为：一个战略思维教程》，北京大学出版社，2015 年版，第 20 页。

② 关于“顺势而为”与“知止”，以及“战略冲劲”与“战略审慎”的相关思考，可参考时殷弘：《关于中国对外战略优化和战略审慎问题的思考》，《太平洋学报》2015 年第 7 期，第 5 页；时殷弘：《“一带一路”——祈愿审慎》，《世界经济与政治》2015 年第 7 期，第 153—156 页。

③ 中华人民共和国国务院新闻办公室：《白皮书：钓鱼岛是中国的固有领土》，第 14—15 页。

④ 时殷弘：《关于中国对外战略优化和战略审慎问题的思考》，《太平洋学报》2015 年第 7 期，第 3 页。

了更具预判性和深度化的辩论,[①] 由此美国学界对中国的战略疑虑也随之呈现出再次上升的趋向,[②] 这也在一定程度上增进了东北亚地区的安全困境,提升了军备竞赛及冲突的潜在几率。[③] 然而,值得注意的是,2015 年 9 月习近平主席与奥巴马总统的“白宫秋叙”继此前的“庄园会晤”和“瀛台对话”,再次对增进战略互信,避免战略误解所起到的积极作用。[④] 2016 年 9 月杭州“西湖茶叙”也在客观上对上述疑虑给予了有力回应。不过,2016 年 11 月,当选总统特朗普在其竞选期间以及胜选之后,就中美关系所发出的矛盾的信号,使人们对未来两国关系的发展持有较大的疑虑。

---

① 关于前两项问题的相关辩论,可参考:Beckley M, China's Century? Why America's Edge Will Endure, *International Security*, *Winter* 2011/12, 36 (3), pp. 41 – 78; Itzkowitz S, Beckley M. Correspondence: Debating China's Rise and U. S. Decline, *International Security*, *Winter* 2012/13, 37 (3), pp. 172 – 181; Chestnut S, Johnston A I, Is China Rising, Paus, Prime P B, Western J, *Global Giant: Is China Changing the Rules of the Game*? New York: Palgrave Macmillan, 2009, pp. 237 – 260 等。关于第三项问题的相关辩论,可参考:Swaine M, Perceptions of an Assertive China, China Leadership Monitor, May 2010, 32, p. 10; Twining D, Were U. S. – India Relations Oversold? Part Ⅱ, Shadow Government, Foreign Policy, June 12, 2012, http://shadow.foreignpolicy.com; Johnston A I. How New and Assertive Is China's New Assertiveness? *International Security*, Spring 2013, 37 (4): pp. 7 – 48; Chen Dingding, Pu Xiaoyu, Johnston A I, Correspondence: Debating China's Assertivemess, *International Security*, *Winter* 2013/14, 38 (3), pp. 176 – 183 等。

② 美国学界关于应对及遏制中国崛起的一些论著,参考:Steinberg J, O'hanlon M E, *Strategic Reassurance and Resolve: U. S. – China Relations in the Twenty-first Century*, Princeton, N. J.: Princeton University Press, 2014; Etzioni A. Mar: A Model for U. S. – China Relations, *Diplomat*, *Sept.* 20, 2013, http://thediplomat.com/2013/09/mar-a-model-for-china-relations/; Swaine M D. America's Challenge: Engaging a Rising China in the Twenty-first Century, Washington, D. C.: Carnegie Endowment for International Peace, 2011 等。

③ 参见[美]杰维斯 R:《国际政治中的知觉与错误知觉》,世界知识出版社,2003 年版,第 50—111 页;Kydd A, *Trust and Mistrust in International Relations*, Princeton, N. J.: Princeton University Press, 2005, Chaps. 2 – 3 等。

④《走向和平发展、合作共赢的时代最强音——外交部长王毅谈习近平主席对美国国事访问并出席联合国成立 70 周年系列峰会》,《人民日报》2015 年 9 月 30 日,第 1 版。

中美之间“‘不冲突不对抗’并不意味着‘不斗争’”，“事实一再证明，不斗争就不可能使美国尊重我们的核心利益，不斗争就不可能实现平等基础上的合作共赢，不斗争就不可能有今天的良好局面。”[①] 当前，对于中国，美国的战略优势不仅体现在其先进的军事技术和全球性的军力部署，也体现在对国际规则制定与运用的主导权以及美国的在意识形态、社会制度等方面所谓的“软实力”优势上。[②] 客观地讲，这些优势是中国在短时间内所难以具备的，这也决定了中国若要在合作与斗争中发展的中美博弈上不至于落后，在东北亚地区错综复杂的安全形势中发挥积极作用，就必然要坚持在安全及其他领域继续做到战略进取。分析大国战略行为的历史规律，战略冲劲与战略审慎从来不是两个非此即彼的选项，而是并行不悖和相辅相成的，脱离审慎的战略冲劲是危险的冒进，而缺乏冲劲的战略审慎又难以实现进取。因此，战略冲劲与战略审慎间的平衡是决定一国战略行为成熟与否的关键之一。

从这一意义上讲，中美两国的战略指导者在东北亚战略博弈中如何平衡本国战略的冲劲与审慎，如何平衡政治、经济及安全等领域间博弈的战略冲劲与审慎，以及如何平衡各阶段推动战略实施的冲劲与审慎，在国家内部纬度既决定于两国相对透明和稳定的战略利益和能力，决定于两国战略指导者相对存在潜在不可预知性的个人素质、战略意图和意志，在外部纬度还决定于两国在东北亚地区的国际关系、地区和世界国际形势及趋势等。[③] 然而，所有这些映射到当前及未来的一段时期，我们可以注意到美国方面已逐步走出了国际金融危机造成的国内经济困境，更加致力于其全球战略的发展，同时随着 2017

---

① 孙建国：《坚定不移走中国特色国家安全道路》，《国际问题研究》2015 年第 2 期，第 7—8 页。

② 罗天人、李明正：《从“中国梦”的思维论中共的大国战略》，《中华战略学刊》（中国台湾）2014 春季刊，第 69 页。

③ 关于对战略行为归因理论及其内部与外部纬度的理论研究，参见左希迎、唐世平：《理解战略行为：一个初步的分析框架》，载唐世平、王凯编：《历史中的战略行为：一个战略思维教程》，第 3—30 页。

年美国国家领导人的换届调整，美国在东北亚地区的战略冲劲与审慎程度是有待进一步考察和研究的；中国方面则在党的十八大后的短暂时间里，开辟又固化了诸多“新战场”或“新战线”，面临着多项或多线“战斗”的问题，[①] 同时还面临着如何在宏大的战略憧憬与现实的战略设计、战略布局和战略推进的过程中平衡战略冲劲与战略审慎的问题，所有这些在战略常理上也是不得不令人忧虑、思考和注意的。

总体而言，中美两国战略指导者对两国东北亚战略及全球战略的战略冲劲与战略审慎的平衡问题，将直接牵动两国当前以安全领域为重要核心的战略博弈，两国在诸领域中推行其战略时的冲劲与审慎平衡的变动与调整，也将促使中美东北亚安全领域博弈生发出富于变化的新态势。域内的其他大国在安全问题固然也有各自的主张，但基本上都是围绕着中美两国的博弈而展开的。

① 时殷弘：《“一带一路”——祈愿审慎》，第 156 页。

第四章

纵横捭阖的手段运用

为了扩展和维护各自的利益，东北亚地区的各大战略力量运用各种手段，进行激烈的博弈。在不同的历史时期，它们根据自身的优势和国际环境的特点，往往采取不同的手段。概括起来，不外乎军事、外交、经济和文化等诸方面。有时以军事较量为主，有时以外交角逐为主，有时以经济竞合为主，有时以文化渗透为主。无论是以哪一种方式为主，其他手段的配合都是不可或缺的。在以和平与发展成为主题的当今世界，各大战略力量常常运用多管齐下的方式进行博弈。

第一节　军事较量与造势

尽管在地理上不属于东北亚地区，美国却长期影响着东北亚地区的局势稳定。作为其全球战略的一环，美国在东北亚地区战略的主要目标是维护其安全利益，以巩固其亚太地区的领导地位。中国作为东北亚地区的大国，在这一地区存在着核心利益。由于在利益上存在着很大的分歧，中美两国在东北亚地区形成了相互角逐的局面。俄罗斯在东北亚也存在核心利益，自其领土扩张到东北亚以来，它一直在寻找机会，获得一个更加不受制约的太平洋不冻港口，并利用该地区各国的矛盾，谋求有利的战略地位。从历史上看，中美两国的角逐始于军事斗争，先是在战场上直接进行对抗，继而通过其他方面的较量进行造势。[①] 其他国家之间也同样注重战争手段的运用。可以说，东北亚各大国之间都交互发生过战争。

一、直接军事较量

由于涉及到核心利益，大国在东北亚地区的博弈常常采取军事较量的方式。当今东北亚各大国或战略力量之间都直接地或间接地进行过战争。可以说，现今东北亚的国际格局就是各大战略力量军事较量的结果。每个战略力量在东北亚国际地位的奠定都依赖其军事力量所能提供的支撑。正是由于如此，东北亚才成为国际上战争和军事危机的频发地。今天，东北亚地区的各大国以及相关的域外国家依然在军事斗争准备方面加大战略资源的投入，形成对峙的局面，而且在可以预见的未来，难以消除。

首先，中日之间发生过数次战争。如前文所述，在唐朝时期，中国与日本（那时被称为倭国）就在朝鲜半岛进行过军事较量，以日本大败而告终。1592 年和 1597 年，日本企图占领朝鲜半岛，中国为了捍卫自身的利益，不得不与日本再次大战，将其驱逐出朝鲜半岛。1894 年，日本又一次染指朝鲜半岛，中国清政府出兵抗击，这就是著名的甲午战争。日本侵占朝鲜半岛以后，野心进一步膨胀，于 20 世纪 30 年代初挑起"九·一八"事变，占领中国东北；1937 年 7 月，日本发动全面侵华战争，中国人民奋起抗战，使日本遭到了毁灭性的打击。

其次，中俄之间的战争。沙皇俄国自 16 世纪起不断地东进，直到中国清政府的康熙年间 1685 年 6 月，中俄两国的政府军才在雅克萨发生正面冲突。1650 年 5 月，沙俄哈巴罗夫率领俄军侵入中国领

---

① Changhee Nam and Seiichiro Takagi, "Rising China and Shifting Alliances in Northeast Asia: Opportunities and Challenges facing America and its Allies", *Korean Journal of Defense Analysis*, 2004, p. 162.

土，从雅库茨克南下，越过外兴安岭到达雅克萨。当地达斡尔人以土制的武器进行了顽强的抵抗，但终因实力相差太大而失败。自此，俄军长期占据雅克萨，并向黑龙江流域的达斡尔和鄂伦春等族的中国人征收“实物税”。为抗击俄军的入侵，1685 年 6 月，清政府派军攻打雅克萨，俄军督军托尔布津向清军投降。清军撤退后，托尔布津再次率军侵占雅克萨。1686 年，清军再次攻打雅克萨，并击毙了托尔布津。1687 年 5 月，中俄双方开始缔约谈判，1689 年，两国签署了《尼布楚条约》，划定了边界。此后的近 200 年时间里，中俄边境基本安定。1860 年，英法联军攻占北京时，俄国借机以战争相威胁，迫使清政府签订北京条约，包括之前的《瑷珲条约》，占去中国多达 150 万平方千米的土地。19 世纪末中俄冲突不断，但规模都比较小。1929 年 7 月至 12 月，因中东路事件，中苏之间爆发了大规模的武装冲突，双方动用的一线兵力保守估计也超过 20 万，战争持续近五个月之久，最终以东北军的失败而告终。1969 年，中苏还在珍宝岛地区发生了军事冲突。

再次，日俄之间的战争。对于东北亚大陆，日本一直有野心。近代时期，日本制定了征清、征韩计划，企图在东北亚大陆占有一席之地。俄罗斯也企图尽可能多地占有东北亚的陆地，这就与日本的战略企图发生了严重的冲突。于是，1904—1905 年，日俄两国发生了战争，以俄国失败而告终。日俄战争之后，日本在东北亚取得了优势地位，吞并了朝鲜半岛，占领了库页岛的南部及其附近一切岛屿。对此，日本并不满足，企图在东北亚地区进一步扩张，与纳粹德国结盟，制定北上战略，与苏联发生军事冲突。1938 年和 1939 年，日军（包括部分伪满部队）与苏军在张鼓峰和诺门坎地区进行了大规模的作战，最后以日军溃败而结束。第二次世界大战中的 1945 年 8 月 9 日，苏联对日宣战，打败了日本关东军，收复日俄战争中在东北亚地区失去的权益，使朝鲜半岛 38 度线以北的日军向其投降，并占领了日本的北方四岛。

第四，中美之间的战争。在东北亚地区发生的朝鲜战争，是中美之间最大规模的战争。二战结束后美苏两国分别派军队进驻朝鲜半岛，形成了南北对立局势。朝鲜统一战争开始后，美国曾一度认为只是局部冲突，北朝鲜采取大规模军事行动的可能性微乎其微。时任美国国务卿的艾奇逊还发表演讲声称："美国不会主动地干扰亚洲的安宁，亚洲的和平发展取决于亚洲人民。"① 这一演讲的潜在意义说明，美国不会主动的出兵使用武力干预朝鲜半岛。然而，美国很快就改变了对朝鲜战争的看法，认为它是共产主义国家向帝国主义国家发动的战争，是一种改变雅尔塔体制的行为。出于全球战略的考虑和冷战的思维，美国谴责北朝鲜的"侵略行径"，并迅速宣布出兵朝鲜半岛。

第二次世界大战后，美国确立了遏制战略，其实现的途径就是从欧亚大陆的两端对苏联进行围堵。美国政府认为，苏联是朝鲜敢于大举进攻韩国的背后支持者，目的就是要打破其所构建战略遏制圈。因此，要想遏制苏联势力的扩张，美国就必须杀鸡儆猴打压朝鲜②。如果不介入朝鲜战争，美国势必失去地缘上优势。基于此，杜鲁门政府对外宣称，只有通过军事行动遏制苏联，才能实现和维护朝鲜半岛的和平。③ 不仅如此，美国当局面临强大的国内压力，必须保住在朝鲜半岛上的影响力。当时，诸多美国议员纷纷指责杜鲁门政府失误：美国花费巨资扶持的蒋介石政府垮台，在亚洲特别是中国的战略布局已经受到破坏，在亚洲的军事战略优势不复存在。④ 杜鲁门政府在国内的支持率降到了有史以来的最低点。对于朝鲜战争的爆发，杜鲁门政府再也不能袖手旁观了，因为美国难以承受又一次溃败。在种情况下，美国不得不来一次战争的冒险。

---

① 资中筠：《战后美国外交史——从杜鲁门到里根》上册，世界知识出版社，1994 年版，第 187 页。

② 沈志华：《中苏同盟、朝鲜战争与对日和约——东亚冷战格局形成的三部曲及其互动关系》，《中国社会科学》2005 年第 5 期，第 177 页。

③ 张曙光：《美国遏制战略与冷战研究》，《社会科学》2006 年第 10 期，第 66—68 页。

④ Vin Baker, "U. S. Foreign Policy during Truman's Administration", *Croatian Political Science Review*, 2001, p. 382.

当美国军事介入朝鲜半岛的局势以后，中国领导层经过了审慎的讨论，对于利弊进行了反复权衡。从不利的方面看：第一，新中国刚刚经过内战成立，百废待兴，如果这个时候参战会拖累国家的元气恢复；第二，新中国的武器相对落后，解放军综合作战能力有待提高，国家财政赤字严重，缺乏相应的物力支撑；第三，国家投入了大量的人力物力进行西部剿匪，一旦出兵朝鲜势必会对西部剿匪进程产生影响，延误内部反动敌对势力的肃清，破坏了维护国内统一和平的步伐；第四，新中国成立后，亟待解决的两个内部问题集中在台湾和西藏，实在是无暇顾及国外。从战略全局出发，美国在仁川登陆后，中国的领导人毅然决定出兵朝鲜。朝鲜战争刚一爆发，美国第七舰队就开进台湾海峡，采取了封锁行动，这直接阻止了解放军解放台湾的步伐。美国在朝鲜战场取得阶段胜利后，迅速向“三八线”以北发起进攻，严重威胁中国的安全与稳定。为了维护中国边境安全，避免“唇亡齿寒”的局面出现，同时也是为了跻身世界舞台，提高国际地位，恢复在东北亚的大国角色，同时彻底收回东北的主权权益，中国军队迅速以志愿军名义正式出兵朝鲜①。

所以，在当时国际大气候和双方国内小气候的推动下，中美两国在东北亚地区直接进行了军事上的较量。可以说，朝鲜战争正式拉开了中美两国在东北亚地区战略博弈的序幕。其后的几十年里，考虑到战争的惨痛教训，中美两国虽然未在这一地区兵戎相见，但各自都通过结盟和加强兵力部署等方式，继续进行军事上的较量。

最后，美俄/苏之间的间接战争。在东北亚地区，美国与俄国虽然没有发生正面的斗争，但却发生过间接的军事冲突。在日俄战争中，美国站在日本一边，向日本提供大量的支持，包括战争物资和军事贷款。在朝鲜战争中，苏联向中国提供军事装备，向朝鲜派出军事

① 雷云峰、罗凤琳：《论毛泽东关于抗美援朝的战略策略思想——纪念中国人民志愿军抗美援朝出国作战50周年》，《陕西省社会科学》2000年第11期，第5—7页。

顾问，并有少量的空军人员直接参战。在整个冷战时期，美苏在东北亚地区针锋相对，进行威慑和反威慑。

综上所述，东北亚地区的各大国（包括二战后势力扩展到东北亚地区的美国），为了维护其核心利益，进行了多次的军事较量，既有大规模的战争，也有小规模的冲突，还有不见硝烟的战争。由此可以看出，各大国之间的战略博弈不仅十分激烈，而且难以调和。

二、进行联盟对抗

虽然战争使各大国之间的利益做了一些调整，但并未使相互之间的矛盾得到真正的解决。因此，每一次战争之后，无论是战胜国，还是战败国都着力为下一场战争做准备。为了赢得下一场战争，各大国在加强自身力量建设的同时，还注重与他国结盟。因此，在东北亚地区，许多的战争都是联盟之间的战争。

近代以来，东北亚地区最早的联盟应属英日同盟。甲午战争之后，日本就意识到与俄国的战争不可避免。为了能够战胜俄国，日本着手构建反俄联盟。英国是一个海洋大国，称霸世界近 300 年，对于俄罗斯东进和南下的“暖洋”战略，一直持高度警惕的态度，并采取包括战争在内的方式加以围堵。1853—1856 年，英国联合法国在克里米亚与俄军进行战争，其目的就是阻止俄罗斯获得由黑海通往地中海的出海口；在波斯（伊朗）与俄罗斯明争暗斗，意在阻止俄罗斯南下控制波斯湾（今称海湾）；在远东，英国的一个基本的战略目标就是防止俄罗斯获取通向太平洋的不冻港。正是由于英国与俄罗斯在地缘政治方面存在着严重的冲突，在东北亚地区与日本的战略目标吻合起来。这样，1902 年，日本同英国建立了同盟。日英同盟的建立，对于日本赢得后来的对俄战争发挥了重大作用。1922 年华盛顿会议上，美国肢解了英日同盟。于是，日本在 1937 年与德国缔结反共产国际同盟，1940 年，又与德国和意大利建立三国同盟。1952 年，与美国建立同盟关系，并延续至今。

朝鲜战争后，美国为了加强在东北亚地区的军事存在，遏制苏联、中国等社会主义国家，美国与韩国迅速结盟。《美韩共同防御条约》[①] 签订于1953年，并于次年正式生效，是美韩军事同盟正式形成的标志。美国曾一度认为朝鲜半岛不足以影响到它在亚洲的利益，并把韩国置于其战略防御圈外。但是，朝鲜战争爆发后，美国改变了原先的判断，大大提升了朝鲜半岛对于亚太地区特别是东北亚地区稳定重要性的认识。美韩同盟的出现使得美国承认对韩国有军事保护、经济支持、政治援助的义务，同时韩国也成为帮助美国在朝鲜半岛乃至整个东北亚地区提供发挥影响力的据点。[②]

作为一个完整的体系，美韩军事同盟的法律依据绝不单单是纸条约那么简单。除了《美韩共同防御条约》以外，还包括1966年7月9日签订的《驻韩美军地位协定》以及其他一些相关文件。此后，“美韩安全协商会议（SCM）”、“美韩联合军事指挥部（CFC）”以及《战时支援协定》等等也陆续完善，拓展到美韩安全合作体制。所以，体制最为健全、作战指挥系统最为完备、有关法律最为全面等成为美韩同盟区别于其他军事同盟的显著特点。[③]

看似针对朝鲜而缔结的《美韩共同防御条约》，实际意义远远超过了对朝鲜的防御的范畴，而是更加针对苏中两国。特殊的地理位置，使得韩国成为美国遏制中国的战略依托。[④] 作为一个军事组织形式存在的美韩同盟，已经成为美国在亚太地区，尤其是在东北亚地区

---

① 《美韩共同防御条约》（Mutual Defence Treaty between the United States of America and the Republic of Korea）是美国同韩国缔结的军事同盟条约。1953年8月8日在汉城草签，10月1日在华盛顿正式签订；1954年11月17日生效，无限期有效。

② 顾洁：《“美韩共同防御条约”与五六十年代韩美互动关系》，《韩国研究论丛》2002年，第139—141页。

③ 陈莹、吴义文：《美韩军演来势不小》，《环球军事》2006年第8期，第16页。

④ 黄凤志、孙国强：《东北亚安全局势与中美关系》，《当代世界》2014年第8期，第39页。

与中国进行战略博弈的重要工具，对巩固其在东北亚局势中的战略地位有着十分重要的影响。美韩同盟加剧了中美在沿海地区军事对峙的可能性，成为中国在政治、经济和外交等方面不得不顾及到的客观因素。通过《美韩共同防御条约》缔结而成的美韩同盟，严重威胁着东北亚地区的和平稳定以及中国、苏联/俄罗斯在东北亚的利益，并成为美国遏制中国、苏联/俄罗斯的军事据点。

朝鲜战争期间，美国还与日本签署了安保条约，形成美日同盟。1951年9月8日，在旧金山美国陆军第六军司令部，日本与美国签订《日本国和美利坚合众国之间的安全保障条约》（简称：《日美安保条约》）。这个军事同盟条约的签订，使美国驻军日本有了合法的理由。美国与日本的结盟和在日本长期驻军，对于加强美国在东北亚的军事态势有着极为重要的意义。根据《日美安全保障条约》第3条规定，1952年2月28日，日美两国在东京签订《日美行政协定》，两国就驻日美军的地位和特权进行了明确的界定；① 两个月后，《安全条约》和《日美行政协定》同时生效。1958年10月，随着国际局势变化，日美两国就《安全条约》的修改着手进行谈判。1960年，《日美共同合作和安全条约》在华盛顿正式产生。

《美日安保条约》的签订，对中国而言，影响深远。虽然早在1945年，第二次世界大战就结束了，但是美国却迟迟未与日本缔结和平条约。其主要原因就在于中国局势的变化使美国难以确定其亚洲战略。当中国加入社会主义阵营，朝鲜战争爆发以后，亚太地区的战略态势已经明朗化，美国决定扶持日本，与其建立军事同盟，以对抗中苏两国。通过与日本结盟，美国的军事力量可以靠近中国部署，压缩了中国的战略空间。美国是一个美洲国家，不管它的力量有多么庞大，如果在亚洲地区没有立足点，就不会对中国构成威胁。但是，它长期在日本进行部署，使得中国走向海外，扩大地区影响的活动受到

① 安成日、李金波：《试论二战后美国托管冲绳政策的形成》，《北华大学学报（社会科学版）》2012年第1期，第66页。

严重制约。不仅如此，它还为中国运用军事手段维护国家的领土与主权完整和海洋权益的保护设置了重重障碍。如美国宣布《美日安保条约》第五条适用于钓鱼岛，就导致日本与中国在钓鱼岛问题上针尖对麦芒，形式异常紧张。若中国对钓鱼岛采取军事行动，就不能不考虑美国的因素。

近年来，美国推行“亚太再平衡”战略，进一步强化了与日本的军事同盟关系，与日本签订了新的《日美防卫合作指针》。考虑到美国的因素，中国也不得不采取相应的军事措施，进一步提升军事斗争准备的水平。从一定意义说，美国加大与日本军事合作的力度以及中国强化军事力量的建设，无疑是两国在东北亚地区军事对峙的重要组成部分。

进入21世纪，尽管国际形势已发生了重大变化，但美日同盟、美韩同盟依然是美国在东北亚地区与其他大国进行军事较量与对峙的基石。

中苏两国出于各自的利益需求，共同应对美国的威胁，也于1950年2月签订了《中苏友好同盟互助条约》。为了防止唇亡齿寒局面的出现，中国与朝鲜签订了友好互助条约。《中朝友好互助条约》的签订不是凭空而来的，它的签订有着各种各样的必然原因。在地理位置上，我国的东北地区与朝鲜接壤，朝鲜无疑是阻碍国外敌对势力的一道天然屏障。在国际政治上，新中国成立伊始，同在社会主义阵营的朝鲜率先同中国建交，是中国的友好邻邦。在朝鲜战争之中，刚刚成立不久、亟需休养生息的新中国举全国之力，倾力帮助朝鲜击溃美韩联合国军，赢得了战争的胜利，中国日益成为朝鲜最坚定的友邦。于1961年7月签署的《中朝友好合作互助条约》，进一步表明了两国在政治上互信的坦诚态度。

由此可见，在美韩同盟已经形成的情况下，为了巩固朝鲜战争的成果，防止美国再次发起军事冲突的挑衅，中国也必须在军事上有所应对，与朝鲜缔结同盟条约。东北亚局势的稳定，一定程度上得益于《中朝两国友好互助条约》的签订，美国也因为这个条约的签订而不敢轻举妄动。

美国与韩国缔结的共同防御条约和中国与朝鲜签订的互助友好条约，标志着朝鲜半岛上两个军事同盟的对峙。从本质上说，它是中美两国在朝鲜半岛军事斗争的延续。即使到了今天，在军事安全领域，韩国依然把美国的支持作为其国家安全的重要支柱。在朝鲜半岛局势充满不确定性的情况下，韩国迟迟不愿接手早就与美国达成的战时指挥权的移交。同时，朝鲜在不断加强国防建设的同时，也仍然希望得到中国方面的军事援助。

在今天的东北亚，既存在着联盟关系，又存在着各种战略伙伴关系，既有对抗的成份，又有交织的特征。从总体上看，军事安全领域的联盟性对立是十分明显的。可以说，东北亚地区国际关系之复杂，联盟关系的普遍是世界上其他地区难以企及的。

三、加强演训造势

通过大规模的军事演习显示自己的战略意志是各大国的普遍做法。当今世界，大国军事演习，特别是带有联盟性质的演习频率之高，可能非东北亚地区莫属。美国与韩国和日本还经常举行双边的或多边的军事演习，以提高威慑与实战能力。为了显示对盟国的支持，也为了表明美国对盟国的特殊责任或强调对某一区域安全事务的特别关注，美国还与其盟国举行许多双边性质或带有多边性质的联合军事演习。演习的指向性十分明显，特别是美日之间的军事演习，大多是指向朝鲜、中国或俄罗斯。

美国和韩国的联合演习比较频繁，既有例行的年度演习，也有即时的威慑演习。例行性的联合军演主要有“关键决心”（Key Resolve）、“鹞鹰”（foal eagle）和“乙支自由卫士”，即时性的演习往往带有威慑性，就朝鲜半岛或周边安全形势的重大事件做出反应，表明态度。

“关键决心”属于指挥所演习，始于1994年，原名为“阿索伊

(RSOI)”，2008 年改为“关键决心”。“鹞鹰”属于野外实兵演习，始于 1961 年。2001 年时，“鹞鹰”与“阿索伊”演习合并，因而现在两场演习一般都放在一起，每年春天举行。最近一次的“关键决心”演习始于 2016 年 3 月 7 日，结束于 3 月 18 日。演习的主要目的是训练联军部队面对半岛突发事件的应急能力，确保联军部队能抵抗住朝鲜军队的突然袭击。“鹞鹰”军演是世界最大型军演之一，其主要目的是展示美韩军队遏止朝鲜半岛战争的决心，并且增强联军的联合作战能力，保持共同遏制朝鲜的战备水平和战略态势，着重演练信息化指挥等内容。接着，2016 年“鹞鹰”军演从 3 月 7 日开始，4 月 30 日结束，大约有 30 万韩军和来自海外的 1.5 万名美军参加。演习先后在韩国的南部、东部和西部海域进行。此次军演中，美军出动了战斗航空旅团、海军陆战队机动旅团、“斯坦尼斯”号核动力航母、核潜艇等，其投入的战斗力量在质与量两方面都创下自 1976 年以来的最大规模。演习内容除理性的着眼于实战的针对性演练以外，还首次实施对朝鲜核、导弹先发制人，进行探测、扰乱、破坏、防御四个阶段应对的“4D 作战”联合演习。

“超级雷霆”（Max Thunder）演习是美韩两国空军之间的联合演习，始于 2008 年，每年举行两次。2016 年 4 月 15 日至 29 日，美国军方投入 1200 余名官兵和 F－16 战斗机、F－18 战斗轰炸机、EA－18G 电子战机参加此次演习。韩国军方则投入 640 余名官兵和 KF－16、F－15K、F－5E、F－4E、FA－50 战斗机、KA－1 战术控制机、UH－60 直升机、C－130 和 CN－235 运输机参加演习。这次演习是近年来规模最大的韩美联合空中演习。

美韩之间也常常举行临时性联合演习，以显示维护朝鲜半岛稳定的决心。为了应对朝鲜试射导弹、“天安号”被击沉以及炮击延坪岛等事件的发生，2012 年、2013 年秋季，美韩在黄海和日本海都举行了大规模的演习。美韩军事演习力度的扩大，既有应对朝鲜半岛局势的考虑，也有美国推进“亚太再平衡”战略的因素。

从 1986 年开始，美日两国进行代号“利剑”（Keen Sword）的军事演习，每两年举办一次，迄今共进行了 12 次，属于实战类演习。新世纪以来，“利剑”演习的侧重方向和内容设置几经变化。但近年来，随着美国“亚太再平衡”战略的推进，规模不断扩大，投入装备日益先进，针对性也日趋明显。①

2016 年 10 月 30 日至 11 月 11 日，“利剑”演习在冲绳、关岛附近区域举行。日本投入 2.6 万名自卫队员，美国则投入 1.1 万名军事人员，双方共投入 260 架战机与 20 艘舰艇。演练的内容包括：“离岛夺还”、反潜、反水雷、联合防空、基地防御、搜救和空对海攻击等科目。回顾过往，美国驻日本的第七舰队的航空母舰与日本的大型驱逐舰几乎每年都参加该项演习。“利剑”演习对于巩固美日联盟，提升两军的联合作战能力发挥了重大的作用。

美国企图通过军事演习向他国展示其强大的战斗力，以此警告他国切勿轻举妄动随意挑起战争，否则后果惨重。美国利用军事演习，不仅仅加强了与日本、韩国的军事联系，而且还释放出了明确的遏制或威慑他国的信号。

为了改变战略环境，中国也时常在东海、黄海以及西太平洋地区单独地或与其他国家联合进行军事演习。通过演习，宣示自己的意志，提高威慑与实战能力。

近年来，中国与俄罗斯定期进行“和平使命”联合演习。2005 年以来，中俄两国已多次举办名为“和平使命”的联合演习，规模不断扩大，科目逐渐增多，实战特色更加突出。“和平使命”的演习，虽然是在“上海合作组织”框架内举行的，但主要的参与者却是中俄两国。不仅如此，中俄两国从 2014 年起，还进行每年一度的“海上联合演习”。这些军事演习，虽然大都以反恐为主要目的，但也不能排除应对美日军事演习的挑战意味。

东北亚地区各大国或国家联盟通过各自主导或参与的针对性军事

① 朱陆民、张文文：《美国“亚太再平衡”背景下美日同盟的强化原因及影响》，《兰州文理学院学报（社会科学版）》2014 年第 4 期，第 14 页。

演习，相互彰显军事力量的存在，为战略目标的实现而造势。美、日、韩的各种军事演习，既有针对朝鲜核 、导问题的因素，也有不可告人之意图。中俄联合演习，既体现两国的密切关系，又有警告他国的意味。一句话，通过演习，展示力量，表达决心，塑造态势。

第二节　外交角逐与布局

壮大自己的阵营，减弱对手的力量，是国际战略博弈的主要目标，外交手段是达成这一目标的主要方法。在外交与军事发展史上，美国一直强调联盟战略的运用。[①] 无论是在欧洲，还是亚洲，抑或是其他地区，美国都设法与相关国家结盟。纵观世界，美国的盟国众多。中国则主张建立统一战线。不管是在抗日战争中，还是在国际舞台上，中国一向重视统一战线的战略运用。从沙皇至苏联，再到俄罗斯，既注重集体安全的构建，又强调联盟手段的运用。日本也重视联盟关系的建立。不仅如此，各国在建立联盟的同时，还着力“坐山引虎斗”，以收“渔人之利”。在东北亚的战略博弈中，各相关大国都竭力施展外交手段，尽可能地进行战略布局，扩大自身的阵营，减低对手的影响，稀释外界的压力，谋取博弈的优势。

一、壮大自身力量

外交的主要功能，就是争取朋友，分化对手。近代以来，随着东北亚地区牵涉的列强众多，任何一个大国都难以凭自身的力量改变现状，或利益独享。因此，各大国在采取重大行动以前及过程中，都要施展外交手段，以谋求利益的最大化，或以小的代价获得大的利益。

在国际博弈中，壮大自身力量的方法，主要有两种：一是结盟，

① 刘红良：《联盟体系与伙伴关系——论美国亚太再平衡战略的安全支点》，《江南社会学院学报》2014 年第 3 期，第 2 页。

二是防止其他国家的干预。关于结盟，前节已有所论，此处不再赘述。防止其他国家的干预，是一个国家争取按自己的意志解决国际问题的重要途径。如甲午战争爆发前，鉴于当时的东北亚国际态势，俄罗斯最有可能干预，因为俄罗斯既觊觎中国的东北，也对朝鲜半岛垂涎三尺。如果日本通过战争手段吞并朝鲜，并进而打垮中国，抢占中国东北的权益，俄罗斯势必进行干预。因此，日本与英国加快《通商航海条约》的谈判，使英国支持其朝鲜半岛的战争政策，并用其牵制俄国。[①] 在整个战争过程中，日本的确得到了英国的支持，从而一直拒绝英国、美国的调停。

在日俄战争中，日本清楚地认识到，战机稍纵即逝。在俄罗斯政府内部，人们对日战争的态度是一致的，只是在时机的选择上有所分歧。有的主张立即开战，有的希望推迟战争。从战争潜力上说，日本远不能与俄国相比，因而日本当局认为，“每拖延一天，甚至一小时，都会增强俄国取胜的机会。”西方的列强，对日俄战争的态度也不尽相同。美国为了将“门户开放”政策深入到中国的东北，希望日本对俄开战；英国是日本的盟友，一直把俄罗斯视为与其在中国竞争的对手，支持日本发动对俄战争；德国为了减轻俄罗斯对其军事压力，当然希望日俄打仗，甚至愿意给予俄罗斯一定的支持，当然不希望俄罗斯打赢；法国是俄罗斯的盟友，虽然不得不支持俄罗斯，但也有一定的保留，因为它担心一旦俄罗斯在远东投入更多的兵力，将削弱法俄同盟的作用。基于对战前形势的分析，日本在外交上向俄罗斯施加压力，全面争取其他列强的中立。事实上，日俄战争爆发后，英、美、法、德等国出于各自的利益需要，均宣布保持中立。俄罗斯在战争中之所以失败，外交上准备不足，没有取得盟友—法国和准盟友—德国的支持也是不可或缺的因素。

第二次世界大战中，苏联为了避免两线作战，利用张鼓峰事件和诺门坎战役中军事胜利的优势以及日本急于南下以建立所谓“大东亚

---

① 参见王绳祖:《国际关系史》第三卷，第217页。

共荣圈”的心理，与日本签订了中立条约。苏日中立条约签订以后，苏军彻底解除两线作战的后顾之忧，得以将东线兵力调往西线，与纳粹德国进行决战。历史证明，苏联的战略决策是正确的。在战胜德国之后，苏军挥师东进，将日本在中国东北的“关东军”全面击溃。

无论是构建联盟，还是阻止他国干预，其目的就是巩固和扩大自己的阵营，“先为不可胜”，为“以待敌之可胜”创造条件。

二、分化瓦解对手

外交的另一个功能就是分化和瓦解对手。当然，国家之间结盟或分道扬镳，其根本原因在于利益的变化，但外来力量的推动也常常发挥着重要的作用。在东北亚地区，由于结盟是一种常见的现象，因而同盟被拆散也并不罕见。

首先，美国成功地瓦解了英日同盟。英日同盟是针对俄国而建立的，但第一次世界大战后，美国却认为它有损于自身利益，欲将其拆散而后快。英日同盟成立的根本原因，是双方共同利益所使然。20 世纪初，英国把俄罗斯视为主要的对手，将其遏制在陆上是英国的主要战略目标。俄罗斯把边界推进到东北亚之后，下一步的目标就是在太平洋获取不冻港，这势必对英国的海上霸权构成挑战。在东北亚地区，英国可以选择的围堵苏联的盟友，只有中国和日本。中国虽然是一个大国，但由于国力衰微，成为列强宰割的目标，根本不可能借以抗俄。唯有日本具备与俄罗斯抗衡的力量，而且与俄罗斯在争夺东北亚陆地与海洋方面存在着严重的冲突。第一次世界大战后，英日同盟的目标基本实现。对于英国来说，日本在日俄战争和第一次世界大战后所暴露出来的野心已难以容忍。对日本而言，借英国一臂之力，既制约俄国，又能在中国谋取利益，当然是何乐而不为。但是，此时的国际格局已发生了重大变化，美国作为一个新兴国家，一直把向亚太地区的扩张作为战略重点。在自身力量尚弱的时候，难以对国际关系产生重大影响。而第一次世界大战后，美国的力量，特别是经济和海上力量已十分强大，因而将英日同盟视为其在亚太地区扩张势力的重大威胁。因此，美国坚决要求解散英日同盟。在华盛顿会议上，美国反复强调，如果英日继续结盟，则是针对美国。英国面临很困难的抉择：如果继续保持这一同盟，就有可能与美国为敌，而此时的美国已事实上成为世界上最强大的国家；如果不保持这一同盟，英日关系就可能恶化，对其国际地位的维护极为不利。考虑到美日矛盾的日益加深，英日同盟的存在势必影响到与美国的合作，英国只得接受美国的建议，解散英日同盟。

其次，美国着力解构中苏同盟。新中国成立后，推行“一边倒”的政策，加入社会主义阵营，并与苏联签订了《中苏友好同盟互助条约》，正式建立了同盟关系，对此，美国如骨鲠在喉。在中苏同盟谈判的过程中，美国总统杜鲁门就于1950年1月5日向记者发表谈话，表示美国对台湾并无任何领土野心，也无意干预海峡两岸情势的发展，意在向中国喊话，美中关系存在着重大改善空间，中国没有必要与苏联结盟。中苏同盟成立后，具有政府背景的美国许多智库就如何瓦解中苏同盟提出多项研究报告，相关政府部门领导也处心积虑地寻求打破中苏同盟的方法。第一次台海危机之后，尽管美国对中国存在着严重的敌视，但却一直保留与中国的大使级会谈。为了使中国对美国产生信任，1962年6月23日，当盘踞在台湾的蒋介石当局紧锣密鼓地准备反攻大陆时，美国驻华沙大使约翰·卡伯特与中国驻华沙大使王炳南会谈中，和盘托出了美国的意图，即不会支持国民党军队对大陆的进攻。卡伯特强调：“万一发生这种事情（国民党反攻大陆）的话——我是不认为会发生的——我们双方应保持接触，以便制止这种事件，那是极端重要的。我向贵大使保证，我们决不要一场世界大战，我们要尽一切力量来防止这种事情。”[①] 肯尼迪及其继任者约翰逊政府，都根据中苏关系的变化，向中国释放改善关系的信号。美国之所以这样做，一个基本的考虑就是通过与中国保持接触，为中美关系

---

① 王炳南：《中美会谈九年回顾》，世界知识出版社，1985年版，第90页。

的改善创造条件，同时避免使中国因与美国隔绝而导致中苏同盟变成铁板一块。对于中美大使级会谈，时任美国副国务卿的切斯特·鲍尔斯就曾经表示："似乎会谈目前给我们的好处不大，但未来可能更有用。"① 到了20世纪60年代末，随着中苏分歧的加剧，美国认为转变国际格局的时刻已经到来。于是，尼克松上台后，加快了与中国接触的步伐。1971年7月9—11日，美国政府安排总统国家安全事务助理基辛格秘密访华，次年2月21—28日，尼克松总统打破外交惯例，亲自访问中国，与中国领导人进行会谈，开启此后20年的中美"蜜月期"。当中美关系显著改善时，中苏同盟不仅名存实亡（1980年4月11日正式废止），而且敌对的状态变得更加严重。中苏同盟的解体有其自身的逻辑，但美国的因素也不可完全忽视。

再次，日本分化中苏抗日联盟。19世纪末至20世纪40年代，日本先后挑起了甲午战争、日俄战争、"九·一八"事变、以"七·七"卢沟桥事变为标志的全面侵华战争以及在中苏边境的"张鼓峰事件"和诺门坎之战，严重侵害了中国和俄罗斯/苏联的利益，从而使中苏成为天然的抗日同盟。实际上，"九·一八"事变后，苏联出于应对远东地区来自日本威胁的考虑，主张支持中国的抗日。1932年12月12日，中苏恢复了1929年7月所中断的外交关系，走上了联合抗日的道路。其后，苏联在诸多方面支持中国抗战。通过政治、道义、精神和外交上的声援，鼓舞中国抗日的士气；提供贷款和军备援助，增强中国军队的战斗力；派遣军事顾问和技术人员，提高中国军队指挥和协调能力；派遣空军志愿人员来华与中国空军并肩作战，直接打击日本的军队。国民党高级将领白崇禧曾对苏联驻华大使潘友新说过，强大苏军在苏联远东地区的存在对中国的抗战具有重大的意义

---

① 参见：《1961年—1963年的中美大使级会谈》，《北大史学》第7辑，转引自中国网（CHINA. COM. CN），http：//www. china. com，cn/fangtan/zhuanti/2009 -01/09/content_17082968. htm。

和作用，至少牵制了30万可以投放到中国战场的日军。[①] 对此，日本深感压力沉重，着力化解。一方面，它寻求与德国结盟，以牵制苏联。而德国已成为欧洲战争策源地，其目标是先称霸欧洲，进而扩展至世界，并决定以战争的方式达到自己的目的。德国在欧洲的作战对象不仅包括英法，也包括苏联。这样，日德在针对苏联的问题上就有了共同的利益。1936年11月25日，德日两国签订针对苏联的《反共产国际协定》，次年11月6日，意大利加入协定。协定规定：缔约国各方对共产国际的活动，要相互通报，共同协商，采取一致的对策；对于国内安宁受到共产国际威胁的第三国，也要根据协定宗旨，采取相应的措施。这个协定名义上是反共产主义，实际上是三个国家以结盟的方式争夺世界上的霸权。协定的根本指向是苏联，因为苏联不仅是当时唯一的共产主义国家，而且在地缘上与德日两国进行对峙。1940年9月27日，德意日三国又签订了《三国公约》，正式建立军事同盟。公约中最重要的一个条款就是："三缔约国中任何一国遭到现在尚未参加欧洲战争及日华纠纷的一国攻击时，三国须用所有政治、经济和军事手段相互援助。"[②] 显然，这里所说的其他国家只可能是苏联和美国。[③] 1941年1月18日，三国又签订了《日德意军事协定》，划分了战区和作战任务，并明确合作事项。至此，德日军事同盟完全确立。对于苏联来说，这个三国公约的签署是十分不利的。

另一方面，它着力与苏联缔约来化解来自苏联的直接压力，以便推进南下战略，全面进攻和占领中国。近代以来，日本政府的对外扩张战略一直处于纠结状态，即北上还是南下的选择。20世纪40年代之前，日本基本上奉行的是北上战略，并取得了一定的成果，吞并了

---

① 参见彭训厚著，陈天平译：《胜利的回忆》，五洲传播出版社，2005年4月版，第6页。

② ［日］服部卓四郎：《大东亚战争全史》第一册，张玉祥、赵宝库译校，商务印书馆，1984年版，第55页。

③ 钮先钟：《第二次世界大战的回顾与省思》，广西师范大学出版社，2012年版，第41页。

朝鲜，割取了俄罗斯的库页岛南部和千岛群岛，占领了中国东北。日本对苏联的远东地区长期有兼并之心，因而在苏联建立之初，为稳固边界安全而提出与日本签订互不侵犯条约时，日本断然加以拒绝。[①] 然而，通过“张鼓峰事件”和诺门坎之战，日本充分地认识到苏联军力的强大，加之1939年德国与苏联签订了《互不侵犯条约》所引起的国际关系的变化，日本决定与苏联签订中立条约或互不侵犯条约。1940年7月2日，日本新任外相松冈洋右指示日本驻苏大使东乡茂德向苏联外交人民委员莫洛托夫提出了苏日中立协定草案。但苏联迟迟未做出回应。于是，8月5日，东乡再次拜会莫洛托夫，要求苏联迅速研究他提交的协定草案并给予答复。苏联对于日本的战略意图有明确的认识。因此，苏联政府在回复东乡的文件中指出，苏联在与日本缔结中立条约时，可能在一定程度上恶化它同中国及在太平洋与南海地区有重大利益的一系列国家的关系，从而可能给苏联造成严重的、不仅是经济上的损失。苏联希望减少损失。[②] 此后，日苏之间就缔结中立条约问题进行了反复的讨价还价，并以牺牲中国的重大利益相交换，直到1943年4月13日，双方才达成协议，正式签订了《苏日中立条约》，25日，日本天皇和苏联最高苏维埃主席团批准了条约。条约生效之后，苏联逐渐停止了对华援助。1942年2月，苏联将其驻华大使崔可夫召回，援华抗日告一段落。对于苏日中立条约的签署，中国政府表示了强烈的愤慨。4月14日，国民党政府外交部长王宠惠发表声明指出：“本月13日苏联与日本签订中立协定时所发表之共同宣言，内称日本尊重所谓‘蒙古人民共和国’领土之完整与不可侵犯性，苏联尊重所谓‘满洲国’领土之完整与不可侵犯性。查东四省及外蒙之为中华民国之一部，而为中华民国之领土，无待赘言，中国政府与人民对于第三国间所为妨害中国领土与行政完整之任何约定，决

① 参见李嘉谷：《论〈苏日中立条约〉的签订及其对中国抗战的影响》，《抗日战争研究》1998年第1期。

② 同上。

不能承认，并着重声明，苏日两国公布之共同宣言，对中国绝对无效。”①

日本通过与苏联缔结中立条约，使苏联停止对中国的抗日援助，使中苏抗日联盟失去了存在的基础。同时，在签订条约时发表的两国宣言中，极大损害了中国的权益，使中苏之间进而产生了矛盾。由此可见，日本运用外交手段分化了中苏关系，为其南进战略的实施创造了条件。此后，日本加强了对中国的进攻，使中国的抗日战争进入了更加艰难的阶段。

以外交手段分化瓦解对手，是国际博弈的通行做法。东北亚外交角逐的特色在于，阵营的稳定性较低。近代以来的二百余年大国东北亚地区的战略博弈中，对手或阵营的变迁却是司空见惯。

三、谋求“渔翁之利”

在大国博弈中，任何两个大国陷入战争状态，都会使第三方获益。在世界历史上，这样的事情是屡见不鲜的。美国之所以能够从北美一隅成长为主导战后世界的大国，欧洲与亚太地区大国不断进行战争是主要因素之一。两次世界大战“把欧洲在世界上的优越地位彻底葬送”，② 亚洲也因日本发动的侵略战争陷入混乱，而美国却在战争中迅速崛起。正因为如此，使他国陷入战争之中，从而坐收渔人之利，成为一些大国外交的鲜明特征。

为了保存自己的实力，避免卷入战争，并能在战争中获得优势地位或在战后谋取更多的利益，是许多大国外交的主要目的。第二次世界大战前，大国外交的一个显著特点就是以利益为诱饵，使其他国家陷入战争。在欧洲，英法两国极力推行绥靖政策，与德国和意大利签

① 参见《新华日报》，1941 年 4 月 15 日。

② ［英］迈克尔·霍华德：《欧洲历史上的战争》，辽宁教育出版社，1998 年版，第 120 页。

订慕尼黑协定，企图将祸水东引；苏联则采取针锋相对的策略，同德国签订互不侵犯条约，使其放手与英法等西欧国家进行战争；在亚洲，对于日本发动的全面侵华战争，美国与英国也采取纵容的政策，使中日双方相互消耗，同时诱使日本北上进攻苏联；苏联则与日本缔结中立条约，使日本不受牵制地南下侵占中国以及西方诸国在亚洲的殖民地。

在东北亚地区，由于大国众多，任何两个或两个以上的国家陷入战争，其他国家都会从中受益。无论是在甲午战争还是在日俄的战争中，相关国家所采取的政策，都是使交战双方迅速进入战争状态，进而在战后的利益瓜分中，实现自己的利益最大化。前文已有详尽的所述，这里就不再论及。即使在东北亚地区发生的其他战争中，也有着类似的现象。今天，东北亚地区安全形势复杂，世界上各大战略力量都直接与间接地卷入其中。一些国家为推动地区安宁，共同发展，不懈地进行外交努力，还有一些国家却不断地施展手段，企图扩大地区危机，甚至诱导战争，从中渔利，企图使历史的悲剧再次上演。

四、进行战略布局

由于东北亚地区牵涉到诸多大国的利益，几乎每个相关国家都坚持守住既得利益，赢取未来的利益，并在追求利益中获得有利地位，塑造对已的有利态势，从而在外交上既合作又斗争。

首先，韩国成为大国外交争夺的焦点。在东北亚的战略格局中，韩国的地位极为重要。在朝鲜战争中，美国与韩国结成联盟，中国、苏联与朝鲜成为盟友，中苏与韩国是敌对关系。这种状态贯穿着整个冷战时期。在冷战期间，韩国的经济发展迅速，成为亚洲地区“四小龙”之一。冷战结束后，世界进入和平与发展的时代，通过合作谋求发展成为国际关系的主流。因此，冷战进入尾声和甫一结束之际，苏联/俄罗斯与中国都从发展经济的角度出发，着力改善与韩国的关系。随着新世纪以来朝鲜核、导问题的出现，中俄又从战略安全需要考虑，既重视与韩国发展合作关系，又对其进行施压，使其采取不损害两国战略安全的政策。

苏联/俄罗斯改变对韩政策。20 世纪 90 年代初，苏联从其国家发展全局考虑，决定改变其长期奉行的半岛政策。苏联远东地区距离其欧洲主体部分较远，而且经济发展水平较低。为了利用外来资源改变远东地区力量薄弱和经济落后的局面，苏联希望与本区域内国家展开合作，而经济发达的韩国就成了苏联所关注的目标。于是，1990 年，苏联便与韩国建立了外交关系。时任苏联外长谢瓦尔德纳泽赴平壤向朝鲜领导人解释与韩国建交的决定时阐明，考虑到朝鲜半岛的情势，苏联支持朝鲜与韩国接触，让朝鲜与韩国同时加入联合国的意向。苏韩建交后，两国关系发展迅速。1991 年 1 月，两国签署协议，韩国向苏联提供 30 亿美元的贷款；4 月苏联总统戈尔巴乔夫与韩国总统卢泰愚实现了首次会晤；1992 年，俄罗斯总统叶立钦访问韩国，与韩国签订《俄韩基本关系条约》，并把韩国作为其在亚太地区的重要伙伴国；1994 年，韩国总统金泳三访问俄罗斯，与俄罗斯达成了一系列经济合作协议。此后，俄韩关系基本上处于平稳的状态。2013 年普京访问韩国，与韩国朴槿惠总统进行了会晤，并签订了 15 项合作协议。在朝核问题上，两国存在共同利益。但自韩国决定同意部署“萨德”系统后，俄罗斯与韩国的分歧加剧。由于美国在欧洲地区已部署了针对俄罗斯的反导系统，一旦美国也在韩国部署反对系统，势必对俄罗斯的核威慑能力构成影响。俄罗斯总统数度警告韩国政府，如果韩国同意美国部署“萨德”系统，俄罗斯将采取强力的反制措施。俄罗斯尽管重视与朝鲜的关系，也想利用朝鲜撬动东北亚的棋盘，但毕竟韩国在经济发展方面更能使俄罗斯受益，因此不得不重视与韩国的合作关系。2016 年 9 月 2 日，朴槿惠访问俄罗斯时，普京总统与其会谈，尽管在“萨德”问题上没有形成共识，但在其他领域合作却取得了重大的进展。

中国致力于发展与韩国的睦邻关系。随着中国的对外开放，与韩国的敌对关系日益缓和，延续 30 余年的朝鲜半岛的政策到了非改不可的程度。但考虑到朝鲜的立场，一直到1988年才与韩国进行有限的接触。苏韩关系建立后，中国才于1992年与韩国正式建立了外交关系。这样，美国与韩国之间依然是军事同盟，中韩之间因密切的经济联系和地缘关系也成了密切的战略伙伴。2015年9月3日，韩国总统朴槿惠出席中国抗日战争暨世界反法西斯战争70周年阅兵式。但是，由于朝鲜核、导问题的升级，韩国决定同意美国在其领土上部署“萨德”系统，使中韩关系受到了一定的影响。从国家安全与战略方面考虑，中国坚决反对美国在韩国部署“萨德”系统。2016年，朴槿惠出席G—20峰会时，中国国家主席习近平在与其会谈中强调，中韩是近邻，实现共同发展，促进地区和平，是双方永恒的利益交集。[①]朴槿惠表示，韩国政府高度重视对华关系，将致力于推进基于互信的两国友好关系。

美国强化与韩国的同盟关系。美韩之间的互信程度和战略契合度远不如美日同盟。美国政府在1995年和1998年发布的两个东亚战略报告都没有过多涉及韩国。[②]“偶有波折、总体发展”的同盟关系成为那个时期美国与韩国之间的外交主旋律[③]。随着中韩关系的日益贴近，美国也着手强化与韩国的关系，防止其亚太战略体系出现裂缝。小布什执政后期，美国政府已经开始寻求调整与强化美韩同盟的地位，试图对美韩关系“再定义”。面对东北亚安全新格局，奥巴马政府上台后继承了这一调整趋势。

在美国的全球化作战计划中，奥巴马政府对美韩关系也采取了强化政策，针对美韩安全合作进行全方位战略升级。近年来，美国有意加强了韩美之间的同盟关系，使得韩国在美国的同盟国地位明显上

① 《习近平会见朴槿惠 就朝鲜半岛形势交换了意见》，参见《21CN新闻》，http：//news. 21cn. com/social/shixiang/a/2016/0906/11/31512239. shtml。

② 秦永椿：《评美国国防部东亚战略报告》，《和平与发展》1995年第2期，第47页；徐宁：《美国东亚安全战略态势、变化及启示——析九八年美国国防部〈东亚太平洋安全战略报告〉》，《国际展望》1998年第24期，第12—13页。

③ 汪伟民、李辛：《美韩同盟再定义与韩国的战略选择：进程与争论》，《当代亚太》2011年第2期，第108页。

升。奥巴马政府在“天安号事件”、“延坪岛炮击事件”后强化了这一战略布局。一方面因为“天安号事件”后，韩国大众的厌华情绪和“中国不负责任论”有所抬头，这为奥巴马政府夯实美韩同盟提供了机遇。另一方面，与日本相比，韩国与东北亚其他国家少有争端和冲突，也没有历史包袱，美国提升美韩同盟的战略地位遇到的警惕和抵触相对较小。在日本国家实力下降、中国对日警觉的大环境下，美韩同盟地位的提升有利于弥补美日同盟存在的功能缺陷，巩固美国在东北亚陆海交错地带的存在。

同时，美国在多领域和韩国采取了深入合作。奥巴马任职期间，美韩同盟关系进一步突破军事同盟的局限，向安全和经济领域全面延伸。2012 年 3 月 15 日，美韩自由贸易协定正式生效。虽然这一计划在小布什执政时期启动，但奥巴马政府的对韩政策极大地推动了美韩经贸问题的实质性解决。美韩自由贸易协定是美韩经济合作的深入开端，韩国产品成为能够进入美国市场的头一份，有利于双方国家产业的互补和市场的合作。并且，这一协定使得美国通过韩国加强了与亚洲经济的联系，韩国成为美国叩访亚洲经济的敲门砖。此外，美国还在气候变化、中东问题等全球事务上加强了与韩国的合作关系，美韩同盟关系得到进一步深化。

通过上述分析可以看出，在东北亚的地缘角逐中，朝鲜半岛处于核心地位。对于中美俄三大国来说，谁在朝鲜半岛取得了优势地位，谁就抓住了东北亚的“牛鼻子”。而在朝鲜半岛事务上，谁使韩国站在自己一边，谁就在东北亚战略博弈中胜了一筹。正是由于如此，中美俄三国都致力于争取韩国。即使东北亚的另一区域性大国—日本，也不敢对日韩关系掉以轻心，因而在慰安妇问题上不得不作出妥协和让步，既向韩国致歉，又同意在经济上进行补偿。在可以预见的未来，中美俄在东北亚外交角逐中，还将把争取韩国作为重中之重。韩国全方位的外交政策为中韩、俄韩关系的发展提供了有利契机。美国也不会放弃韩国这一盟友，极力加强美韩同盟的互信水平。

其次，蒙古成为各大国极力扩大影响的对象。蒙古国位于中俄之间，特殊的地理位置同样引起美国的关注。美国的亚太战略中计划将蒙古国列为发展对象，希望在中俄之间插入一枚“楔子”[①]。蒙古国与中俄两国友好往来，但是同样也希望寻求新的国家关系，改善本国的地理位置带来的发展限制。

大国在东北亚地区战略博弈，使得蒙古国成为各方极力争取的对象，蒙古国也因此有了更多的外交选择。然而，不可否认的是，蒙古国特殊的地理位置也为其外交政治带来了极大的弊端。从地理位置上讲，蒙古国位于中俄的领土包围中，对中俄来说是战略的缓冲地带。但对蒙古来讲，自身面临着两面夹击、腹背受压的巨大战略风险，一旦中俄两国发生冲突摩擦，蒙古国势必受到波及成为两者的战略必争地。[②] 正是出于这一考虑，蒙古国做出了寻求美国这样的第三国家介入的外交政策，希望通过第三方的介入打破中俄战略和政治包围的困境。

美国作为世界超级强国，一直扮演世界警察的角色。美国在亚洲局势上强势回归，无疑成为蒙古国最佳的第三方势力选择。从 2004 年以来，美国和蒙古国先后确立了“全面伙伴关系”，实现了国家领导人互访，蒙古国也将美国视为最佳的“第三邻国”关系。美国在近期的活动中同样在强调蒙古国的“第三邻国”关系。美国正急迫寻求一种制约中俄稳定的地理位置优势，同蒙古国的政治外交日趋深入对中、蒙、俄关系的发展构成了不小冲击。

蒙古国把美国作为最佳的“第三邻国”，加重了中俄两国的猜忌防备心理，中俄两国为了各自的国家安全，势必进一步加强军事和外交戒备。美国的目的尽人皆知，就是借“亚太再平衡”战略回归亚太，发展同亚洲各国的关系，企图通过自身对亚洲事务的影响力，离间或者削弱中俄关系。通过阻碍中俄两国友好关系的发展，达到减轻

---

① 陈翔：《蒙古国“多支点”外交政策的均势机理分析》，《齐齐哈尔工程学院学报》2015 年第 1 期，第 19—22 页。

② 孟令珠：《浅析东北亚战略格局下的中蒙关系》，《理论观察》2015 年第 7 期，第 109 页。

中俄在亚洲局势上给美国带来的压力。

美蒙关系的深入发展也提升了中俄等国对蒙古的重视程度。普京上台以来，俄罗斯重新重视发展与蒙古的关系，力求巩固传统的势力范围；中国向来与蒙古国友好交往，但随着美国步伐的加紧，中国也重新审视中蒙关系，开启中蒙关系的新篇章。可以说，蒙古国从未像现在这样同时受到中、美、俄三国的高度重视和青睐。

再次，六方会谈成为中美合作斗争的战场。六方会谈是指中、美、俄、日、韩、朝在北京先后举行了六轮旨在合理、公平、安全地解决朝鲜核问题的谈判。朝鲜核问题是影响东北亚地区和平与稳定的主要因素之一，朝鲜核问题的和平解决与否关系到整个东北亚的安全局势。朝鲜问题由来已久，中美在朝鲜半岛的博弈一直都在持续。即朝鲜战争结束后，六方会谈成为中美合作和斗争的新战场。①

纵观历届美国政府在朝鲜半岛问题上的态度，不难看出朝鲜问题始终在美国的亚洲战略上具有重要的地位。老布什当政期间，由于冷战的结束，美国的国际安全形势大为改善，因而美国对朝政策也发生了转变，由“孤立与遏制”政策逐渐变为“间接接触政策”，即通过韩国与朝鲜进行间接对话，以不干涉韩朝事务换取朝方的信任，从而缓和双方矛盾；克林顿当政期间，美国国内针对朝鲜问题采取的方针为“接触、遏制与威慑”政策，一方面不主动与朝鲜接触，同时加强同韩国和日本的军事演习，以武力威慑朝鲜。作为回应，朝鲜则以“超强硬对强硬”② 的政策回应美国，即朝鲜将通过其强大的军事力量随时准备应对美国的挑衅。小布什在上台之初由于受到内阁中鹰派人物的影响而沿袭了克林顿时期“接触、遏制与威慑”的对朝政策，

---

① 牛军：《转型中的中美关系》，《国际经济评论》2000 年第 1 期，第 51—54 页。

② 朝鲜《劳动新闻》2003 年 1 月 12 日发表社论，阐述朝鲜退出《不扩散核武器条约》的原因，称朝鲜政府 10 日宣布退出《不扩散核武器条约》，不再接受安全保障协议的约束，是对美国实施对朝敌视、强硬扼杀政策的回答。这篇在头版头条刊登的题为《以猛击对强迫、以惩罚对“惩治”》的社论引用朝鲜领导人金正日的话说：“以善意对善意，以超强硬对强硬，是我们不变的立场”。

并更加注重遏制。

奥巴马担任美国总统后，美国针对朝核问题的政策没有改变，希望通过双方高层间的直接对话来协商解决朝核问题。中国主张的六方会谈机制成为了解决朝鲜核问题的最为有效措施。在朝鲜半岛无核化问题上，中美两国具有共同的利益。中国希望维持朝鲜半岛的稳定，这样有利于国内的经济发展，同时也不必疲于应付朝鲜和美国的争端问题。中国同样也不希望朝鲜核设施的存在妨碍边境安全。美国对于朝鲜核设施的存在保持高压的打击态势，不希望朝鲜拥有足以威胁美国安全的核武器产生，因为这将限制美国在东北亚军事行动的自由。因此，在这一问题上，中美两国有着相似的战略利益，这对六方会谈机制的推行产生了重要的作用。尽管两国在解决朝核问题的具体方式以及路径上存在着分歧，但也充分显示了在解决朝核问题上的合作共赢的态度，为以后重大国际问题的和平解决起了示范带头作用。

尽管朝鲜方面于2009年关闭了“六方会谈”的大门，但各大国并没有完全放弃会谈的主张，都希望在条件具备的情况下，重启“六方会谈”。这至少表明，各大国并没有在东北亚地区进行战争的意愿，依然期待通过会谈解决地区争端，以和平方式进行博弈，既要维护或扩展利益，又要避免使用战争手段。

最后，日本是大国东北亚外交角逐的要冲。在东北亚地区，日本不仅战略地位重要，而且实力极为雄厚，是世界上第三大经济体。可以这样说，在大国战略博弈中，谁能赢得日本，谁就在东北亚地区赢得了相当程度的战略优势。因此，中国与美国都在日本问题上投入了大量的外交资源，只不过投入的方式不同而已。俄罗斯尽管与日本存在着领土争端，但也主张与日本发展战略伙伴关系。

美国与日本发展全方位的同盟关系。美日同盟一直被美国当作介入亚太地区的基石，更是影响东北亚事务的战略依托。在冷战前期，美日同盟紧密，共同遏制包括中国在内的社会主义国家。冷战结束后，美日同盟曾历经一个阶段的“漂流”期，直到20世纪90年代中期，双方逐渐明确了同盟关系的走向。[①] 进入新世纪以来，特别是奥巴马上台后，美国战略重心东移，更是把美日同盟摆在了突出位置。

为了应对中国军事实力增强和朝鲜导弹及核武器开发计划，美国和日本加大力度推进军事一体化进程。2012 年 11 月 9 日，日本防卫省副大臣长岛昭久访问华盛顿时，与美国国防部常务副部长阿什顿·卡特、美国国务院助理国务卿坎贝尔分别举行会谈，双方就启动有关修订《日美防卫合作指针》的磋商达成一致。所谓《日美防卫合作指针》，是 1978 年美日两国针对远东地区美国整体实力衰弱以及苏联军事力量增强的状况制定的，就防止日本遭到武力攻击以及远东地区发生对日本有重要影响的事态时作了具体的规定。1998 年，双方已根据情况的变化曾进行了修订。2013 年 10 月 3 日，美日 “2 +2” 会议于在东京举行，这是美日两国 7 年以来首次在日本举行该会议，决定将于 2014 年底前完成《指针》的修订。2014 年 10 月 8 日，两国发表了修改《日美防卫合作指针》中期报告，其中最值得关注的变化是删除了当时版本中限定自卫队支持美军“周边事态”的提法，代之以“全球范围支持美军”。由于各种因素的制约，2014 年 9 月的“2 +2”部长，决定将于 2015 年上半年完成修改《日美防卫合作指针》最终报告。2015 年 4 月 27 日，日本首相安倍晋三访问美国时，两国在华盛顿正式签署了新的《日美防卫合作指针》。

当然，美国同样担忧日本国内军国主义倾向。特别是在安倍参拜靖国神社后，美国公开表示了失望，称此举将加剧地区紧张局势，进一步激化地区矛盾，损害了美国在亚洲的利益。对于日本谋求军事扩大化的问题上，美国政府也是对安倍政府存在疑虑，美国不希望日本摆脱其实际控制。

总之，美国要实现其在亚太地区，特别是东北亚地区的战略目标，日本是其主要的合作伙伴。因此，美国千方百计地强化美日同

---

① 肖晞、王立名：《冷战后美日同盟：从“漂流”到强化》，《现代日本经济》2006 年第 3 期，第 12—16 页。

盟，以巩固其在东北亚地区的战略地位。

中国力求与日本建立睦邻关系。中国和日本是一衣带水的邻国，在历史的绝大部分时期里友好相处，并多有交流。但是近代以来，日本两次发动侵华战争，严重地伤害中国人民的感情。第二次世界大战中日本战败，中国并没有参加以美国为代表的战胜国与日本缔结的《旧金山条约》。随后，国际社会进入冷战状态，日本成为美国的盟国。冷战后期，随着中美关系的解冻，中日关系也开始回暖。20 世纪 70 年代初期，两国建立了外交关系，并于 1978 年还签订和平友好条约。之后，两国关系迅速升温，并致力于建立面向 21 世纪的友好关系，使两国世世代代友好下去。

然而，由于中国的迅速崛起，日本的心态开始失衡，开始不断地破坏两国关系友好发展的基础。日本对侵华事实百般掩饰，蓄意扭曲历史，引起了中国政府和人民的强烈不满；打破两国在钓鱼岛问题上默契，将钓鱼岛国有化，挑起领土争端；在东海划界问题上，提出无理要求以及对中国在争端区域外进行的油气开采采取破坏行动。不仅如此，它还拉拢在南海问题上与中国有争端的国家，对中国维护海洋权益的活动进行骚扰。同时，日本积极配合美国实施“亚太再平衡”战略，试图对中国实施遏制。2015 年 7 月 1 日，现任安倍内阁正式通过关于“解禁集体自卫权”① 的重大修改，“和平宪法”第九条②规定名存实亡。

尽管如此，中国仍然采取相关的措施，力求与日本建立睦邻关系。在 2014 年 APEC 会议期间，中国领导人应约会见了安倍晋三首

① 解禁集体自卫权是相对于禁止行使集体自卫权而言，即行使集体自卫权不再限于在本国受到攻击时行使武力，在盟国受到攻击时甚至在敌对国未攻击本国时可以行使武力。

② 《日本国宪法》（日语：にほんこくけんぽう），又被称为战后宪法、和平宪法，是日本现行宪法，在 1946 年 11 月 3 日公布、1947 年 5 月 3 日起施行。《日本国宪法》第九条规定的三大原则之一的和平主义，成为《日本国宪法》第二章的主要内容，包括放弃战争、不维持武力、不拥有宣战权。日本国宪法因而被称为“和平宪法”。

相。在中日青年友好交流大会上，中国领导人发表重要讲话，强调中日两国以大局为重，着眼向前看，共同努力消除阻挠两国关系发展的障碍。对于中国的迅速崛起，中国领导人多次宣示，中国不走强国必霸之路，而是要与世界各国人民一道建立人类社会的共同体。其实，这些表态就是向包括日本在内的周边国家和世界大国发出的和平宣示，消除他们的战略疑虑。只要日本不做有损两国关系的事，中国对日友好的大门始终是开放的。

美国出于全球利益特别是亚太地区利益的考虑，绝不会放弃日本这有力和有效的棋子。在可以预见的将来，美国会不断地投入战略资源，使日本长期行走在它的战略轨道之上。中国出于周边安全的考虑和开放战略的需要，尽管要对日本的错误行为进行抵制，但也会采取务实而灵活的策略，使中日关系不至于越来越渐行渐远。

俄罗斯注重发展与日本有限的关系。从历史上看，俄日关系极为复杂。在过去的200多年的时间里，俄日两国在东北亚地区进行了激烈的争夺，曾多次发生战争，至今还存在着领土争端问题。两国虽然在1956年就建立了外交关系，但至今仍未能缔结和平条约。20世纪60年代至80年代，由于日本与美国结盟，对苏联形成遏制态势，苏日关系基本上处于停滞状态。1979年，随着日本参加制裁苏联入侵阿富汗的行动，两国关系更进入冰点。直到80年代中期，戈尔巴乔夫成为苏联领导人后推行外交“新思维”，两国关系才得到相当大程度的改善。苏联解体后，其继承者俄罗斯从发展经济和维护国家安全的立场出发，着手发展与日本的关系。但囿于各种因素，特别是领土问题的制约，俄罗斯只能与日本发展有限的关系。

俄罗斯发展与日本的关系，有着多重的战略考虑。第一，推进远东地区的发展。日本是俄罗斯在亚太地区的重要近邻，经济发达、科技领先、资金雄厚却又缺少矿藏、土地贫瘠。俄罗斯则恰恰相反，工业、科技亟待更新换代，资源丰富、土地广阔富饶。两者互补性极强，在俄力推远东开发的背景下，日本得天独厚的地理优势也日益显现。所以，苏联解体后，日本就一直是俄罗斯积极争取的经贸伙伴。

但是，由于政治关系冷淡，俄日经贸合作长期处于较低水平，对俄投资仅占日对外投资总额的0.3%。2015年，俄日贸易额同比暴跌30%多，只剩213亿美元。能否发掘俄日经贸合作的潜力，已成为俄开发远东的重要变量。在经济困难的情况下，俄加强与日经贸关系的愿望迫切。

第二，着眼远东战略平衡。俄罗斯已实行“转向东方”外交20年。在此期间，中俄战略伙伴关系得到飞速的发展。为使亚太外交更加多元化，避免对华过度依赖，近年来，俄罗斯着眼实现战略平衡，一方面，加强与印度、越南等国的合作力度，另一方面又着力发展与日本的关系。由于日本是西方主要国家的一员，俄罗斯通过改善与日本的关系，进而摆脱国际孤立，迂回转圜与西方关系。

第三，抓住日本的软肋。日本对于中国的崛起存有高度的戒心，战略界“联俄制华”之声不绝于耳。近年中俄关系的迅猛发展令日本十分警觉，其拉拢俄罗斯、“挖中国墙脚”的愿望更加迫切。日本希望加强与俄合作，至少利用经济杠杆稳住俄罗斯，集中力量遏制中国在亚太的影响力。同时，日本化石能源几乎全部依赖进口，希望与俄进行能源合作，既摆脱对中东的过度依赖，又极大地节约成本。因而俄罗斯拥有改善与日本关系的条件。

又由于俄罗斯不愿解决两国的间的领土争端，因而只能发展与日本的有限关系。俄罗斯/苏联已控制北方四岛70余年，俄/日双方就此问题也数度进行谈判，甚至还于1956年达成先归还两岛的协议。虽然不止一届的俄罗斯/苏联领导人都表达过软化的立场，但很快就收回承诺。其根本原因就在于北方四岛对俄罗斯在政治、军事、经济、历史等方面具有诸多价值，俄罗斯根本不可能放手。在政治方面：南千岛群岛可以作为撬动俄日关系、东北亚政局、与西方关系的三重杠杆；在经济方面：南千岛群岛矿产和渔业资源丰富，是俄罗斯自由出入太平洋的重要通道；在军事方面：南千岛群岛事关俄罗斯远东地区安全，结合美国力推“亚太再平衡”战略、朝核问题威胁地区安全、东北亚军备竞赛升级的背景，其军事战略地位凸显。在历史方面：俄罗斯外交部曾强调，拥有南千岛群岛具备法律依据，是二战结果决定的。言外之意，俄罗斯对南千岛群岛的主权宣誓是对二战胜利成果的有力维护。

因此，出于发展经济，维持地区战略平衡等方面的考虑，俄罗斯不得不与日本发展各方面的关系；又由于领土问题和其他因素的制约，俄罗斯只能与日本展开有限的合作。普京就表示，俄日关系没有达到俄中关系的质量。①

第三节　经济碰撞与竞争

经济是国家得以生存和发展的基础，是国家力量的核心组成部分。经济发展离不开资源，更需要市场。由于地缘关系的制约，在当今世界，任何一个国家都面临资源稀缺或市场有限的挑战，因而国际贸易就成了应对此种挑战的重要方式。不仅如此，通过密切的经济联系，形成利益共同体，国家之间变得相互依存，有助于消除对立，避免战争。当然，从另一方面来说，由于世界资源与市场又是有限的，每一个国家都希望拥有更多的资源，占据更大的市场，因而相互之间又存在着激烈的竞争。因此，为了既能保证自身的利益空间，又要与其他国家进行交往，区域性经济合作成为在当代国际关系的一个显著特征。在东北亚地区，各大国不仅在安全与外交领域展开较量，在经济贸易领域也出现了碰撞与竞争的局面。

一、争取区域经济合作的主导

在东北亚地区，中国是世界上最大的发展中国家，2014 年 GDP 总量超越 10 万亿美元大关，2015 年达到了 10.9828 万亿美元，成为

---

① 参见《普京：俄日关系没有达到俄中关系的质量》，《新浪财经》，http：//finance. sina，cn/roll/2016 - 10 - 28/doc - ifxxfysn7948230. shtml。

世界第二大经济体。[①] 俄罗斯、日本的 GDP 位列世界前 10 之内，韩国居于第 14 位。朝鲜与蒙古的经济发展水平较低。总起来看，东北亚地区的经济总量已与欧洲和北美地区相当。欧洲地区早在上个 50 年代就选择了经济联合发展之路，先建立“欧洲煤钢联营”，继而发展为“欧洲共同体”（EC），后又建成“欧洲联盟”（EU）。90 年代中期，为推进一体化的发展，北美国家建立“北美自由贸易区”（NAFTA），后又扩展为“北美安全与繁荣联盟”。而在东北亚地区，双边经济合作深入发展，区域合作则相对薄弱。为了推进有利于自身的区域性经济机制，各大国进行了激烈的竞争。

首先，中国倡导建立中日韩自由贸易区。经济往来常常是国际关系的压舱石。国家间关系如何，往往从经济互动上就可见一斑。第二次世界大战结束后，美国曾把建立国际货币基金组织、世界银行和国际贸易组织作为其领导世界的基石。但由于苏联的反对，国际贸易组织并没有成立起来，而是以关税及贸易总协定来代替。在长期的冷战中，世界经济存在着两个体系，即资本主义体系和社会主义体系。与此同时，为了充分利用地缘优势，区域性的经济合作组织也日益发展起来。

直到冷战结束后，两个世界的体系才被打破，世界贸易组织（WTO）正式成立。新世纪以来，在世界经济领域，一方面，WTO 的影响力不断增大，另一方面，区域性自由贸易协定[②]也盛行开来。目前，双边的、多边的自由贸易区[③]方兴未艾。美国继北美自由贸易区

---

① 参见《国际货币基金组织：2014 年 IMF 成员 GDP 排行榜》（2015 年 4 月 14 日）及《国际货币基金组织：2014 年 IMF 成员 GDP 排行榜》（2016 年 4 月 12 日）。

② 自由贸易协定（Free Trade Agreement），简称“自贸协定”，是两国或多国间具有法律约束力的契约，目的在于促进经济一体化，其目标之一是消除贸易壁垒，允许产品与服务在国家间自由流动。

③ 自由贸易区（Free Trade Zone），简称“自贸区”，是指在贸易和投资等方面比世贸组织有关规定更加优惠的贸易安排；在主权国家或地区的关境以外，划出特定的区域，准许外国商品豁免关税自由进出。实质上是采取自由港政策的关税隔离区。狭义仅指提供区内加工出口所需原料等货物的进口豁免关税的地区，类似出口加工区；广义还包括自由港和转口贸易区。

建立之后，不仅与世界上许多国家签订了双边自由贸易协定，而且还一度谋求在亚洲和欧洲建立由其主导的跨太平洋伙伴关系和跨大西洋投资与贸易伙伴关系。世界上一些大国或战略力量都把扩展以其为中心的自由贸易经济圈作为增大国际影响力的重要方法。中美在东北亚地区的战略博弈中，自由贸易区的建设也成了重要筹码。

中日韩三国经济总量占全球 1/5、总人口超过 15 亿。基于中日韩三国在亚洲经济实力最为显著，经济贸易最为活跃的现实，中国在 2002 年中日韩三国峰会上首次提出了促进中日韩经济进一步繁荣的自由贸易区设想。中日韩自贸区一旦建立，将形成一个拥有 15 亿人口的超级市场，其经济总量有望与欧盟、北美两大经济集团比肩，形成区域竞争优势。[①] 因此，中日韩三国建立自贸区，不仅仅是为本国经济增长创造新的内生动力，带来更多衍生的持续发展力，更能以自身经济的发展带动东北亚范围内的经济增长，从而能够促进东亚地区综合经济竞争力的提升，实现东北亚整体区域合作和稳定发展[②]。

中日韩自贸区的建立将对区域经济一体化的发展有着至关重要的作用，是东亚乃至亚太地区经济整合的关键所在。不仅如此，中日韩自贸区的建立还有着重要的政治意义，也会一定程度地影响着世界格局的变化。通过自贸区来提升中日韩三国间的经济联系，再通过经济纽带提升国家间的政治互信，增进整个东北亚地区的凝聚力，这必将对整个亚洲乃至世界的格局和力量产生影响。中日韩自贸区的建立会减低整个东北亚地区对美国的依赖性，美国长期主导亚洲发展的局面或面临改变的可能。

其次，日本提出“东亚经济圈”设想。20 世纪 60 年代末，日本外务大臣三木武夫就提出了构建“太平洋经济圈”的构想。其后，日

① 王琳、黄鹏：《加快中日韩自贸区谈判面临的环境与战略取向》，《对外经贸实务》2015 年第 2 期，第 21—24 页。

② 徐春祥：《推进中日韩自贸区建设是中国在亚洲唯一区域战略选择》，《东北亚论坛》2014 年 3 期，第 73 页。

本的一些著名政治家和学者如田中角荣、小岛清等相继提出了“亚洲一太平洋经济圈”、“亚洲各国协作”等设想，试图为日本的经济寻求可持续增长的源泉。1977 年，日本政府组织全国最有名望的几家智库如野村综合研究所、产业经济研究所等，对此问题进行深入研究。随后发表的《21 世纪的战略》研究报告中，提出了“太平洋共同体”的设想。1979 年，大平正芳上台后，在上述研究报告的基础上，推出了“环太平洋合作构想”的概念。1983 年，中曾根担任首相后，进而提出“太平洋经济文化圈”的设想。但是，由于亚太国家经济水平不一，文化差异巨大、社会制度不同，特别是对日本怀有强烈的不信任，这些构想没有得到共鸣，均胎死腹中。到了 20 世纪 80 年代末，随着欧共体合作范围的扩大，美国与加拿大双边自由贸易协定的签署，日本又不甘寂寞，竹下登政府又提出了建立包含日本、亚洲四小龙（韩国、新加坡、中国台湾和香港）和东盟在内的“东亚经济圈”设想。日本提出的这一构想，虽然响应者廖廖，但在客观上却营造了亚太地区经济合作的舆论，加强了东亚各国的经济联系。①

再次，推动“太平洋共同体”的建设。越南战争结束后，鉴于国家实力严重下降，美国政府在亚洲采取了全面收缩战略，以将更多的资源投入到欧洲，应对苏联的威胁。20 世纪 80 年代，里根政府上台后，又开始回归亚太。1981 年 3 月，时任国务卿的乔治·普拉特·舒尔茨发表了“太平洋的潮水日益高涨”的讲话，声称：东亚太平洋地区对美国至关重要，美国仍是一个太平洋强国，并将在这一地区发挥更大的作用。副国务卿伊格尔伯格更是强调，美国外交政策的重心正从欧洲转向亚太。此后，美国一方面向亚太地区部署了更多的兵力，另一方面推动“太平洋共同体”的建设，稳固美日同盟，改善对华关系，加强与东南亚国家的贸易往来，并使之制度化和规范化，为日后美国与这些国家的经济合作打下了良好的基础。

---

① 奚方：《对“东亚经济圈”的几点看法》，《世界经济》1989 年第 2 期，第 49 页。

1989年，老布什入主白宫。针对亚太地区形势的变化和美国的战略需求，美国政府提出了建立“新的太平洋伙伴关系”的政策。其主要内容包括三项原则，即美国的广泛参与、美日的全球伙伴关系和扩大的亚太经济合作。在这一思想的指导下，是年11月，美国响应澳大利亚和韩国的呼吁，参与并推动了“亚太经济合作组织”的成立。1991年，时任美国国务卿的詹姆斯·艾迪生·贝克在《外交》季刊上发表文章，提出建立“扇形”结构的“太平洋共同体”的战略构想，其核心是：以美国为基地，向西辐射；以美日同盟为基础，向北是美韩联盟，向南是东盟，再向南是澳大利亚和新西兰，以这几个联盟为扇骨，以亚太经济合作为扇面，把共同体各国联在一起。老布什政府还设想，逐步将这一结构推向中国、俄罗斯等国，最终将这些国家纳入共同体内。

老布什政府虽然提出了战略构想，并采取相关的行动，但由于任期的限制，所取得的进展不是很显著。1993年克林顿上台后，提出了“后冷战时期”美国亚太战略，并强调这一战略的三根支柱，即全面参与亚太经济发展与合作、建立美国主导下的亚太安全机制、促进亚太各国的民主化。克林顿在继承老布什政策的同时，又做了一些修正，更加突出了美国的主导作用。美国构建由其主导的“亚太共同体”的努力，遭到了亚洲国家的普遍反对。1993年在西雅图召开的亚太经合组织非正式首脑会议上，美国提议建立机制化的“亚太共同体”未被参会的其他国家接受，最后只得改为倡导“亚太大家庭”精神。[①] 1994年召开的茂物APEC非正式首脑会议上，将亚太贸易自由化的时间表分为发达国家和发展中国家两个标准，并采取“协调、自主行动”的方式推进。这样，美国“亚太共同体”的经济合作构想并未得以实现。

2008年，美国经历了战后以来最严重的金融危机，加之长期的反

---

① 王嵎生：《要“共同体”还是要“大家庭精神”?》，《中国经济时报》，2001年9月28日。

恐战争的拖累，国家实力急剧下滑。2009 年，奥巴马政府上台后，虽然迅速调整了美国的战略，提出要“重返亚洲”，推行“亚太再平衡战略”，在经济合作领域甚至推动了 TPP 谈判的成功，但却未能使其成为现实。也就是说，美国长期以来所致力倡导的“太平洋共同体”远没有实现。

最后，美国极力干扰中、日、韩自贸区的建立。美国对于中、日、韩自贸区的建立有着高度的警惕。中国是世界上第二大经济体，日本是世界上第三大经济体，韩国也曾名列世界十大经济体之内，只是在 2014 年后才滑出前十。这三个国家一旦建立了自由贸易区，在经济领域的影响力不言而喻。于是，美国便利用其强大的影响力，千方百计地进行阻挠。当然，中、日、韩三国的内部矛盾，也使得美国有机可乘。中、日、韩的内部矛盾包括：中、日、韩之间存在着历史遗留问题，以及领土争端问题，这直接导致了国家间的政治互信度不高，影响了自贸区的发展进程；中、日、韩三国的经济发展水平差异较大，日本、韩国产业集中在资本和技术密集型，而中国经济发展的重心则在于制造业，第三产业的比重小。而且中国和日本、韩国的市场体制不同，这种经济结构的差异性，虽然使得国家间的经济互补性更强，但也加大了国家经济结构调整的难度。此外，中日之间还存在着对自贸区主导权的争夺以及其他经济敏感领域等问题。

为了迟滞甚至彻底打断中、日、韩自由贸易区的建设，美国一方面强化对日本和韩国的影响力。第二次世界大战以来，日本依靠美国的扶持成为经济强国，至今也难以摆脱美国对其的影响。[①] 韩国与美国曾经在朝鲜战争中并肩作战，战后又成为密切的盟国。日韩两国在试图发展与其他国家的经济关系时，还要考虑与美国的同盟关系。随着经济的发展和中日韩自贸区的建立，中国将在同韩国和日本的贸易

① 邓峰：《美国对日本经济复兴政策的演变》，《美国研究》2002 年第 2 期，第 51 页。

往来中扮演着越来越重要的角色，合作的范围和深度也将不断加强。中日韩通过经济纽带紧密联系，势必会影响韩国和日本同美国的特殊盟友关系，这是美国难以接受的。在美国高调宣布战略上“重返亚太”的大背景下，美国加强了对日本、韩国的掌控力度。美国把日本和韩国作为东北亚地区的战略要冲，美日、美韩之间存有安全同盟条约，是牢固的安全伙伴关系。日本和韩国在军事安全方面不同程度的依赖着美国，在经济层面也会受到美国的政治军事影响。在一定程度上，日韩两国要“看美国的眼色行事”，这极大地影响了中日韩自贸区发展的动力源泉。

另一方面，美国制造和利用东北亚地区敏感问题。在东北亚国际关系中，朝韩之间与中日之间都存在着难以解决的矛盾。美国利用朝韩矛盾，增加中韩之间的疑虑，利用中日岛屿和海洋权益的争端，恶化中日之间关系。因此，中日外交关系恶化和朝鲜局势紧张的背后，都有美国在暗中推波助澜的影子。① 特别是在日本试图将钓鱼岛“国有化”问题上，美国多次公开表态钓鱼岛主权问题适用于《日美安保条约》，极力为中日主权争端中的日本撑腰。而日本在钓鱼岛问题上与中国进行角逐，必须得到美国的支持。这样，当日本在权衡利弊之后，必然选择站在美国一边。

对于美国来讲，中国经济的高速发展已经让其产生了不安的情绪，中、日、韩自贸区的建立所带动的东北亚地区竞争力的上升以及中国在东北亚乃至整个亚洲话语权的加重，更使其感到焦躁。美国为了维护自身利益，企图通过对韩日施加压力破坏中日韩自贸区的建立。美国极力干扰自贸区谈判的顺利开展，以此破坏中日韩三国的利益纽带，进而从经济上削弱中国对日本、韩国的影响，从而维护其在东北亚地区事务上的主导地位。美国的干扰对中日韩自由贸易区的建立产生了重大的影响，一方面迟滞了自贸区谈判的进程，另一方面还

① 夏立平、罗毅：《“美国再平衡”战略对中日钓鱼岛争端的影响》，《美国研究》2013 年第 2 期，第 29 页。

使得中日韩三国首脑会议一度中断。

二、推进双边自由贸易的发展

在区域经济合作难以取得重大突破的情况下，各大国致力于双边自由贸易协定的签署。

首先，美韩自由贸易协定的签订。为了进一步加强同盟国关系，美韩在军事同盟的基础之上，于2006年开始谈判签订自由贸易协定，以此促进双边关系的紧密联系。但是由于谈判中汽车议题遭美国国会质疑，同时韩方在牛肉问题上也采取了抵制的态度，使得原本进展顺利的谈判陷入了僵局。[①] 直到奥巴马在2009年上台后，这一谈判才又被提上日程。[②] 最后双方在2010年G20（20国集团）峰会前各自对争议内容做出让步，正式签订了自由贸易协定。

美韩自贸协定是北美自贸协定（NAFTA）之后，美国签订的最大自贸协定，由于两国从最根本的税收上进行很大程度的减免，故美韩自贸协定的签订对双方有互利共赢的影响。美韩自贸协定很大程度上降低了美国产品进入韩国的关税门槛，增加了产品的出口量。伴随着出口量的增加，更多的就业岗位顺势增加，这对美国缓解失业压力做出了很大的贡献。从韩国本身来讲，同美国加强经济联系有利于韩国的电子产品、汽车等领域对美国的出口，同时为韩国经济发展注入新的动力，增加韩国抵御经济风险的能力。

美韩自贸易协定的签订进一步密切了美韩关系，巩固了美韩同盟，对美国实现在亚洲遏制中国发展的提供了途径。美国通过美韩自贸协定加强了与韩国的双边关系，巩固了原有的军事同盟关系，扩大了在东北亚地区的政治影响力，增强了其在亚洲事务中的话语

① Inbom Choi and Jeffery J, "Schott, Korea-U. S. Free Trade revisited", *Institute for International Economics*, 2007, p. 134.

② 王静、张西征：《美韩FTA重新谈判的启示》，《对外经贸实务》2010年第4期，第23页。

权。而且，美韩自贸协定的签署也影响了东亚一体化的进程，避免了美国被排除在外的尴尬局面，可以继续在东北亚地区发挥主导作用。

其次，中韩自由贸易协定的达成。2012 年，中国在认识到中日韩自由贸易区建设由于各自因素的牵制难以在短期内完成的情况之后，决定与韩国单独进行自由贸易协定的谈判。经过两年多的磋商，2014 年 11 月，中韩两国达成了实质性的协议，2015 年 6 月正式签署。

中韩签署的两国自由贸易协定，是迄今为止中国涉及国别贸易额最大、领域范围最为全面的一份自贸协定。根据规定，中国将在最长 20 年内，实现零关税的产品达到税目的 91%、进口额的 85%；韩国零关税产品达到税目的 92%，进口额的 91%。目前，中国是韩国最大的贸易伙伴国和最大的海外投资对象国，韩国现也成为中国的第三大贸易伙伴国和第五大海外投资来源地。在自贸协定签署后，中韩两国的经济与贸易联系将更加紧密，共同的利益基础将更加牢固。

中韩两国自由贸易协定的签署，将奠定两国未来合作的制度性框架，在战略层面上确立了两国合作的方向。它不仅给两国民众带来了实实在在的利益，而且进一步深化了两国间的战略伙伴关系。它不仅有利于推进东北亚经济一体化进程，进而为亚太地区的经济增长提供动力，而且还提升了两国在国际舞台上的战略地位，有利于中国在东北亚战略影响力的发挥。

再次，美日自由贸易协定的酝酿。在美韩就自由贸易协定展开谈判时，美国也考虑了与日本缔结自由贸易协定谈判的可能性。2007 年 11 月，美国相关机构就发表了美日自由贸易协定问题的报告，认为两国的协定一旦达成，就能为双方带来数千亿美元的收入。与此同时，美国负责日本和韩国事务的助理贸易代表温迪·卡特勒表示，华盛顿和东京已经开始就可能协定的细节交换信息。不过，她也声称，两国正式谈判的时机尚未成熟。奥巴马上台后，美日自由贸易协定的谈判并未启动，而是在被纳入 TPP 谈判的进程中。但特朗普上台后，美日将启动双边自由贸易的谈判。

三、着力国际经济组织的建立

中国致力于建立亚洲基础设施投资银行。自从布雷顿森林体系[①]建立以来，美元成为国际通用货币，美国也因此成为了国际金融体系的霸主。包括国际货币基金组织（IMF）、世界银行、亚洲开发银行等在内的各种各样的多边国际金融机构，其经济支撑大多依靠美国等发达国家。新兴的发展中国家由于经济上的过多依附导致在国际金融业中得不到强有力的支持，更没有改变不公平的规则的权利，虽然发展中国家为争取权利做过很多的斗争，但都不能影响美国在世界范围内对金融体系的把控。因此，为了更新世界的金融秩序，为促进发展中国家的经济建设，建立一个以发展中国家为主导的金融体系迫在眉睫。

2013 年 10 月 2 日，习近平主席提出筹建亚洲基础设施投资银行[②]倡议。2014 年 10 月 24 日，包括中国、印度、新加坡等在内的 21 个首批意向创始成员国的财长和授权代表在北京签约《筹建亚投行备忘录》，共同决定成立亚洲基础设施投资银行。“亚投行”的建立深刻促进了亚洲金融业的发展，并引起西方发达国家的关注。2015 年先后又有新西兰、英国、法国、意大利、德国等国家加入。特别是英国的加入备受关注，因为英国是首个加入“亚投行”的西方国家，同时引发了美国的不满。

“亚投行”成立的本意是通过资金扶持亚洲国家基础设施建设，运营模式将采用国际多边开发银行的模式和原则。亚洲国家普遍存在

① 布雷顿森林货币体系（Bretton Woods system）是指二战后以美元为中心的国际货币体系，是美国按自身利益制定原则，用以实现经济霸权的体制。

② Asian Infrastructure Investment Bank（AIIB），简称“亚投行”。

基础设施建设难的问题，“亚投行”将为这些国家提供一个平台来帮助他们获取资金和技术支持，促进亚洲整体经济的发展。从投资角度来看，“亚投行”为欧洲经济也带来了利益，实现了互利共赢的局面。中国的外汇储备高4万亿，过多的外汇得不到很好的投资利用，势必导致外汇储备过剩，资源得不到有效的疏泄和利用，进而导致产能过剩。“亚投行”的建立可以使中国投资国外的基础设施建设，同时拉动国内的建材出口业务，可谓一箭双雕。

美国到目前为止未提出加入“亚投行”的申请。虽然美国并未公开反对“亚投行”的成立，但却多次试图阻止日本、韩国以及欧盟国家的参与。美国之所以对“亚投行”抱有抵制的态度，主要是因为“亚投行”可能影响美国的金融霸权和亚太地区的领导地位。二战结束后，美国通过布雷顿森林体系建立自己的金融霸权。美欧发达国家通过对IMF、世界银行、亚洲开发银行等在内的各种各样的多边国际金融机构的垄断，牢牢掌握着金融领域的秩序制定的权利。美国担心“亚投行”发展成为其主导的世界银行的竞争对手，美国对任何可能影响其金融霸主地位的组织都保持着高度的警惕。另外，美国担心“亚投行”的成立会导致其逐渐丧失亚太地区的主导地位。特别是由于中国在“亚投行”的规则制定方面必然有着重大的决定作用，这将会大幅提升中国在包括东北亚地区在内的亚洲乃至世界范围的经济地位。

美国主导构建跨太平洋伙伴关系。在“重返亚洲”战略指导下，美国主导推动了泛太平洋伙伴关系协定（Trans-Pacific Partnership Agreement，简称TPP），意图建立一个全球最大的跨太平洋自由贸易区。[①] 2015年10月5日，历经五年的磋商谈判，TPP取得了实质性突

① 该组织前身是跨太平洋战略经济伙伴关系协定（Trans-Pacific Strategic Economic Partnership Agreement，P4），是由亚太经济合作会议成员国中的新西兰、新加坡、智利和文莱四国发起，从2002年开始酝酿的一组多边关系的自由贸易协定，原名亚太自由贸易区，旨在促进亚太地区的贸易自由化。由于美国的加入和推动，该组织开始被世界各国的所关注。之后，新加坡、新西兰、智利、文莱、美国、澳大利亚、日本、加拿大等国先后加入，形成强大的跨国经济合作体系。

破，美国、日本和其他10个泛太平洋国家最终达成协议，2016年2月4日，在新西兰城市奥克兰正式签署了TPP协议。这12个国家加起来占全球经济的比重达到40%，超过欧盟。

TPP在发展初期默默无闻，直到2008年布什政府宣布加入谈判时才为世界所关注。奥巴马上台以后，亚太政策开始调整，战略重心向亚太地区转移。在此大战略背景下，美国推动扩容TPP成员国数量，从原先的5个国家扩大到12个国家。特别值得注意的是，美国极力邀请日本和韩国加入TPP。日本尽管在加入TPP问题上曾犹疑不决，最后还是加入了谈判。TPP逐步成为奥巴马政府在经济领域实施“亚太再平衡”的核心手段。

奥巴马政府不断强调TPP在多边贸易中的优势，拉拢更多的国家参与。TPP将发挥出重要的桥梁作用，美国通过与TPP各成员国在贸易往来中的合作关系，实现了与泛太平洋国家间的良好互动。更为主要的是，美国借助TPP摆脱了游离在亚太合作机制之外的尴尬局面，通过重塑亚太经济合作格局，实现对亚太经济秩序的主导作用，从而进一步掌握亚太经济一体化进程的主动权。

不仅如此，TPP的签订还使得中美的东北亚经济较量已经延伸到亚洲其他地区。美国作为TPP组织的主导者，通过TPP加强与亚太周围国家的经济和政治交流，通过经济援助和技术支持操纵TPP成员国，进一步削弱中国在亚太地区的影响力以及话语权。虽然是跨太平洋的贸易组织，美国却始终对中国视而不见。美国不但没有邀请中国加入，还对中国的申请加以限制和阻挠，足以说明中国经济实力和政治影响的逐步提升对美国造成很大程度上的困扰。美国极力促使日本和韩国加入TPP，将中国排除在外，希望借助TPP来挤压中国的对外经济发展空间，制衡中国。2015年1月，奥巴马在其《国情咨文》中表示：“美国必须通过TPP设立亚太地区的贸易规则，否则就会被中国捷足先登。”（But as we speak, China wants to write the rules for the world's fastest-growing region.)[①] 美国的战略意图无非就是使中国被TPP隔离在外，继续维护其自身在世界范围内的经济主导地位。从客观上说，如果韩国与日本都加入了TPP，那么中日韩东北亚的一体化进程必然受到阻碍，从而减少中国在东北亚地区施加战略影响的空间。

“跨太平洋伙伴关系”的筹建与运作已历时20余年，美国在开始阶段并没有积极参与，只是奥巴马入主白宫之后，从推行“亚太再平衡”战略的动因出发，才加入谈判，并对其进行升级改造。由于TPP成员国之间经济水平差异巨大，彼此从中受益不均，谈判相当艰难。自2009年至2015年，经过十几轮谈判，才签署协议。尽管如此，由于包括美国在内一些国家对TPP的看法存在严重的分歧，协议的批准还存在问题。2016年的大选中，无论是共和党还是民主党候选人在竞选期间都对TPP持否定的态度。特朗普当选后，其过渡团队拟定的执政纲领显示，他一旦就职，就立即撤出TPP。奥巴马在出席2016年APEC非正式首脑会议时表示，美国将停止推动TPP。由此可见，美国虽然有制衡中国的意图，但由于国家实力的衰退，已经是力不从心了。所以，特朗普上台后，立即宣布美国退出TPP。

这里要说明的是，俄罗斯筹建远东经济论坛，日本倡议建立东亚经济区等，也是希望在东北亚地区谋求经济合作的主导权。只是由于影响的有限，并不引人注目。

总之，用长远的观点看问题，中美在东北亚的战略博弈中，经济因素所占的比重将进一步上升，而且形势发展的走向将更加有利于中国。除中韩自由贸易协定之外，中俄全面合作伙伴关系的发展推动着两国在东北亚经济合作的深度；中朝两国的经济合作更是东北亚其他国家难以比拟；中国与蒙古经济关系的发展有着得天独厚的条件；中日之间虽在政治上存在着分歧，但在经济上却有着紧密的联系。相

① White House, Obama's 2015 State of the Union Address, Washington D. C. Jan. 23, 2015.

反，在这一地区，美国仅与日韩两国存在着密切的经济联系，而且在未来还存在着难以预见的不确定性。

第四节　文化对抗与塑造

所谓文化，人们有不同的理解。从广义上说，文化就是人类所创造的文明之总称，或定义为人类生存方式；从狭义上说，文化就是指人们的精神性和观念性的东西。要想给文化下一个清晰的定义，是一件十分困难的事。但是，就目前而言，无论是西方还是东方，对文化的一个共同的认知就是：文化是相对于政治、经济而言的人类全部精神活动及其产品。因此，也可以将文化理解为“一个社会中的价值观、态度、信念、取向以及人们普遍持有的见解”。[①] 概言之，文化的核心是精神，精神的核心是信仰，信仰是国家精神的重要支柱，而精神则是军队战斗力的重要组成部分。[②] 文化有地域、民族和历史的差异，与人们的思想意识、价值观念密切相关，对于人们认识事物和实践行动有着重大的影响，对一个国家或民族的安全作用巨大。正因为如此，世间才有一种广泛的说法，即欲灭一国，先灭其文化。在东北亚地区，各大国之间的战略博弈除了运用军事、外交、经济手段外，文化方面的对抗与塑造也是重要的方式。亨廷顿在其《文明的冲突》一书中，将世界划为七大或八大文明，即中华文明，日本文明、印度文明、伊斯兰文明、东正教文明、拉美文明，还有可能存在的非洲文明。他认为，冷战后的世界，冲突的基本根源不再是意识形态，而是文化方面的差异，主宰全球的将是“文明的冲突”。[③] 在东北亚地区，

① ［美］塞缪尔·亨廷顿：《文化的重要作用》，新华出版社，2002 年版，第 3 页。

② 参见［德］克劳塞维兹：《战争论》第一卷，解放军出版社，1964 年版，第 252 页。

③ 参见［美］塞缪尔·亨廷顿：《文明的冲突》，新华出版社，2013 年 1 月版。

各大国的文化差异巨大，为了使其他国家从心理上和行动上站在自己的一边，都十分注重运用文化手段，以塑造对己有利的战略环境。

一、塑造价值观念

文化的主要功能是塑造价值观念。所谓价值观念，就是人们对于利益和实现利益方式的看法。中国古代历史学家司马迁说过，天下熙熙，皆为利来，天下攘攘，皆为利往。更早时期的教育家孔子也强调，君子爱财，取之有道。他们道出了人类活动的真谛，即利益是人们行为的动力与纽带，而获取利益又要以“道”为遵循。这里所说的“道”，其实就是价值观。一个国家的主流价值观念对其政策与战略走向无疑具有重大的影响。在东北亚地区，从价值观的塑造来说，中美两国存在着激烈的博弈。

中国是东北亚地区最为源远流长的国家，朝鲜与中国同宗同族，日本也长期受中国文化的熏陶。在长期的历史中，中国与朝鲜半岛和日本的文化交往延续了上千年，且中国的文化曾一直起着主导作用。朝鲜半岛与日本不仅使用汉字作为书面语言，而且在国家治理和观念形态上也与中国十分类似。因此，中国、朝鲜半岛和日本往往被视为东亚的“儒家文化圈”。当然，中国对日本和朝鲜半岛的文化塑造，是以自身的先进性带动的，而不是通过武力或其他强制手段推行的。近年来，中国与日本和韩国的专家着手编纂《东亚历史共同读本》，目的就是使三国的下一代对东亚历史有一个正确和共同的认识，防止被歪曲。尽管日本在近代由于“开放国门”和通过“明治维新”，出现了“脱亚入欧”的现象，走上了侵略扩张的道路，但在本质上并没有完全丢弃传统的文化。从文化上讲，无论日本还是韩国，与美国都是格格不入的。然而，第二次世界大战后，美国占领了日本，控制了朝鲜半岛的南部，在朝鲜战争后驻军韩国，并与两国先后缔结了军事同盟条约，情况则发生了变化。为了使盟国间的合作更加密切，美国着手重新塑造两国的价值观念。

推广其价值观念是美国自建国以来持续奉行的基本政策。在美国安全战略中，把普世价值作为国家核心利益的组成部分。[①] 所以，长期以来，美国一直将其以所谓“自由、平等、民主、人权”等为基础的价值观作为影响世界的重要因素。1949年，杜鲁门在其第二任期的就职演说中表示，任何国家局势的发展都可能与美国安全相关，苏联的威胁“不仅破坏了国际和平的基础，而且也破坏了美国的安全”。因此，美国将致力于使“所有的国家和所有的民族，都可以自由地，以其认为合宜的方式治理本身”，而不会追求纯粹的国家利益。他宣称：“我们不追求领土，我们不会将我们的意志强加于他人”，但将全力支持自由国家，加强安全方面的国际合作，提升美国实力、推进西方世界的联合，遏制苏联的扩张。杜鲁门在另一次演说中强调：“全世界自由的人民指望着我们支持他们维护他们的自由。如果我们领导不力，我们就可能危及世界和平——而肯定会危及我们自己国家的利益。”[②] 艾森豪威尔政府特别注重意识形态的作用，认为美苏对抗不仅仅是军事、经济方面的利益冲突，更是意识形态方面的战争。国务卿杜勒斯宣称，美国把和平演变共产主义国家的希望放在第三代和第四代身上。美国前总统尼克松在其《1999，不战而胜》一书中认为，如果美国能使其他国家的民众不再相信他们的祖训，怀疑政府所做的一切，那就取得了成功。1982年6月8日，里根在英国议会发表演说，声称“善的力量最终联合起来战略邪恶”。他要对共产主义进行新的“十字军东征”，扬言要把苏联和苏维埃制度一起扫进“历史的垃圾堆”。[③] 克林顿声称，美国是世界“自由的灯塔，民主的堡垒”。[④] 此后，从老布什到奥巴马，都着力推广美国的价值观，并美其名为“普

---

① 参见2010年《美国国家安全战略》报告。

② 转引自资中筠主编：《战后美国外交史—从杜鲁门到里根》上册，世界知识出版社，1994年版，第60—61页。

③ 参见周桂银、葛腾飞主编：《当代国际关系史1945—2005》，解放军出版社，2008年8月版，第374页。

④ ［美］比尔·克林顿：《希望与历史之间》，海南出版社，1997年版，第116页。

世价值”。美国历届政府推广其价值观的行动，引发了许多国家的“颜色革命”，严重地冲击了他国的安全与稳定。

正是按照这样的逻辑，美国对日本和韩国进行文化重塑。美国占领日本后，就开始考虑如何使日本真正从敌人变成朋友，而且是长期的朋友。在战败之前，日本对美国的文化持强烈的抵制态度，毫无认同意识。尽管当时的美国已十分强大，但日本只将其视为暴发户，一个纯物质主义而并无“精神”与“文化”的国家，美国对此心知肚明。因此，如何重塑日本国民对美国的认识，强化交流，以促成其对美国及其文化的认同感，尤其是对美国资本主义体系优越性的认识，就成了美国政府处心积虑的问题。于是，美国决定在日本问题上摒弃国际上传统的对战败国羞辱、掠夺和割地、赔款的做法，而采取清除军国主义和封建传统的土壤，使日本成为一个民主、繁荣但没有威胁的小伙伴，变成美国的“资产”而非“负担”。那么，怎样才能达到这一战略目标呢？那就利用单独占领的优势，将其价值观念潜移默化地植入日本。1955 年，约翰·D. 洛克菲勒三世在访日后曾说：“既不能造成支配他们或者强迫他们的印象，又要让日本国民朝着我们所希望的方向发展，我们应该如何帮助他们呢？”他给出的答案就是：通过文化输出来将日本美国化。

于是，美国政府及民间文化机构大量地将美国的文化产品输往日本，将美国的生活方式植入日本。首先，将大量的文化产品翻译给日本人。来自美国的漫画与好莱坞电影，充分展示了美国体系的优越性，对日本国民的美国认知产生巨大冲击。其次，使美国的生活方式深入日本国民内心。美国占领当局着力在日本提倡和推广“3S”，即体育（sports）、银屏（skin）和性（sex）的办法，[①] 使日本国民特别是青年一代推崇和迷恋美国的生活方式。经过数年的浸淫，日本的价值观念基本上与美国一致起来。

---

① 参见汤重南：《美国文化如何冲击战后日本——评战后美国在日本的软实力》，《光明日报》，2012 年 5 月 12 日，第 15 版。

对于韩国，美国也是采取文化输出的手段，但所运用的方式则更加间接一些。早在19世纪，美国就向朝鲜半岛派出了大量的传教士，传播美国的一些生活理念。这些传教活动使朝鲜半岛的民众从传统的东方思维转向西方。1953年，韩国的民众中，基督教的信徒占24%，且主要是年轻一代。这些人成长起来之后，基本上接受了美国的文化，形成了与美国几近相同的价值观。不仅如此，由于朝鲜战争后，美国向韩国投入了大量战略资源，使韩国建立了美式的民主国家体制，并从一个落后的国家迅速成长为发达的国家。这使得韩国人对美国的文化，特别是价值观念有了很大的认同。"一个国家与美国的联系越紧密，对美国文化的接受度就越高"。[①] 由于美国长期在韩国驻军，美军与韩军的交往密切，韩国的军人受美军影响甚大，当他们离开军营后，就把美国的价值理念带入他们新的工作与生活的地方。经过几十年，美国的生活方式已深入到韩国人的心中，美国的价值观念也被韩国人广泛接受。尽管中国文化在韩国有根深蒂固的影响，但在战后走向式微的态势却一直在持续。

综上所述，在东北亚地区，中国文化的影响持续长久，但战后以来美国的文化长驱直入，从根本上改变了日本和韩国的价值观念。俄罗斯虽然是东北亚国家的一员，但其文化影响力十分有限，基本上局限在中国、朝鲜，且时段主要集中在20世纪50年代初至60年代中期。所以，东北亚地区的文化对抗及塑造主要发生于中美两个大国之间。

二、建立价值同盟

文化是为战略服务的。文化对战略的影响主要体现在三个方面，即战略环境的认知、战略目标的确立和战略手段的选择。在战略思想

① 王晓德：《好莱坞与美国现代生活方式的传播》，《安徽史学》，2008年第3期，第7页。

上相近的国家，容易产生亲近感，进而形成价值同盟。战后以来，美国运用文化手段，从思想意识上对日本与韩国进行塑造和引导，使他们在价值观念上与美国趋同，进而成为美国的价值盟友。中国也强调与日本和韩国的历史联系，尽可能使韩国与日本在国际事务中站在中国一边。

第二次世界结束后的几年里，美国的对日政策一直没有落地。直到朝鲜战争爆发后，美国才确立了对日政策，即把日本变成自己的忠实盟友。怎样做到这一点呢？美国进行了精心地设计。首先，利用日本社会意识形态的危机，着力填补其的“精神真空”。战后，日本社会出现了意识形态危机。战前，日本社会对天皇的“神性”和军国主义的“正当”极其尊崇。然而，战败以后，日本人的“梦想”破灭了，对其传统文化和价值观念完全丧失了信心，从而出现了“精神真空”。日本的未来在哪里存在着很大变数，亲美国、亲苏联、走向极右的可能性都存在。美国清楚地看到了这一点。国务院官员埃莫森（Emerson）就提醒时任助理国务卿的迪恩·腊斯克，“日本的精神真空是一个严重的问题，要在日本避免出现‘极左’或‘极右’势力掌权的局面，美国必须采取进一步行动。”① 因此，美国总统杜鲁门迅即批准NSC48/5号文件，指示相关机构立即着手“制订适当的心理战略计划，以便在未来使日本融入自由世界，远离共产主义。”② 其次，利用日本原有的社会结构，获得认同感。美国占领当局在战后并没有对日本进行摧枯拉朽式的彻底改造，而是根据日本特有的国情，逐步改变其国民意识。日本国民的一个显著特征就是对政府的高度依赖和服从权威的意识，美国占领当局据此采取的措施是，不去触动日

① ［日］松田武：《软实力的危险—冷战初期美国对日本的文化政策及永久依赖》，伍德罗·威尔逊中心出版社，2007年版，第143页。转引自白玉平，张杨：《美国对日本知识分子群体的心理战政策（1951—1961）》，《世界历史》，2014年第5期，第25页。

② 于群：《美国对日本心理战战略初探（1950—1961）》，《东北师范大学学报》，2005年第5期。

本原有的社会结构，保留其部分传统遗产，使得诸多美日文化交流举措得以自上而下地顺利推行。再次，充分利用日本人自认比亚洲邻国优越的国民心理，加深其非亚洲性的意识。明治维新后，日本的“脱亚入欧”不仅体现在行动上，也体现在思想意识上。据此，美国着力将日本塑造成一种独特文化模式，暗示其根深蒂固的非亚洲性。这样，“一个在心理上疏远亚洲的日本从来没想过要加入亚洲大家庭，而是选择和美国绑在一起”，[①] 从而与自己所属地区的邻国摩擦不断，无法发挥建设性作用。

美国对日本的文化塑造取得重大的成效。无论是日本的政治家、知识分子还是国民，都形成了对美国严重依赖的情绪与心理，基本上达到了罗斯福、杜鲁门和麦克阿瑟们所预期的效果。日本不仅不再是威胁美国安全的敌人，而且还自觉地成为美国全球战略中的一环，在各个方面半永久性地依存于美国。[②] 2016 年 11 月，共和党人唐纳德·特朗普赢得美国大选后，日本首相安倍立即赴美与其会见，成为特朗普当选后会见的第一个外国领导人，以增加两国在未来的“信任”。特朗普在竞选期间，曾释放出改变美国亚太政策的信号，要求日本等美国盟国承担美国驻军的全部费用等。其实，这也是日本对美国依赖性的重要表现。

韩国之所以长期与美国结盟，固然与朝鲜的威胁密不可分，但与美国文化的长期影响也有着很大的关联。韩国的情况与日本有很大不同。朝鲜半岛与中国在历史上关系密切，两国关系合合分分。近代以来，朝鲜半岛曾长期是中国藩属，直到 1895 年“甲午战争”之后被日本占据，才与中国脱离政治关系。1945 年美军又进驻朝鲜半岛南部。在韩国的文化中，既有中国的基因，又有日本的影响，也有美国

---

① 参见［澳］加文·麦考马克（Gavan McCormack）：《附庸国：美国怀抱中的日本》（Client State：Japan in the American Embrace），中国社会文献出版社，2008 年 11 月版。

② 参见［日］松田武：《战后美国在日本的软实力半永久性依存的起源》，商务印书馆，2014 年 1 月版。

的元素。应该说，韩国与中国在文化上更加接近，对日本严重抵触，对美国无法拒绝。自 1895 年至 1945 年的 50 年的时间里，中国与朝鲜半岛之间几无交流；由于朝鲜战争造成重大的裂痕，中韩之间长期缺乏接触。朝鲜战争后，美国长期驻军韩国，帮助韩国建立了与其相近的政治体制。在长期的交往过程中。美国的文化潜移默化地渗透到韩国民众的生活，使韩国对美国的依赖日益加重。近年来，尽管韩国注重发展与中国的关系，并着力在中美之间寻求平衡，但却始终坚持与美国结盟的做法。同样地，美国也强调与韩国的同盟关系。2016 年 11 月 9 日，特朗普当选为总统后的第二天，就给韩国总统朴槿惠打电话，表示要全力维护韩国的安全。

当然，自中国与韩国建交后，两国的文化交流十分密切。“韩流”在中国全面传播，中国的文化基因在韩国也被迅速激活。随着国际环境的变化和战略力量的消长，中国以其特有的文化优势势必极大地影响韩国。前韩国驻华大使郑钟旭在一次国际会议上发言时认为，虽然由于“萨德”系统问题，中韩之间产生了矛盾，但毕竟两国相邻，一衣带水这种关系永不改变。“我们应该以更长久的眼光，更高的视角看待两国关系的发展。外交政策是暂时的，文化交流是永远的。”① 他讲这些话的含义十分清楚。

新中国成立后，中苏两国出于共同的意识形态，也建立了价值同盟。

三、赢取未来空间

毛泽东指出，人民，只有人民，才是创造历史的真正动力。如果没有民众的支持，一个国家在国际社会就会孤立，因为“得道多助，

---

① 参见《超车前驻华大使：外交政策是暂时的，文化交流是永远的》，《凤凰资讯》，2016 年 11 月 18 日，http：//news. ifeng. com/a/20161118/50279434_0. shtml。

失道寡助”。美国也深知这个道理。在东北亚地区，存在着两种对立的意识形态，即中国主导的共产主义意识形态和美国秉承的资本主义的意识形态。对于共产主义意识形态的国家，美国一向持反对态度，并竭力进行和平演变，而要和平演变，就必须使其他国家的民众了解美国，羡慕美国，模仿美国，进而敌视自己国家的政权，拒绝本国的思想教育。所以，美国在东北亚地区文化领域的任务主要有三：一是巩固战后以来在日、韩两国取得的成果，使它们坚定地与其保持价值联盟关系；二是尽力扩大在日、韩两国的文化影响力，防止出现反转局面；三是对中国进行文化渗透，使中国民众接受美国的价值观念。从本质上说，美国在东北亚的一切文化活动，都是为了扩大自己的影响，谋取民众特别是青年一代的支持，从而赢得未来的空间。

美国清醒地认识到，一个国家文化的影响力，就是其他国家的人们接受和模仿它的程度。美国要做的，就是通过文化手段使世界更多的国家模仿美国，走美国式的道路。文化影响力是国家实力的重要组成部分，被称作软实力，它往往发挥着击败对手于无形的作用。美国自其立国以来，一直强调自己是“整个世界的山巅之城”,① 负有将人类引向光明的责任。曾任加拿大《国民邮报》总编辑的马休·弗雷泽在其《软实力与美国帝国》（Weapons of Distraction）一书中阐述道：所谓软实力，“就是使他国国民受到影响，想与以领土国家为基础的权威进行分离。”② 在当今世界，美国的文化影响力波及全球，使许多国家的民众成为它的俘虏，接纳其思想观念，模仿其生活方式，甚至站在本国政府的对立面。

为达到这一目标，美国首先是致力于榜样国家形象的塑造，对其他国家形成强大的吸引力。国家形象是一个国家最有影响力的文化品牌。从其立国以来，美国的精英们就一直主张，要改造世界、影响世

① 丹尼尔·布尔斯廷：《美国人：开拓历程》，美国驻华大使馆新闻文化处，1987 年，第 3 页。

② 参见王文：《大国的幻象》，东方出版社，2013 年 6 月版。

界和控制世界，就必须把美国变成世界各国发展的一个样板。这一观念延续至今，2008 年奥巴马上台后就多次强调，美国在世界上要发挥“榜样的力量”。2015 年 2 月发布的《国家安全战略》报告强调：“我们要通过榜样的力量来领导世界。我们制度的力量与对法治的尊重为民主治理树立了榜样（We will lead by example. The strength of our institutions and our respect for the rule of law sets an example for democratic governance.）。[①] 美国的榜样作用主要体现在两个方面：一是通过把美国建成世界上最强大的国家，显示其优越性；二是使各类人才拥有实现自己愿望的空间，表明其合理性。正因为如此，“美国梦”为世界上许多精英人才所向往，从而大量移民美国。

其次是致力于社会制度建设，为其他国家提供较强的仿效性。美国在发展经济的同时，还全力以赴地加强国内政治秩序和社会制度建设，使其成为一个思想开放、体制高效、社会文明，各方面都充满活力的国度。美国以其鲜明的“三权分立”国家制度模式，显示其可复制性，以供其他国家仿效。当前，美国政治和战略精英们最为忧虑的事就是担心在美国的模式之外可能出现一种新的国家发展方式。早在 1989 年夏，美国历史学家福山（Francis Fukuyama）在《国家利益》（The National Interest）杂志上就发表了《历史的终结》一文。他又在此基础上撰写了《历史的终结与最后一个人》（The End of History and the Last Man）。他所提出的核心观点就是：世界上的多数人都已认同自由民主主义政府，因为这一政治形式已经依次征服了它的所有敌人，诸如君王政治、法西斯主义和共产主义。在他看来，自由民主主义或许是人类思想进化的顶峰和最后选定的政治形式、从而也就是人类历史的终结点（What we may be witnessing is not just the end of the Cold War, or the passing of a particular period of post-war history, but the end of history as such: that is, the end point of mankind's ideological evolu-

① U. S. President Barrack Obama, *National Security Strategy*, the White House, Feb. 2015, U. S. Government Printing Office, p. 3.

tion and the universalization of Western liberal democracy as the final form of human government.)。[①] 第二次世界大战后，通过施加影响和强力改造，美国已使西方许多国家，特别是日本和联邦德国，参照自己的模式建立了国家制度。不仅如此，“9·11”事件后，美国试图故伎重演，抛出了“大中东计划”，[②] 对伊拉克、阿富汗等伊斯兰国家进行所谓美国式的民主化改造，只不过难以成功而已。尽管今天的美国已面目全非，其所谓的“民主制度”已充满弊端，但美国人对其国家体制依然十分迷恋。

再次，致力于做好文化产业，对其他国家形成极大的影响力。美国的历史短暂，没有什么文化积淀。但作为一移民国度，可以博采众长，形成独具特色的文化。利用文化塑造世界是美国的一个重要手段。长期以来，美国一直利用其强国的地位，将其文化价值观念推向全球。当今世界，无论是在发达国家，还是发展中国家，美国的文化影响随处可见。影视文化成为展示美国价值观和生活方式最直接的手段，好莱坞电影、奥斯卡金奖、在世界上享有盛名；饮食文化也反映美国人生活的快节奏，肯德基、麦当劳快餐业等风靡全球；娱乐文化表现美国人的生活态度，迪斯尼乐园深受世界男女老少的青睐；校园文化代表了美国人的育人理念，哈佛大学、麻省理工学院等是世界上莘莘学子的向往之地；金融文化展现了美国人的理财之道，华尔街、百老汇等成为世界上财富经营的象征。所以，有人戏称，在美国的文化传播方式中，好莱坞就是美国的宣传部，迪斯尼是美国的教育部，华尔街是美国的组织部，哈佛大学则是美国的人事部……。美国通过做好文化产业，对其他国家形成了巨大的影响力，增加其他国家的民

① Francis Fukuyama, The *End of History*? The National Interest (Summer 1989).

② 进入21世纪后，美国对外展开了一连串的军事行动，特别是针对中东的伊斯兰国家。2004年的G8会议上，美国总统乔治·沃克·布什终于揭露了内容，宣布“美国将迫使阿拉伯国家进行政治、社会、经济等全方位的改革，让这些国家的社会‘大换血’及民主化改造，从而彻底铲除暴政和恐怖威胁的生存环境，从源头上改善美国的安全环境”。

众，特别是年轻一代对美国的亲近感和崇拜感，进而成为美国对外政策的支持者。

最后再说明的是，美国强大的经济力量，为其文化价值的传播奠定了物质条件；文化价值的推广又使东北亚国家的人们更乐意于消费美国的产品，从而有助于经济活动范围的拓展；文化的亲近，导致日本、韩国的民众接受美国的理念，从而支持本国政府与美国结盟。在中国，也有人对美国文化崇尚倍至，进而怀疑本国社会制度的优越性。

中国对文化的作用也高度重视，一方面强调文化安全是国家安全的重要组成部分，另一方面提出要坚持文化自信。在“十八大”上，中共强调了“道路自信、理论自信、制度自信”，四年以后，又增加了“文化自信”。中国之所以在世界四大文明古国之中，作为一个大国延续至今，文化的积淀不可或缺。历史上，中国在亚洲之所以能建立起以其为中心的朝贡国家体系，文化的影响力功不可没。因此，中国特别强调，远人不服，修文德以来之。今天，中国再次崛起，使传统文化的活力重新焕发。中国主张要向世界讲好中国的故事，提供国家或世界治理的中国方法，让世界认识中国，理解中国。在东北亚地区，中国虽然注重与日本和韩国的文化交流，但所取得的成效还有待于提高。

总之，参与东北亚地区战略博弈的各大国，为了谋求优势，利用军事、政治、外交、经济、科技、资源、文化等手段进行全面的较量。从历史演进和发展趋势看，美国曾在一定的时期内，取得了较大的收益，但渐渐地又失去了优势，从攻势转身守势。中国则与之相反，一度从优势走向劣势，后又逐步上升，重拾优势。俄罗斯和日本的处境大体相近，曾一度占有巨大的优势，后又逐渐失去。

第五章

大国战略博弈演进的基本逻辑

任何事物的出现都不是偶然的，总有其孕育和发展的历史轨迹。大国在东北亚地区的战略博弈也是这样。经过上百年的演进，大国在东北亚的战略博弈已存在于政治、经济、安全等各领域，覆盖了对抗、竞争与合作的全部博弈谱系，涉及并影响着东北亚地区全部的重要双边关系与多边关系，是各大国战略目标、战略指导和战略手段在东北亚地区的集中体现。然而，这一纷繁复杂的历程背后，也有着清晰的基本逻辑，并且该逻辑并不以各大国的主观意志为转移，而是按照其自身的内在的作用机理与规律贯穿于全部演进历程，对未来继续发挥着重要作用。

第一节　利益碰撞决定战略博弈的形态

所谓战略博弈的形态，也就是战略博弈的形式或样式，大体上可以分为两类，即战争的方式与和平的方式。战争方式又可以分为征服、吞并、争夺等，和平的方式可以分为军事造势、思想碰撞、文化较量、经济渗透等。无论是战争方式还是和平方式，都是获取资源、谋求主导，夺得势力范围、抢占地缘优势、维护和扩展意识形态等。纵观大国在东北亚地区的博弈形态，既有战争的方式，又有和平的方式，究竟以何种方式为主，则取决于冲突利益的性质。当利益矛盾达到不可调和的程度时，双方或多方就选择战争；当利益矛盾相对缓和时，双方或多方就以和平手段进行较量。在多方的战略博弈中，角逐的对手不时地发生转换，合作与斗争交织。在甲午战争中，俄、法、德都宣布中立，但当看到日本在战争结束时获取的利益太大而影响到自身利益时，就联合起来干涉日本，名为迫使日本吐出部分利益，实则借日本之手扩展各自的利益；在日俄战争前，英日结成同盟，在日俄战争后，特别第一次世界大战后，由于日本侵略野心充分暴露，英国对日本有了担忧，在华盛顿会议上根据美国的提议解除了英日同盟，第二次世界大战中，英日又成为战争的对手；在日俄战争中，美国出于“门户开放”政策的需要，站在日本一边，而在第二次世界大战中，又与日本作战，战后，美日又成为盟友，且延续至今；俄罗斯长期奉行侵略中国的政策，但苏联成立后，两国关系迅速改善，且在第二次大战后期结为盟友，新中国成立后，中苏再次结盟，而自20世纪60年代始，两国又变成了敌人，到了90年代初，中俄又建立了战略伙伴关系；美中两国曾长期友好，第二次世界大战期间成为共同对日作战的盟友，新中国成立后，两国走向敌对，20世纪70年代初，双方改善关系，成为准盟友，90年代后，两国又产生芥蒂；如此等等。为了叙述的简便，本书就以中美两国朝鲜战争后在东北亚的战略博弈为例，对利益决定战略博弈形态进行考察。

一、战略利益的深化拓展改变博弈的领域

对于中美而言，双方在东北亚地区的战略利益是历史的又是具体的。所谓历史的，是指两国在东北亚地区的战略利益一直处在不断演进的过程中，随着两国国内社会和所面对的东北亚地区战略形势的变化而发展，不同时期不同阶段，有不同的内容和不同的侧重，具有明显的历史特征。双方战略利益内涵与外延的不断深化和拓展，也使得两国战略利益之间不断交织、碰撞，而两国对各自战略利益的护持与发展也随之成为了中美东北亚战略博弈的最终目标和最根本的动力。所谓具体的，是指一定时期内，尤其是现阶段两国在东北亚地区的战略利益在内容和

表现形式上是多样性的统一，且两国间战略利益的相互关系十分复杂，从而也决定了中美东北亚战略博弈形态也必将更加复杂。

中美在东北亚地区的战略利益与两国对战略空间的认定、维护和拓展，以及两国战略能力的运用、增长与对比相联系。自新中国成立起，受国际形势变化、经济科技社会发展、国家身份及安全观念影响，中国在东北亚地区的战略利益，如第三章所述经历众多关键性的调整与变化，其中战略空间意识拓展显著，[①] 利益内涵与外延也实现了由生存到发展、从立足国内到内外兼顾、从三维主权空间到多维相关空间的深化与拓展。特别是新形势下，随着“总体国家安全观”的提出，中国国家利益的深化和发展又上升到一个新的层次。与中国不同，美国在其东北亚战略利益的深化与拓展中显透出超级大国的战略定力，无论是面对冷战时期的苏联还是新世纪的中国，自始至终不允许任何一个国家作为第三势力或者中立集团，在东北亚地区以独立一极的姿态挑战其霸权。同时，美国对“亚太再平衡”战略的强势推行和对空间、网络等新领域的高度关注，以及在科技驱动下国家间跨地理“联系力”的大幅提升共同使得中美在东北亚这一大国共立、战略空间相对“拥挤”环境中的战略博弈早已超出传统地缘政治范畴。

与此同时，在两国东北亚战略利益的深化与拓展过程中，中美两国的安全观演进也发挥着至关重要的作用，既反映战略指导者对国家安全问题的主观认识和对通过何种手段实现国家安全的理解，[②] 又决

---

① 毛泽东在建国前夕指出：“在英勇的经过了考验的人民解放军的基础上，我们的人民武装力量必须保存和发展起来。我们将不但有一个强大的陆军，而且有一个强大的空军和强大的海军。”此后，经过邓小平、江泽民、胡锦涛几代党和国家领导人的发展，从最初的只注重维护陆地领土安全，“越来越重视领海和领空安全，并逐步发展到陆、海、空、天、电磁和信息等多维制权的思想”。参考毛泽东：《中国人民从此站立起来了》《建国以来毛泽东军事文稿》（上卷），军事科学出版社与中央文献出版社，2010 年 4 月版；陈舟：《国家利益发展与战略空间安全：《国家利益与战略空间》，长征出版社，2013 年版，第 83—284 页。

② 赵可金、倪世雄：《中国国际关系理论研究》，复旦大学出版社，2007 年版，第 292 页。

定着战略利益的范畴，并深刻影响着两国的博弈实践。特别是两国安全观中所坚守的那些不变的理念，也一直决定着战略利益的中心与重点，对博弈的基本手段和原则起到规制作用。相比美国，新中国的安全观经历了比较明显的阶段性演进。在总体国家安全观提出之前，中国学者秦亚青将其划分为四个阶段[①]：首先是1949—1969年。这一阶段中美东北亚安全博弈的范畴主要集中于高位政治领域，注重政治和军事安全，而经济等其他领域基本没有涉及。在此期间，中美在东北亚地区进行了直接军事对抗，中国将美国列为头号军事威胁，并明确指出“美帝国主义是当前最大、最贪婪的殖民主义者”[②]。之后是1969—1982年。这一阶段中美东北亚安全博弈由相互对抗转为彼此成为联合对象，随着博弈形态的反转，政治安全领域不再是双方战略博弈的最紧迫问题，其领域第一次也是至今唯一一次转向携手应对超级大国的威胁。第三阶段是1982—1996年。中美东北亚战略博弈在这一阶段的最突出特点是经济领域安全的重要性明显上升，政治安全大于军事安全，且二者地位都相对下降。特别是苏联解体之后，尽管中美因台湾、西藏以及人权等问题关系紧张，但是中国领导人基于对世界形势作出判断，始终把经济摆在至关重要的位置，认为“坚定改革开放是决定中国命运的一招”[③]，国家“万事悠悠，唯经济发展为大”[④]，中国的发展安全也更为突出。第四阶段是1996年之后，中国更加重视包含传统安全与非传统安全的综合安全观，从而使非传统安全领域和国际安全、区域安全领域也逐渐成为中美东北亚安全博弈的重要领域。当前，中美两国的安全观都有了较为明确的概括且更具稳

① 秦亚青：《国家身份、战略文化和安全利益——关于中国与国际社会关系的三个假设》，《世界经济与政治》2003年第1期，第13—15页。

② 刘少奇：《在中国共产党第八次全国代表大会上的政治报告》，人民网，http：//cpc. people. com. cn/GB/69112/73583/73601/73624/5069218. html。

③ 邓小平：《总结经验，使用人才》，《邓小平文选》第3卷，人民出版社，1993年，第368页。

④ 江泽民《对亚太经济合作的原则建议》，《江泽民文选》第1卷，人民出版社，2006年版，第414页。

定性。对于中国，即坚持总体国家安全观；对于美国，即维护全球领导地位。[①] 在此驱动下，中美博弈在领域上得到了大幅拓展，各自的战略利益基础也在同步深化。

当前，国际政治中的权力分配已呈现出按领域分配的发展趋势。[②] 战略利益也延伸向网络、太空、金融、货币、贸易等非传统安全议题，涉及经济、文化、科技、信息等诸多领域，领域数量不断拓展，各领域内涵也在不断丰富，且彼此之间的联系不断加深，相互之间的影响也在不断增强，加之域内其他国家作用的日益凸显，使得中美两国在博弈手段运用上更具综合性与多样性。这种多领域多手段博弈形态的出现，最终促使中美东北亚战略博弈实现了由最初相对孤立的存在形态，发展为网络化的综合较量。

二、战略利益的交织碰撞制约博弈的样式

从历史发展看，冷战期间中美无论是战略对抗还是战略协调，两国的战略博弈形式“非此即彼”，界限十分鲜明，前者意识形态对抗色彩浓厚，后者则表现为意识形态对安全利益的让位，显示出中美源于意识形态的矛盾是有限度的，而“国家外交与国际决策都是重利的”[③]。冷战后，随着中国实力地位的快速上升，两国的战略利益共识

---

① The White House, *The* 2015 *National Security Strategy*, 2015 - 02 - 06, http: //www. whitehouse. gov/the-press-office/2015/02/06/fact-sheet - 2015 - national-security-strategy.

② 2015 年 4 月 6 日，笔者在“第十二届清华国际安全论坛暨中国崛起与世界秩序”研讨会时与清华大学当代国际关系研究院院长阎学通教授交流了“关于权力分配与中美东北亚战略博弈未来走向”的问题。阎学通教授认为：“今后一个时期的权力分配是按领域分配的。不是按地缘分配的……我自己认为地缘政治学说现已落伍，解释不了今天的国际政治，地缘政治学说没有多大效益”，并进一步指出：“（东亚地区国家）在经济上是合作伙伴，在政治上是合作对手，这两者可以共存。而所谓（中美之间）‘非敌非友’，可以理解为政治上是‘敌’，经济上是‘友’，其他领域也是一样。”

③ 资中筠：《中美关系并没有大起伏》，《美国十讲》，第 284 页。

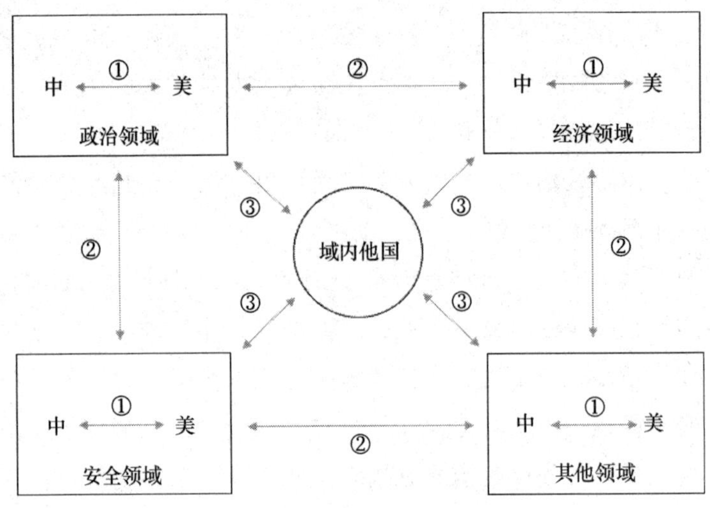

中美东北亚战略博弈网络形态①

和分歧均有发展，既有互补也有冲突，彼此交织更为深入，碰撞也更加剧烈。战略博弈也由历时性的对抗与互助嬗变为共时性的对抗、竞争与合作并存。由此，无限多轮博弈与矛盾的对立统一特征更加凸显，博弈形式日益复杂。而这种复杂性远超中美在世界其他地区的互动博弈，更甚于中国或美国同其他国家之间的对抗、竞争与合作。

一方面，中美东北亚博弈成分中“敌大于友，竞多于合”。这是因为中美合作关系与对抗、竞争关系的基础并不相同，前者源于两国间的共同利益，后者则源于两国的冲突和对抗性利益，后者远多于前者，且后者又是“中美之所以构成世界上最重要的双边关系”的基

① 说明：一是每一个领域自身所形成的博弈体系（在图中用“①”表示），随之其他领域就成为了该领域所成体系的外部环境。以政治领域为例，这一体系即可表示为中美在政治领域内国家间直接进行的战略博弈，其中包括意识形态的对抗，以及地区主导权与国际秩序的竞争等。二是各领域之间的相互影响（在图中用“②”表示）。仍以政治领域作为主体举例，中美东北亚经济领域、安全领域以及其他领域战略博弈的形势对政治领域具有影响作用，而中美东北亚政治领域的形势也不断对中美在其他领域的博弈起着影响和塑造作用。三是域内他国等第三方因素对中美战略领域战略博弈进程的影响（在图中用“③”表示）。

东北亚地区安全领域中美之间国家利益①

共同利益	互补利益	冲突性利益	对抗性利益
两国共享和平		对华武器禁运	黄海地区的控制权
朝鲜半岛无核化		美国在地区内部署导弹防御系统	中国军事现代化
国际航运安全			武器出口问题
			空间及网络等新领域

础。② 另一方面，美国对中国选择性使用“合作性施压”③ 的策略。两国战略利益之间彼此交织、碰撞的日益复杂，以及中国维护战略利益的相对弱势，使得美国日益重视“合作型施压”博弈策略的运用。所谓博弈中的“合作型施压”，其实就是指美国借助其在东北亚地区军事同盟④、中日领土纠纷⑤，以及朝核问题，积极利用其全球的权势地位与国际话语优势，提出有利于己的合作概念、合作规则及合作方式，在沟通平台、议程创设、机制制定上竭力牵制中国，稳固其地

① 对于利益的分类和内容，笔者参考了：YAN Xuetong, The Instability of China-US Relations, *The Chinese Journal of International Politics*, Mar. 2010, p. 274.

② 阎学通将战略利益的类型以利益种类是否相同和对彼此双方是否有利，分为了“共同利益”（Common Interests）、“互补利益”（Complementary Interests）、“对抗性利益”（Confrontational Interests）和“冲突性利益”（Conflicting Interests），其中“冲突性利益”是指利益内容不同且又相互不利的利益种类。

③ 王帆：《不对称相互依赖与合作型施压——美国对华战略的策略调整》，《世界经济与政治》2010 年第 12 期，第 31—53 页。

④ 以日美同盟为例，在其经历冷战后的一段“漂移”状态之后，于 20 世纪 90 年代中期被时任助理国防部长小约瑟夫·奈（Joseph. Nye, JR.）重新定义为：“美国亚洲安全政策的基石”，并以此为转折推动了美国冷战后东亚地区安全战略思想的发展，与日本合作既压制日本同时又促使日美同盟伴随中国的崛起不断得到强化。合作的对象为日本，施压的对象则涵括中日两国。参考张小明：《美国与东亚关系导论》，北京大学出版社，2011 年版，第 174—177 页；Nye, East Asia Strategy Report, U. S. Department of Defense, 1995 - 02 - 27, http: //www. defense. gov/release. aspx? releaseid = 380。

⑤ 美国作为这一历史遗留问题的制造者不断从中作梗，一方面加强对日安保承诺，另一方面又希望通过加强合作解决纠纷问题，以仲裁者的姿态与中国讨价还价。参考：《美国务卿克里扬言帮日本“保卫”钓鱼岛》，中国新闻网 2015 年 4 月 29 日，http: //www. chinanews. com/m/mil/2015/04 - 29/7241916. shtml。

区国际秩序的主导地位，进而对中国施加影响，引诱和迫使中国做出让步。

可以预见，随着战略博弈的不断深入，中美在东北亚地区战略利益的交织将更为复杂，碰撞也将更为频繁。因此，对抗、竞争与合作并存的博弈形态不会改变，并且对抗、竞争与合作三种博弈形态之间的界限也会更加模糊，相互间的作用与反作用也会变得更加微妙。其实，在东北亚地区博弈的大国中，无一不是以自身利益为标杆去筹划和选择博弈的方式。

三、战略利益的维护意志影响博弈的动力

中美两国护持东北亚地区战略意志的增强，不仅源于两国实力的发展，也源于两国东北亚战略博弈的持续深入。新世纪以来，中国加速崛起，实现民族伟大复兴的主观紧迫性也随之增强；同时鉴于美国自始至终无意放弃对中国的对抗政策，[①] 中美东北亚战略博弈也在演进中不断得以深化。特别是2010年，中国跃升为全球仅次于美国的世界第二大经济体，谋求获得与自身实力地位等称的国际权力成为了中国的重要国家利益，客观上使得两国作为崛起国与守成国间的结构性矛盾大大加深。在这一背景下，中国面临的崛起环境也日益复杂，[②] 来自包括美国的外部世界的国际体系反作用也在不断增强。[③] 中国出于维护自身周边安全利益的考虑，表现出了更加奋发有为的姿态，在涉及国家主权和领土完整的政治和安全问题上回应更加坚决，如划设“东海防空识别区”，对钓鱼岛周边海域实现常态化巡航执法，并不断加强东海方向的军事斗争准备等，对东北亚地区起到了积极的震慑作

① Yan Xuetong, From Keeping a Low Profile to Striving for Achievement, *The Chinese Journal of International Politics*, July 2014, pp. 157 – 158.

② 阎学通：《道义现实主义的国际关系理论》，《国际问题研究》2014年第5期，第116页。

③ 孙学峰：《中国崛起困境》，社会科学文献出版社，2013年版，第24页。

用。在朝鲜半岛问题上，中国也表达出了“决不允许任何人在中国家门口生战生乱”[①] 的决心。同时，在处理国内问题上，相继提出了“中国梦”、“强军梦”和“四个全面”的战略布局，在军事上也坚定不移推进国防和军队改革，[②] 不断强化“战略军事”与“战略经济”的合成实践。[③]

权力斗争是国际关系的永恒主题，尊严维护也是国际关系的重要内容。[④] 随着中美双方核心利益内容的不断丰富、双方对非核心战略利益维护意志的不断强化，以及美国对维护其所谓的世界“灯塔”的大国荣誉和中国对实现中华民族伟大复兴的不懈追求，都在客观上大大加速了中美在东北亚，甚至由此带动了中美在全球战略博弈的进程。同时，随着战略博弈领域的拓展和深化，以及不确定因素的日益增多，特别是特朗普成为总统以后，美国对华政策的不确定性进一步加强，使得中美关系的走向变得更加扑朔迷离，但这种加速并不意味着中美在东北亚战略博弈的最终结果将会在可预见的将来马上出现，也不意味着中美间的对抗性将会增强。这种加速是指战略博弈中两国战略决策的落实与实施进程将会加快，两国在每一领域的单一议题的从产生到博弈再到结果出现的进程也会随之加快。当然，从近年其他各大国的政策和行动看，护持战略利益的意志也变得更加坚定，从而使东北亚战略博弈的烈度呈现出不断上升有态势。

① 王毅：《朝鲜半岛就在中国家门口，决不允许生战生乱》，中国新闻网 2014 年 3 月 28 日。http：//www. chinanews. com/gn/2014/03 – 08/5926818. shtml。

② 许其亮：《坚定不移推进国防和军队改革》，《中国军事科学》2014 年第 1 期，第 2—4 页。

③ 时殷弘：《关于中国对外战略优化和战略审慎问题的思考》，《太平洋学报》2015 年第 7 期，第 3 页。

④ 李巍：《战略竞争时代的新型中美关系：《国际政治科学》2015 年第 1 期，第 25—53 页。

第二节　环境认知左右战略博弈的抉择

任何一个国家在进行战略抉择时，都以自己所处的战略环境作为根据。但对于同样的战略环境，各国的决策者可能有不同的认知。之所以出现这样的现象，一方面是因为决策者存在方法论的差异，另一方面在价值评估上也会出现不一致的情况。比如说，20 世纪 60 年代中期至 70 年代中期，从客观上说，尽管美苏存在着激烈的斗争，但世界大战的可能性还是比较低的。日本、西欧诸国都全力以赴地发展经济，联邦德国推行“新东方政策”，美苏也着手缓和双方的关系。但中国却认为，世界大战一触即发，全力准备大打、早打、打核战争。为什么对战略环境的判断出现如此大的差异呢？究其原因，就是在应然价值的判断上出现了差异。在东北亚地区战略博弈中，各大国对战略环境的判断和战略博弈手段的选择也就有了不同。这里仍以中美两国为例加以说明。

一、战略环境价值认知差异巨大

从某种意义上讲，中美在东北亚地区战略博弈的过程等同于两国保存和塑造于己有利，预防和改变于己不利之环境的过程。由此，认知和分析中美两国在东北亚地区所处的战略环境，是两国战略指导者规划战略的重要基础，直接决定着两国政策的走向和博弈的方式，也影响着两国现今及未来的路径选择，甚至是国家发展的命运。鉴于东北亚地区战略形势的复杂特点，以及中美两国对该地区战略环境的认知差异，如何廓清东北亚战略环境与中美两个主体所存在的价值关联，特别是如何准确透析以中美为主体的东北亚战略环境，就成为分析中美两国在战略博弈中进行战略判断的重要前提。

战略环境是对战略指导者这一主体而言的，没有主体就无所谓环境。[①] 在中美东北亚战略博弈中，中美两国是主体，同样就东北亚地区而言，两国享有的战略环境有相同也有不同，其中相同的部分为两国共同面对的国际战略形势，从学理上[②]可将其称为“事实战略环境”；然而，根据马克思主义哲学对认识客体的分层理论，不同的部分又可分为“价值战略环境”与“应然战略环境”两个层面[③]，二者共同强调的是战略环境中受中美两国价值认知和战略想象影响较强的一部分。其中，“价值战略环境”注重从中美两国与战略环境的特定

① 从汉语构词法的角度讲，战略环境由“战略”和“环境”两个固有语素构成，其中“战略”为修饰语，“环境”为中心语。“战略”主要从范围、性质等方面对中心语“环境”予以限制；而“环境”作为中心语，对战略环境的属性起决定作用。“环境”是相对于某一事物来说的，是指围绕着某一事物并对该事物会产生某些影响的所有外界事物，即环境是指相对并相关于某项中心事物的周围事物。因此，就中心事物这一认识主体而言，“环境”是认识客体。对于战略环境，国家（集团）的战略指导者是其所围绕的中心事物，即认识主体，而战略环境本身则为认识客体。

② 关于对战略环境的学理认识，可参见果翃宇、蔡华堂：《对战略环境若干问题的再思考》，《情报学刊》，2016 年第 4 期。

③ 战略环境属于以具体战略指导者为主体的认识客体，从马克思主义认识论出发，认识客体可分为事实客体、价值客体和应然客体三个基本层次：其中事实客体是指认识活动中，主体所面对的客体是不以主体意志为转移的客观的对象与客观的事物；价值客体是指认识的客体相对于主体的效用而言的价值属性，也就是说，在主体对客体的观念把握当中，不仅应当具有对于客体“自在”属性的认识或反映，同时也应该而且必须含有对与客体的“为人”属性的认识或反映；而应然客体是指客体在可能性上所应该具备的对人而言的一种理想状态，它是根据人对于实然客体的认识，把客体的合规律的、必然性的方面同人的需要、目的、意志结合起来，所构想出的现在还尚未产生，但通过实践有可能产生的客体。这三个层次统一于认识客体，是同一客体的三个不同的方面。首先，事实客体具有客观性与自在性两个根本特点，反映在战略环境上，即为“客观情况和条件”中强调战略环境“客观性”的意义之所在。从价值客体层次看，战略环境同国家政治集团利益之间总是存在某种效用关系，或肯定或否定。具体地讲，战略环境的某些属性能满足国家政治集团利益，为国家政治集团带来好处，而另一些甚至会损害国家政治集团利益。从应然客体层次看，其超越性的特点反映在战略环境上，则体现出战略环境以超越现实客体的形式吧战略环境的“自在”存在和“为人”存在结合于一身。

价值理念中认识战略环境对于战略指导者的意义，而“应然战略环境”注重战略环境中所应具备的对中美双方而言的一种理想状态，即中美两国为自身成功塑造该战略环境所怀有的思维模型。中美视角下东北亚战略环境的这两个层面，主要体现的是两国在面对具有客观性和自在性的相同战略形势下，因价值关联不同而对战略环境产生的认知差异，例如朝鲜半岛、美国的军事盟国、争端中的领土问题等，既是两国对现实意义而言凸显的重要关切，也是两国对战略环境而言所存在的认知和分析上的重大差异。

二、价值战略环境认定截然不同

在传统的战略环境研究中，引入“事实战略环境”、“价值战略环境”与“应然战略环境”三个分析层次，体现出战略指导对战略环境的由“事实性认识”到“评价性认识”再到“决策性认识”的科学过程。具体讲，中美两国对东北亚战略环境的传统“事实性认识”是两国战略指导者对东北亚战略环境作为客观事实的认识，是扬弃战略指导者自身主观性的过程，是在认知和分析战略环境整个过程中的第一次否定，解决的是战略环境“是什么”的问题，强调的是战略指导者认识东北亚战略环境的思辨性、批判性和具体性。而是否能够正确认识事实战略环境是对博弈双方方法论正确与否的考验。此后的“价值战略环境”层次，则是在中美两国战略指导者对东北亚战略环境“有何用”的研究，更为注重从中美两国战略指导者对东北亚战略环境的价值认知及其自身的影响对于中美两国战略指导者的意义，注重从动态发展的视角考察战略环境对于战略指导者体现出的价值变动性或历史性，注重从战略环境中各类复杂的价值联系中把握战略环境的综合价值，强调的是战略指导者认识的总体性、长远性和预见性。最后的“应然战略环境”层次，要解决的是东北亚战略环境“应如何”这个问题，也就是依据中美两国战略指导者在东北亚地区不同的战略利益重心和战略目标，在观念中预先展开将要进行的战略实践活动，为中美两国战略指导者在实际中成功塑造战略环境提供战略思维模型，实现认知和分析战略环境整个过程中的第二次否定，即“否定之否定”，最终在一个新的深层基础上，使得中美两国战略指导者对一定历史时期内的战略环境有更为完善和科学的把握。

三、应然战略环境看法相去甚远

战略博弈具有对抗性，无论是对于中国还是美国而言，“博弈一方的最佳策略取决于其对另一方行为的先期预测”，[①] 两国在实施战略规划和决策过程中始终要针对主要威胁和战略对手进行博弈。从这个意义上讲，在中美东北亚战略博弈过程中，不仅要“知己”，还要从对手的视角出发去揣测对手的“所思所想”。反映在战略环境上，就要求中美两国的战略指导者对战略环境进行认知和分析时必须要考虑对手的视角并展开比较研究，进而最大限度地避免因主客体错位而导致的战略失误。中美两国在东北亚地区所面对的比如：在朝鲜半岛、美日、美韩军事同盟以及中日领土纠纷等诸多问题，对于中美而言尽管都属于战略环境分析中的一部分，但它们之于中美两国均具有极为不同的价值关联，中美两国对此类战略环境“应如何”的认识也大相径庭。因此，科学认知和分析中美视角下东北亚战略环境中的“价值战略环境”与“应然战略环境”两个层面对于中美两国进行战略博弈而言，具有极为重要的地位和作用，直接左右着战略博弈中两国的战略判断。

尽管中美两国面对的东北亚战略环境在客观上同为一体，但由于对其战略价值和期待达成的目标不一，因而在战略判断上就必然出现差异。这种判断的差异，无疑会对双方战略博弈的抉择产生重大影响。同样地，其他各国对于东北亚战略环境的认知和看法也存在着或多或少的差异，因而在战略博弈的态度和手段运用上未尽一致。

---

① ［美］谢林：《冲突的战略》，华夏出版社，2011 年版，第 8 页。

第三节　力量变化牵引战略博弈的演进

国际战略博弈是以力量为基础的。在近二百年的东北亚战略博弈的演进中，有时以战争为主，有时以僵局为主，有的国家在一段时期内退出，然后又重新加入，而且盟友与对手的角色不断地转换。之所以出现这样的情况，尽管与国家利益有关，但主要的则是国家力量的消长所使然。国家战略力量的消长，使东北亚地区大国博弈的演进出现了比较鲜明的特点。

一、急剧变化的力量易于引发战争

东北亚地区大国博弈中，战争成为常用的手段。这种情况之所以发生，往往是由于本地区战略力量的消长发生急剧变化，引发现状突然改变所致。所以，东北亚地区的战争常常发生于两大强国之间。在沙俄的势力到达亚洲之前，中国与日本是该地区两大强国。早在7世纪中期，为了争夺对朝鲜半岛的控制权，中日（倭）之间就发生了战争。日本战败后，东北亚地区曾长期地处于和平状态。13世纪初，蒙古族兴起后，东北亚地区战事又起。

1206年，铁木真完成了蒙古草原的统一，建立蒙古汗国，被尊称为成吉思汗。蒙古国先后灭亡了其西、南、东三面的西辽、西夏和金国。此时，蒙古与南宋成为东北亚地区两大强国。之后，蒙宋之间发生战争，自1234年始，至1276年终，共延续了40余年。最后，蒙古击败南宋，统一了中原，定都北京，开创了北方游牧部落统治中原地区的先河。蒙宋战争期间的1271年，忽必烈正式改蒙古汗国为大元。在消灭金国之后，蒙古军队于1231年开始攻打高丽，并在1273年将其击败。随后，元朝在朝鲜半岛建立东方行省。这样，在东北亚地区就剩下中国与日本了。1274年和1281年，忽必烈两次派军攻打日本，企图将其征服。由于元军不善水战，加之战争时机选择不当，以失败告终。

元朝灭亡后，明朝继之而起。在东北亚地区实际上还是中日两个强国。明朝中期，中国与沿海的倭寇作战。后期，日本入侵朝鲜半岛，中国为捍卫藩属的安全，与日本作战。在与明军的作战中，日本人再次战败。其后在很长的时间里未敢染指朝鲜。进入清代以后，俄罗斯的军队渗入到东北亚，沙俄帝国与大清帝国在东北亚迎头相撞。这一时期，沙俄与大清成为东北亚最为强大的力量。其后，两个国家冲突不断。大清帝国由于内外交困，不得不向包括沙俄在内的西方列强割地赔款。

尽管大清帝国进入衰败的通道，但在东北亚地区仍然属于强国，控制着朝鲜半岛，维持了在黑龙江以南、乌苏里江以西地区的主权。沙俄虽然占去了中国东北的大片土地，但由于东北亚远离其主体部分，军事力量有限，需要消化从中国夺取的土地，已难以发动新的侵略行动。而此时的日本，通过“明治维新”，国力又强大起来。相对而言，中日两国在东北亚的力量最为强大。于是，当日本再次发动侵略朝鲜的战争后，清军奋起抵抗，“甲午战争”爆发。“甲午战争”之后，清政府基本退出了在东北亚的博弈。

大清帝国的衰退，使东北亚的国际格局又出现日俄两强的局面。虽然此时的西方列强的势力已经介入东北亚，但从力量上来说，远远比不上日俄两国。于是，1904—1905 年，日俄两国为争夺朝鲜半岛和中国东北的权益而投入战争。日俄战争之后，俄罗斯国内形势剧变，加之欧洲的战争阴云笼罩，已无暇东顾。日本在先后打败中国与俄罗斯之后，吞并了朝鲜，夺取了中国东北的一些权益，占领了俄罗斯远东地区的库页岛与千岛群岛，暂时取得了东北亚地区的优势。

第一次世界大战后，日本以所谓战胜国的地位，夺取了德国在中国山东的势力范围。随后，日本的侵略野心进一步膨胀。1931 年，日本发动“九·一八”事变，占领整个中国东北，并扶持建立“伪满洲国”。与此同时，美国的势力在亚洲逐步强大起来。通过 1898 年的美西战争，美国取得了菲律宾，占据了关岛；通过“门户开放”政策，极大地扩展了在中国的利益和影响力。因此，美国与日本又成了东北亚地区两大力量。日本当局清醒认识到，尽管自近代以来，它在东北亚地区获取了重大利益，如果不能把美国排挤出去，或把美国打败，它迟早都会失去这些利益。因此，日本很快就把对美国的开战作为国家的基本政策。美国也认为，日本在东北亚以及亚洲的其他地区进行的扩张行动，威胁了它的利益。为了维护它在亚太地区的利益，美国在制定作战计划时，始终把对日作战放在首位，根本没有考虑在欧洲地区作战。早在 1911 年，美国就制定了对日作战的“彩虹计划”，1919 年，美国军方重新审定“彩虹计划”，制定了更加具体的代号为“霓虹—5”作战计划。1921 年，美国又进而制定了针对日本的“712D 作战计划”。第一次世界大战后，美国依然只把日本作为作战对象，以确保关岛、菲律宾、夏威夷、中途岛等地安全，而未把制定与德国作战的计划提上日程。因此，美国与日本的战争在所难免。到了 20 世纪 40 年代初，日本偷袭美国的“珍珠港”，两国的战争随即爆发。

第二次世界大战后，日本战败，美国的力量借助日本和朝鲜半岛，在东北亚地区变得强大起来。苏联也因为战胜日本，恢复了在日俄战争中失去的权益，成为东北亚地区名副其实的大国。由于两国的利益尖锐对立，终于导致朝鲜战争的爆发。虽然在朝鲜战争中，作战双方是中国人民志愿军、朝鲜人民民主共和国的军队和以美军为主体的所谓“联合国军”，但在实际上，是美苏之间的较量。只是在朝鲜战争之后，中美才真正地成为东北亚地区两大主要博弈者。此种状况一直延伸到今天。因此，国家力量的变化特别是某一大国急剧地崛起时，时常导致战争的发生。

二、均势状态的存在利于战略稳定

自中国在东北亚地区主导地位失去后，这里就出现了群雄逐鹿的局面。二百多年里，东北亚地区由于大国之间矛盾难以化解，一场战争的结束，往往意味着下一场战争的开始。两场战争之间的间歇，往往就是大国之间的战略对峙或僵局。

朝鲜战争之前，东北亚地区长期处于战争状态，而朝鲜战争之后，东北亚地区各大战略力量之间形成了相对均势，从而使该地区长期处于战略对峙的状态。朝鲜战争后，东北亚地区国际格局基本上确定下来，即以中、朝、苏为一方，以美、日、韩为一方。即使中苏两国在20世纪60年代从盟友变成敌人期间，双方在支持朝鲜方面，立场依然高度一致。由于双方势均力敌，谁也不能改变现状。冷战结束后，苏联解体，但中国的力量迅速上升，加之美国将其主要战略资源投放到中东（海湾战争及其之后的重建等）和欧洲（北约东扩及科索沃战争等），同时朝鲜半岛的局势也相对稳定，因而东北亚的战略格局依然以稳定为主。

进入21世纪，中美两国实力地位的非对称性下降与两国间“结构性相互依赖（structural interdependence）”[①] 的上升，将会不断深化当前中美东北亚战略博弈的已有特点；两国在东北亚地区战略利益的深度“纠缠”（tangled）与碰撞很可能使得两国在东北亚地区的一些具有枢纽性的战略问题上形成长期僵局，并直接加剧中美关系的不稳定性，使得预测中美东北亚战略博弈的未来发展趋势变得愈益困难。

世界上并不存在起点相同且体量相等的博弈对手，[②] 但二者之间的非对称关系是可以改变的。从战后到冷战结束再到当前，美国从头号资本主义强国成长为全球霸主，持续发展又持续繁荣，太平洋另一端的中国自实施改革开放后，实力地位也在不断增长，成为了全球唯一的能够不断同美国缩小差距并具有赶超潜力的大国，并在客观上构成了对美国在东北亚地区战略利益和影响力的“挑战和削减”。美国学者亨廷顿（Samuel P. Huntington）曾对美国的敌人有这样的概括：

① ［美］沈大伟（David Shambaugh）：《纠缠的大国：理解中美关系》，新华出版社，2015年版，序第5页。

② COLLINS J M, *Military Strategy*: *Principles*, *Practices*, *and Historical Perspectives*, Dulles: Potomac Books, Aug. 2008.

“理想的敌人该是意识形态上与己为敌，种族上和文化上与己不同，军事上有些强大到足以对美国的安全构成可信的威胁。”[①] 从一定意义上讲，用“修昔底德陷阱”来对比当今的中美关系，是因为衡量中美之间实力与地位的天平正在迅速地倾斜向中国方面。[②]

根据国际货币基金组织的统计，2000 年中美两国的 GDP[③] 分别为 1.19 万亿美元和 10.28 万亿美元，中国在世界排名为第 6 位，美国为第 1 位，中国的 GDP 仅占美国的 11.60%；然而根据预计 2015 年中美两国将分别达到 11.21 万亿美元和 18.12 万亿美元，中国位居第二位，美国为第一位，中国的 GDP 将占到美国的 61.86%。根据斯德哥尔摩国际和平研究所（Stockholm International Peace Research Institute，SIPRI）对中美两国的军费的统计数据，2000 年中美两国的军费投入分别为 221.90 亿美元和 3016.97 亿美元，中国的军费投入仅占到美国的 7.36%，两国军费投入分别占到当年世界军费总额的 3.32% 和 35.33%；然而截止到 2014 年，中美两国的军费投入分别达到 2163.71 亿美元和 6099.14 亿美元，中国军费投入占到美国的 35.48%，两国军费投入分别占到当年世界军费总额的 11.16% 和 33.75%。[④] 进入新世纪以来中国在东北亚地区经济、政治、安全等各领域话语权和对国际事务与国际规则制定介入的不断增大与深入，共同使得中美之间在东北亚地区实力地位的非对称性下降成为了不争的

---

① ［美］塞缪尔·亨廷顿：《我们是谁：美国国家特性面临的挑战》，新华出版社，2005 年版，第 217 页。

② 王缉思：《分道扬镳，还是殊途同归？——构建中美新型大国关系之路》，载于贾庆国、严军：《新型大国关系：机遇与挑战》，北京大学出版社，2015 年版，第 110 页。

③ 相关数据均为以统计时美元现价计 GDP，数据来源为：IMF，World Economic Outlook Database，April 2015，［2015－08－16］. http：//www. imf. org. 特别指出的是，对于中国的所有 GDP 统计不包括中国的香港、澳门和台湾地区。

④ 相关数据均为以统计时美元现价计 GDP，数据来源为：IMF，World Economic Outlook Database，April 2015，［2015－08－16］. http：//www. imf. org. 特别指出的是，对于中国的所有 GDP 统计不包括中国的香港、澳门和台湾地区。

事实。[①] 为此，美国为维护其在冷战后获得的世界霸主地位，势必会在对华政策上也将继续深化其“接触兼遏制（congagement）”[②] 的既定政策，并在做出有针对的重大战略调整。

当前，中美东北亚战略博弈的基本特征可以概括为：战略博弈领域更加广泛、战略博弈形态更加复杂、战略博弈进程更加迅猛、域内他国的影响力更加突出。然而，中美非对称性下降与“结构性相互依赖”的根源在于中国的和平崛起导致的中美在东北亚地区战略利益关系的调整。随着中美在东北亚地区战略利益发展过程中的深化、拓展、交织与碰撞，其权力平衡和双边关系发生了实质性的变化，形成了“结构性相互依赖”，即两国在多领域形成了新的相互依赖，并且这些相互依赖又在不断激化两国间原有分歧并催生中美在东北亚地区的新合作与新竞争。由此，两国在东北亚地区利益的深度拓展将使得中美东北亚战略博弈的领域要比今天更为广泛，将从已往政治、经济、安全领域中的传统问题，延伸到诸如经济援助、科学技术、军事保护和道德高地等新议题；[③] 两国在东北亚战略利益的深度交织与碰撞将会促使中美东北亚各领域中的战略博弈在其对应的合作、竞争、冲突以及对抗谱系中位置的差异性进一步拉大，战略博弈的总体形态也将由于合作、竞争、冲突及对抗间的模糊性增大而变得更加复杂。不仅如此，美国因同中国实力地位非对称的日益下降，特别是在东北亚地区实力地位非对称性的大幅下降，将更加坚定其护持战略利益的

---

① 西方学者对中国经济与军事现代化全面提升深度分析的著作，参考：Lampton D M, *The Three Faces of Chinese Power: Might, Money, and Minds*, Berkeley, University of California Press, 2008; Bergsten C F, et al. *China's Rise: Challenges and Opportunities*, Washington, D. C., Peterson Institute for International Economics/CSIS, 2009。

② Cliff R, Shulsky A N, Khalilzad Z M, et al. *The United States and a Rising China: Strategic and Military Implications*, Santa Monica, The Rand Corporation, 1999.

③ Yan Xuetong, Qi Haixia. Football Game Rather Than Boxing Match: China-US Intensifying Rivalry Does not Amount to Cold War, *The Chinese Journal of International Politics*, May 2012, p. 127.

意志并进一步提升其护持战略利益的手段，同时中国也更加强调对外工作的策略运筹和底线思维，维护国家利益的意志也更加坚定，[①] 这些又在可预计的将来进一步加速中美东北亚战略博弈的进程。然而，中美东北亚战略博弈域内他国的影响力更加突出的特点进一步深化，也将表现为中美将进一步加紧同东北亚地区各国新战略关系的塑造，同时东北亚地区的中小国家随着中美东北亚战略博弈的进一步深入，将会在政治、经济、安全等诸领域中在中美之间做出选择。[②]

三、战略意志的提升加重安全困境

意志是国家间战略博弈的重要变量因素。在国际关系理论中，意志被视为战略力量的组成部分。无论是历史上还是现实中，由于决策者在利益的护持上意志坚定，国家之间兵戎相见或长期限于战略困境之中的事例是屡见不鲜的。战后，美国同苏联间关系在十分短暂的时间里由战略同盟变为战略竞争者，且二者间博弈尤以军事安全最为突出。美国遏制苏联、主导世界的意志强烈，苏联输出革命、埋葬西方的意志坚定。尽管双方在一些局部利益上有所妥协，但在战略层面却是“当仁不让”，结果造成“冷战”的局面。在东北亚地区，由于东西方两大阵营都在利益的护持上毫不退让，最后酿成了“热战”—朝鲜战争。经过战争的较量，任何一方在捍卫利益的立场上如同战前一样，因而朝鲜战争之后，大国在东北亚地区博弈的困境依旧，任何一方都不可单方面改变现状。

从目前在东北亚地区进行博弈的大国看，每一方在利益护持的意

---

① 杨洁篪：《开局体现战略性》，中国新闻网，2013 年 8 月 16 日，http://www.chinanews.com/gn/2013/08-16/5168975.shtml。

② 2015 年 4 月 6 日，笔者在第十二届清华国际安全论坛暨“中国崛起与世界秩序”研讨会时与清华大学当代国际关系研究院院长阎学通教授交流了“关于中美东北亚战略博弈未来走势”的问题。阎学通认为：“东北亚地区格局的发展趋势就是中小国家愿意或不愿意都要在中美之间做出选择……态势的发展逼着它们想选择也得选择，不选择也得选择。”

志上都变得异常坚定。从俄罗斯国家传统和民族特征看，但凡涉及到国家利益尤其是领土问题上，绝不退让，除非在战争中被打败。从近代直至冷战，俄罗斯长期在东北亚地区保持强大的军力存在和政治抱负，但因冷战后力量衰退且囿于其与美国及欧洲间的争斗，在东北亚也持续呈现出战略收缩的态势，对该地区给予的行动化实质关注也有阶段性减弱。为了弥补这种缺失，俄罗斯通过提升中俄关系的途径，增加在该地区博弈的筹码。近年来，俄罗斯由于在叙利亚问题、“斯诺登事件”，特别是乌克兰问题等国际事务上，与美国存在着战略利益和战略思维之间的冲突，分歧严重，甚至在双方领导人之间出现了直接言语对抗[①]，俄罗斯就更需要中国的支持，以维护其在远东的利益。以此可以看出，不管是在强大还是衰弱的时候，俄罗斯在东北亚地区都不会退让。今天人们可以清晰地看到，俄罗斯在北方四岛问题上，态度十分强硬；在韩国同意部署“萨德”系统问题上，俄罗斯主张将采取强有力的反制措施。俄罗斯的态度，必然使东北亚地区的一些热点问题不可能由其他国家按自己的意志加以解决。

中美成为东北亚战略博弈的主角之后，不仅在博弈的领域上大幅拓展且更加复杂，并且受经济全球化、美国在中东地区事务上的长期贯注，以及中国长期奉行的“韬光养晦”政策影响，表现得更为“缓和”。[②] 但事实上，“缓和”只是表象，它的背后隐匿的是“表面风平浪静，实则暗流涌动”的更深层、更激烈的战略博弈，并且此轮战略博弈的不稳定性也不断上升。

从博弈演进的基本逻辑看，上述现象：一是取决于中美两国在东北亚地区不断加剧的战略利益纠缠和碰撞；二是取决于中美两国对在东北亚战略利益护持意志的不断攀升。正是上述两个原因致使中美两国在具体问题上彼此间更加难以妥协，“无法将自身的意志和诉求单

① 《奥巴马批普京做“苏联帝国梦”》，《参考消息》2015 年 6 月 10 日，第 1 版。

② Yan Xuetong, Qi Haixia, Football Game Rather Than Boxing Match: China-US Intensifying Rivalry Does not Amount to Cold War, p. 127.

方面强加给对方"[①]。中美两国在对东北亚战略环境的认知和分析上由于各自与其价值关联的不同，使得其就应然和价值层面上有着迥然分歧，即便是面对东北亚地区大国战略利益集中交汇、矛盾热点问题错综交织、复杂安全态势持续发酵等相同的客观战略形势，但其出于不同的利益关切和不同的战略蓝图，仍会做出不同的战略判断，选择不同的政策途径。特别是在东北亚战略环境中的朝鲜半岛和中日领土争端等问题上，中美双方对彼此为对方所造成潜在威胁的战略判断也越益深化，这使得中美两国在东北亚地区，因这些具有枢纽性的战略问题而发生直接军事冲突甚至对抗的潜在"引爆点"也将长期存在并继续发展。此外，随着域内他国战略考量在中美东北亚战略博弈中影响力的上升，其他大国对外战略的也将在今后不断发生调整，加之它们出于对中美两国谁将主导东北亚地区安全秩序的焦虑，东北亚地区发生新一轮军备竞赛也变得不无可能。更为紧张的是，如果朝鲜继续"我行我素"奉行其拥核战略，东北亚地区其他国家是否会在核武器研发上秘密跟进从而引起地区"核升级"，也将会对未来东北亚地区可能发生的战争带来意外使用核武器的可能。尽管这一可怕的设想将在东北亚地区或可出现的安全危机中起到维护稳定的作用，[②] 但是上述所有这些不利因素的共同作用依旧集中到一点，就是大大加剧未来中美东北亚战略博弈的不稳定性。从这个意义上讲，可以预见，如果中美两国继续持续原有的低水平互信，继续互视对方为地区安全威胁，在军事上相互防范趋势继续加速升级，在关于海洋秩序问题上继续加剧分歧和摩擦，特别是美国在涉华领土争端问题上继续偏袒日本，[③] 那么上述提到的中美在东北亚地区安全领域冲突对抗"引爆

---

① 朱锋：《中美战略竞争与东亚安全秩序的未来》，《世界经济与政治》2013 年第 3 期，第 12 页。

② Posen B R. *Inadvertent Escalation*: *Conventional War and Nuclear Risk*, Ithaca, NY, Cornell University Press, 1991.

③ 刘飞涛：《关于中美战略分歧管控的思考》，《现代国际关系》2014 年第 12）期。

点”的增多、东北亚地区不确定因素的深化和第三方出于狭隘自身利益而推动的新一轮军备竞赛，将会使得本就趋于不稳定中美东北亚战略博弈变得更加不稳定。由此，正在崛起的中国在东北亚地区与美国的战略博弈中需要迈过比以往更高的门槛，[①] 而中美东北亚战略博弈的惯性又使得“美国下一步如何走也取决于中国如何走”，[②] 可能最终令中美东北亚战略博弈走向一个不断加剧其自身不稳定性的恶性循环，从而引发两国主观上均不希望发生的“冷战”，甚至打破东北亚和整个亚太地区的“长和平”。

第四节 其他因素增大战略博弈的变数

“每一事物的运动都和它的周围其他事物互相联系着和互相影响着。”[③] 尽管东北亚地区是世界上主要大国的博弈前沿，但该地区其他各国之间的地缘政治互动作为不确定因素也必然对博弈的进程以及地区格局的调整发挥重要影响。与此同时，这些不确定因素除域内他国主动或被动参与博弈进程外，还有一部分也自始至终是致使战略博弈失衡的最重要威胁。毕竟，偶然爆发的不确定因素往往会改变历史的走向，是一条值得注意的历史规律。

一、域内其他国家的战略考量

参与东北亚战略博弈进程的其他行为体主要由域内的日本、韩国、朝鲜以及蒙古构成，它们彼此间越益频繁和复杂的战略互动走向

---

① Tuschhoff, The U. S. – China Relations: Contending Perspectives and Scope Conditions for Conflict Resolution，载贾庆国、严军：《新型大国关系：机遇与挑战》，北京大学出版社，2015 年版，第 273 页。

② 郑永年：《中美关系和国际秩序的未来》，载贾庆国、严军：《新型大国关系：机遇与挑战》，北京大学出版社，2015 年版，第 174 页。

③ 毛泽东：《矛盾论》，《毛泽东选集》第 1 卷，第 301 页。

与力量均衡对比，不仅深刻影响着东北亚地缘政治结构，[1] 还时刻牵动着战略博弈大国的敏感神经。尽管这些国家作为相对弱势的行为体，在参与大国战略博弈的进程中遵循着“在处理对自己不甚重要但对对手十分重要的问题时……会做出让步”[2] 的规律，但“国小而政大者，国益大”[3]，特别是大国在处理与它们的国际关系时所形成的东北亚地区各力量间的分化组合也成为东北亚战略博弈的重中之重。

首先，韩国在大国东北亚战略博弈中有重大影响。韩国在战后以来长期以对美外交为主，并受韩美同盟影响，其在东北亚地区中特别是在安全事务领域的独立作用受到明显抑制。尽管如此，历届政府依靠持续推行的积极外交政策，近年来抛弃了对韩中关系和韩美同盟间的“零和”认识，探索与“中美等距离外交”的有效路径谋求所预期的最大化利益，在原有“两难”选择的局面上产生了与中美两个双边关系“双强化”的战略趋向，[4] 认为“中美关系发展越好，对韩国越好”。[5] 韩国在与中、日、俄大国外交和东北亚地区事物的处理中也逐步形成了多层次、全方位的外交格局。但就现状而言，当前政府延续了其“安全靠美国，经济靠中国”的原有道路。特别是国际金融危机之后，韩国更加注重在巩固美韩同盟关系的基础上丰富其自身的安全选项，[6] 更加致力于在东北亚地区建立均衡、友好的国家间关系，

---

① Choi J. K. , *Theorizing East Asia International Relations in Korea*, Asian Perspective, 2008, 32 (2008), pp. 194 - 195.

② ［美］杰维斯 R.：《国际政治中的知觉与错误知觉》，世界知识出版社，2003 年版，第 26 页。

③ 参见《管子·霸言》。

④ 王生、方心：《朴槿惠政府的外交趋向——韩美战略同盟与韩中战略合作伙伴关系的双强化》，载黄凤志、刘清才、张慧智等主编：《东北亚地区政治与安全（2014）》，社会科学文献出版社，2014 年版，第 63—79 页。

⑤ 韩新任驻华大使：《中美关系越好，对韩国越好》，《环球时报》，2015 年 5 月 19 日。

⑥ Park J J, The US-led Alliances in the Asia-Pacific: Hedge against Potential Threats or an Undesirable Multilateral Security Order? *The Pacific Review*, 2011, 24 (2), pp. 137 - 158.

以维护韩国国家利益和东北亚地区政治秩序。

其次，朝鲜在大国东北亚战略博弈的作用绝不可小觑。朝鲜自冷战以来便是地区内地缘政治的“绝对中心”，朝鲜核问题更是“当今世界所面对的最具挑战性的国际冲突管理问题之一”[①]。朝鲜经济上被排向边缘与安全上成为焦点之间所形成的矛盾，[②] 加之朝鲜国内的独特政治和经济生态，合力影响到朝鲜面对大国特别是中美东北亚博弈的战略考量，形成了对中国既依赖又防范，[③] 对美国既对抗又期待，[④] 对俄罗斯既向往又怀疑的对外政策矛盾双重战略悖论。总之，朝鲜同东北亚大国的关系已经清晰勾勒出其一贯“强硬与灵活”相结合[⑤]的外交风格。可以预见，朝鲜在新政权甫定，没有形成明确的东北亚政策的现状下，尚无实力和意愿主动参与大国特别是中美东北亚战略博弈进程，在其中左右逢源，相互利用，其关注的焦点或目标依旧是在不触及现有体制的前提下，实现其“强盛大国”目标。但是，鉴于朝鲜自身的极不确定性和朝鲜半岛日益复杂的形势，不能排除朝鲜在今后有全面倒向中国或美国的可能。

再次，蒙古也成了影响大国在东北亚地区战略博弈的因素之一。蒙古地处亚欧大陆腹地，密闭于中俄两大国之间，是沟通东北亚与中

---

① ［美］奈、［加拿大］韦尔奇 D：《理解全球国际冲突与合作：理论与历史》第 9 版，上海人民出版社，2012 年版，第 286 页。

② 对于这一矛盾，美国哈佛大学的奈教授与加拿大滑铁卢大学的韦尔奇教授将其原因归结为两点：其一是朝鲜反复无常、不可预测且富有进攻性的对外政策；其二是朝鲜致力于发展核武器和导弹。

③ 总体看，朝鲜对中国的战略考量呈现出以下特征：一是政治上，遇到困难主动靠拢中国索求帮助，困难缓解即无视中国利益和感受，对中国“打牌”，屡陷中国于尴尬境地；二是经济上加强同中国的交流与合作，利用中国缓解经济困难，摆脱经济困局。

④ 总体看，就朝美关系而言，朝鲜呈现出对美“期望”的态势，即希望美国在保障朝鲜政治体制的前提下，对朝鲜的“合法性”予以确认，为朝鲜提供经济援助，并支持朝鲜加入国际金融体制，并帮助其解决经济及社会发展，甚至是安全问题，因此致力于优先改善对美关系。

⑤ 吕超：《朝鲜第三代领导体制的形成及对华政策发展趋向》，载《北京大学国际战略研究院国际战略研究简报》2014 年 7 月 15 日，第 4 页。

亚两大地缘政治板块的咽喉，其辐射出的地缘政治板块自始至终受到大国博弈的影响。蒙古自脱离中国之后，曾长期奉行向苏联一边倒的政策。但冷战后，蒙古奉行“等距离”、“多支点”、“第三邻国”的外交政策，根本目的是“服务于在强大邻国之间寻求一种相对平衡”①。因此，蒙古巧妙利用中俄在对蒙古国不同的利益诉求使其相互制约，借助美日发挥反制中俄地缘压力的作用，最终实现利益最大化，因此有学者将蒙古国21世纪初的地缘政治战略概括为“平衡与反制”②。但是，任何国家在对外关系中都或多或少进行着平衡或选择，但蒙古作为小国，在大国博弈中的纵横捭阖一旦把握不好，亦会成为各方势力博弈的竞技场，最终得不偿失，引火烧身。

总之，大国在东北亚地区面临的战略形势，究其关节点而言，是朝核问题；并且在某种程度上，还几近形成了中国背靠俄罗斯与美日竞争的形态。③ 因此，从上述两个视角进行延伸，东北亚地区的韩国与蒙古就自然成为了两个当前没有“固化倾向”的可争取对象。

二、国家战略目标的极端追求

在东北亚地区，大国的战略博弈由于受到诸多因素的制约，走向大抵可控。但是，由于各自对其所支持的域内其他国家的控制未必如愿，有可能导致难以预料的结局。历史上，这类的教训已经十分深刻。马克思就曾经指出，历史上常有惊人的相似之处。尽管美国学者布热津斯基（Zbigniew Brzezinski）曾对此告诫：“当美国在东方扮演

---

① Galina Yaskina, Mongolian Statehood: the Past and the Present Topic of the 9th International Congress of Mongolia Experts, FarEastern Affairs, Jan. 2007, p. 12.

② 马立国、黄凤志：《平衡与反制：21世纪初蒙古国地缘政治战略探析》，载黄凤志、刘清才、张慧智等：《东北亚地区政治与安全（2014）》，社会科学文献出版社，2014年版，第267—274页。

③ 清华大学当代国际关系研究院外交改革课题组：《打造中国外交改革创新的机制》，《国际政治科学》2014年第4期，第39页。

平衡者和调解者角色的时候，需要一个基本指导原则，那就是除了对日本和韩国的承诺之外，美国不应该被拖入在亚洲大陆强国爆发的战争”,[①] 但朝鲜战争的警示没有消弭。可以说，在东北亚地区，每一个域内中小国家的背后都站着一个或两个大国。从另外一个角度看问题，区域内每个中小国家的行为，都或多或少地与大国有所关联，只是程度不同而已。

从过去、现在及未来看，朝鲜的行为最难控制。在东北亚地区的中小国家之中，蒙古嵌于中俄之间，局势相对稳定；俄罗斯尽管同日本有领土纠纷问题，但其与日本在内的各国间关系也基本稳定；日韩之间虽存在历史纠葛和领土争端，但同作为美国的盟国，其关系也尚不至于出现严重冲突。因此，朝鲜就成为充满不确定的国家。在发展核武器和导弹问题上，朝鲜对于任何国家的劝告都置若罔闻，而鉴于大国之间的矛盾和博弈需求，朝鲜根本不担心外来因素的制约。朝鲜的举动，将涉及到日韩。如果美国不能向日韩两国提供有力的核保护伞，或者是美国不愿就日韩发展核武器问题再进行制约，日韩两国也有可能走发展核武器之道路。从目前及可以预见的未来看，日本虽然受困于朝核问题带来的核扩散威胁，但却与朝鲜之间保持一定程度的政治交往。朝鲜对核武器的极端追求，固然使日本困惑，但由于朝鲜核能力有限，加之美国核保护的存在，还不致于使日本迅即采取极端的应对措施。而韩国就不一样了。朝鲜一直主张实现国家统一，而且坚持在必要的时候以武力实现统一。朝鲜对核武器问题上的极端做法，必然导致韩国惊恐。因此它只有两条选择：要么自己发展核武器，要么引进美国的导弹防御系统，抑或对朝鲜实行先发制人的打击。这就使朝韩之间不确定因素的爆发最为可能。具体地讲，即朝韩之间发生激烈军事冲突或战争，引入美、中、日三方介入，导致东北亚地区安全形势极度恶化和中美东北亚军事安全战略博弈的失衡。

---

① ［美］布热津斯基：《战略远见：美国与全球权力危机》，新华出版社，2012 年，第 198 页。

三、国家战略互疑的恶性循环

作为东北亚地区战略博弈的主角，无论中美两国在东北亚地区战略利益如何发展、如何碰撞，和平这一共同利益将永远是两国现今和未来战略利益发展的逻辑起点和底线。然而，历史的进程常会因不确定因素而发生质变，这对博弈而言，是值得注意的历史经验。尽管，美国倡导接纳一个繁荣的中国，中国在新军事战略中也明确做出了“世界大战打不起来，和平态势可望保持”的战略判断①，但是在东北亚地区，并不排除中美两国在“努力对彼此施加影响并塑造第三方的观念和政策时”，“卷入一场日益激烈、焦点愈发集中的军事竞赛”② 的可能，进而引发博弈失衡。

失衡是平衡的对立范畴，在安全领域主要体现为地区内或国家间安全关系在短期内变动剧烈或不可控因素大幅提升，且其中一方难以迅速化解，例如：危机、冲突、战争等。可以预见，致使失衡的潜在不确定因素主要存在于中美之间、中国或美国同域内他国之间，以及表层上无关中美的域内他国之间，其中既有常规范围内的失衡，也有涉及核领域的失衡。

首先，是中美之间。两国间军事安全领域的相互防范和低度互信是不确定因素存在的基础条件，两国间矛盾调和失效所导致的冲突性战略利益碰撞又构成不确定因素引爆的成因。从两国东北亚战略空间视角分析，不确定因素主要存在于海空、网络以及太空。其一是存在于海空空间的美对华抵近侦察。近年来，美对华海空抵近侦察距离不

---

① 中华人民共和国国务院新闻办公室《国防白皮书：中国的军事战略》，中华人民共和国国防部网站 2015 年 5 月 26 日，http：//news. mod. gov. cn/headlines/2015 –05/26/content_4586684. html。

② ［美］弗里德伯格：《中美亚洲大博弈》，新华出版社，2012 年版，第 174 页；Feng Z，An Emerging Trend in East Asia：Military Budget Increases and their Impact，Asian Perspectives，2009，33（4），pp17 –45；Berteau D J，Ben-arig，Hofbaeur J，et al. *Asian Defense Spending*，2000 –2011，Washington D. C. ，CSIS。

断缩短，频度也不断升高，不仅为我海空防御力量制造压力，且极不利于中美两国和平。从2001年到2014年，因美方海空抵近侦察而导致的10起摩擦和事故就是有力证明。[①] 其二是存在于网络空间的间谍活动。网络安全主要包括信息推动、商务盗窃、间谍活动和网络战争四个方面。其中，不确定因素存在于间谍活动中的可能性最高，原因在于其难以有效管控，又介于传统间谍活动和网络战争的模糊联系之间，因此最有可能引爆安全失衡，甚至引爆国家间冲突和战争。[②] 其三是存在于太空空间中的战术行动。太空安全领域的任何战术行动，都带有浓厚的战略性和政治内涵，同时与其他安全领域的生存有着极度密切的联系。[③] 中美面对这一大国博弈和军事竞争的“新疆域”，在一些具体问题上正面临无先例可循的窘境，如若处置不当或被利用，极易导致矛盾的激化和放大。此外，不排除不确定因素存在于中美双方均可能做出的执意改变地区现状的单边行动之中。

其次，是中国或美国同域内他国之间。其中，不确定因素最可能存在于美朝关系与中日关系之中。其一是存在于美朝关系中的美国会否因朝核问题做出战争选择。美朝关系的最主要根结是朝核问题，朝核问题对美国的最大威胁在于由此引发的核扩散对美国安全利益的威胁，[④] 美方也长期借此巩固美韩和日美同盟，不断强化其在东北亚地区的军事存在。[⑤] 当然，不确定因素是否爆发，关节点在于朝鲜，因为美国还是希望朝鲜半岛不至发生战争。其二是存在于中日关系中。

---

① 刘飞涛：《关于中美战略分歧管控的思考》，《现代国际关系》，2014年第12期，第56页。

② 贾庆国：《秉持“只争朝夕”精神：积极构建中美新型大国关系》，载贾庆国、严军编：《新型大国关系：机遇与挑战》，北京大学出版社，2015年，第48页。

③ 果翃宇、蔡华堂、李政：《新形势下太空作战特点规律及启示》，《国防科技》2015年第5期。

④ 孙国强、黄凤志：《朝核问题新危机与中美朝核政策互动探析》，载黄凤志，刘清才，张慧智等编：《东北亚地区政治与安全（2014）》，第134—135页。

⑤ 参见李开盛：《军事存在与无核化：美国朝核政策浅析》，《美国研究》2009年第4期。

中日两国关系有着极深的历史纠葛和现实领土纠纷，因此极为脆弱。其中，历史观问题、战争遗留问题、中国威胁论问题、右翼仇共反华问题、日本政权更迭问题以及领土纠纷问题①容易交织发酵，特别是日本国内右翼势力上升引发的政治军事右倾化与中日领土纠纷的相互作用更容易使得中日两国走向冲突甚至战争，进而引发中美之间的直接军事冲突，甚至是东亚国家的全面对抗。②

在这些不确定因素中，几乎都可能超越常规范围而触及到核领域层面的安全失衡。从威胁强度看，朝韩之间的不确定性因素威胁最大。但是，从不确定因素的爆发机制看，既有其单维度独立爆发所带来的挑战，同时也具有多个不确定因素发生系统及动态效应的可能。从这意义上讲，上述不确定因素彼此之间存在着相互作用，彼此之间也会相互改变。③ 这也是更加值得我们注意的部分。历史地看，新中国成立以来，历数中国参加的战争，无一来自主要威胁方向：一方面告诫我们非主要威胁方向的不确定因素对于未来中国和平发展的极端重要性；另一方面也提示我们对于重大威胁，只要我们能够做好备战，就能备而不战。因此，对于东北亚地区潜在的诸多不稳定因素，无论它存在于哪里，无论它以何种形式存在，无论它爆发的可能性极其敏感还是微乎其微，无论它的影响性是大还是小，对中国而言，必须要不断加速推进国防和军队建设，增进积极防御的核心竞争能力和风险抵御能力，特别加强东北亚方面的战略预置就由此成为了当务之急。

---

① 王希亮：《日本右翼势力与东北亚国际关系》，社会科学文献出版社，2013 年版，第 284—372 页。

② Ikenberry G J, Moon C I, *America and Northeast Asia: Power, Order, and Transformation*, Lanham: Rowman & Littlefied, 2008, p. 15；岳西宽、刘瑞：《日本外交遏制中国和国内政治军事右倾化成因与结果》，载黄凤志、刘清才、张慧智等编：《东北亚地区政治与安全（2014）》，第 258—259 页。

③ Tang Shiping, Outline of a New Theory of Attribution in IR: Dimensions of Uncertainty and Their Cognitive Challenges, *The Chinese Journal of International Politics*, May 2012, (3), pp. 299 – 338.

总之，大国在东北亚地区的战略博弈，其演进的逻辑遵循着一定的规律。利益决定博弈的动力与激烈程度；力量决定博弈的规模和主要方式；意志决定博弈的持久度和资源投入。同时，区域内各中小国家对大国战略博弈存在着推动或制约作用。

由此，我们可以得出这样的看法，大国在东北亚战略博弈的发展趋向是：中美两国将是博弈的主要对手，博弈的目的在于建立于己有利的国际秩序，博弈的核心是国家安全，博弈的方式将以和平手段为主，博弈的烈度是刚柔相兼，博弈的结局则决定于综合实力的变化、战略意志的强弱、战略失误的多寡。

结语　历史终将回归

纵观数百年来大国东北亚战略博弈的历史，一条清晰的轨迹逐渐展现出来：中国从核心国家变成边缘国家，又从边缘国家挤进竞技的舞台，并将最终再次成为核心国家，重新主导东北亚地区的事务。

自鸦片战争以来，西风日渐东进，中国逐步沦为半殖民地和半封建国家，从而使以其为核心的亚洲国家特别是东亚国家的朝贡体系土崩瓦解。在东北亚地区，俄罗斯大力扩张，使中国大片领土丧失；日本脱亚入欧，走上侵略扩张的道路，兼并了朝鲜半岛，占领了琉球群岛，掠走了台湾岛，使中国的战略利益严重受损；中国在中南半岛的友邦也纷纷成为西方列强的殖民地。即使是中央政权，也失去了独立性。在相当长的时期内，中国在东北亚成了任列强宰割的羔羊。

然而，新中国成立后，情势立即发生了变化：通过与苏联谈判，成功地收回了东北的权益；通过朝鲜战争，提高了国际地位，增强了在东北亚的影响力；通过民间互动和贸易往来，改变了国际孤立的局面，与美国恢复往来，与日本、韩国建立外交关系，加强了与蒙古的互动，并使国际社会承认台湾是中国领土不可分割的组成部分；通过外交努力，使中日韩合作上了一个新台阶，中日韩首脑会议机制化，三国自由贸易区的建设也提上日程；通过权衡利弊，与俄罗斯展开了全面合作，建立了密切的战略协作伙伴关系；通过利益纽带，推进了上海合作组织的建立、扩展；通过多方协调，成功地召集和主导了有关朝核问题的“六方会谈”，等等。从目前的状况看，在东北亚大国间进行的战略博弈中，中国已经占据了一定程度的主动和优势。

之所以出现这样的情况，既有天时，也有人谋。从天时说，一是地缘位置占优。在东北亚地区，中国具有其他大国所没有的优势，即战略重心位于区域之内。按照地缘战略的规律，即一个国家的影响力将随着距其战略重心的远近而变化，也就是说，一个国家的力量在其权力中心所在地最为强大，然后由内向外而逐步衰减。中国的权力中心就在东北亚，其战略辐射范围涵盖整个地区。无论域内的俄罗斯、日本，还是域外的美国，都不具备这个条件。俄罗斯虽然是东北亚国家的一员，但其权力中心和战略重心均在欧洲，难以在东北亚地区投入过多的战略资源；日本的面积狭小，且处于东北亚的边缘地带，不可能发挥决定性影响；美国是一个美洲国家，距离东北亚太过遥远，即使国力再强大，到了东北亚已是强弩之末。当中国国力衰微时，即使“强弩之末”也难以抗拒，但随着国力的增强，即使是强弩初发，亦可挡之。

二是历史根基深厚。虽然自近代以来，中日之间发生过战争，中韩之间也有过兵戎相见的冲突，但是，不容置疑的是，无论日本还是韩国都有着与中国难以切割的文化情结。中国抗日战争胜利后，无论是当时的国民政府还是后来的中华人民共和国政府都采取了以德报怨的方式对待战败的日本。虽然由于各方面因素的影响，日本曾长期追随美国，拒不承认中国，但两国的民间往来却日益密切，并最终推动了两国关系的正常化。中日建交后的20余年里，两国关系的发展是顺利的，后来由于日本自我膨胀，防范中国的心理作怪，不断制造麻烦，导致两国关系进入低谷。只要日本改弦易辙，中日关系的正常化绝不是一件难事，因为中国的包容态度是不变的。韩国亦然。虽然中韩两国长期互不承认，但自建交以来，两国关系全面深化，即使因朝核问题而引起了“萨德”纠纷，但是两国仍然具有解决问题的空间。中国的半岛无核化立场是坚定的，韩国部署“萨德”的政策是可变的。随着朝鲜半岛无核化进程的推进，即使韩国部署了“萨德”系统，也可能移除。从两国政府和领导人的态度看，都希望把两国之间的睦邻关系进一步深化下去。从这个层面来说，俄罗斯和美国根本无法相比。俄罗斯与日本和韩国在文化上几无共通之处，相互关系的发展完全是基于特定的利益需求，带有强烈的不稳定性。美国虽然利用战后的有利时机，对日本和韩国进行了较为深入的文化渗透，但仍然存在“志同道不同”的裂痕，因而在20世纪八七十年代，美日同盟进入“漂流状态”，美韩同盟陷入“信任危机”。

三是经济实力强大。自20世纪70年代末，中国实行“改革开放”，抓住战略机遇，使国家的经济调整发展，所创造的奇迹远胜于60、70年代亚洲“四小龙”。到2010年，中国经济规模已居世界第二，且距离世界第一的位置越来越近。美国著名学者安德鲁·克雷宾涅维奇认为，美国在西太平洋地区面临中国的强劲挑战，因为中国的经济总量已相当于日本的两倍，人口是日本的10倍还多，且已接近于美国（This is not the case in the Western Pacific, where China's GDP is over twice that of Japan's, and its population over ten times greater.）。[①] 中国经济的快速发展，为东北亚地区的国家带来了重要机遇。日本、韩国、蒙古、甚至俄罗斯都从中国的经济的快速增长中受益。这就导致中国与东北亚地区的诸国在经济上形成利益共同体，同时也使得其他国家对中国的经济依赖不断地增强。

除了客观条件外，中国的战略筹划发挥更加重要的作用。首先，提出“和平发展”理念。中国深刻认识到，没有和平，就谈不上发展。20世纪80年代中期，中国政府就提出了“和平发展”的理念，并强调和平与发展是时代的主题。为此，中国大规模裁减军队，放弃“大打、早打、打核战争”的战略指导思想，将国家的战略重心由阶级斗争为主转向以经济建设为主，并据此提出了建设“小康社会”的战略构想和实现这一构想的三大战略步骤。这一理念指导中国坚持“以经济建设为中心”的方针，使国家变得强大起来。十八大以来，中国的战略视野进一步拓宽，提出了全面建成小康社会，全面深化改革，全面依法治国，全面从严治党的战略布局，意在实现全面崛起的

---

① Andrew F. Krepinevich, Why Mattis Headed East: Time For China Strategy, http://csbaonline.org/about/news/why-mattis-headed-east-time-for-china-strategy.

“中国梦”。这不仅为国家的发展提供了理论指导，也为国际社会认识和理解中国提供了厚重基础。

其次，提出“亲、诚、惠、容”经略周边的原则。东北亚诸国都是中国的邻国，邻居是不能变换的。中国致力于与东北亚国家发展密切的关系。对于俄罗斯，中国与其建立了全面战略协作伙伴关系，不仅对于稳定东北亚的战略局势，而且对于稳定世界的形势也有着巨大的作用；对于朝鲜半岛，中国既注重与朝鲜的往来，也强调与韩国的友好，极力推进半岛无核化和维护半岛的稳定，乐见半岛和平统一；对于日本，中国反对其军国主义的复活行动，制止其在钓鱼岛问题上的挑衅行为，主张日本反省历史并尊重第二次世界大战所确立的国际秩序，同时希望与其发展密切的友好关系，维护地区的和平与稳定。中国所坚持的以“亲、诚、惠、容”为基础的睦邻、富邻和安邻政策已取得了很大的成效。2016 年菲律宾领导人更迭后，大力调整对华政策，主张与中国进行合作。这就是中国“三邻政策”成效的重大体现。

再次，制定“一带一路”战略。中国自 2013 年提出“一带一路”战略以来，在实践中大力贯彻。东北亚地区既是“一路”的起点，也是“一带”的起点。中国提出的“一带一路”战略，与美国的“亚太再平衡”战略有着本质的区别。美国的“亚太再平衡”的战略，既有维护其世界领导地位的考虑，也有防范中国的意图，完全从其一己之利出发。中国提出的“一带一路”战略，就是通过互联互通，使沿线各国和地区实现优势互补，共同发展，形成命运共同体，既增加各国联系的纽带，又避免可能发生的冲突。目前，“一带一路”建设成绩斐然，不仅极大地改善了中国海上、陆上安全环境，而且使得更多的国家从中国战略倡议中受益。对于东北亚国家来说，也是一种不谋而合。如俄罗斯已与中国达成协议，同意将其“欧亚经济联盟”战略与中国“一带一路”战略无缝对接。韩国也提出了“欧亚倡议（Eurasian Initiative）”，主张与中国的“一带一路”战略相对接。通过“一带一路”战略，把欧亚大陆紧密地联系在一起，不仅使大国可以避免利益纷争，而且也使外部力量难以找到可资利用的借口。美国的势力之所以能够挤进欧亚两端，并试图对其进行控制，就是利用了欧亚大陆国家之间的“兄弟阋墙”。倘若欧亚大陆国家结成一体，美国就将是真正的“美洲之国”了。

综上所述，优越的地理位置、悠久的历史渊源、强大的经济实力、高超的战略谋划，已使中国在东北亚地区的战略博弈中占据了有利的地位，取得了主动的优势。随着战略态势的发展，中国再次成为东北亚地区的核心主导国家已为时不远。奥地利《新闻报》网站2016年12月6日刊发该报对日本庆应大学教授、国家安全委员会顾问细谷雄一的专访。细谷雄一在访谈中表示，中国将成亚太主导，美国迟早会撤出。[①] 究竟美国会不会撤出亚太，其实并不重要，真正的紧要之处是中国的崛起已成事实，且势不可挡。

尽管如此，在当前的东北亚，美国的势力依然十分强大，且不断地投入资源。特朗普上台后不久，就派遣国防部长马蒂斯访问韩国与日本，体现其对东北亚的高度重视。对于中国来说，若要成为东北亚大国舞台的核心，还要处理好与美国的关系。英国学者布赞（Barry Buzan）认为：中美关系运转于两个层级：其一是地区层级；其二是全球层级。[②] 从这个意义上讲，中美东北亚战略博弈虽属前者，但对后者也有着十分重要的意义。时至当前，中美东北亚战略博弈已存在于政治、经济、安全等各领域，覆盖了对抗、竞争与合作的全部博弈谱系，涉及并影响着东北亚地区全部的重要双边关系与多边关系，体现了中美两国的战略目标、战略指导和战略手段。经过对中美两国在东北亚战略利益的比较分析和对东北亚战略形势特点的研判，综合以往战略博弈的主要领域及其嬗变，笔者揭示出了战略博弈演进的若干基本逻辑，又据此进一步指出了战略博弈在诸领域的

① 参见：《日学者：中国将成亚太主导 美国迟早会撤出》，环球网2016年12月11日，http：//mil. huanqiu. com/observation/2016 - 12/9796867. html。

② Bnuza B，China in International Society：Is “Peaceful Rise” Possible？The Chinese Journal of International Politics，2010（3），p. 24.

未来走向。

回顾中美东北亚战略博弈六十余年的演进历程，既有“变”的方面，也有“不变”的方面，“变”是绝对的，“不变”是相对的：其中“变”的是博弈在每个阶段的特征与发展的趋向，既有政治领域博弈中的新准则，又有外交领域博弈的新焦点，既有经济领域博弈的新前景，又有安全领域博弈的新态势，这体现了战略博弈的存在方式；“不变”的则是博弈存在的基础与演进的动因，其具体反映在中美两国对政治安全的重视，对地缘安全观的坚守，以及中美两国战略利益的重要交汇仍将继续存在，这体现了战略博弈变化中的那些重要基因。因此，论证推动战略博弈演进的“内因”与“外因”是如何影响这些“变”与“不变”所得出的规律，就具有了深刻的理论内涵与实践意义，它所构成的就是纷繁复杂的中美东北亚战略博弈演进中的基本逻辑。这也是本书的核心立论。

东北亚战略博弈对中美而言，关乎两国国家战略全局，也是两国国家战略的枢纽，其演进不仅受自身逻辑的驱动，同时也反映并受制于两国战略思维的发展与运用，而其共同的本质都是实现国家利益。[①]为此，中国如何面对战略博弈发展中的“变”与“不变”，如何维护东北亚地区的和平稳定与繁荣，如何挣脱“零和”思维在东北亚地区重塑大国关系，如何在和平发展过程中更加有所作为。解答上述问题，就需要中国革新战略思维，以超越博弈的主观指导破解博弈的客观现实。

博弈的核心是“博弈一方的最佳策略取决于其对另一方行为的先期预测”。[②] 长期以来，在中美东北亚战略博弈中，中国囿于自身历史、战略资源和战略实力的弱势，在战略指导中常常是对美迫于应对，尽管其中的主动性在不断增强，但自始至终还是尚未超脱“应对”的思维模式。历史告诉我们，“一国战略成败是多方战略博弈互

① 李际均：《新版军事战略思维》，长征出版社，2012年版，第2—6页。
② ［美］谢林：《冲突的战略》，第8页。

动以及战略实施过程的结果”。[①] 因此，中国所应具备的战略指导就是对当下中国在客观现实博弈过程中“应对”的思维模式的超越，是博弈弱势方通过化被动为主动实现“引领”博弈的必然选择。

一方面，“引领”需要超脱中美东北亚战略博弈的原有形态才能形成。具体讲，在未来中美东北亚战略博弈中，中国要实现“引领”，一是要“以大制小”，超脱出东北亚这个博弈环境，通过进一步挖掘中国地缘上的大周边优势，以力争在其他地区形成战略主动，进而为东北亚地区可能出现的战略被动释压；二是要“另起炉灶”，在东北亚地区各领域现有的机制框架下，发挥自身经济及地缘优势进行新的创设，努力在东北亚地区塑造有利于己的战略环境。另一方面，超越战略博弈不是用“引领”替代“应对”，而是“引领”与“应对”的统一。之所以如此，是因为在中美东北亚战略博弈中，中国仍在相当长的时期里处于弱势，特别是在安全领域，中美之间的实力地位还有着不小的差距，在互争优势的过程中必然要对美国所遗留或新创造的问题给予更为主动的“应对”。但是总体上，如果中国能够继续加速自身实力的增长，继续在各领域降低与美国的非对称性，那么未来中国在东北亚同美国进行战略博弈时的战略指导中，“引领”的分量必然也会渐渐升高，最终超越“应对”，在互争优势中夺得胜利。正如中国学者崔立如所言：“具有大战略思想的外交政策要对大趋势进行判断。如果我们的政策有创造性，对趋势判断准确的话，我们就可以有一些超前的设计，这对取得外交主动是非常有利的。”[②] 为此，我国应做到以下几点：一是要让小利谋大势，以大周边的整体外交释放小

① 阎学通：《道义现实主义的国际关系理论》，《国际问题研究》2014 年第 5 期，第 123 页。

② 崔立如：《中国外交面临命运共同体中的竞争——对〈打造中国外交改革创新的机制〉的评述》，《国际政治科学》2014 年第 4 期，第 65 页。

周边的局部压力；[①] 二是要推动多元合作，以多层次包容性合作缓解不同领域尖锐分歧；[②] 三是要增进释疑协调，以机制化的沟通途径稳固中美关系战略基底；四是要维护与拓展并举，以平衡化的战略节奏加速重点方向战略预置。同时，我们还要谨记：若要在东北亚的大国博弈中赢得主动，必须把握一个原则，对区域内的中小国家要有足够的耐心与包容，切忌睚眦必报。

总之，博弈是国际关系的常态。大国之间的博弈有其特有的规

① 在中美东北亚战略博弈中，对于中国，何为“小利”，何为“大势”？从利益的性质看，既有眼前的，又有发展的；既有“真金白银”，又有关乎信誉的，这些利益之间有的相互独立，有的相互促进，也有的相互阻碍。因此，要让出的“小利”是那些符合时下眼前追求却无益于未来发展的，以及仅仅是一定的“真金白银”而有损我国国际战略信誉的利益，也就是那些不具有战略性的利益。当前我国的大周边是新中国成立以来威胁最小的，和平与稳定的周边大局为我向西挺进，积极实施“一带一路”战略提供了良机，并直接对东北亚地区持续加剧的战略风险起到有益缓解作用。同时在钓鱼岛问题、朝鲜半岛核问题、南海问题等周边关乎国家主权和领土完整、国家安全和发展的重大原则问题上要“硬的更硬”，坚决反击个别国家的过度挑衅；在经济合作上要以更加宽容的姿态开展大国外交，以“亲、诚、惠、荣”的理念为牵引，努力构建周边命运共同体，为东北亚地区的复杂周边形势释压。参见张蕴岭：《中国的周边区域观回归与新秩序构建》，《世界经济与政治》2015 年第 1 期，第 21 页。

② 在东北亚政治、经济、安全领域，中美两国均存在对抗博弈，围绕诸多议题均存在尖锐分歧，并且这些分歧并非限于中美双边，而是常常以多边的形态存在，直接涉及到除中美外域内他国的国家利益，特别是在安全领域更为突出。针对当前东北亚地区安全架构中危机管理缺失、排他性同盟体系带来的战略猜忌，以及碎片化的重复低效沟通对话机制等问题，有必要以敏感程度低、合作潜力大的具体议题作为突破，以提供公共安全产品为手段，着力推动居于安全困境的东北亚各国本着包容、平衡、开放、有效的理念扩大合作、缩小分歧。同时，中国应积极发挥其自身日益增长的综合实力优势，通过政治、经济等超越安全领域的合作推动安全领域的安全进程。理论上讲，安全态势在不同地区得以展开的方式是受特定地区内的国家类型影响的。因此，面对域内他国的不同体制、不同发展水平、不同战略考量以及不同亲密程度，可适当通过促成双边和三边等小多边磋商平台，就具体议程及其关系我具体的国家利益强度，展开不同层次、规格的多元合作平台。参见秦亚青：《启动亚太地区安全进程》《中国军事科学》，2015 年第 1 期，第 69 页；［英］布赞、［丹］维夫 O：《地区安全复合体与国际安全结构》，上海人民出版社，2010 年版，第 20 页。

律：每个国家都把战略空间视为生命线和利益线，任何一国都不愿为他国火中取栗，相互联合只是暂时的现象，并不会因为意识形态或社会制度的变化而改变。美苏/俄关系的演变充分地证明了这一点，中苏/俄关系的变化遵循了同样的逻辑，中美关系的变迁也必然沿着这一轨迹。在笔者看来，中美作为世界上两个最强大的国家，在博弈中要有所超越，既要规避“一损俱损”的“负和”结局，又要减少“你输我赢”的“零和”博弈，努力做到聚同化异，以合作促进互信，以互信加深合作，在坚决免除再次兵戎相见的前提下，最大限度地维护和拓展国家利益，并相互尊重对方的核心利益。归根结底，如何在博弈中达到“斧伐大木，渐至细微”、“好雨潜入，润物无声”的成效，中国必须要有自己的创造！

主要参考文献

一、专著及编著

[1] 陈开仁:《冷战——实力与谋略的较量》，中共党史出版社1997年版。

[2] 陈舟:《国家利益与战略空间》，长征出版社2013年版。

[3] 崔丕:《近代东北亚国际关系史研究》，东北师范大学出版社1992年版。

[4] 崔志鹰:《朝鲜半岛——多视角、全方位的扫描、剖析》，同济大学出版社2009年版。

[5]《邓小平文选》第3卷，人民出版社1993年版。

[6] 方连庆:《国际关系史》(战后卷)，上册，北京大学出版社2006年版。

[7] 宫力:《如何与美国共处: 冷战后中国对美方针与中美关系》，九州出版社2010年版。

[8] 谷应泰:《明史纪事本末》第3册，中华书局1977年版。

[9] 阮宗泽等著:《权力盛宴的黄昏——美国"亚太再平衡"战略与中国对策》，时事出版社2015年版。

[10] 黄凤志，刘清才，张慧智等:《东北亚地区政治与安全》(2014)，社会科学文献出版社2014年版。

[11] 贾庆国，严军:《新型大国关系: 机遇与挑战》，北京大学出版社2015年版。

[12]《江泽民文选》(第1、2、3卷)，人民出版社2006年版。

[13] 姜长斌，[美] 陆伯彬：《从对峙走向缓和：冷战时期中美关系再探讨》，世界知识出版社 2000 年版。

[14] 金一南：《心胜》，长江文艺出版社 2013 年版。

[15] 军事科学院军事历史研究所：《抗美援朝战争史》（上、中、下卷），军事科学出版社 2014 年第 3 版。

[16] 军事科学院战略研究部：《战略学》，军事科学出版社 2013 年版。

[17] 李大光：《国际机制与区域安全：兼论东北亚区域安全机制构建》，军事科学出版社 2010 年版。

[18] 李凡：《战后东北亚主要国家间领土纠纷与国际关系研究》，江苏人民出版社 2013 年版。

[19] 李际均：《军事战略思维》（新版），长征出版社 2012 年版。

[20] 李少军：《国际战略学》，中国社会科学出版社 2009 年版。

[21] 梁守德，洪银娴：《国际政治概论》，中央编译出版社 1994 年版。

[22] 梁志：《战后美国与朝鲜半岛关系研究》，九州出版社 2014 年版。

[23] 林利民：《遏制中国——朝鲜战争与中美关系》，时事出版社 2000 年版。

[24]《建国以来毛泽东军事文稿》（上、中、下卷），军事科学出版社与中央文献出版社 2010 年版。

[25]《毛泽东选集》（第 1、4 卷），人民出版社 1991 年第 2 版。

[26] 刘明福：《霸权的黄昏》，英国新经典出版社 2015 年版。

[27] 孟祥青：《孟祥青讲稿自选集》，国防大学出版社 2014 年版。

[28] 牛军：《战略的魔咒：冷战时期的美国大战略研究》，上海人民出版社 2009 年版。

[29] 钮先钟：《西方战略思想史》，广西师范大学出版社 2003

年版。

［30］朴键一：《中国周边安全环境与朝鲜半岛问题》，中央民族大学出版社 2013 年版。

［31］钱其琛：《外交十记》，世界知识出版社 2003 年版。

［32］沈志华：《冷战在亚洲：朝鲜战争与中国出兵朝鲜》，九州出版社 2013 年版。

［33］师哲：《在历史巨人身边》，中央文献出版社 1991 年版。

［34］宋志勇，田庆立：《日本近现代对华关系史》，世界知识出版社 2010 年版。

［35］隋广军，周方银：《中国周边外交发展报告》（2015），社会科学文献出版社 2015 年版。

［36］孙思敬：《胡锦涛国防和军队建设思想研究》，军事科学出版社 2013 年版。

［37］孙学峰：《中国崛起困境》，社会科学文献出版社 2013 年版。

［38］孙哲：《新型大国关系：中美协作新方略》，时事出版社 2013 年版。

［39］台湾三军大学：《中国历代战争史》（第 8、11 册），中信出版社 2013 年版。

［40］唐世平，王凯：《历史中的战略行为：一个战略思维教程》，北京大学出版社 2015 年版。

［41］陶文钊，倪峰，袁征等：《当代中美关系研究》（1979—2009），中国社会科学出版社 2012 年版。

［42］王缉思：《大国关系——中美分道扬镳，还是殊途同归?》，中信出版社 2015 年版。

［43］王缉思：《释疑：走出中美困局》，社会科学文献出版社 2014 年版。

［44］王绳祖：《国际关系史》第 3—10 卷，世界知识出版社 1995 年版。

［45］王文荣：《战略学》，国防大学出版社1999年版。

［48］王希亮：《日本右翼势力与东北亚国际关系》，社会科学文献出版社2013年版。

［49］王湘穗：《赶超与遏制：中美博弈的历史逻辑》，长江文艺出版社2012年版。

［50］吴心伯：《21世纪的美国与中美关系》，时事出版社2013年版。

［51］吴心伯：《中美关系战略报告2013》，时事出版社2013年版。

［52］吴心伯：《转型中的亚太地区秩序》，时事出版社2013年版。

［53］习近平：《习近平谈治国理政》，外文出版社2014年版。

［54］现代国际关系研究院美国研究所：《中美战略关系新论》，时事出版社2005年版。

［55］肖天亮：《战略学》，国防大学出版社2015年版。

［56］谢益显：《中国当代外交史（1949—2009）》，中国青年出版社2009年版。

［57］熊向晖：《历史的注脚》，中共中央党校出版社1995年版。

［58］徐文吉：《朝鲜半岛时局与对策研究》，山东大学出版社2007年版。

［59］阎学通：《历史的惯性：未来十年的中国与世界》，中信出版社2013年版。

［60］阎学通：《世界权力的转移：政治领导与战略竞争》，北京大学出版社2015年版。

［61］阎学通：《中外关系鉴览1950—2005——中国与大国关系定量衡量》，高等教育出版社2010年版。

［62］于淑杰：《世界主要国家安全战略及评析》，军事科学出版社2014年版。

［63］张世平：《马克思恩格斯与战略》，军事科学出版社2007

年版。

［64］张小明：《美国与东亚关系导论》，北京大学出版社 2011 年版。

［65］赵可金、倪世雄：《中国国际关系理论研究》，复旦大学出版社 2007 年版。

［66］郑永年：《大格局——中国崛起应该超越情感和意识形态》，东方出版社 2014 年版。

［67］中国国际问题研究所：《中国周边国家与合作组织》，人民出版社 2014 年版。

［68］中国现代国际关系研究院美欧研究中心：《反恐背景下美国全球战略》，时事出版社 2004 年版。

［69］中华人民共和国国务院新闻办公室：《钓鱼岛是中国的固有领土（2012 年 9 月）》，人民出版社 2012 年版。

［70］中华人民共和国国务院新闻办公室：《中国的军事战略（2015 年 5 月）》，人民出版社 2015 年版。

［71］中华人民共和国国务院新闻办公室：《中国武装力量的多样化运用（2013 年 4 月）》，人民出版社 2013 年版。

［72］周建明：《美国国家安全战略的基本逻辑——遏制战略解析》，社会科学出版社 2009 年版。

［73］朱阳明：《亚太安全战略论》，军事科学出版社 2000 年版。

［74］资中筠：《美国十讲》，广西师范大学出版社 2014 年版。

［75］［德］克劳塞维茨：《战争论》第 1 卷，解放军出版社 2013 年第 2 版。

［76］［俄］安年科夫：《国际关系中的军事力量》，军事科学出版社 2014 年版。

［77］［法］巴蒂斯特拉：《国际关系理论》修订增补本，社会科学文献出版社 2010 年第 3 版。

［78］［法］夏尔 - 菲利普：《安全与战略：战争与和平的现时代解决方案》，社会科学文献出版社 2011 年增订第 2 版。

[79] [美] 阿特：《美国大战略》，北京大学出版社 2005 年版。

[80] [美] 布热津斯基：《大棋局：美国的首要地位及其地缘战略》，上海人民出版社 2007 年版。

[81] [美] 布热津斯基：《战略远见：美国与全球权力危机》，新华出版社 2012 年版。

[82] [美] 弗里德伯格：《中美亚洲大博弈》，新华出版社 2012 年版。

[83] [美] 傅高义：《邓小平时代》，生活·读书·新知三联书店 2013 年版。

[84] [美] 韩德：《美利坚独步天下——美国是如何获得和动用它的世界优势的》，上海人民出版社 2011 年版。

[85] [美] 亨廷顿：《文明的冲突》，新华出版社 2013 年版。

[86] [美] 亨廷顿：《我们是谁：美国国家特性面临的挑战》，新华出版社 2005 年版。

[87] [美] 基辛格：《白宫岁月——基辛格回忆录全集》第 1—4 册，世界知识出版社 2003 年版。

[88] [美] 基辛格：《论中国》，中信出版社 2012 年版。

[89] [美] 杰维斯：《国际政治中的知觉与错误知觉》，世界知识出版社 2003 年版。

[90] [美] 卡根：《美国缔造的世界》，社会科学文献出版社 2013 年版。

[91] [美] 卡赞斯坦：《地区构成的世界——美国帝权中的亚洲和欧洲》，北京大学出版社 2007 年版。

[92] [美] 卡赞斯坦：《美国帝权中的亚洲和欧洲》，北京大学出版社 2007 年版。

[93] [美] 凯勒，罗斯基：《中国的崛起与亚洲的势力均衡》，上海人民出版社 2010 年版。

[94] [美] 莱恩：《和平的幻想：1940 年以来的美国大战略》，上海人民出版社 2009 年版。

[95] [美] 罗特科普夫：《操纵世界的手——美国国家安全委员会内幕》，商务印书馆 2013 年版。

[96] [美] 米尔纳：《利益、制度与信息：国内政治与国际关系》，上海人民出版社 2010 年版。

[97] [美] 米尔斯海默：《大国政治的悲剧》，上海人民出版社，2014 年修订版。

[98] [美] 摩根索：《国家间政治：权力斗争与和平》，北京大学出版社 2006 年第 7 版。

[99] [美] 默里，[英] 诺克斯，[美] 伯恩斯坦：《缔造战略：统治者、国家与战争》，世界知识出版社 2004 年版。

[100] [美] 奈，[加拿大] 韦尔奇：《理解全球国际冲突与合作：理论与历史》，上海人民出版社 2012 年第 9 版。

[101] [美] 乔姆斯基：《世界秩序的秘密：乔姆斯基论美国》，译林出版社 2015 年版。

[102] [美] 斯皮克曼：《边缘地带论》，石油工业出版社 2014 年版。

[103] [美] 威尔德：《美国在冲突地区的外交政策》，江苏人民出版社 2014 年版。

[104] [美] 谢林：《冲突的战略》，华夏出版社 2011 年。

[105] [英] 克莱格：《中国的全球战略——走向一个多级世界》，新华出版社 2010 年版。

[106] Bergsten C F, et al, *China's Rise: Challenges and Opportunities*, Washington, D. C.: Peterson Institute for International Economics/CSIS, 2009.

[107] Bush, George, Scowcroft, *A World Transformed*, New York: Alfred A. Knopf, 1998.

[108] Buzan, *People, State and Fear: An Agenda for International Security Studies in the Post-cold War Era*, Colchester: ECPR Press, 2007.

[109] Chen Jian, *China's Road to the Korean War: the Making of the*

Sino-American Confrontation, New York: Columbia University Press, 1994.

[110] Christensen T J, *The China Challenge: Shaping the Choices of a Rising Power*, New York: W. W. Norton, 2015.

[111] Cliff R, Shulsky AN, Khalilzad Z M, et al, *The United States and a Rising China: Strategic and Military Implications*, Santa Monica: The Rand Corporation, 1999.

[112] Cohen W I, *America's Response to China: A History of Sino-American Relations*, 4th ed. , New York: Columbia University Press, 1993.

[113] Collins J M, *Military Strategy: Principles, Practices, and Historical Perspectives*, Dulles: Potomac Books, 2008.

[114] Gilpin R, *War and Change in World Politics*, New York: Cambridge University Press, 1981.

[115] Goldstein L, *Meeting China Halfway: How to Defuse the Emerging U. S. – China Rivalry*, Washingtown, D. C. : Georgetown University Press, 2015.

[116] Ikenberry G J, Mastanduno M, *International Relations and the Asia Pacific*, New York: Columbia University Press, 2003.

[117] Ikenberry G J, Moon C I, *America and Northeast Asia: Power, Order, and Transformation*, Lanham: Rowman & Littlefied, 2008.

[118] Ikenberry G J, *America Unrivaled: The Future of the Balance of Power*, Ithaca: Cornell University Press, 2002.

[119] Jacque M, *When China Rules the World: The Rise of the Middle Kingdom and the End of the Western World*, New York: Penguin Group, 2009.

[120] Jepperson R L, Wendt A, Katzenstein P J, *The Culture of National Security*, New York: Columbia University Press, 1996.

[121] Johnston A I, Ross R S, *Engaging China: The Management of a Rising Power*, New York: Routledge, 1999.

[122] Katzenstein G J, Shiraishi, *Network Power: Japan and Asia*,

Ithaca: Cornell University Press, 1997.

[123] Keller W W, Rawski T G, *China's Rise and the Balance of Influence in Asia*, Pittsburg: University of Pittsburgh Press, 2007.

[124] Kennedy P, *The Rise and Fall of the Great Powers: Economic Change and Military Conflict from* 1500 *to* 2000, New York: Random House, 1987.

[125] Kissinger H, *Diplomacy*, New York: Simon & Schuster Paperbacks, 1994.

[126] Kissinger H, *World Orde*, New York: Penguin Press, 2014.

[127] Kydd A, *Trust and Mistrust in International Relations*, Princeton, N. J.: Princeton University Press, 2005.

[128] Lampton D M, *The Three Faces of Chinese Power: Might, Money, and Minds*, Berkeley: University of California Press, 2008.

[129] Mahnken T G, *Competitive Strategies for the* 21*st Century: Theory, History, and Practice*, Redwood City: Standford University Press, 2012.

[130] Paus E, Prime P B, Western J, Global Giant: *Is China Changing the Rules of the Game*? New York: Palgrave Macmillian, 2009.

[131] Pempel T J, *Remapping East Asia: the Construction of a Region*, Ithaca: Cornell University Press, 2005.

[132] Pillsbury M, *The Hundred-Year Marathon: China's Secret Strategy to Replace America as The Global Superpower*, New York: Henry Holt and Company, 2015.

[133] Posen B R, *Inadvertent Escalation: Conventional War and Nuclear Risks*, Ithaca, NY: Cornell University Press, 1991.

[134] Rasler K A, Thompson W R, *The Great Powers and Global Struggle*, 1490 – 1990, Lexington: University of Kentucky Press, 1994.

[135] Shambaugh D, *Tangled Titans: United States and China*, Lanham: Rowman & Littlefied, 2012.

[136] Steinberg J, O' Hanlon M E, *Strategic Reassurance and Resolve: U. S. – China Relations in the Twenty-first Century*, Princeton, N. J.: Princeton University Press, 2014.

[137] Swaine M D, *America's Challenge: Engaging a Rising China in the Twenty-first Century*, Washington, D. C.: Carnegie Endowment for International Peace, 2011.

[138] Wittkopf E R, Jones C M, Kegley C W, *American Foreign Policy: Pattern and Process*, San Francisco: Wadsworth Publishing, 2005.

[139] Montgomery E B, "Reinforcing The Front Line—U. S. Defense Strategy And The Rise Of China," Center for Strategic and Budgetary Assessments, 2017.

[140] Krepinevich A F, "Preserving The Balance A U. S. Eurasia Defense Strategy," Center for Strategic and Budgetary Assessments, 2017.

二、期刊论文及学位论文

[1] 薄贵利:《论国家战略学研究》,《政治学研究》1995 年第 1 期。

[2] 蔡亮:《安倍对华“政经分离”政策浅析》,《日本学刊》2014 年第 3 期。

[3] 蔡拓:《全球学:概念、范畴、方法与学科定位》,《国际政治研究》2013 年第 3 期。

[4] 曹升生,夏玉清:《“全球公域”成为新式的美国霸权主义理论——评新美国安全中心及其东北亚战略设计》,《太平洋学报》2011 年第 9 期,第 24—32 页。

[5] 陈绍锋:《亚投行:中美亚太权势更替的分水岭?》,《美国研究》2015 年第 3 期。

[6] 陈学惠:《空海一体战与空地一体战》,《外国军事学术》2011 年第 3 期。

［7］陈扬：《在利益与协调之间：朝核问题与中美关系》，《国际观察》2005 年第 1 期。

［8］楚树龙：《东北亚战略形势与中国》，《现代国际关系》2012 年第 1 期。

［9］崔立如：《朝鲜半岛安全问题：中国的作用》，《现代国际关系》2006 年第 9 期。

［10］崔立如：《中国外交面临命运共同体中的竞争——对〈打造中国外交改革创新的机制〉的评述》，《国际政治科学》2014 年第 4 期。

［11］笪志刚：《美国战略调整背景下朝鲜半岛地缘战略困境的演变与突破》，《当代韩国》2013 年第 2 期。

［12］董鸿宾：《十年作战演绎新的美国战争方式》，《外国军事学术》2013 年第 6 期。

［13］樊吉社：《朝核问题与中美战略共识》，《美国研究》2014 年第 2 期。

［14］傅梦孜：《如何看待亚投行的影响?》，《现代国际关系》2015 年第 5 期。

［15］郭锐：《和平 · 发展 · 合作：中国东北亚战略与政策国际学术会议综述》，《东北亚论坛》2012 年第 6 期。

［16］郭云涛：《亚投行检验中国“四力”》，《求是》2015 年第 9 期。

［17］果翃宇，蔡华堂：《新形势下太空作战特点规律及启示》，《国防科技》2015 年第 4 期。

［18］韩升洲：《东北亚的权力转移与政策困境》，《当代韩国》2013 年第 4 期。

［19］侯典芹：《美国的战略东移与东北亚》，《世界经济与政治论坛》2013 年第 4 期。

［20］胡波：《中美在西太平洋的军事竞争与战略平衡》，《世界经济与政治》2014 年第 5 期。

［21］黄凤志，金新：《中国东北亚安全利益的多维审视》，《东北亚论坛》2011 年第 2 期。

［22］黄凤志，孙国强：《中美在朝核问题上的互动及其前景探析》，《现代国际关系》2013 年第 11 期。

［23］贾庆国：《中国外交改革创新任重而道远——对〈打造中国外交改革创新的机制〉的评述》，《国际政治科学》2014 年第 4 期。

［24］金灿荣，刘宣佑，黄达：《“美国亚太再平衡战略”对中美关系的影响》，《东北亚论坛》2013 年第 5 期。

［25］金景一，金强一：《东北亚国际秩序的转型与大国的角色定位》，《东北亚论坛》2013 年第 1 期。

［26］李本京：《欧巴马对华（中共）外交政策：理念与实践》，《（中国台湾）中华战略学刊》2014 年夏季刊。

［27］李丹慧：《打开中美关系进程中的周恩来——来自尼克松外交档案的新证据》，《冷战国际史研究》2008 年第 6 期。

［28］李开盛：《军事存在与无核化：美国朝核政策浅析》，《美国研究》2009 年第 4 期。

［29］李庆四：《美国亚洲再平衡战略下的东北亚地区格局》，《美国研究》2014 年第 3 期。

［30］李庆四：《美国与东北亚地区安全：困境、动因及影响》，《东北亚论坛》2009 年第 1 期。

［31］李少军：《论国家利益》，《世界政治与经济》2003 年第 1 期。

［32］李巍：《战略竞争时代的新型中美关系》，《国际政治科学》2015 年第 1 期。

［33］李熙玉：《中美关系的变化和朝鲜半岛的和平》，《当代韩国，2011 年第 1 期。

［34］李向阳：《跨太平洋贸易伙伴协定：中国崛起过程中的重大挑战》，《国际经济评论》2012 年第 2 期。

［35］李向阳：《新区域主义与大国战略》，《国际经济评论》

2003 年第 3 期。

［36］林宏宇，张帅：《超越困境：2010 年以来中美安全博弈及影响》，《国际安全研究》2015 年第 2 期。

［37］刘建飞：《以总体国家安全观评估中国外部安全环境》，《国际问题研究》2014 年第 5 期。

［38］刘建飞：《中美俄日关系及其对东北亚地区安全的影响》，《国际关系学院学报》2011 年第 6 期。

［39］刘强：《东北亚安全困局：特征·成因·路径》，《南京政治学院学报》2014 年第 1 期。

［40］罗天人，李明正：《从“中国梦”的思维论中共的大国战略》，《（中国台湾）中华战略学刊》2014 年春季刊。

［41］吕超：《朝鲜第三代领导体制的形成及对华政策发展趋向》，《北京大学国际战略研究院国际战略研究简报》2014 年 7 月 15 日第 10 期。

［42］门洪华：《中国国家利益的维护和拓展》，《国际观察》2015 年第 6 期。

［43］倪峰：《中美安全关系的发展及演变》，《中国党政干部论坛》2002 年第 7 期。

［44］牛军：《改革开放 30 年中国国家安全战略再思考》，《国际政治研究》2009 年第 4 期。

［45］牛军：《转型中的中美关系》，《国际经济评论》2000 年第 1 期。

［46］牛新春：《集体性失明：反思中国学界对伊战、阿战的预测》，《现代国际关系》2014 年第 4 期。

［47］潘忠岐：《结构性战略互动与冷战后中美安全关系》，《国际政治研究》2007 年第 1 期。

［48］庞珣：《国际关系研究的定量方法：定义、规则与操作》，《世界经济与政治》2014 年第 1 期。

［49］祁怀高：《21 世纪第二个十年东北亚安全环境与中国东北

亚外交》，《国际安全研究》2013 年第 2 期。

［50］潜旭明，倪世雄：《权力博弈、制度兼容与战略构想——中美在东北亚的关系分析》，《韩国研究论丛·第二十八辑》2004 年第 2 期。

［51］秦亚青：《国家身份、战略文化和安全利益——关于中国与国际社会关系的三个假设》，《世界经济与政治》2003 年第 1 期。

［52］秦亚青：《启动亚太地区安全进程》，《中国军事科学》2015 年第 1 期。

［53］清华大学当代国际关系研究院外交改革课题组：《打造中国外交改革创新的机制》，《国际政治科学》2014 年第 4 期。

［54］阮宗泽：构建新型大国关系：《超越历史 赢得未来》，《国际问题研究》2015 年第 2 期。

［55］阮宗泽：《美国亚太“再平衡”战略前景论析》，《世界经济与政治》2014 年第 4 期。

［56］沈丁立：《中美关系、中日关系以及东北亚国际关系》，《当代亚太》2009 年第 2 期。

［57］时殷弘：《“一带一路”——祈愿审慎》，《世界经济与政治》2015 年第 7 期。

［58］时殷弘：《关于中国对外战略优化和战略审慎问题的思考》，《太平洋学报》2015 年第 7 期。

［59］时殷弘：《国家大战略理论与中国的大战略实践》，《现代国际关系》2004 年第 3 期。

［60］时殷弘：《美国在东北亚：权势阵地的随机巩固》，《现代国际关系》2012 年第 1 期。

［61］宋国友：《中美经济相互依赖及其战略限度》，《现代国际关系》2007 年第 5 期。

［62］孙建国：《坚定不移走中国特色国家安全道路》，《国际问题研究》2015 年第 2 期。

［63］孙茹：《美国亚太同盟体系的网络化及前景》，《国际问题

研究》2012 年第 4 期。

[64] 孙哲，徐洪峰：《奥巴马政府战略重心东移对美俄关系的影响》，《美国研究》2013 年第 1 期。

[65] 孙哲：《美国霸权的发展维度——奥巴马政府全球发展战略评析》，《世界经济与政治》2009 年第 11 期。

[66] 唐家璇：《共筑和平、共襄繁荣、共创未来》，《国际问题研究》2014 年第 6 期。

[67] 王帆：《不对称相互依赖与合作型施压——美国对华战略的策略调整》，《世界经济与政治》2010 年第 12 期。

[68] 王帆：《美国对华战略底线与中美冲突的限度》，《外交评论》2011 年第 6 期。

[70] 王帆：《中美在东亚地区的战略分歧与化解》，《外交评论》2015 年第 5 期。

[71] 王缉思：《中美关系新趋势及其对东北亚安全的影响》，《国际政治研究》2011 年第 1 期。

[72] 王俊生：《中美双领导体制与东北亚安全：结构失衡与秩序重建》，《国际政治研究》2013 年第 4 期。

[73] 王立新：《在龙的映衬下：对中国的想象与美国国家身份的建构》，《中国社会科学》2008 年第 3 期。

[74] 王生：《李明博执政以来的朝韩关系剖析及前景预测》，《当代世界》2009 年第 10 期。

[75] 王文峰：《东北亚安全形势与中美战略关系评析》，《现代国际关系》2013 年第 6 期。

[76] 王逸舟：《国家利益再思考》，《中国社会科学》2002 年第 2 期。

[77] 吴心伯：《论奥巴马政府的亚太战略》，《国际问题研究》2012 年第 2 期。

[78] 吴志成：《理性审视当前东北亚局势的新变化》，《现代国际关系》2012 年第 1 期。

[79] 夏季亭，齐廉允：《朝鲜战争与东北亚格局》，《太平洋学报》2010 年第 10 期。

[80] 肖晞：《东北亚安全走向与中国战略调整》，《教学与研究》2011 年第 7 期。

[81] 徐春祥：《推进中日韩自贸区建设是中国在亚洲唯一区域战略选择》，《东北亚论坛》2014 年第 3 期。

[82] 许其亮：《坚定不移推进国防和军队改革》，《中国军事科学》2014 年第 1 期。

[83] 阎学通：《道义现实主义的国际关系理论》，《国际问题研究》2014 年第 5 期。

[84] 阎学通：《中国崛起的实力地位》，《国际政治科学》2005 年第 2 期。

[85] 杨代军，汤晓琴：《近年来美日韩重大军事演习特点及初步看法》，《国际问题调研》2014 年第 6 期。

[86] 杨鲁慧：《东北亚大国关系中第三方因素及地区安全共同治理》，《东北亚论坛》2012 年第 4 期。

[87] 姚有志：《战略概念的学术再思考》，《新时代国防》2008 年第 11 期。

[88] 俞可平：《如何推进全球学研究》，《国际政治研究》2015 年第 4 期。

[89] 袁波：《韩国——东盟建立 FTA 的背景与内容解析》，《东南亚纵横》2011 年第 6 期。

[90] 袁鹏：《战略互信与战略稳定——当前中美关系面临的主要任务》，《现代国际关系》2008 年第 1 期。

[91] 袁鹏：《中美关系与东北亚安全》，《世界经济与政治》2007 年第 9 期。

[92] 张国祚：《谈谈“底线思维”》，《求是》2013 年第 19 期。

[93] 张继业：《试析中美经济关系再平衡》，《现代国际关系》2014 年第 12 期。

[94] 张民:《论朝鲜战争的起因和结局》,《党的文献》2001 年第 2 期。

[95] 张文木:《欧美地缘政治力量的消长规律及其对中国崛起的启示》,《世界经济与政治》2007 年第 7 期。

[96] 张烨, 戴萍:《历史坐标下的美国军事战略重心调整特点剖析》,《军事学术》2012 年第 5 期。

[97] 张蕴岭:《中国的周边区域观回归与新秩序构建》,《世界经济与政治》2015 年第 1 期。

[98] 朱锋:《奥巴马政府亚太战略调整及其影响》,《现代国际关系》2012 年第 1 期。

[99] 朱锋:《中美战略竞争与东亚安全秩序的未来》,《世界经济与政治》2013 年第 3 期。

[100] 资中筠:《缓慢的解冻——中美关系打开之前十几年间美国对华舆论的转变过程》,《美国研究》1987 年第 2 期。

[101] [韩] 李洙勃:《寻求韩国预防大国在东北亚冲突中的作用》,《当代韩国》2011 年第 1 期。

[102] [美] 江忆恩:《中国对国际秩序的态度》,《国际政治科学》2005 年第 2 期。

[103] Acharya A, "Will Asia's Past be its Future?" *International Security*, Vol. 28, No. 3 (2003).

[104] Beckley M, "China's Century? Why America's Edge Will Endure," *International Security*, Vol. 36, No. 3 (Winter 2011/12).

[105] Buzan, China in International Society: "Is 'Peaceful Rise' Possible?" *The Chinese Journal of International Politics*, March, 2010, NO. 1.

[106] Chen Dingding, Pu Xiaoyu, Johnston A I, "Correspondence: Debating China's Assertivemess," *International Security*, Vol. 38, No. 3 (Winter 2013/14).

[107] Choi J. K. Theorizing East Asia International Relations in Kore-

a, *Asian Perspective*, Vol. 32 (2008).

[108] Christensen, "China, the US-Japan Alliance, and the Security Dilemma in East Asia," *International Security*, Vol. 23, No. 4 (1999).

[109] Evans M, "Power and Paradox: Asia Geopolitics and Sino-American Relations in the 21st Century," *Orbis*, Vol. 55, No. 1 (2011).

[110] Glaser C L, "A U. S. – China Grand Bargain? —the Hard Choice between Military Competition and Accommodation," *International Security*, Vol. 39, No. 4 (Spring 2015).

[111] Goldstein A, "First Things First: The Pressing Danger of Crisis Instability in U. S. – China Relations," *International Security*, Vol. 37, No. 4, (Spring 2013).

[112] Hagstrom L, " 'Power Shift' in East Asia? A Critical Reappraisal of Narratives on the Diaoyu/Senkaku Islands Incident of 2010," *Chinese Journal of International Politics*, Vol. 5, No. 3 (2012).

[113] Hopkins N, Murdoch N, "The Role of the "Other" in National Identity: Exploring the Context-dependence of the National Ingroup Stereotype," *Journal of Community & Applied Social Psychology*, J. Community Appl. Soc. Psychol. 9 (1999).

[114] Itzkowitz S, Beckley M, "Correspondence: Debating China's Rise and U. S. Decline," *International Security*, Vol. 37, No. 3 (Winter 2012/13).

[115] Jackson V, "China Unlearns US Trade Lesson," *Far Eastern Economic Review*, Vol. 171, No. 1 (2008).

[116] Jackson V. "Power, Trust, and Network Complexity: Three Logics of Hedging in Asian Security," *International Relations of the Asia-Pacific*, No. 14 (2014).

[117] Jentleson B W, Weber S, "America's Hard Sell," *Foreign Policy*, Vol. 169, No. 6 (November/December, 2008).

[118] Johnston A I, "How New and Assertive Is China's New Asser-

tiveness?" *International Security*, Vol. 37, No. 4 (Spring 2013).

[119] Johnston A I, "Stability and Instability in Sino-US Relations: A Response to Yan Xuetong's Superficial Friendship Theory," *The Chinese Journal of International Politics*, Vol. 4 (2011).

[120] Jong K C, Moon, "Understanding Northeast Asian Regional Dynamics: Inventory Checking and New Discourses on Power, Interest, and Identity," *International Relations of the Asia-Pacific*, No. 10 (2010).

[121] Kang, "Getting Asia Wrong: The Need for New Analytical Frameworks," *International Security*, Vol. 27, No. 4 (2003).

[122] Kelly R E, "The 'Pivot' and its Problems: American Foreign Policy in Northeast Asia," *The Pacific Review*, Vol. 27, No. 3 (2014).

[123] Lake D A, "Anarchy, Hierarchy, and the Variety of International Relations," *International Organization*, Vol. 50, No. 1 (1996).

[124] Mansourov A Y, "North Korea is Poised to Cross the Nuclear Rubicon: Will the Canary Die in the Mine? "*International Journal on World Peace*, Vol. 20, No. 3 (2013).

[125] Mearsheimer J J, "The Gathering Storm: China's Challenge to US Power in Asia," *The Chinese Journal of International Politics*, Vol. 3 (2010).

[126] Montgomery E B, "Contested Primacy in the Western Pacific: China's Rise and the Future of U. S. Power Projection, " *International Security*, Vol. 38, No. 4, (Spring 2014).

[127] Moon C I, Suh S W, "Burdens of the Past: Overcoming History, the Politics of Identity, and Nationalism in Asia," *Global Asia*, Vol. 2, No. 2 (2007).

[128] Nixon, "Asia After Viet Nam," *Foreign Affairs*, Vol. 46, No. 1 (1967).

[129] Park J J, "The US-led Alliances in the Asia-Pacific: Hedge against Potential Threats or an Undesirable Multilateral Security Order?" *The*

Pacific Review, Vol. 24, No. 2 (2011).

[130] Qin Yaqing, "Continuity through Change: Background Knowledge and China's International Strategy," *The Chinese Journal of International Politics*, Vol. 7 (2014).

[131] Ross R S, "Balance of Power Politics and the Rise of China: Accommodation and Balancing in East Asia," *Security Studies*, Vol. 15, No. 3 (2006).

[132] Shambaugh D, "The United States and China: Cooperation or Confrontation?" *Current History*, Vol. 96, No. 611 (1997).

[133] Tang Shiping, "Outline of a New Theory of Attribution in IR: Dimensions of Uncertainty and Their Cognitive Challenges," *The Chinese Journal of International Politics*, Vol. 5, No. 3 (2012).

[134] Tessman B, Wojtek W, "Great Power and Strategic Hedging: the Case of Chinese Energy Security Strategy," *International Studies Review*, Vol. 13, No. 2 (2010).

[135] Yan Xuetong, Qi Haixia, "Football Game rather than Boxing Match: China-US Intensifying Rivalry Does not Amount to Cold War," *The Chinese Journal of International Politics*, Vol. 5 (2012).

[136] Yan Xuetong, "From Keeping a Low Profile to Striving for Achievement," *The Chinese Journal of International Politics*, Vol. 7 (2014).

[137] Yan Xuetong, "The Instability of China-US Relations," *The Chinese Journal of International Politics*, Vol. 3, No. 3 (2010).

[138] Shiga S, *The Security Dilemma and the Strategic Triangle in East Asia after the Cold War*, M. A. thesis, Harvard University, 2002.

三、报刊及互联网信息

[1] 参考消息

［2］环球时报

［3］人民日报

［4］人民日报海外版

［5］Financial Times（金融时报）

［6］New York Times（纽约时报）

［8］The Washington Post（华盛顿邮报）

［9］Wall Street Journal（华尔街日报）

［10］FT 中文网 . http：//www. ftchinese. com.

［11］国际货币基金组织网站 . http：//www. imf. org.

［12］美国白宫网站 . http：//www. whitehouse. gov.

［13］美国国防部网站 . http：//www. defense. gov.

［14］美国国家历史网站 . http：//history. state. gov.

［15］美国乔治城大学网站 . http：//www. georgetown. edu.

［16］美国商务部经济分析局官方网站 . http：//www. bea. gov.

［17］美国约翰霍普金斯大学艾森豪威尔出版物网站 . http：//eisenhower. press. jhu. edu.

［18］澎湃新闻网 . http：//www. thepaper. cn.

［19］人民网 . http：//www. people. com. cn.

［20］搜狐网 . http：//www. sohu. com.

［21］万方数据 . http：//www. wanfangdata. com. cn.

［22］新华网 . http：//www. xinhuanet. com.

［23］中国网 . http：//www. china. com. cn.

［24］中国新闻网 . http：//www. chinanews. com.

［25］中华人民共和国国防部网站 . http：//www. mod. gov. cn.

［26］中华人民共和国商务部网站 . http：//www. mofcom. gov. cn.

［27］中华人民共和国外交部网站 . http：//www. fmprc. gov. cn.

［28］中央门户网站 . http：//www. gov. cn.

［29］中央政府门户网站 . http：//www. gov. cn.

后　记

本书自2012年秋确定题目，研究历程近5年之久。这一课题，历史跨度长，覆盖范围广，涉及因素多，发展变化快，对于世界和平、区域稳定和我国安全都有着重大影响。当今，我国正处于历史发展的关键阶段，比过去任何时候都更接近世界舞台的中心。本课题的研究就是对我国如何经略周边环境，引领世界发展，完善全球治理，推进改革开放，致力和平发展提供战略决策参考，因而充满了挑战性和艰巨性。本书除广泛地借鉴了国内外现有研究成果外，还得到了领导、同事和学生的大力帮助。为了使本书的内容客观、真实、科学，并具有较强的可读性，力求使内容更完善，观点更准确，资料更丰富，理论更严谨，庄林教授和杨光海教授提出了许多宝贵意见。在写作过程中，解放军国际关系学院相关领导和同事，予以了热情鼓励和大力支持。还要特别强调的是，我的学生果竑宇对本书的第三、五章，段景源对第四章和胡栋良对第二章部分内容的撰写有重大贡献。果竑宇、李路两位同学通读全稿，并提出了许多有益的见解。在此，对上述领导、同事和学生给予的帮助，我谨表示诚挚的谢意。

感谢妻子王恩慧数年来为支持我的研究所付出的辛劳，也感谢女儿王蔡偲利用其中文专业的特长，为本书语言的简洁所付出的努力。同时，还要深切地感谢本书所大量引用的中外各类相关论著和译作的作者，没有他们的学术贡献，我无法企望以个人微薄之力来完成这一重大课题。由于笔者水平有限，书中必然存在错误与遗漏，欢迎读者指正。

图书在版编目（CIP）数据

大国东北亚战略博弈研究 / 蔡华堂著．—北京：时事出版社，2017．7

ISBN 978-7-5195-0100-6

Ⅰ．①大…　Ⅱ．①蔡…　Ⅲ．①国际关系—研究—东亚　Ⅳ．①D831

中国版本图书馆 CIP 数据核字（2017）第 120369 号

出版发行：时事出版社

地　　址：北京市海淀区万寿寺甲 2 号

邮　　编：100081

发行热线：（010）88547590　88547591

读者服务部：（010）88547595

传　　真：（010）88547592

电子邮箱：shishichubanshe@ sina. com

网　　址：www. shishishe. com

印　　刷：北京市昌平百善印刷厂

开本：787×1092　1/16　印张：22. 75　字数：320 千字

2017 年 7 月第 1 版　　2017 年 7 月第 1 次印刷

定价：98. 00 元